KB188453

진료차트 속에 숨은 경제학

RANDOM ACTS OF MEDICINE

진료차트 속에 숨은 경제학

생각지 못한 변수들이 어떻게
우리의 건강을 좌우하는가

**아누팜 B. 제나,
크리스토퍼 워샴**

고현석 옮김

어크로스

가장 좋은 친구인 아내 니나, 하루하루를 미소로 마무리하게 해주는 애니카와 에이든, 그리고 당신들의 희생으로 현재의 내 삶을 가능하게 해준 부모님 푸루와 트립티에게 이 책을 바칩니다.

무한한 사랑으로 내게 언제나 힘을 주는 아내 에밀리, 항상 내게 기쁨을 주는 아들 루크와 애덤, 늘 내게 우정과 신뢰를 보내는 동생 앨릭스, 그리고 이 책을 쓰는 데 저널리스트로서 큰 영향을 미친 부모님 짐과 도나에게 이 책을 바칩니다.

차례

1장

우리의 삶은
우연으로 엮여 있다

행운도 불운도 아닌 것

우연은 언제든 우리 삶의 흐름을 바꿀 수 있다. 눈보라로 항공편이 취소된 공항에서 우연히 만나 사귀게 된 두 남녀, 배심원으로 소집된 법원에서 6시간 동안 우연히 서로 옆자리에 앉게 돼 대화를 나누다 같이 회사를 창업하기로 의기투합한 두 사람, 늦게 끝난 회의 때문에 집에 가는 차를 놓쳐 걸어가다 우연히 들른 동물 보호소에서 인생의 동반자가 될 반려동물을 만난 여성. 이들의 삶은 모두 우연에 의해 흐름이 바뀐 경우다.

　우연은 이런 식으로 예기치 못한 순간에 우리 삶에 불쑥 찾아온다. 살면서 우리는 이런 우연에 이끌려 다른 길로 들어서곤 한다. 그 길이 좋은 길이든 그렇지 않은 길이든 말이다. 이런 현상을 우리는 무작위성, 운, 세렌디피티serendipity(의도하지 않았는데 얻게 된 행운이나 예상치 못한 성공), 운명, 우연한 일, 사고, 요행 같은 다양한 이름으로 부른다.

　생사에도 우연이 영향을 미칠 수 있다. 은퇴한 노인이 슈퍼마켓에서 심장마비로 쓰러진 상황을 가정해보자. 노인은 앰뷸런스에서 심폐소생술을 받으며 병원으로 이송되지만 미리 예정됐던 도로 폐쇄 때문에 병원 도착이 지연되고, 결국 그는 2주 후 심장마비로 사망하게 된다. 만약 노인이 도로가 폐쇄되지 않은 그 전날 쓰러졌다면 살아남을 수 있었을까? 연례 독감 예방접종을 위해 병원에 갔는데 마침 독감 백신이 떨어져 주사를 맞지 못한 아이가 있다고 가정해보자. 아이의 부모는 그 후에 아이를 다시 병원에 데리고 오지 않았고, 그 결과로 그해 겨울 아이는 독감에 걸려 인플루엔자를 할머니에게 옮겼고, 할머니는 병원에 입원하게 된다. 아이가 병원에 갔을 때 독감 백신이 떨어지지 않았다면 아이는 주사를 맞았을 것이다. 그랬다면 아이와 할머니 모두 독감에 걸리지 않았을까?

우연한 사건이 우리의 건강, 삶, 죽음에 어떻게 영향을 미치는지 생각하면 무서워지기까지 한다. 우리는 잘 먹고, 안전벨트를 착용하고, 담배를 끊고, 의사가 처방한 약을 복용하는 등 올바른 생활을 하기만 하면 우리 몸과 삶에 일어나는 일을 통제할 수 있다고 믿는다.

이는 의사들도 마찬가지다. 우리 의사들도 환자에게 약을 처방할지, 수술을 시행해야 할지, 진단검사를 실시해야 할지 결정할 때 우연이 아니라 데이터에 대한 신중한 검토와 과학에 기초한다고 생각한다. 하지만 실제로 이뤄지는 의료행위는 매우 복잡하고 까다로우며, 불확실성에 기초하기도 한다. 이는 의료행위에도 무작위성이 영향을 미칠 가능성이 매우 높다는 뜻이다.

일상생활에서 사람들은 '행운'과 '불운'의 관점에서 생각하는 경향이 있다. 예를 들어, 사람들은 버스 정류장에 막 도착했을 때

버스가 오면 행운, 차를 몰고 가다 타이어에 못이 박혀 펑크가 나면 불운이라고 생각한다. 하지만 일선 의료 현장에서도 예상치 못한 요인들에 의해 진료 경로path of care(환자가 의료 서비스를 받는 과정을 뜻하며, 일반적으로 증상 발생에서부터 진단, 치료, 회복까지의 단계를 포함한다. 이 과정은 의사의 진료, 검사, 처방, 수술 등 다양한 단계로 이뤄진다-옮긴이)가 결정되기도 한다. 예를 들어, 진료 경로는 발목을 삐어 응급실에 갔을 때 그 시점에서 우연히 응급실 근무를 하던 의사가 누구인지에 따라 달라지기도 하고, 진료를 기다릴 때 우연히 대기실에 같이 앉아 있던 사람이 누구인지에 따라 달라지기도 한다. 화요일에 발목을 삐든, 수요일에 발목을 삐든 그 일 자체는 '행운'도 '불운'도 아니다. 이런 일은 주사위를 굴려서 숫자가 나오는 것처럼 무작위로 발생하는 일일 뿐이다. 하지만 어떤 날에 발목을 삐는지에 따라 응급실 담당 의사가 달라질 수 있으며, 그에 따라 장기 복용으로 이어질 수 있는 오피오이드opioid(아편과 비슷한 작용을 하는 마약성 진통제) 처방을 받을 확률도 달라진다. 관련 연구 결과에 따르면 오피오이드 처방 성향은 의사마다 다르기 때문에 어떤 의사를 만나는지에 따라 환자가 오피오이드의 지속적인 영향을 받을 수 있는 확률이 달라진다.[1] 이와 마찬가지로, 진료 전 대기실에서 누구와 함께 있게 되는지도 그 자체로는 '행운' 또는 '불운'이라고 할 수 없다. 하지만 그 누군가가 바이러스에 감염됐다면 우연히 그 사람과 함께 대기실에 있던 환자는 2주 후 독감에 걸릴 수도 있다. 특히 어린이나 노인에게 독감은 결코 가벼운 질환이 아니다.[2]

　이 책에서 우리는 우리를 비롯한 연구자들이 수행한 실제 연구들에 기초해, 숨겨져 있지만 예측 가능한 방식으로 '우연'이 우리의 건강과 보건의료 시스템에 미치는 영향에 대해 살펴볼 것이다. 예를 들어, 우리는 이 책에서 응급상황에서 주치의가 병원에 없을 때 환자들에게 어떤 일이 일어나는지, 그 상황에서 환자들이 '대진의substitute doctor'(진료의사가 갑작스럽게 자리를 비워야 하는 상황이 발생할 경우 대신 진료를 봐주는 의사)의 진료를 받았을 때 왜 더 좋은 결과가 나오는지 살펴볼 것이다. 또한 우리는 환자가 의사를 만나 수술을 결정하는 시점이 자신의 중요한 생일(18세, 21세, 30세, 40세, 50세 생일 등 인생에서 각별한 의미를 지니는 생일-옮긴이) 직전인지, 직후인지에 따라 그 결정의 내용이 왜 달라지는지도 살펴볼 것이다 (이런 차이를 우리가 잘 아는 마트의 가격표 전략으로 설명할 수 있는 이유도 제시할 것이다). 그리고 보건의료가 점점 더 정치적으로 양극화되고 있는 이 시대에 환자를 진료하는 의사의 정치 성향이 치료에 어떤 영향을 미치는지도 다룰 예정이다.

이 책을 통해 우리는 단순한 관찰 수준을 뛰어넘어, 우연이 현재의 보건의료 시스템에서 어떤 것이 효과가 있고 어떤 것이 효과가 없는지에 대해 우리에게 무엇을 가르쳐주는지도 살펴볼 것이다. 삶에서 무작위성을 제거할 수는 없다. 하지만 적어도 우리는 무작위성으로부터 무언가를 배워 우연의 희생자가 되지 않을 수는 있다.

우연에 의해 이뤄지는 과학실험

경제학, 전염병학, 사회과학 등에서 때때로 등장하는 '자연실험natural experiment'이라는 개념이 있다. 자연실험은 인위적인 조작의 영향을 받지 않고 이뤄지는 '자연스러운' 실험을 뜻한다. 예를 들어, 특정한 동네에서 자라는 사람도 있고, 그 동네 맞은편의 다른 동네에서 자라는 사람도 있다. 이 두 사람은 우연히 우편번호가 서로 다른 동네에서 자란다. 어떤 아기는 가뭄이 심할 때 태어나고, 또 어떤 아기는 기록적으로 장마가 극성일 때 태어나기도 한다. 이렇게 연구자에 의해 설계되지도 않고, 환자가 연구 참여를 신청하지도 않고, 새로운 의학적 개입이 의도적으로 이뤄지지도 않는 자연스러운 실험이 바로 자연실험이다. 이런 자연실험은 자연 그대로의 상태에서 우연에 의해 이뤄지는 과학실험이다.

자연실험은 우리가 흔히 생각하는 '실험'과는 매우 대조적으로 진행된다. 의학 분야에서 무작위 비교연구randomized controlled trial, RCT는 원인과 결과를 연구할 때 가장 강력하고 가장 선호하는 연구방법이다. 피험자를 무작위로 치료군 또는 대조군에 배정해 추적·관찰하는 방법인 무작위 비교연구는 과학 분야의 표준 연구방법이기도 하다. 또한 무작위 비교연구는 의학적 개입이 실제로 효과를 내는지 알아볼 수 있는 최선의 도구이기도 하다. 실제로 무작위 비교연구는 현재 우리가 사용하는 혈압강하제, 암 치료제, 백신 등의 효능을 테스트하는 데 지난 수십 년 동안 이용돼왔다.

하지만 무작위 비교연구는 완벽한 방법과는 거리가 멀다. 이 방법은 현실적으로 적용하기가 매우 복잡할 수 있고, 비용이 많이 들 수 있으며, 엄청나게 많은 시간이 소요될지도 모르는 데다 심지어는 비윤리적일 수도 있기 때문이다. 대기오염이 인체 건강에 미치는 영향에 대한 연구를 예로 들어보자. 이 경우 과학자는 대기오염 수준이 각각 다른 지역들에 실험대상자를 배정하고 결과를 관찰할 수 없다. TV나 컴퓨터, 스마트폰 화면을 들여다보는 시간(스크린 타임screen time)이 어린이들에게 미치는 장기적인 영향을 연구할 때도 마찬가지일 것이다. 게다가 무작위 비교연구에 수반되는 이런 복잡한 윤리적 문제를 해결할 수 있다고 해도 결과를 확인하기까지는 몇십 년을 기다려야 할지도 모르며, 그때가 되면 무작위 비교연구의 결과는 의미가 없을 수도 있다.

경제학을 비롯한 일부 분야에서 연구자들이 자연실험에 의존하게 된 이유가 바로 여기에 있다. 대기오염 연구를 다시 예로 들어보자. 사람들을 의도적으로 대기오염에 노출시킬 수는 없지만, 우연에 의해서만 특정 집단의 사람들이 다른 집단의 사람들보다 더 높은 수준의 대기오염에 노출되는 자연발생적 사건을 연구할 수 있다면, 과학자들은 이런 사건에 대한 연구를 통해 실행 가능한 결론을 도출할 수 있을 것이다.

실제로 프린스턴 대학교의 경제학자 재닛 커리Janet Currie와 캘리포니아 대학교 버클리 캠퍼스의 경제학자 리드 워커Reed Walker는 바로 이 방식으로 연구를 진행해 결론을 이끌어냈다.[3] 이들은 펜실베이니아주와 뉴저지주의 혼잡한 고속도로 톨게이트 주변에 거주하는 가족들을 대상으로 진행한 연구를 통해, 이지패스E-ZPass(한국의 하이패스처럼 미국 동부 지역의 고속도로 통행료를 징수하는 고속도로 전자요금징수 시스템의 일종-옮긴이) 도입 이전에 태어난 아기들은 이지패스 도입 이후에, 즉 (차들이 톨게이트에서 길게 줄을 서 기다릴 필요가 없어졌기 때문에) 톨게이트 주변 교통체증 감소로 대기오염이 줄어든 후에 태어난 아기들에 비해 조산이나 저체중아로 태어난 비율이 높다는 것을 보여줬다.

물론, 이 연구 결과가 설득력이 없다고 생각할 수도 있을 것이다. 다른 요인들이 작용했을 가능성을 무시할 수 없기 때문이다. 예를 들어, 이지패스 도입 전후로 톨게이트 근처에 사는 엄마들의 연령대나 건강 상태가 달라졌을 수도 있다. 연구진도 같은 생각을 했다. 하지만 분석 결과에 따르면 이지패스 도입 전후 엄마들 사이에서는 큰 변화가 발견되지 않았으며, 흡연 여부나 10대 임신 여부, 교육 수준, 인종, 출생순서birth order(가족 내에서 자녀가 태어난 순서) 등의 작은 차이를 통계적으로 보정한 뒤에도 전체 결과는 달라지지 않았다. 심지어 연구진은 건강에 민감한 일부 예비 주택 구매자들이 이지패스 도입으로 해당 지역의 대기오염이 감소할 것이라는 사실을 알고 그 지역으로 이사해, 연구 결과에 영향을 미쳤을 가능성도 조사했다. 실제로 그런 일이 발생했다면 더 많은 수요로 인해 해당 지역의 주택 가격이 상승했어야 했다. 하지만 연구진은 이지패스 도입 전후의 톨게이트 인근 주택 가격에는 아무런 차이가 없음을 발견했다. 따라서 연구진은 이지패스가 대기오염을 줄여 톨게이트 인근 지역의 출산 결과를 개선했다는 결론을 내릴 수밖에 없었다.

일리노이 대학교 어배너–샘페인 캠퍼스의 경제학자 타티아나 데류기나[Tatyana Deryugina], 놀런 밀러[Nolan Miller], 데이비드 몰리터[David Moliter], 줄리언 리프[Julian Reif]와 조지아 주립대학교의 가스 휴텔[Garth Heutel]은 대기오염이 노인 환자의 건강에 미치는 영향에 관심을 갖고 비슷한 맥락의 자연실험을 수행했다.[4] 연구진은 바람이 특정 지역으로 오염된 공기를 불어 넣은 날들과 바람이 그 지역에서 오염된 공기를 다른 곳으로 이동시킨 날들의 해당 지역 노인 환자들을 대상으로 사망률을 비교했다. 바람이 부는 방향만큼 우연의 역할을 잘 보여주는 예는 없을 것이다. 당연히 연구진은 대기오염이 심한 날에 해당 지역 노인 환자들의 입원과 사망 비율이 증가한다는 확실한 증거('통계적으로 유의미한 증거')를 발견했다.

이 두 연구 결과, 건강결과[health outcome](건강 관련 사건이나 질병 또는 의료 개입의 결과로 발생하는 건강 상태의 변화를 뜻한다–옮긴이)는 모두 우연에 의해 영향을 받았다. 즉, 이지패스가 집 근처 톨게이트에 도입된 후에 산모가 출산을 하게 된 것과 바람의 방향이 바뀌어 노인 환자가 건강에 영향을 받은 것 모두 우연에 의한 일이었다. 하지만 이 두 경우 모두 우연이 어떤 역할을 했는지 측정할 수 있었다. 이 두 연구 결과는 대기오염이 건강에 미치는 영향을 엄밀하게 정량화하는 데 도움이 된다는 점에서 흥미로운 데이터 이상의 의미를 갖는다. 또한 이런 연구 결과는 윤리성을 위반하지 않으면서 무작위 비교연구를 진행해서는 도저히 도출할 수 없는 결과이기도 하다.

우리는 둘 다 의사이기 때문에 당연히 무작위 비교연구를 선호한다. 하지만 우리는 둘 다 자연실험에 특별한 애착을 가질 수밖에 없는 배경을 가지고 있기도 하다.

우리 중 한 명인 아누팜(미들네임인 바푸Bapu로 주로 불린다)은 매사추세츠 공과대학교MIT에서 경제학과 생물학을 전공한 뒤 시카고 대학교에서 MD(미국의 의학전문대학원 과정을 이수하면 받을 수 있는 학위. MD는 의료행위를 할 수 있는 자격을 가진 사람을 뜻한다) 자격과 경제학 박사학위를 취득했다. 바푸는 전 세계에서 의사이면서 동시에 경제학자인 극소수의 그룹에 속한다. 바푸는 현재 하버드 대학교 의학전문대학원Harvard Medical School 교수로서 보건의료정책 및 의학을 가르치고 있으며, 보스턴의 매사추세츠 종합병원에서 환자를 진료하고 있다. 이 책에서 소개할 많은 이야기와 연구 결과 대부분은 의사로서 그의 진료 경험에서 나온 것이지만, 그는 자신의 내면에 존재하는 경제학자로서의 관심도 잃지 않고 있다. 하지만 바푸가 처음부터 의사이자 경제학자가 될 생각을 한 것은 아니었다. 이 일 또한 우연에 의한 것이었다. 시카고 대학교의 괴짜 같지만 매우 영향력이 큰 교수가 그에게, 그가 계획하고 있던 생물학 박사학위 대신에 경제학 박사학위 과정을 시작해볼 것을 우연히 제안한 것이 그 계기였다. 그 교수가 생물학자로서의 바푸의 성공 가능성을 낮게 평가해 그런 제안을 한 것이 아니었기를 바라지만, 어쨌든 결국 바푸는 경제학 박사과정을 시작했다.

우리 중 다른 한 명인 크리스는 매사추세츠 종합병원 호흡기내과 의사이자 중환자 치료 전담 의사이며, 하버드 대학교 의학전문대학원 교수로서 보건의료정책을 연구하고 있다. 크리스는 다트머스 의대를 다니는 동안 뉴햄프셔주의 시골 환자들을 돌보았으며, 이후 보스턴 메디컬 센터와 보스턴 보훈병원에서 레지던트로 일하면서 보스턴 지역의 소외된 환자들을 치료하고 의사로서의 기초를 다진 후, 하버드 대학교 의학전문대학원에서 호흡기내과학과 공중보건을 공부했다. 현재 크리스는 중환자실에서 환자를 치료하면서 의학 분야의 자연실험에 관한 연구를 하고 있다.

그동안 의사로 일하면서 우리는 질병을 분리된 실체, 즉 원인을 찾아내 치료할 수 있는 대상으로 생각하고 싶었지만, 현실적으로 질병은 극도로 복잡한 실체라는 것을 알게 됐다. 실제로 우리가 돌보는 환자들은 한 가지 문제만 가지고 있는 경우가 거의 없었다. 예를 들어, 환자들은 갑자기 상태가 악화되기도 하기 때문에 의사들은 불완전한 정보를 바탕으로 신속하게 대처해 환자를 살려내야 할 때가 많다.

특히 응급상황에 대처하는 데 필요한 확실한 과학적 연구 결과는 제한적이므로 의사들은 인체의 작동방식에 대한 자신의 지식, 치료 경험, 본능에 의지해 치료를 해야 할 때가 많다. 다행히도 이런 접근방식은 대부분 효과가 있지만, 의사와 환자 모두 자신도 모르게 우연에 의존하게 만든다. 하지만 우리는 이런 우연으로부터 무언가를 배울 수 있다(배우려고 노력한다면 말이다). 의사이자 연구자로서의 우리의 연구 결과를 담은 이 책은, 의료에서 우연이 어떤 역할을 하는지에 대한 연구가 환자의 건강과 우리 사회의 안녕에 기여할 수 있다는 생각에 기초한다.

인류는 어떻게 콜레라를 이겨낼 수 있었을까?

의학 분야에서 이뤄지는 자연실험의 장점(우리가 자연실험에 매료돼 이 책을 쓰게 만든 동인)은 자연실험이 전통적인 연구로는 쉽게 해결할 수 없는 보건의료 시스템의 문제들을 우리가 인식하게 해주고, 그 문제들에 대한 잠재적인 해결책을 제시할 수 있다는 데 있다. 이는 우리만의 생각이 아니다. 실제로, 자연실험의 현대적 활용에 대한 연구의 선구자인 데이비드 카드David Card, 조슈아 앵그리스트 Joshua Angrist, 휘도 임번스Guido Imbens는 2021년에 노벨 경제학상을 수상함으로써 자연실험이 매우 강력한 도구라는 것을 입증했다. 이들의 자연실험 연구는 경제학 분야에서 '신뢰성 혁명credibility revolution'을 일으켰으며, 이들이 개발한 정교한 과학적 방법은 보건경제학을 비롯한 경제학의 거의 모든 부분에 적용되고 있다.[5]

자연실험에 대한 현대적인 연구는 주로 경제학 분야에서 이뤄지고 있지만, 사실 자연실험에 대한 최초의 연구는 의학 분야에서 먼저 실행되었다고 할 수 있다. 이 연구는 많은 사람들이 의사 존스노John Snow를 역학epidemiology(한 인구 집단 내에서 건강과 질병에 영향을 미치는 원인, 행태, 효과 등을 연구하는 학문)의 '아버지'로 부르게 만들 정도로 중요한 연구였다.

1854년, 런던은 탈수 증상으로 사망에 이르게 만드는 설사병인 콜레라가 창궐하고 있었다. 당시는 콜레라가 어떻게 전파되는지 밝혀지지 않은 상태였다. 스노는 콜레라가 위장 증상을 유발한다는 사실에 기초해, 콜레라에 걸린 환자가 질병을 유발하는 무언가를 섭취했을 것이라는 가설을 세웠고, 특정 지역에 거주하는 사람들에게서 콜레라가 발생하자 조사를 시작했다.[6] 그 지역에서는 수십 명의 사망자가 집중적으로 발생했는데, 스노는 해당 지역 주민 중 어떤 주민들은 콜레라에 걸렸고, 어떤 주민들은 전혀 콜레라의 영향을 받지 않았다는 사실을 발견하고 그 이유를 추적하기 시작했다. 스노는 콜레라를 앓는 사람들과 콜레라로 사망한 사람들을 연구한 결과, 당시 그들이 특정한 펌프에서 길어 올린 물을 마셨다는 사실을 알아냈다. 당시 런던 사람들은 지역의 물 펌프를 통해 식수를 마셨다. 반면, 스노는 그 지역 콜레라 환자들과 건강 상태와 소득수준이 비슷하고 그들과 비슷한 음식을 먹었지만, 콜레라에 걸리지 않은 사람들은 이 특정한 물 펌프가 아닌 근처의 다른 물 펌프, 즉 상수원이 다른 펌프에서 나온 물을 마셨다는 사실을 알아냈다. 스노는 상수원이 콜레라의 유일한 원인일 수 있다는 결론을 내렸다.

이 결론은 자연실험을 통해 얻은 결론이었고, 콜레라의 원인이 무엇이든 환자들이 콜레라균을 섭취하고 있다는 스노의 가설을 뒷받침했다. 또한, 추가적인 확인을 위해 스노는 문제의 물 펌프 손잡이를 제거해 그 지역 주민들이 그 펌프의 물을 마시지 못하도록 했다. 그 결과, 콜레라 환자수가 감소하기 시작했다.

이후 문제가 된 물 펌프의 상수원은 초기에 콜레라균에 감염된 가정에서 나온 하수로 인해 오염된 것이라는 사실이 밝혀졌다. 또한 스노의 실험은 '자연실험'이었기 때문에, 스노는 현미경으로 박테리아를 확인하거나 오늘날 우리가 의존하는 현대적인 테스트를 하지 않고도 원인과 결과를 규명할 수 있었다. 그는 인과관계를 염두에 두고 데이터를 수집하고 분석했을 뿐이었다. 현재 우리는 스노의 생각, 즉 콜레라는 콜레라균^{Vibrio cholerae}이 원인이며, 콜레라균에 오염된 음식이나 물을 섭취함으로써 확산된다는 생각이 옳다는 것을 잘 알고 있다.

전염병은 지금도 여전히 우리의 건강을 위협하고 있지만, 오늘날 우리가 직면한 건강 문제들은 스노가 살던 시대의 건강 문제들과는 매우 다르다. 하지만 질병에 걸리지 않으면서 삶을 개선하고 생명을 연장하는 것은 지금도 의학의 최우선 과제이며, 자연실험은 1854년과 마찬가지로 여전히 강력한 도구다.

데이터 속에 가려진 질문들

보건의료 분야뿐만 아니라 더 넓은 범위에서 자연실험을 식별해내고 연구하는 일은 자연실험이 정확하게 언제 확실하게 진행되는지 명확하지 않다는 점에서 쉽지 않은 일이다. (우리가 의사 일을 하면서 돈을 벌 수 있는 이유 중 하나도 이 점에 있다.) 데이터에 숨어 있는 자연실험을 찾아내려면 연습이 필요하다. 존 스노에게 있었던 본능적인 감각을 가진 의사는 많지 않기 때문이다. 우리가 이 연구를 시작한 계기도 사실 우연에 의한 것이었다. 배우자와 나눈 우연한 대화, 커피를 사기 위해 줄을 서다가 갖게 된 우연한 만남, 환자나 동료와 우연히 함께한 경험에서 우연히 연구과정에 필요한 아이디어를 얻게 될 때처럼, 이 연구를 위한 아이디어도 우연의 산물이었다.

　이 책을 통해 우리는 의사와 환자 모두에게 이런 자연실험에서 배울 것이 많다는 것을 보여주고자 한다. 또한, 우리는 우연을 제외한 다른 모든 면에서 비슷한 두 사람을 서로 매우 다른 진료 경로로 이끄는 우연의 힘, 즉 우리의 보건의료 시스템 안에 숨겨진 힘에 대해 다룰 것이다. 이런 우연의 힘에 대해 살펴봄으로써 우리는 우연의 힘이 더 넓은 범위의 의료와 일상생활에서 어떤 의미를 가지는지 파악할 수 있을 것이다. 이 책을 다 읽고 나면 우연이 진료실, 병원 그리고 그보다 더 넓은 공간에서 삶에 어떤 영향을 미치는지, 개인과 공동체를 더 건강하고 행복하게 만들기 위해 우리가 우연에 대한 지식을 어떻게 이용할 수 있는지 대략적으로 생각할 수 있게 될 것이다.

　하지만 그러기 위해서는 먼저 자연실험의 언어와 개념에 조금 더 익숙해져야 한다. 다음 장에서 우리는 대통령, 프로축구 선수 같은 사람들의 삶에서 우연이 어떤 역할을 하는지 간략하게 살펴본 다음, 본격적으로 환자, 의사 그리고 우리의 연구에 대한 이야기를 할 것이다. 또한 우리는 의료가 얼마나 우연적일 수 있는지, 우연한 사건이 어떻게 자연실험을 만들어내 현대의학이라는 회색지대를 헤쳐 나가는 데 도움을 주는지 설명할 것이다. 이 책에서 다루는 이야기 중 일부는 여러분, 여러분의 부모, 자녀 또는 이웃에게 적용될 수 있을 것이며, 이 이야기들의 많은 부분은 의사에게도 적용 가능할 것이다(이 책을 다 읽고 나면 다음번에 의사에게 진료를 받을 때 대기실에 두고 나와도 좋을 것이다).

우연에 대한 수년간의 연구를 통해 우리가 깨달은 것 중 하나는 (우리를 비롯한) 의사들도 다른 사람들만큼이나 이런 숨겨진 우연의 힘에 대해 모르고 있다는 사실이다. 하지만 그렇다고 해서 의사들을 비난할 수는 없다. 의사들이 우연의 힘에 대해 알고 있다면, 그 힘은 숨겨져 있다고 말할 수 없을 테니 말이다.

다음 장으로 넘어가기 전에 알아야 할 몇 가지 중요한 사실이 있다.

— **모든 연구에는 이 책에서 인용되는 측면보다 더 많은 측면이 있다.** 이 책에서는 모든 연구의 모든 측면을 다루지는 않을 것이다. 중요한 측면에 집중하기 위해서다. 연구논문이 학술지에 게재되려면 동료평가peer review 및 편집 과정을 거쳐야 한다. 이 책에서 특정 연구를 소개할 때 우리는 각각의 연구가 다른 연구들과 어떻게 맥락을 공유하는지 고려해야 한다는 점을 염두에 두고, 각각의 연구가 어떤 의미를 가지는지에 대한 우리의 생각을 솔직하고 간결하게 해석해 독자에게 전달하고자 최선을 다할 것이다. 이 책에서 언급되는 연구에 대해 더 자세히 알고 싶은 독자는 책 마지막에 정리된 광범위한 참고문헌 목록을 보면 도움을 받을 수 있다.

— **연구는 일종의 팀 경기다.** 이 책에서 소개되는 연구 대부분은 다양한 연구기관에 속한 여러 연구자들이 공동 수행한 것이다. 우리는 연구를 누가 수행했는지 독자에게 알려주는 것이 중요하다고 생각하지만, 다루는 모든 연구의 수행자를 일일이 본문 안에 나열

할 공간적 여유는 없었다. 다시 한번 말하지만, 연구에 대해 더 자세히 알고 싶다면 책의 마지막에 실린 참고문헌 목록을 참조하길 바란다.

— **우리는 두 공동저자 중 어떤 저자가 말하고 있는지 분명하게 밝힐 것이다.** 이야기를 들려주거나 연구에 대해 설명할 때 우리는 문장에서 1인칭 복수 시점을 사용할 것이다. 대부분의 경우 '우리'는 공동저자 두 명 모두를 가리키지만, 개인적인 이야기를 하거나 공동저자 중 한 명만이 기여한 그룹 연구에 대해 설명할 때는 1인칭 단수 시점을 사용할 것이다. 혼동을 피하기 위해 '우리' 또는 '나'라는 말을 쓸 때는 누구를 지칭하는지 정확히 명시할 것이며, 섹션이 바뀌면 다시 우리 둘 모두를 가리키는 '우리'라는 표현을 사용할 것이다.

— **개인정보 보호를 위해 세부사항 일부를 변경했다.** 특정 환자에 대한 이야기를 할 때 우리는 사소한 세부사항 일부를 변경하거나 일반적으로 환자가 경험할 수 있는 이야기를 만들어냈다. 비밀을 보호받아야 할 환자의 권리를 침해하지 않으면서 병원에서 일어나는 일들을 사실적이고 내부적인 시각으로 설명하기 위해서다.

이제 이 점을 염두에 두고 자연실험에 대해 알아보자.

2장

자연실험,
실험할 수 없는 조건을
실험하는 방법

대통령은 과연 더 빨리 늙을까?

버락 오바마가 대통령에 취임한 지 얼마 지나지 않아 사람들은 그의 외모에 미묘한 변화가 일어났다는 것을 알아차리기 시작했다. 자유세계 지도자의 머리가 희끗해지고 있었다. 일부에서는 오바마가 염색약 사용을 중단했을 것이라는 추측이 돌았다. 취임 당시 마흔일곱 살이었던 오바마는 대통령으로서는 젊었지만 머리 염색약을 사용할 만한 나이였기 때문이다. 하지만 어떤 사람들은 전직 대통령들의 사례에 대한 연구 결과에 기초해, 대통령 역할 수행이 주는 부담감 때문에 오바마의 흰머리가 늘어났다고 생각하기도 했다.

"금융 시스템 붕괴, 두 차례의 전쟁, 대규모 원유 유출 사건으로 스트레스를 겪고도 오바마 대통령의 머리가 희끗희끗해지지 않을 수 있을까요?"[1] 오바마가 대통령에 취임한 지 2년이 채 되지 않은 2010년 CNN 보도에서 나온 말이다. 오바마의 머리 색깔에 대한 이 보도는 오바마가 자주 다녔던 시카고의 한 이발소를 배경으로 이어졌다. 이 이발소에서 한 손님은 대통령 중에 오바마만 머리가 희끗해진 것은 아니라며 "빌 클린턴과 조지 부시도 그랬으니 오바마도 그렇게 되겠지요"라고 말했다.

오바마 본인도 같은 생각이었던 것 같다. 퇴임 후 몇 년이 지난 2018년, 오바마는 인디애나주에서 열린 한 정치 집회에서 이렇게 말했다. 프로농구 선수 빅터 올라디포Victor Oladipo가 이 자리에 있었다. "10년 전, 대통령 선거 유세를 할 때는 흰머리가 전혀 없었습니다. 좀 전에 빅터 올라디포가 우리가 그때 같이 찍은 사진을 보여줬는데, 올라디포는 그때나 지금이나 똑같이 보였습니다. 난 좀 다르더군요. 왜 그런지 잘 아시죠? 흰머리가 날 만했겠지요?"[2]

오바마의 이 말은 10년이 지나는 동안 자신이 올라디포보다 더 빨리 늙었다는 뜻이었다. 누군가보다 '더 빨리 늙는다는 것'은 어떤 뜻일까? 태어나서 죽음에 이르는 과정이 노화라면, 더 빨리 늙는다는 것은 죽음을 향해 더 빠르게 가고 있다는 뜻, 즉 더 젊은 나이에 죽는다는 뜻일 것이다.

대통령이 되면 정말 더 빠르게 노화가 일어나 더 일찍 죽게 되는지 확인하고 싶다고 가정해보자. 어떤 방법을 사용해야 확인이 가능할까?

앞서 말했듯이, 가장 이상적인 방법은 무작위 비교연구일 것이다. 대통령이 되고 싶은 사람들을 찾아내 무작위로 그 사람들 중 일부는 미국 대통령이 되게 만들고, 일부는 그렇지 않게 만든 다음, 이 두 그룹의 사람들이 각각 얼마나 오래 사는지 추적하면 될 것이다. 이 경우 확실한 증거를 확보하려면 표본의 크기가 적절해야 한다. 예를 들어, 50명 정도의 대통령에 대한 결과가 있어야 할 것이다. 그런 다음 대통령이 된 사람들과 그렇지 않은 사람들의 평균 수명을 비교해, 차이가 있다면 그 차이의 원인이 대통령 역할 수행으로 인한 노화 가속화라고 말할 수 있을 것이다. 이 경우 무작위 배정을 통해 대통령을 지명했기 때문에 다른 변수는 작용하지 않았다. 따라서 우리는 이 결론이 맞는 결론이라는 것을 알 수 있을 것이다.

하지만 주의 깊은(또는 조금이라도 관련 지식이 있는) 독자라면 우리가 제안한 무작위 비교연구에 몇 가지 문제가 있다는 것을 알아차릴 것이다. 첫째, 미국 헌법은 대통령직을 무작위로 할당하는 것을 허용하지 않는다. 과학연구가 목적이라고 해도 마찬가지다. 둘째, 대통령은 한 번에 한 명만 선출할 수 있기 때문에 이 연구를 수행하는 데는 오랜 시간이 걸릴 것이다. 이 밖에도 여러 가지 문제점이 있다. 따라서 무작위 비교연구로는 이 질문에 대답할 수 없다.

하지만 자연실험은 이 질문에 대한 답을 줄 수 있다.

자연실험이 이뤄지려면 우연한 사건이 개인을 두 가지 경로 중 하나로 이끌어야 한다. 이 경우에는 대통령이 되는 경로와 그렇지 않은 경로다. 개인이 어떤 경로로 이끌리는지는 실제로 무작위적이어야 한다. 그래야 대통령이 된 그룹과 이 그룹의 구성원들과 비슷하지만 대통령이 되지 않은 대조군control group이 만들어진다. 이 두 그룹이 다른 모든 면에서 비슷하다면, 대조 그룹의 경험을 추적함으로써 대통령이 되지 않은 사람들에게 어떤 일이 일어났는지 알 수 있을 것이다.

'반사실적counterfactual'이라는 용어는 '일어날 수 있었던 일'이라는 개념을 나타내는 철학 용어다(반면, '사실적factual'이라는 용어는 실제로 일어난 일을 나타내는 데 사용된다). 전문용어를 많이 사용해 독자를 귀찮게 할 생각은 전혀 없다. 하지만 반사실적이라는 개념은 자연실험과 건강 그리고 보건의료에 대한 우리의 연구에서 핵심적인 위치를 차지한다. 이 개념은 이해하기가 쉽지 않기 때문에 1980년대에 나온 유명한 영화를 예로 들어 설명하고자 한다.

영화 〈백 투 더 퓨처〉의 시작 부분에서 우리는 10대의 마티 맥플라이를 만나게 된다. 마티는 서로 사이가 좋지 않은 부부인 아버지 조지, 어머니 로레인과 함께 1985년에 살고 있다. 겁쟁이이자 약골인 아버지는 1955년에 로레인을 차로 친 뒤 미안한 마음에 그녀와 결혼한 사람이다. 마티는 우연한 사건들을 계속 겪은 뒤 타임머신을 타고 1955년으로 가게 되고, 그곳에서 고등학생인 부모님을 만난다. 마티는 그곳에서 10대의 아버지가 자신을 괴롭히는 불량배들에게 맞서 싸우는 것을 도와주게 되고, 이 과정에서 마티의 어머니는 아버지를 전혀 다른 시각으로 바라보게 된다. 그 후 마티는 다시 1985년으로 돌아오고, 부모님의 삶이 완전히 바뀌어 있는 것을 보게 된다. 두 사람은 서로 깊이 사랑하는 사이가 돼 있었고, 아버지는 성공한 사람 특유의 자신감 넘치는 모습을 보이고 있었다.

이 영화는 우리에게 본질적으로 서로 다른 두 가지 타임라인을 보여준다. 이 두 타임라인은 서로에게 반사실적이다. 한 타임라인은 마티가 시간을 거슬러 올라가 개입하지 않았을 때 어떤 일이 일어나는지 보여준다(불행한 결혼생활을 하는 부모님). 다른 하나는 마티가 개입했을 때 어떤 일이 일어나는지 보여준다(행복한 결혼생활을 하는 부모님). 우리는 각각의 타임라인에서 어떤 일이 일어나는지, 그리고 이 두 타임라인의 유일한 차이점은 마티의 개입이라는 것을 잘 알고 있고 있다. 따라서 우리는 마티에게 서로 반사실적인 1985년의 두 가지 상황의 차이가, 마티가 타임머신을 타고 1955년으로 갔던 일에 의해 발생했다고 생각할 수 있다.

우리가 현실을 조작할 수 없다면

대통령 이야기로 돌아가보자. 오바마와 다른 전직 대통령들을 비교하기 위해서는 대조 그룹이 필요하지만, 〈백 투 더 퓨처〉에서와는 달리 우리는 타임머신을 마음대로 사용할 수가 없다. 우리는 시간을 거슬러 올라가 2000년의 플로리다주 선거결과 재검표에 개입해 앨 고어를 대통령으로 만들 수도 없고, 조지 W. 부시가 대통령이 되지 않았을 때 그에게 어떤 일이 일어났을지도 알 수 없다(하지만 이 반사실적인 타임라인이 사실에 가깝기는 했다).

한 가지 방법은 대통령들을 대통령 선거에서 2위를 차지한 후보자들로 구성되는 대조 그룹과 비교하는 것이다. 어쨌든, 대선에서 2위를 차지한 후보들도 (예외가 있긴 하지만) 유명한 정치인이며, 대체적으로 실제 대통령들과 비슷한 과거 경험을 가지고 있으며, 대통령에 당선된 사람들이 만약 당선되지 않았다면 이들과 비슷한 미래를 경험할 것으로 예상되기 때문이다.

과학실험에서 무작위 배정을 선호하는 이유는 개입 그룹 또는 대조 그룹으로의 무작위 배정이 다른 변수들이 실험 결과에 영향을 미치지 않게 해주기 때문이다. 하지만 선거는 무작위성과는 거리가 멀다. 실제로 미국 헌법은 선거가 국민의 의사를 표시하는 행위라고 명시하고 있다. 선거는 동전 던지기가 아니다.

일반적으로 오늘날 유권자들이 특정한 대통령 후보에 표를 던지는 이유는 그들이 특정 정당의 당원이거나, 특정 후보가 제안하는 정책이 마음에 들어서거나, 자신이 선호하는 후보가 대통령직에 적합한 사람이라고 생각하기 때문이다. 특정 후보가 장기적으로 뇌졸중, 심장병, 암 등의 발병 위험이 높기 때문에 유권자들이 그에게 투표하는 것은 확실히 아니라고 말할 수 있다. 후보의 나이는 선거에 영향을 미칠 수 있으며, 실제로 지금도 영향을 미치고 있다. 하지만 유권자들은 투표할 때 50세 후보의 기대수명이나 질병 위험이 다른 50세 후보들의 기대수명이나 질병 위험보다 높은지 또는 낮은지에 대해 생각하지는 않을 것이다.

그렇다면 선거의 승패도 우연에 의해 결정된다고 할 수 있다. 선거결과 자체는 무작위적이지 않다. 대중의 정서와 정치적인 성향에 따라 결정되기 때문이다. 하지만 선거를 할 때 기대수명 측면에서 어떤 후보들을 같은 연령대의 다른 후보들과 비교하는 것은 무작위적인 비교라고 할 수 있다. 즉, 대통령직이 주는 스트레스에 어떤 후보가 노출되고, 어떤 후보가 그렇게 되지 않을지는 그 후보들의 미래의 건강 측면에서 볼 때 '거의 무작위로' 결정된다고 할 수 있을 것이다.

〈백 투 더 퓨처〉의 관점에서 대통령 선거라는 자연실험에 대해 생각해본다면, 선거는 마티 맥플라이가 탄 타임머신이 1955년에 도착하는 결정적인 순간과 비슷하다고 할 수 있다. 선거일에 한 후보는 대통령이 되고, 우리는 모두 그 후보가 대통령이 되는 타임라인으로 보내지기 때문이다. 이때 만약 타임머신을 이용할 수 있다면 우리는 과거로 돌아가 선거결과를 바꾸고, 다른 후보가 당선되는 새로운 반사실적 타임라인을 만들어 두 타임라인에서 대통령이 된 사람이 얼마나 오래 사는지 확인할 수 있을 것이다. 하지만 우리에게는 타임머신이 없다. 따라서 우리는 '2위를 차지한 후보'를 대상으로 연구를 할 수밖에 없다.

대통령에 당선된 후보는 대통령직이 주는 보상(권력, 명예, 멋진 집, 대통령 전용기)과 스트레스('금융 시스템 붕괴, 두 차례의 전쟁, 대규모 원유 유출 사건')에 노출된다. 대선에서 2위를 차지한 후보는 아깝게 낙선한 후보들이 항상 해왔던 일, 즉 높은 대중적 인지도를 유지하면서 대통령보다는 덜 중요한 다른 역할을 맡는다. 대통령에 당선된 후보도 만약 당선되지 않았다면 이와 비슷한 일을 할 것이다 (2000년 대선에서 조지 W. 부시에게 패배한 후 앨 고어는 미국에서 가장 유명한 환경운동가가 됐다. 물론 환경운동가도 스트레스를 받기는 하지만, 대통령만큼은 아닐 것이다).

따라서 대선에서 2위를 한 후보들은 선거의 승자들과 비교하기 매우 좋은 반사실적 집단이라고 할 수 있다. 실제 대선에서 2위를 한 후보들에게 어떤 일이 일어나는지는 반사실적 세계(대통령이 된 사람들이 대통령이 되지 못한 반사실적 세계)에서 이들이 대통령이 됐을 때 어떤 일이 일어나는지 보여줄 수 있기 때문이다.

여기서 우리(바푸, 컬럼비아 대학교 경제학자 앤드루 올렌스키Andrew Olenski, 뉴욕대 의과대학 정형외과 의사 매슈 아볼라Matthew Abola)가 주목한 자연실험 중 하나를 살펴보자.[3] 17개국의 데이터를 사용해 우리는 비슷한 직책(대통령 또는 총리)을 역임한 선출직 정부 지도자의 사망률을 연구했다. 이 지도자들은 미국에서와 마찬가지로 미래의 건강 면에서는 거의 무작위로 선출된 사람들이었다. 우리는 1722년 (영국에서 총리가 최초로 선거에 의해 선출된 해)부터 시작해, 우리가 이연구를 수행한 2015년까지의 선거결과, 선거에서 선출된 지도자들의 사망률 등을 들여다봤다.

우리의 목표는 선거 이후 후보들이 평균적으로 얼마나 오래 살았는지 조사하고, 선거 당선자들과 2위를 차지한 후보들을 비교하는 것이었다. 이를 위해 우리는 낙선했지만 그 후에 다시 출마해 당선된 후보자들(예를 들어, 미국 초기 대통령인 존 애덤스와 토머스 제퍼슨은 대선에서 모두 2위를 차지해 낙선했지만 당시 규정에 따라 부통령을 역임한 뒤 나중에 대통령에 당선됐다)의 사례, 국가와 시대에 따라 달라지는 평균 기대수명 그리고 가장 중요한 요소인 선거 당시 후보자의 연령 또는 성별 같은 다양한 요소들을 고려했다.[*]

먼저 우리는 후보가 당선된 후 생존한 기간(즉, 당선됐을 당시의 나이와 사망 당시 나이의 차)과 후보가 당선된 해에 당시 그 후보와 나이와 성별이 같았던 사람들의 기대여명(향후 생존할 것으로 기대되는 평균 생존연수)을 비교했다. 이 비교를 통해 우리는 선거에서 당선된 후보의 관찰된 생존기간과 예상된 생존기간의 차이를 확인할 수 있었다. 우리는 낙선한 후보에 대해서도 같은 방식, 즉 선거에서 패배한 후보의 선거 후 생존기간과 선거 당시의 나이와 성별을 기초로 계산한 기대여명을 비교하는 방식을 사용했다. 그 후 이 차이들을 비교한 뒤, 당선된 후보들과 2위로 낙선한 후보들의 나이와 성별 그리고 선거 당시 그들의 기대여명 차이를 분석했다.

이 분석 결과는 대통령이나 총리 등 지도자로 선출된 사람들이 흰머리가 빨리 자란다는 대중의 생각이 맞았음을 입증했다. 나이와 성별 같은 차이를 보정한다고 해도, 선거의 승자들은 2위를 차지한 사람들에 비해 수명이 평균 2.7년 짧은 것으로 드러났기 때문이다. 이는 다시 말해, 정부의 지도자로 선출된 사람들이 낙선한 사람들에 비해 2.7년 먼저 노화된다는 뜻이다.

하지만 이 결과가 과연 선거의 승자가 패자보다 오래 살지 못하는 이유를 정확하게 설명한다고 할 수 있을까? 그렇지 않다. 이 결과가 '대통령직' 또는 '총리직' 그리고 그에 수반되는 임기 중 사

---

*   이 마지막 요인이 특히 중요했다. 나이가 많거나 남성인 후보자가 선거에서 승리할 가능성이 더 높다면, 단순히 나이가 많은 후보자, 특히 남성인 후보자가 젊은 후보자, 특히 여성인 후보자보다 기대여명이 더 짧을 수 있음에도 불구하고 선거에서 승리하면 기대여명이 짧아진다는 잘못된 결론을 내릴 수 있기 때문이다. 관심의 노출exposure of interest(이 경우는 후보의 선거 승리 또는 패배 어부)(역학에서 '노출'이라는 말은 관심의 결과와 연관이 있는 요인을 뜻한다–옮긴이) 그리고 관심의 결과(이 경우는 후보가 예상보다 일찍 사망했는지 여부)와 모두 상관관계가 있는 나이나 성별 같은 특정 요인이 두 그룹에서 서로 다를 때, 연구자들은 '교란confounding 현상'을 우려한다. 교란 현상과 교란 요인에 대해서는 앞으로 이 책에서 자세히 설명할 것이다. 일반적으로 집단 간의 차이를 '보정' 또는 '고려'하는 것은 집단의 특성 차이로 인해 편향된 결과가 생기는 것을 피하기 위한 노력이라고 할 수 있다.

건들이 기대수명을 단축시킬 수 있다는 증거를 제공한다고 할 수는 있다. 하지만 이 데이터만으로는 그 이유를 정확하게 파악할 수 없다. 물론, 지도자로 선출되면 식습관이 나빠지거나, 잠을 덜 자게 되거나, 흡연을 더 많이 하거나, 운동을 덜 하는 등 여러 가지 해로운 습관이 생길 수 있으며, 이런 습관 중 일부는 퇴임 후에도 지속될 수 있다. '스트레스'를 받아 이런 습관들이 생길 수 있다는 생각에 기초해, 정부의 수장으로서 받는 스트레스가 노화를 촉진한다는 결론을 내리는 것은 매우 합리적으로 보인다(일부 선출직 지도자들은 암살의 표적이 되므로 수명이 단축될 수도 있다. 하지만 우리의 분석에서 암살이라는 요소를 포함시켰어도 결과는 차이가 없었다. 암살은 매우 드문 일이기 때문이다).

여기서 중요한 점은 우리의 이 분석 결과로는 내일 당신이 갑자기 대통령이 된다고 가정했을 때 어떤 일이 일어날지 알 수 없다는 것이다. 이 분석은 정부의 수장이 될 가능성이 매우 높은 사람들만을 대상으로 했기 때문이다. 과학자들이 가끔 사용하는 용어를 빌리자면, 이 연구 결과는 모든 사람에게 '일반화할 수 있는' 결과가 아니다(즉, 이 책을 읽고 있는 당신은 대통령 또는 세계적인 정치 지도자가 아니라는 뜻이다. 하지만 만약 그렇다면 당신이 이 책을 읽어준 것을 영광으로 생각할 것이다). 게다가 우리는 이 연구에 포함된 17개국이 아닌 다른 나라의 선출직 정부 지도자들에게 어떤 일이 일어났는지도 알 수가 없다. 마지막으로, 독자들은 2.7년이라는 수치가 평균 수치라는 것에 유의해야 한다. 즉, 이는 어떤 대통령에게는 이 효과가 적을 수도 있고, 또 어떤 대통령에게는 클 수도 있다는 뜻이다. 우리는 모든 선출직 지도자에게 이 효과가 나타난다고 확신할 수 없다.

이 자연실험의 목적은 어떤 사람이 정부의 수장으로 선출됐을 경우, 그렇지 않았을 경우에 비해 더 빨리 노화하는지, 즉 더 일찍 사망하는지 알아내는 것이었다. 하지만 무작위 비교연구로는 합리적인 결론을 내릴 수 없었다. 후보자의 기대수명 측면에서 볼 때 선거의 결과는 사실상 무작위적인 사건이다. 이는 후보자들이 선거 이후에 우연에 의해 두 개의 그룹, 즉 승자 그룹과 패자 그룹으로 고르게 나뉜다는 뜻이다. 이 두 그룹은 서로에게 반사실적이다. 즉, 패자에게 일어난 일은 승자가 만약 패자였다면 일어났을 일을 나타내며, 승자에게 일어난 일은 패자가 승자였다면 일어났을 일을 나타낸다. 이 두 그룹의 기대수명 차이인 2.7년은 정부 수반으로 일했을 때 2.7년 더 빨리 노화된다는 것을 보여준다.

이해가 되고 있다면, 이제 조금 더 깊이 들어가보자.

은메달리스트의 기대수명이 짧은 이유

승패가 무작위로 결정되는 것은 대통령 선거뿐만이 아니다. 올림픽 경기를 자주 시청하는 사람이라면 금메달과 은메달의 차이가 0.1초일 수도 있고, 심판이 주관적으로 부여한 점수의 미세한 차이일 수도 있다는 것을 잘 알고 있을 것이다. 물론 올림픽 출전은 무작위로 이뤄지는 일은 아니다. 올림픽에 출전하려면 오랫동안 끊임없이 노력해 그 정도 기량에 이르러야 한다. 하지만 우연한 사건에 의해 몇백 분의 1초가 늦어져 금메달이 은메달로, 은메달이 동메달로, 동메달이 메달 획득 실패로 바뀔 수 있다는 생각은 쉽게 할 수 있다.

위트레흐트 대학교의 경제학자 아드리안 칼베이Adriaan Kalwij는 올림픽에서의 승패가 엘리트 선수들의 수명에 영향을 미치는지 알아내기 위해 이런 상황을 자연실험으로 이용했다. 물론 올림픽 선수들은 건강 상태가 매우 좋으며, 평균적으로 일반인보다 오래 산다.[4] 칼베이가 확인하고 싶었던 것은 메달을 획득한 선수들의 기대 수명에 메달 순위가 영향을 미치는지 여부였다.

특히 그는 은메달을 따는 일, 즉 평생을 노력해 이루고자 하는 목표에 근접했지만 아쉽게 실패한 일이 선수에게 미치는 심리적 영향에 대해 알고 싶었다. 은메달을 딴 것이 선수의 건강에 장기적인 영향을 미칠까? 그는 1998년 미국의 코미디언 제리 사인펠드가 한 TV 프로그램에서 한 다음과 같은 말을 인용함으로써 자신이 제시한 가설을 깔끔하게 요약했다. "내가 올림픽 선수라면 은메달을 따는 것보다 꼴찌를 하는 게 낫다고 생각할 것 같아요. 금메달을 따면 기분이 좋겠지요. 동메달을 따면 '그래도 뭔가는 이뤘구나' 여길 겁니다. 하지만 은메달을 따면 '조금만 더 잘했다면 금메달을 딸 수 있었어. 난 모든 패자들 중에서 가장 먼저 들어온 선수에 불과한 거야'라고 생각하게 될 겁니다."[5]

2018년에 발표된 이 연구논문에서 칼베이는 1904년부터 1936년까지의 올림픽 경기 데이터를 수집해(이 기간 동안 올림픽에서

메달을 딴 선수 중 2018년까지 생존한 두 명을 제외한 모든 선수들의 수명을 조사했다) 금메달, 은메달, 동메달을 각각 딴 선수들의 수명 차이를 분석했다.[6] 칼베이는 평균적으로 이 선수들이 어느 정도 비슷한 수준의 체력을 바탕으로 올림픽에 참가했을 것이기 때문에 기대수명도 거의 비슷했을 것으로 추정했다. 기대수명 측면에서만 볼 때 금메달, 은메달, 동메달 획득 여부는 사실상 무작위로 결정됐기 때문이다.

이 연구에서 금메달리스트와 동메달리스트의 기대수명은 각각 73.2세, 74.8세로 거의 비슷했던 것으로 조사돼 통계적으로 유의미한 차이를 보이지 않았다. 하지만 은메달리스트의 기대수명은 금메달리스트나 동메달리스트보다 훨씬 적은 70.8세에 불과했다. 사인펠드의 말이 맞았던 것으로 보였다. '세계 최고'에 아쉽게 도달하지 못한 것이 선수에게 미친 심리적 효과는 수명을 몇 년이나 단축시킨 것으로 보인다.

인과관계 추론하기

이런 연구 결과에 대해 의심이 들 수도 있을 것이다. 앨 고어와 밋롬니Mitt Romney(2012년 미국 대선에서 버락 오바마에게 패한 공화당 후보-옮긴이)에게 일어난 일이 조지 W. 부시와 버락 오바마에게 일어났을지도 모른다고 가정하는 것이 공정하지 않다고 생각할 수도 있다. 또는 올림픽 금메달리스트는 메달의 색깔을 제외하면 은메달리스트와 기본적으로 동일하다는 가정에 동의하지 않을 수도 있을 것이다. 만약 그런 생각이 든다면 여러분은 이 실험에 대해 비판적인 입장일 것이다. 하지만 그런 의구심은 타당할 뿐만 아니라 권장할 만한 생각이기도 하다. 따라서 우리는 여러분이 이 책을 읽으면서 여러분의 뇌에서 일어나는 생각에 귀를 기울이기를 원한다.

자연실험에 대해 연구할 때 우리도 최대한 회의적인 시각으로 접근하려고 노력한다. 우리가 자연실험의 매우 적은 부분, 즉 엄격한 과학적 검증을 통과할 수 있는 부분만을 깊게 연구하고 그 결과를 발표하는 이유가 바로 여기에 있다. 또한, 우리는 같은 질문에 다른 데이터와 다른 방법을 이용해 접근하면 새로운 결론에 이를 수 있으며, 그래도 괜찮다고 본다.

앞으로 우리는 이 책에서 더 많은 자연실험에 대해 살펴보겠지만, 우리의 목표는 자연실험에 관한 연구 결과가 절대적 진리라고 여러분을 설득하는 것이 아니다. 모든 연구에는 한계가 있다. 또한 모든 연구는 때로는 검증하기 어려운 가정에 기초하기 때문에 그 연구 결과에 완전한 확신을 가지는 것은 불가능하다. 우리의 목표는 자연실험이 우연이라는 토대 위에서 어떻게 구축되는지 보여주고, 여러분이 스스로 자신만의 결론에 이르도록 만드는 것이다(물론, 우리는 우리가 내린 결론도 여러분에게 제시할 것이다).

여러분이 지금도 자연실험에 대해 회의적인 생각을 가지고 있을 수는 있지만, 앞에서 우리는 자연실험에 의존하지 않고는 풀 수 없는 문제들에 자연실험이 어떻게 답을 제공하는지 보여주는 몇 가지 예에 대해 이야기했다. 다른 예를 하나 더 들어보자.

1987년, 내셔널 풋볼 리그National Football League, NFL 선수협회(NFL
에 속한 프로풋볼 선수들을 대표하는 노조)의 회원들은 계약 분쟁의 일
환으로 파업에 돌입했다. 하지만 NFL 팀들은 선수 부족으로 경기
를 취소하는 대신, 대체 선수에게 유니폼을 입혀 예정된 경기를 치
렀다(키아누 리브스가 출연한 2000년 영화 〈리플레이스먼트The Replacements〉
는 이 사건에 픽션을 가미해 재구성한 작품이다). 이 대체 선수들은 NFL
선수들과 비슷한 프로 경력을 가진, 나름대로 숙련된 풋볼 선수였
다. 하지만 이들은 미식축구의 최고 수준에서 뛰기에는 아직 부족
한 상태였다. 이 선수들은 계속 그 수준에 머무를 수 있었지만, 어
느 날 우연이 작용해 NFL 선수들은 파업에 들어갔다. 교체 선수들
은 파업이 끝나기 전까지 단 세 경기만 뛰었고, 파업 종료 후 원래
의 NFL 선수들이 시즌을 마쳤다.

파업 이후 현재까지 수십 년 동안 풋볼 선수들의 건강, 특히
반복적인 머리 부상으로 인한 만성 외상성뇌질환 등 프로풋볼 선
수들에게 수반될 수 있는 질병에 대한 대중의 관심이 상당히 높아
지고 있다. NFL 선수들이 일반인보다 더 오래 산다는 연구 결과는
있었지만(체력, 높은 소득, 양질의 의료 서비스 혜택을 감안하면 놀라운 일
이 아니다),[7] NFL 풋볼 선수로 경기를 하는 것이 선수들의 건강에
해를 끼쳐 그들의 평균수명을 단축시키는지에 대한 연구는 이뤄진
적이 없었다.

대통령들의 기대수명에 대한 합리적인 실험이 사실상 불가능
하듯이, NFL 풋볼 선수의 기대수명에 대한 합리적인 실험도 사실
상 불가능하다. 응원하는 팀이 오랫동안 고전하고 있다면 여러분

은 구단이 선수들을 다트를 던져 무작위로 뽑았기 때문이라고 생각할지도 모른다. 하지만 구단이 선수를 뽑는 일을 우연에 의존하는 경우는 거의 없다. 1987년의 NFL 선수 파업은 우리(바푸, 심장 전문의 마히르 간다바디Maheer Gandhavadi 그리고 연구 주저자인 펜실베이니아 대학교 경제학자이자 의사 아테엔다 벤카타라마니Atheendar Venkataramani)에게 프로풋볼 선수생활이 수명에 미치는 영향을 정량화하는 데 필요한 훌륭한 자연실험이 됐다.[8]

1987년 파업 당시의 대체 선수들은 별 볼 일 없는 선수들이 아니었다. 이들은 대부분 NFL이 아닌 다른 프로리그나 대학리그에서 매우 높은 수준의 풋볼 기량을 보인 선수들이었다. 대체 선수들이 다른 시기, 다른 장소, 다른 포지션에서 뛰었다면 그들 중 일부는 NFL에서 뛰고 있었을 수도 있다. 만약 그렇지 않다고 해도, 대체 선수들은 NFL 선수는 아니었지만 일반인보다는 건강 면에서는 NFL 선수에 더 가까웠을 가능성이 높다.

대통령 선거에서 2위를 차지한 후보들처럼 대체 선수들도 우리에게 반사실적 상황을 제공할 수 있다. 이들은 다른 상황이었다면 NFL 선수들의 삶이 어떻게 됐을지 알려주기 때문이다. 그렇다면 장기적인 건강 측면에서 볼 때, NFL에 진출하는 일은 거의 무작위로 생각할 수 있다. 이 경우 NFL에서 단 세 경기만 뛴 대체 선수들은 대조 그룹이 되고, 선수생활 내내 NFL에서만 뛴 선수들은 실험 그룹이 된다.

우리는 879명의 대체 선수와 파업 전후 5년 사이에 경력을 시작한 2,933명의 NFL 선수를 비교해 연구를 수행했다. 이 선수들의 사망에 관한 데이터를 찾는 일은 쉽지 않았다. 우리는 미국 질병통제예방센터CDC에서 모든 미국인을 대상으로 하는 사망진단서 데이터, 인터넷에 실린 부음 기사, 뉴스 기사 등 다양한 데이터 소스에서 두 그룹 선수에 대한 사망 정보를 수집했다. 그리고 사망 여부뿐만 아니라 지난 30년 동안 그들이 어떻게 사망했는지도 고려했다.

그 결과, NFL 선수의 4.7%와 대체 선수의 4.2%가 사망한 것으로 나타났다. 선수의 생년월일, 체중, 키, 포지션 등 두 그룹 간의 사망률 차이에 영향을 미칠 수 있는 여러 요인을 고려한 결과, 특정 연도에 NFL 선수가 대체 선수보다 사망할 확률이 38% 더 높다는 사실을 발견했다. 하지만 이 수치는 의미가 있음에도 불구하고 일반적인 수준에서 통계적으로 유의미한 수치라고 할 수는 없다. 따라서 이 연구 결과는 NFL 선수들의 기대수명이 대체 선수들의 기대수명보다 짧을 가능성은 제시하지만, 확실히 그렇다고 말할 수 있게 해주지는 않는다. 이 두 그룹에 속한 선수들이 지금보다 더 나이가 들어야 더 명확한 그림이 나타날 것이다.

하지만 이 연구 결과에는 위에서 언급한 것 이상의 결과가 포함돼 있다. NFL 선수와 대체 선수 모두 심장병, 자살, 부상, 암 등 같은 연령대의 남성에게 흔히 발생하는 질환으로 사망하는 경향이 있었다. 다만 중요한 차이점이 있었다. NFL 선수들은 교통사고, (대부분 약물 과다복용으로 인한) 비의도적인 상해, 신경질환에 의한 사망 비율이 대체 선수들에 비해 높았다는 것이다. 사망의 원인이 된 신경질환 중 일부는 반복적인 머리 부상에 따른 만성 외상성뇌질환이었다.

이 연구 결과를 해석할 때, 우리는 NFL 선수와 대체 선수는 드래프트(신인 선수 선발)되기 전에는 비슷한 배경을 가졌을 가능성이 높다는 점에 유의해야 한다. 즉, 실험 그룹과 대조 그룹을 분리하는 분열의 순간에 주의를 집중해야 한다는 뜻이다. NFL 선수들과 대체 선수들은 모두 어렸을 때부터 대학시절까지 풋볼을 했을 가능성이 높다. 이 시기는 두뇌 발달에서 중요한 시기이며, 반복적인 머리 부상으로 인한 만성 외상성뇌질환에 노출될 가능성이 높다는 점에서도 중요한 시기다. NFL에서 뛸 수 있는 자격을 갖추기도 전에 이 선수들은 극도로 열심히 훈련해야 한다는 압박을 비슷한 수준으로 받았을 것이며, 일부는 심장질환의 위험을 높이는 단백동화 스테로이드anabolic steroid(신체 전반에 광범위하고 직접적으로 작용해 단백질 합성과 관련된 유전자 발현을 총체적으로 증가시키는 약물-옮긴이)처럼 건강에 해를 끼치는 약물을 복용했을 수도 있다. NFL 리그 구단에 들어가기 전에 발생한 선수들의 장기적 건강 손상 정도는 우리의 분석을 통해 유추할 수 없었다. 따라서 이 연구는 이 두 그룹이 어떤 경험을 공유했느냐가 아니라, 두 그룹을 서로 구별하는 요소가 무엇이냐에 초점을 맞춰야 했다.

지금까지 우리는 다양한 상황에서 이뤄진 자연실험 몇 가지를 살펴보았고, 이 자연실험들을 자세히 살펴보면 어떤 유형의 질문에 답할 수 있는지 알아봤다. 아직 자연실험의 개념이 확실히 잡히지 않는다고 해도 걱정할 필요 없다. 앞으로 다시 다른 각도로, 다른 상황에서 이 개념을 살펴볼 것이기 때문이다. 아직도 자연실험에 대해 회의적인 독자들이 있을 것이다. 다시 한번 말하지만, 우리는 회의적인 생각을 좋아한다. 우리는 그런 의구심이 앞으로 챕터가 계속되면서 독자들에게 도움이 될 것이라고 본다. 이제 우연 그리고 우연이 보건의료 시스템에서 만들어내는 자연실험을 살펴볼 때다. 이 자연실험은 매우 중요하면서도, 참가자들이 대통령이나 올림픽 선수, 프로풋볼 선수들이 아닌 우리 같은 보통 사람들인 실험이다.

3장

여름에 태어난 아이들이 왜 독감에 더 잘 걸릴까?

"소아과 한 번 가기 힘드네"

부모라면 어린 자녀를 키울 때 소아과에 자주 가야 한다는 것을 누구나 알고 있다. 현재의 가이드라인에 따르면 건강한 어린이는 만 3세가 될 때까지 14번 정도의 소아과 검진이 권장된다. 이 검진 횟수에는 아파서 소아과에 가는 횟수는 포함되지 않는다. 어린 자녀를 둔 부모라면 불편한 대기실 의자, 알록달록한 병원 벽지, 나온 지 몇 년은 지난 잡지들, 병원 직원들의 다양한 성격에 익숙해져 있을 것이다.

부모 입장에서 아이를 소아과에 데리고 가는 일은 매우 번거롭다. 우리는 둘 다 어린아이 둘을 키우고 있기 때문에 이를 너무나 잘 알고 있다. 우리 같은 맞벌이 부부들은 부모 중 적어도 한 명이 반나절은 일을 하지 못하는 상태에서 아이를 태우고 차를 몰거나 대중교통을 이용해 병원에 가야 하고, 진료를 받기 위해 대기실에서 기다려야 하고, 아이가 검사를 받거나 주사를 맞으면 어린이집이나 학교로 데려다준 다음, 다시 일터로 돌아가야만 한다. 일부 부모들에게는 소아과에 아이를 데려가는 일이 잠깐의 불편함 수준을 넘어 수입 손실로 이어지기도 한다. 하지만 부모는 자녀가 건강하게 잘 자라기를 바라므로 최선을 다해 번거로운 병원 검진을 수행한다.

몇 년 전 나(바푸)는 막 걷기 시작한 아들의 연례 검진을 위해 소아과에 간 적이 있다. 아이는 8월생이라 그해 8월에 검진 예약이 잡혀 있었다. 진료가 끝날 무렵 간호사는 몇 주 후에 아들이 독감 예방주사를 맞도록 전화 예약을 잡으라면서, 당장 가능한 날짜는 없지만 9월에는 맞을 수 있을 것이라고 말했다. 미국 질병통제예방센터는 어린이와 성인 모두 매년 가을, 특히 10월 말까지는 인플루엔자* 백신을 접종할 것을 권장한다.

소아과에 다시 가야 한다는 것이 별로 내키지는 않았지만, 나는 부지런한 아빠가 되고 싶어 결국 몇 주 후에 예방접종 예약을 잡기 위해 소아과에 전화했다. 하지만 내가 시간을 낼 수 있는 날에는 예방접종이 불가능했다. 할 수 없이 나는 집에서 가까운 CVS와 월그린스Walgreens(둘 다 미국의 대형 약국 체인점이다)에 전화해 문의했지만, 유아에게는 백신을 접종하지 않는다는 대답이 돌아왔다. 결국 나는 아들을 소아과에 데려가 주사를 맞히기는 했지만, 그 과정은 고단하고 불편했다. 나는 내가 일하는 병원에서 5분 만에 독감 예방접종을 받을 수 있었는데 말이다.

---

*   감기처럼 고열을 동반하는 모든 질병을 '독감flu'이라고 부르는 사람들이 적지 않지만, 의학적으로 볼 때 '인플루엔자'나 '플루'는 인플루엔자 바이러스에 의한 질병 또는 인플루엔자 바이러스에 의한 급성 감염을 뜻한다. 하지만 독자의 편의를 위해 이 책에서는 '인플루엔자 백신' 대신에 '독감 예방주사'라는 용어를 주로 사용할 것이다.

근무 일정이 유연한 의료 전문가가 아들에게 독감 예방주사를 맞히는 데 이 정도 어려움을 겪었다면, 비슷한 상황에 처한 다른 부모들은 어린 자녀를 아예 병원에 데려가지 못할 수도 있을 것이다. 이런 어려움을 겪으면서 나는 많은 생각을 하게 됐다. 내 아들이 8월이 아닌 9월에 태어났다면 생일 즈음에 연례 검진을 받으면서 독감 예방주사를 맞을 수 있었을 테고, 나는 아들을 데리고 다시 소아과를 방문할 필요도 없었을 것이다.

이쯤 되면 내가 무슨 말을 하려고 하는지 짐작이 갈 것이다. 나는 8월에 태어난 어린 아들이 있는 크리스에게 이 이야기를 들려줬고, 우리는 이런 상황이 훌륭한 자연실험의 초기 특성들을 모두 갖추고 있다는 데에 생각이 일치했다. 우리는 이런 상황이 단순히 아빠와 아들이 겪는 문제적 상황을 크게 넘어서는 매우 심각한 사태라는 데 동의한 것이었다. 어쨌든 인플루엔자는 매년 수천 명의 사망자, 수십억 달러의 의료비, 수백만 시간의 경제적 생산성 손실을 초래하는 미국의 주요 공중보건 문제다.[1] 젊고 건강한 사람들에게 인플루엔자 감염은 성가신 일에 불과하지만, 문제는 그들을 감염시킨 인플루엔자가 면역력이 약한 노약자들에게 전파될 수 있다는 데 있다.

이런 상황은 상당히 많은 연구 아이디어를 떠올리게 만든다. 집에서든 병원에서든, '만약 상황이 다르게 전개됐다면 어떻게 되었을까?'라는 생각을 하게 만드는 것이다. 세상을 이런 방식으로 바라보기 시작하면 우리는 어디에서나 다른 가능성에 대해 생각하게 된다. 즉, 이는 '폭풍우로 정전이 되지 않았어도 이 환자가 지금

응급실에 실려 왔을까?', '다른 의사가 당직 의사였다면 이 희귀한 병이 진단될 수 없지 않았을까?', '어떤 산부인과 의사가 바로 직전 분만에서 자연분만을 시도하다 실패하지 않았다면, 그 의사는 예정돼 있던 자연분만 대신 제왕절개수술을 시행하겠다는 선택을 했을까?' 같은 의문을 가지게 된다는 뜻이다.

우리 두 저자는 일주일에 몇 번씩 동료들과 모여 아이디어를 브레인스토밍하곤 한다. 그 자리에서 함께 아이디어를 다듬고, 의견을 교환하고, 자연실험의 잠재력에 대해 논의한다. 이런 방식으로 심각한(때로는 별로 심각하지 않은*) 연구 관련 질문의 답을 얻거나, 답을 얻는 데 필요한 데이터를 확보할 수 있을까?

대부분의 경우, 이 두 가지 의문 중 하나에 대한 답은 얻을 수 없다. 아무리 많이 토론한다고 해도 '아이디어 단계'를 벗어나지 못하는 경우가 많기 때문이다. 하지만 가끔은 연구할 가치가 있어 보이는 동시에 연구가 가능한 아이디어가 제시된다.

여름에 태어난 아이들의 독감 예방접종에 대해 동료들과 토

---

* 우리의 연구 중에는 다소 엉뚱하기는 하지만 병원 밖에서 의사들이 하는 행동을 연구한 것도 있다. 이 연구는 의사들은 골프를 좋아한다는 고정관념이 있지만, 구체적으로 어떤 전문의들이 가장 골프를 좋아하는지에 관한 것이다. 미국 골프협회 데이터베이스에 따르면 정형외과, 비뇨기과, 성형외과, 이비인후과 전문의들이 골프를 가장 많이 치는 것으로 나타났다. 가장 골프 실력이 뛰어난 의사는 흉부외과, 혈관외과, 정형외과 전문의로 조사됐다(이들의 핸디캡이 가장 낮았다). 이와는 별도의 연구로, 우리는 플로리다주 고속도로 순찰대의 데이터를 이용해 어떤 전문의들이 과속 위반 딱지를 가장 많이 받았는지 조사하기도 했다. 조사 결과, 제한속도보다 시속 약 30킬로미터 이상으로 과속 운전해 딱지를 받은 비율은 정신과 전문의가 가장 높았다. 과속 딱지를 받은 전문의 중에서 고급 승용차를 가장 많이 몰고 다닌 의사는 심장내과 전문의였다. Koplewitz et al., "Golf Habits Among Physicians and Surgeons"; and Zimerman et al., "Need for Speed." 참조.

론을 벌이던 어느 날이었다. 그날 우리가 가장 먼저 제시한 의문은 이 주제와 관련된 자연실험이 존재할 수 있는지, 즉 아이들이 자신이 태어난 시점에 따라 완전히 우연에 의해서만 독감 예방접종을 받는 진료 경로가 결정되는지 여부였다. 이 의문에 대한 답은 '그렇다'가 확실해 보였다. 8월에 태어난 아이들, 6월 또는 3월에 태어난 아이들은 연례 건강검진과 동시에 독감 예방접종을 받지 못한 경우가 많았다. 반면 9월, 10월, 11월에 태어난 아이들은 연례 건강검진과 동시에 독감 예방접종을 받은 경우가 훨씬 많았다(11월이 지나 독감 예방접종을 받은 아이들은 최악의 독감 유행에 대비할 수 있는 면역력을 갖지 못할 가능성이 있다). 이 데이터는 가을에 태어난 아이들은 '쉬운 독감 예방접종' 경로로 밟는 반면, 가을이 아닌 다른 계절에 태어난 아이들은 '어려운 독감 예방접종' 경로를 밟는다는 뜻이다.

하지만 이런 일이 정말 우연히 일어났을까? 독감 예방접종에 관한 한 그렇다고 할 수 있다. 평균적으로 볼 때, 4월에 태어난 아이들이 10월에 태어난 아이들이 예방접종을 받는 방식과 다른 방식으로 예방접종을 받아야 할 생물학적 또는 의학적 이유는 없으며, 봄에 태어난 아이들이 가을에 태어난 아이들보다 독감에 더 잘 걸린다는 증거도 없기 때문이다.

마티 맥플라이라면 타임머신을 타고 과거로 돌아가 어떻게든 아이들이 태어난 달을 바꿀 수 있을 것이다(어떻게 그렇게 할 수 있는지는 모르겠지만, 지금은 그럴 수 있다고 가정해보자). 이 시나리오에서는 사건들이 앞에서 언급했던 단 두 가지의 타임라인(대통령 당선자 대 2위를 차지한 후보, 금메달리스트 대 은메달리스트, NFL 선수 대 대체 선수)

으로 나눠지지는 않을 것이다. 이 시나리오에서는 한 해의 열두 달 각각에서 아이들이 태어나는 12개의 타임라인을 만들어야 한다. 그래야 태어난 달이 독감 예방접종을 받는 비율에 미치는 영향을 확인할 수 있기 때문이다.

물론 우리에게 타임머신은 필요 없다. 태어나는 달이 거의 무작위로 결정된다고 할 때, 각각의 달에 태어나는 아이들이 나머지 열한 달 중 한 달에 태어나는 아이들과 반사실적 관계에 놓이기 때문이다(즉, 우연히 9월에 태어난 아이들에게 일어나는 일은 8월에 태어난 아이들에게도 일어날 수 있었던 일이 되며, 그 반대의 경우도 성립한다).

이 자연실험은 더 연구할 가치가 충분히 있어 보였다. 다음 질문은 관련 데이터가 있느냐는 것이었다. 우리(크리스, 바푸, 브라운 대학교 경제학자 우재민)는 직장 건강보험에 가입한 수백만 명의 미국인과 그 가족에 대한 보험금 청구 내역이 포함된 대규모 데이터베이스를 살펴봤다.[2] 우리는 왜 보험금 청구를 살펴봤을까? 보험금 청구는 환자가 의료 서비스를 받기 위해 건강보험을 사용할 때마다 발생한다. 예를 들어, 어린이가 연례 건강검진을 위해 소아과를 방문하면 의사는 보험회사에 의료 서비스 비용을 지불하도록 요청한다. 이 요청이 바로 보험금 청구의 일종이다. 독감 예방접종을 받는 경우에도 병원에서 보험금 청구가 발생한다.

보험 처리를 좋아하는 사람은 없지만(실제로 환자와 의사 모두 보험 처리를 싫어한다) 보험금 청구 내역은 연구에 매우 유용할 수 있다. 보험금 청구 내역은 환자의 이름이나 주소 같은 개인정보가 포함되지 않는 데이터이면서 특정한 환자에게 언제 어떤 일이 일어났는지, 즉 어떤 수술이나 검사가 시행됐는지, 어떤 처방이 내려졌는지 알려준다. 또한 보험금 청구 내역에는 환자에 대한 진단 내용도 포함하기 때문에 환자에게 특정한 일이 일어난 이유도 알려준다. 수년에 걸쳐 수백만 명의 환자를 대상으로 수집한 이 정도 수준의 정보는 자연실험 연구에 매우 유용한 데이터가 된다.[*]

이 데이터를 기초로 우리는 먼저 핵심 가정, 즉 일반적으로 어린아이들은 자신의 생일과 가까운 날짜에 연례 건강검진을 받는다는 가정을 검증하기로 했다. 이 가정이 잘못된 것이라면 이 자연실험은 성립 자체가 불가능하기 때문이었다. 건강검진 시점이 생년월일과 아무 관련이 없다면 8월에 태어난 아이들과 9월에 태어난 아이들을 비교하는 것은 아무 의미가 없을 것이다. 물론, 부모로서 그리고 과거에 어린이였던 우리는 이 가정이 매우 합리적이라고 생각한다. 실제로, 미국 소아과학회American College of Pediatricians에서는 매년 건강검진이 필요하다는 것을 아이의 생일을 기준으로 알리는 방법을 권장한다.

그래서 우리는 태어난 달에 연례 건강검진을 받는 아이가 몇 퍼센트나 되는지 조사했다(정확하게 생일 당일에 건강검진을 받는 아이는 별로 없을 것이므로 우리는 생일 전후 2주로 범위를 확장했다). 우리는

---

[*]   컴퓨터 관련 과학기술의 발전은 의료 서비스뿐만 아니라 우리가 도전할 수 있는 연구 유형에도 변화를 일으켰다. 현재 진료실을 비롯한 병원 곳곳에서는 건강 관련 기록, 보험사의 행정적 요구사항 등이 컴퓨터에 기록되고 있으며, 오늘날 의료 시스템에서 사용되는 컴퓨터는 수백만에서 수십억 개에 이르는 의료 데이터를 처리할 수 있을 정도로 강력하다. 이런 기술 발전은 경제학, 통계학, 역학 분야의 도구와 결합돼 지난 수십 년 동안 의학 연구를 크게 진전시켰다.

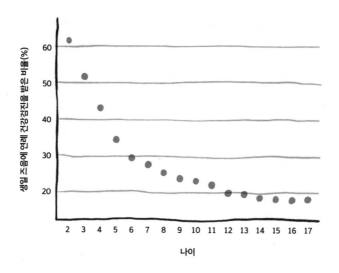

어린이 수백만 명의 연례 건강검진과 관련된 보험금 청구 내역을 분석하고, 검진이 이뤄진 날짜와 생일을 조사했다. 2세 미만의 어린이는 병원에 자주 가기 때문에 생일과 가까운 날짜에 백신을 맞을 기회가 충분하고, 6개월 미만의 영아는 독감 예방주사를 맞을 수 없기 때문에 조사대상에 포함시키지 않았다. 또한 우리는 어린 아이들과 청소년 사이에 차이가 있는지 알아보기 위해 연령별로 결과를 나눴다. 그 결과, 차이가 있다는 것이 드러났다.

분석 결과에 따르면, 우리 두 저자의 아이들처럼 어린아이들은 생일 즈음에 연례 검진을 받는 것이 실제로 일반적이었으며, 대부분의 2~3세 아이들은 생일이 속한 달 또는 생일 전후 2주 안에 연례 건강검진을 받았다. 하지만 여기서 흥미로운 점은 아이들이 나이가 들수록 생일 즈음에 연례 건강검진을 받는 비율이 점점 줄어드는 패턴이 확실하게 나타났다는 것이다. 예를 들어, 5세 아이들은 약 3분의 1이 생일 즈음에 검진을 받았지만, 10대 아이들의 경우 생일 즈음에 검진을 받은 비율은 검진 예약이 1년 내내 고르게 퍼져 있다고 가정했을 때보다 높지 않았다.

어린아이들이 10대 아이들에 비해 생일과 더 근접한 시점에 연례 검진을 받는 것은 당연한 일이다. 유아는 적절한 발달을 하고 있는지 확인하기 위해, 병이 있는지 검사하기 위해, (독감 예방접종이 아닌) 정기적인 백신접종을 받기 위해 소아과 의사의 진료를 자주 받아야 하기 때문이다. 반면, 10대 아이들은 어린아이들과 달리 시간적 제약을 받지 않는다. 10대 아이들은 유아들에 비해 정기 검진, 체력검사, 백신접종 등을 받는 시점을 더 자유롭게 선택할 수 있다. 그러므로 아이들이 나이가 들면서 연례 건강검진을 받는 시점이 생일에서 점점 더 멀어지는 것은 놀라운 일이 아니었다.

따라서 유아들 대부분이 생일 즈음에 건강검진을 받는다는 우리의 첫 번째 가정은 옳았다고 할 수 있었다. 우리는 이 결과에 따라 2~5세 아이들에게 분석의 초점을 맞출 수 있었다(유아 연령대를 지난 아이들에 대한 분석도 진행했다. 그 결과는 나중에 자세히 설명할 것이다).

또한 이 연구 결과를 바탕으로, 우리는 생일이 가을인 아이들이 '쉬운 독감 예방접종' 경로를 밟게 될 가능성이 더 높다고 합리적으로 확신할 수 있었다. 이 부분이 해결됐기 때문에 우리는 그다음 단계로, 각각의 달에 태어난 아이들의 각각 몇 퍼센트가 독감 예방접종을 받는지에 대한 의문을 제기할 수 있었다. 이 의문에 대한

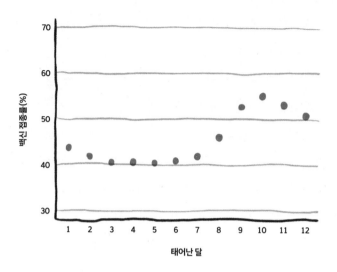

답을 찾기 위해 두 차례의 독감 유행 기간 동안 2~5세 아이 112만 명이 예방접종을 받은 비율을 조사했다. 조사 결과는 우리의 예측과 정확하게 일치했다.*

이 결과는 가을에 태어난 아이들이 다른 계절에 태어난 아이들보다 현저히 높은 비율로 독감 예방접종을 받았다는 것을 확실

---

* 더 정확한 결과를 얻기 위해 우리는 태어난 달에 따라 다르게 발생할 수 있는 모든 건강 불균형, 즉 결과를 교란시킬 수 있는 모든 요소들을 고려해 회귀분석을 시행했다(예를 들어, 우리는 특정한 달에 태어난 아이들이 천식 같은 폐질환에 걸릴 확률이 높고, 천식에 걸린 아이들이 독감 예방접종을 받을 확률이 높을 수 있다는 점을 고려했다). 또한 우리는 다양한 만성질환, 아이들 전체의 연령, 부모의 평균 연령, 부모의 만성질환 보유 여부, 우리가 연구한 두 독감 시즌 간의 차이도 고려했다. 하지만 이런 조정 후에도 결과는 본질적으로 변하지 않았다. 이 결과는 다양한 달에 태어난 아이들이 실제로 거의 무작위로 독감 예방접종을 받을 수도, 그렇지 않을 수도 있다는 우리의 예측과 일치했다.

하게 보여준다. 예를 들어, 건강검진을 받으면서 독감 예방접종을 같이 맞을 가능성이 높은 10월에 태어난 아이들의 경우 55%가 예방접종을 받은 반면, 5월에 태어난 아이들의 경우는 그 비율이 40%에 불과했다. 이는 매우 큰 차이다. 5월에 태어난 아이 100명 중 예방접종을 맞지 못한 아이 15명이 10월에 태어났다면 예방접종을 맞을 수 있었다는 뜻이기 때문이다. 전국적인 규모로 보면, 이는 단순히 태어난 시기 때문에 예방접종을 맞지 못한 어린이가 최소 수십만 명에 달하며, 이 중 일부는 불가피하게 독감에 걸릴 수 있음을 뜻한다.

지금까지 언급한 모든 결과를 바탕으로, 우리는 이 차이가 10월에 태어난 아이들은 '쉬운 독감 예방접종' 경로, 7월에 태어난 아이들은 '어려운 독감 예방접종' 경로로 이끌리기 때문에 발생한다고 추론했다. 그렇다면 이 추론이 맞는지 확인할 수 있는 방법이 있을까?

여기서 이제 10대 아이들의 연례 건강검진 시점에 대한 이야기로 돌아가보자. 우리는 아이들이 나이가 들면서 연례 건강검진을 받는 날짜가 생일과 점점 더 멀어지기 때문에 태어난 달과 독감 예방접종 시점도 점차 멀어질 것이라고 예상했다. 즉, 우리는 10대 아이들은 생일에 맞춰 연례 건강검진을 잘 받지 않으므로 생일 즈음에 건강검진과 독감 예방접종을 모두 받는 일도 줄어들 것이라고 예상했다. 따라서 2~5세 아이들뿐만 아니라 모든 연령대의 아이들을 대상으로 태어난 달에 독감 예방접종을 받은 비율을 조사함으로써 우리의 예상이 맞는지 확인했다.

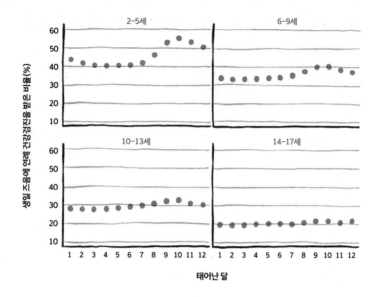

확인 결과는 예상과 일치했다. 아이의 연령대가 높아질수록 출생 월과 독감 예방접종 사이의 연관관계가 점차적으로 사라지기 시작했다.* 이는 2~5세 어린이의 경우 출생 월에 따라 '쉬운 독감 예방접종' 경로 또는 '어려운 독감 예방접종' 경로가 결정된다는 것을 보여주는 증거였다.

여기서 중요한 것은 단순히 독감 예방접종 여부가 아니다. 독 감 예방주사는 인플루엔자(독감)를 예방하기 위해 만들어졌으며,

---

* 또한, 태어난 달과 상관없이 아이들은 나이가 들수록 백신접종 비율이 낮아지는 것을 알 수 있다. 나이가 많은 아이들은 일반적으로 독감 백신을 맞을 확률이 낮다. 또한, 나이가 많은 아이들은 보험 청구를 할 수 없는 방식으로 독감 예방접종을 받을 수 있기 때문에, 우리는 이 아이들의 예방접종 데이터는 분석할 수 없었다.

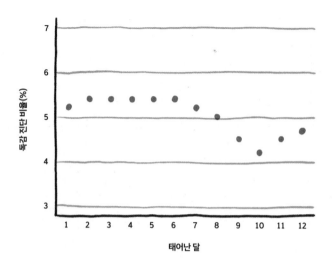

해가 갈수록 효능이 높아지고 있다. 그렇다면, 태어난 달이 독감 예방접종 가능성에 영향을 미친다고 가정할 때, 여름에 태어난 아이들, 즉 독감 예방접종을 받을 수 있는 가능성이 상대적으로 낮은 아이들이 독감에 걸릴 가능성이 더 높다고 할 수 있을까?

이 질문에 답하기 위해, 우리는 유아 연령대 아이들을 출생 월별 독감 예방접종 비율이 아니라 의사가 독감 진단을 내린 비율을 기준으로 분류했다.

분류 결과로 나타난 패턴은 앞에서 살펴본 독감 예방접종 패턴과는 반대였다. 즉, 여름에 태어나 독감 예방접종 확률이 낮았던 아이들은 가을에 태어나 독감 예방접종 확률이 높았던 아이들보다 독감 진단 확률이 높았다.[*]

이는 우리 두 저자의 아이들처럼, 여름에 태어난 아이들이 가

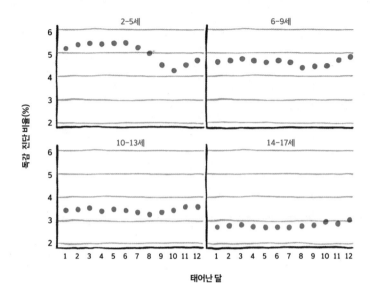

을에 태어난 아이들보다 독감 예방접종을 받을 확률이 낮으며, 그 결과 독감에 걸릴 확률이 높을 것이라는 바푸의 예측을 확인시켜 준 결과였다. 우리는 독감 예방접종이 실제로 독감을 예방한다면, 생일이 독감 감염 여부에 영향을 미칠 것이라고 예상했었다. 그렇다 면 10대 아이들의 경우, 태어난 달에 따라 독감 감염률이 실제로 달 라지지 않아야 했고, 분석 결과는 이 예측을 확인시켜줬다.

10대 아이들은 생일 즈음에 연례 건강검진을 받지 않기 때문 에 독감 백신접종 패턴이 출생 월의 영향을 받지 않았다. 따라서

---

*   독감 예방접종 분석에서와 유사한 회귀 조정을 수행한 후에도 이 결과는 변하지 않았다. 이 결과도 다양한 달에 태어난 아이들이 실제로 거의 무작위로 독감 예방접종을 받을 수도, 그 렇지 않을 수도 있다는 우리의 예측과 일치했다.

독감 감염률도 생일과 관련이 없는 것으로 나타났다.

우리는 이 결과에 매우 흥분했다. 이 결과는 소아과에 가지 않으면 독감 예방접종을 받지 못하게 되고, 그로 인해 독감 감염률이 높아진다는 설득력 있는 증거를 제공했기 때문이다.

하지만 우리는 독감도 일종의 전염병이라는 것을 잘 알고 있다. 따라서 이 이야기는 아이들에게만 해당되는 이야기가 아니다.

어른과 아이들의 연결고리

몇 년 전, 보스턴 교외의 새집으로 이사한 바푸는 은행의 창구 직원과 이야기를 나누게 됐다. 창구 직원은 바푸에게 직업이 무엇인지 물었고, 의사라는 말을 듣고는 아흔 살이 넘은 자신의 아버지가 심각한 독감으로 중환자실에 입원 중이라고 말했다.

그의 이야기는 이랬다. 몇 주 전, 이 직원의 집에서 그의 두 살배기 아들과 친구 한 명이 같이 논 적이 있었다. 친구인 그 아이는 기침을 좀 하고 열이 약간 있었지만, 그 나이 때 아이들은 왕왕 그러기 때문에 아이 부모는 별생각 없이 아들을 그 직원의 집으로 데리고 왔다. 그로부터 며칠 후, 그 직원의 아버지(두 살배기 아들의 할아버지)가 한밤중에 호흡곤란 증상을 보이면서 잠에서 깼고, 곧 심정지(심장이 완전히 멈춰 혈액이 공급되지 않는 상태)가 일어났다. 할아버지는 손자를 통해 인플루엔자 바이러스에 감염된 것으로 보였고, 인플루엔자는 폐렴을 일으켜 심장으로 가는 산소를 차단시켰다. 할아버지는 급히 응급실로 이송된 뒤 인공호흡기를 달고 중환자실로 옮겨졌다.

호흡기내과 전문의인 크리스는 중환자실에서 이런 상황을 흔히 본다. 노인 환자들에게 손주만큼 기쁨을 주는 존재는 거의 없다. 조부모는 손주를 자주 보고 싶어 하며, 실제로 손주와 많은 시간을 보낸다. 특히 조부모는 맞벌이하는 부모를 대신해 어린 손주를 돌보는 경우가 많다. 코로나19 팬데믹 이전에도 손주들은, 특히 감기 또는 독감 유행 기간 동안 조부모들로 하여금 감염 방지를 위한 본능을 무시하게끔 만드는 존재였다.

하지만 실제로 어린아이들은 아플 때가 많다. 그래서 우리는 어린아이들을 '코흘리개'라고 부르지 않던가. 조부모들은 손주들이 아픈 것을 대수롭지 않게 여기지만, 노인들이 독감에 걸리는 사례의 무려 50%가 손주들과의 상호작용에 의한 것이라는 최근 연구 결과를 조부모들이 알게 된다면, 놀라지 않을 수 없을 것이다.[3] 크리스가 돌보는 환자 중에는 자신이 가족을 통해 독감에 걸렸다는 것을 아무렇지 않게 여기는 경우가 많다. 하지만 이 환자들은 독감 때문에 자신이 중환자실에 입원했다는 사실에는 곤혹스러워한다. 몇몇은 이 경험을 마치 '트럭에 치인 것 같았다'고 말하기도 했다.

그렇다면 은행 직원이 바푸에게 이야기한 일은 우연히 일어난 일이 아니라고 할 수 있다. 다행히도 그 직원의 아버지는 건강을 회복했다. 그 연령대의 환자치고는 운이 좋았다.

아이들이 독감에 걸리거나 독감 바이러스를 다른 아이들에게 퍼뜨리는 것을 막을 수 있는 가장 좋은 방법은 무엇일까? 답은 당연히 독감 백신접종이다. 다른 백신과 마찬가지로, 독감 예방백신은 매년 유행이 예상되는 인플루엔자 균주의 비기능성 입자에 우리 몸을 노출시켜, 바이러스에 감염될 시 면역시스템이 방어 체계를 구축할 수 있도록 만든다.* 독감 예방백신을 맞으면 독감에 걸릴 가능성이 낮아지며, 독감 바이러스에 감염되더라도 중증으로 진행될 확률이 줄어든다. 다른 사람에게 바이러스를 전파할 확률도 낮아져 노약자들을 보호하는 데에도 도움이 된다.

지역사회 내 독감 확산에서 어린이가 하는 역할은 일본에서 수행된 간단한 사례연구에 잘 요약돼 있다. 1957년 독감 대유행 이후 일본 정부는 독감 통제를 최우선 과제로 삼았다. 일본 정부는 어린이가 독감의 주요 전파자라는 사실에 기초해, 1962년부터 학령기 어린이에게 독감 백신을 접종하기 시작했고, 1977년에는 이를 의무화했다. 하지만 그 후 1987년에는 부모가 자녀의 독감 백신 접종을 거부할 수 있도록 허용하는 법이 제정됐고, 1994년에 일본 정부는 학생 대상 독감 예방접종 프로그램을 완전히 중단했다.

1900년대 후반 50년 동안의 일본 내 사망 사례에 대한 연구논문에 따르면, 모든 원인으로 인한 사망과 감기 또는 독감 유행 기

---

* 독감 예방접종의 문제점 중 하나는 인플루엔자 바이러스가 정기적으로 돌연변이를 일으켜 전 세계에 수시로 다른 변종 바이러스가 유행한다는 것이다. 예를 들어, 가을에 맞아야 하는 독감 예방주사는 그해 독감 시즌에 유행이 예상되는 바이러스 변종에 대한 면역력을 제공하도록 설계된다. 이는 전염병학자들도 어떤 바이러스 종이 유행할지 100% 정확하게 예측할 수는 없기 때문에 독감 예방주사의 효과가 해마다 다를 수 있다는 뜻이다. 하지만 전염병학자들의 예측이 완벽하게 들어맞지 않는다고 해도 백신은 예방효과를 낸다.

간 동안 독감이나 폐렴으로 인한 사망은 1960년대, 1970년대, 그리고 1980년대의 대부분의 기간 동안 줄어들었다.[4] 하지만 1980년대 후반과 1990년대에 독감 백신 접종률이 감소하면서 모든 원인으로 인한 사망과 감기 또는 독감 유행 기간 동안 독감이나 폐렴으로 인한 사망이 모두 증가했다. 이런 현상은 1980년대와 1990년대에 일본에서 의료기술이 발전하고, 인프라 및 생활수준이 향상되고, 경제발전으로 국가적 번영이 지속됐음에도 불구하고 발생했다. 이 연구논문의 저자는 독감 유행 기간 동안 사망자가 증가한 가장 큰 이유가 1987년에 독감 예방접종 의무화가 폐지되고, 1994년에 학생 대상 독감 예방접종 프로그램이 중단된 후 아동 독감 예방접종이 크게 감소한 사실에 있다는 결론을 내렸다.

우리는 어린이가 가까운 접촉자에게 독감을 전파시키는 경향이 있고, 예방접종을 하면 전파를 막을 수 있다는 사실에 기초해, 한 걸음 더 나아가 분석을 진행하기로 했다. 생일이 봄이나 여름인 유아 연령대 아이들이 독감 예방접종을 받을 확률이 낮기 때문에 독감에 걸릴 확률이 높고, 그로 인해 그 아이들이 가족에게 독감을 전파할 확률도 높아질까? 확실히 그럴 것 같았다. 예를 들어, 두 살짜리 아이를 안고 있을 때 그 아이가 당신의 얼굴이나 입에 기침을 한 적이 있을 것이다. 아이의 장난감을 집어 들었는데 그 장난감에 아이의 침이 묻은 것을 발견한 적도 있을 것이다. 살면서 우리는 이런 경험을 수없이 한다.

우리는 다시 보험 데이터를 살펴보기로 했다. 이 데이터베이스에서 어린이는 부모와 연결되어 있기 때문에, 특정 독감 시즌에

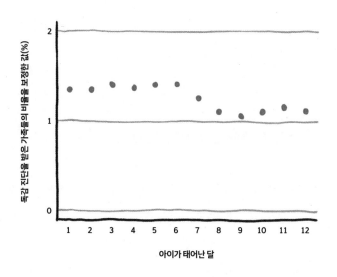

한 가정의 성인 구성원이 독감 진단을 받았는지 쉽게 확인할 수 있었다. 이 데이터를 분석해 우리는 가족의 성인 구성원 자신의 출생 월이 아니라 아이의 출생 월을 기준으로 성인 구성원들을 분류했다.

분류 결과, 그 차이는 크지 않았다. 무엇보다도 독감 진단을 받은 아이들의 비율이 몇 퍼센트에 불과했다. 하지만 그럼에도 불구하고 그 차이는 측정 가능했고 통계적으로 유의미했다. 가을에 태어난 아이들이 독감에 걸릴 확률이 낮다는 것을 이미 알고 있는 상태에서, 우리는 가을에 태어난 아이들의 가족 중 성인 구성원들도 독감 진단을 받을 확률이 낮다는 것을 입증할 수 있었기 때문이다.[*]

사실, 이 결과는 처음에 동료들과 이 아이디어에 대해 토론했을 때부터 예상된 것이었다. 우리는 이 결과를 통해 독감 예방접종에서 생일이 중요하다는 것을 입증한 것뿐이었다.

백신접종을 망설이게 하는 세 가지 요인

지금까지 한 이야기와 우리의 보건의료 시스템이 아이들에게 예방접종을 하는 방식은 어떤 관계가 있을까? 아들에게 백신을 접종하기 위해 여기저기 힘들게 전화를 돌렸던 바푸와 병원에서 쉽게 백신을 접종받은 바푸의 모습을 비교해보자. 아이들이 병원에서 독감 백신을 접종받도록 의무화하는 일은 현재의 보건의료 시스템 내에서 결코 쉬운 일이 아니다. 9월에 태어난 유아들이 8월에 태어난 유아들에 비해 독감 예방접종 비율이 무려 15%p(퍼센트포인트, 두 백분율 간의 증가나 감소량을 나타낼 때 쓰는 단위-옮긴이)나 높다는 사실을 다시 한번 떠올려보자.

　물론, 백신접종을 가로막는 장벽에 대해서는 우리 이전에도 연구가 진행된 적이 있다. 또한, 현재 우리는 사람들이 다양한 질병을 예방하기 위해 백신접종을 받거나 받지 않는 이유에 대해서 어느 정도 알고 있다(이와 관련된 코로나19의 측면들에 대해서는 10장에서 다룰 예정이다). 실제로, 백신접종을 주저하는 현상은 미국을 포

---

*　이 분석에서 우리는 아이들보다 나이가 많은 가족 구성원들의 평균연령, 만성질환 보유여부 등 가정의 특성들을 고려했다.

함한 세계 곳곳에서 오랫동안 나타나고 있다.

세계보건기구는 사람들이 백신접종을 거부하는 현상을 세 가지 핵심 요소에 기초해 설명한다. '3C'로 표현되는 이 세 가지 요소는 질병 위험에 대한 낮은 인식과 그 인식으로 인해 백신접종이 우선순위에서 밀려나는 현상을 나타내는 안주complacency 요인, 백신 및 의료 시스템이나 정부에 대한 신뢰 부족을 뜻하는 신뢰confidence 요인, 백신의 가용성과 백신 구입 능력 그리고 백신에 대한 물리적 접근성을 나타내는 편의성convenience 요인을 말한다.[5] 하지만 우리가 연구한 유아들의 경우, 안주 요인 또는 신뢰성 요인이 출생 월에 따라 차이가 있을 것이라고 생각할 이유가 없었다. 3월에 태어난 아이의 부모는 독감 위험에 대한 인식이나 백신 제조사, 의사 또는 정부에 대한 신뢰도 면에서 10월에 태어난 아이의 부모와 평균적으로 볼 때 다르지 않을 것이기 때문이다.

하지만 우리는 세 번째 요인인 편의성에 관해서는 연구를 통해 많은 것을 알 수 있었다. 예를 들어, 생일이 가을 이전인 아이들, 즉 '어려운 독감 예방접종' 경로로 이끌리는 아이들의 경우 예방접종을 결정적으로 불편하게 만드는 요인에 노출된다. 이 아이들은 연례 건강검진을 받은 뒤 예방접종을 받기 위해 다시 병원을 찾는 불편을 겪어야 하기 때문이다. 아이의 예방접종을 위해 일을 쉬어야 해서 금전적 손해를 볼 수밖에 없는 부모의 경우, 이 불편함은 정량화가 가능하며 일부 부모에게는 아이의 예방접종을 가로막는 추가적 장벽이 될 수도 있다.

그렇다면 아이들이 더 편리하게 독감 예방접종을 받을 수 있도록 하려면 어떻게 해야 할까? 아이들이 아예 9월이나 10월에 태어나지 않도록 만들 수는 없다. 우리는 아이들이 나이가 들면서 또는 임상적으로 볼 때, 자의적인 이유로 병원이 아닌 다른 곳에서 독감 예방접종을 받을 수 있다는 것을 알고 있다. 유아가 아닌 아이나 성인은 집에서 훨씬 더 가깝고, 병원보다 더 오래 문을 열고, 예약할 필요가 없고, 훨씬 더 이용이 편리한 근처 약국에서 독감 예방주사를 맞을 수 있으며, 실제로 그렇게 하고 있다(크리스는 가장 최근의 독감 백신접종을 쇼핑을 하다 근처 약국에서 몇 분 만에 맞았다).

코로나19 팬데믹은 우리의 생활방식의 거의 모든 부분을 변화시켰다. 백신접종 패턴도 예외가 아니다. 팬데믹이 시작된 2020년에 모든 연령대의 환자들이 병원 방문을 기피하기 시작했고, 그에 따라 아이들을 대상으로 하는 홍역, 소아마비, 수두와 같은 질병에 대한 정기 예방접종률이 심각한 수준으로 떨어졌다. 당시 전국의 소아과 의사들과 공중보건 담당자들은 코로나19가 우려스러운 것은 사실이지만, 그렇다고 해서 어린이들이 다른 오래된 질병들에 대한 예방접종을 받지 않는 것은 위험한 일이라고 경고하기도 했다. 많은 사람이 병원 방문을 기피하면서 소아과 의사들은 백신접종 감소라는 새로운 장벽에 직면하게 됐고, 어떻게 하면 어린아이들이 더 쉽게 예방접종을 받을 수 있을지 고민해야 했다.

소아과 의사들은 이 문제를 해결하기 위해 아이디어를 짜내기 시작했다. 예를 들어, 팬데믹 초기인 2020년 4월, 아칸소 어린이병원은 아이들이 차에서 내리지 않고도 예정된 백신접종을 받을 수 있도록 드라이브 스루 백신 클리닉을 열었고, 보스턴 메디컬 센터는 구급차 회사와 제휴해 간호사가 어린이가 사는 집을 방문해 어린이가 구급차 뒷좌석에서 백신주사를 맞을 수 있도록 했다.[6] 이런 임시방편들은 환자에게 도움이 되었을 뿐만 아니라 코로나19로 인해 구급차에 대한 수요가 크게 줄어든 상황에서 구급대원의 휴직과 해고를 방지하는 데도 도움이 되었다.*[7]

그러던 중 어린이들이 질병 예방을 위한 백신접종을 받지 못하면 또 다른 공중보건 위기가 발생할 수 있다고 판단한 연방정부가 결국 개입하기 시작했다. 2020년 8월, 미국 보건복지부는 모든 주에서 약사가 만 3세 이상 어린이에게 정기적인 백신접종을 할 수 있도록 허용했다. 그 이전에는 대부분의 주에서 약사가 백신접종을 할 수 있는 연령이 만 5세 이상이었다. 연방정부의 이런 개입이 장기적으로 지속되고 약사에게 이러한 서비스를 제공하는 데 필요한 자원이 계속 제공된다면 3세 및 4세 어린이의 부모는 자녀의 독감 예방접종을 위한 선택지가 늘어날 것이며, 결국 '쉬운 예방접종' 경로와 '어려운 예방접종' 경로 사이의 간격이 좁아지기 시작할 것이다.

---

*　미국의 응급의료 서비스 활성화에 대한 연구에 따르면, 코로나19 팬데믹 봉쇄 기간 동안 부상 같은 문제로 인한 911 신고가 크게 감소했다. 이는 그 기간 동안 사람들이 사고가 발생하기 쉬운 활동에 덜 참여했기 때문에 당연한 결과다. 하지만 흥미롭게도, 911 신고를 받고 출동한 구급차가 현장에 도착하기 전에 환자가 사망한 사례는 늘어났다. 이는 구급차 요청 수요가 감소한 현상이, 적어도 부분적으로는 사람들이 코로나19 감염에 대한 두려움 때문에 응급상황에서 911로 전화해 구급차를 요청하는 것을 꺼렸고, 그로 인해 치료가 치명적으로 지연됐기 때문일 수 있다는 추론을 가능하게 한다.

의사도 자기 병은 못 고친다

이제 독자들은 불편함, 로지스틱스logistics(적시에 적절한 장소로 의료 서비스에 필요한 물품과 자원을 공급하고 관리하거나 환자를 의료기관으로 이송하는 활동-옮긴이)라는 현실적 문제, 경제적 문제 같은 장벽이 어린아이들의 독감 예방접종뿐만 아니라 우리의 보건의료 시스템 전반에 걸쳐 영향을 미친다는 것을 이해하게 됐을 것이다. 이 주제에 대해서는 다음 장에서 더 자세히 살펴보겠지만, 그 전에 여기서 먼저 로지스틱스의 문제, 불편함 같은 요인들이 21세기 의료 서비스에서 거대한 장벽으로 남아 있는 이유에 대해 생각해볼 필요가 있다.

그 이유는 대부분의 경우 인간의 본성에 있다. 쉬운 선택과 어려운 선택이 있을 때 우리는 일반적으로 쉬운 선택을 하기 때문이다. 하지만 조금만 깊이 생각해보자. 우리는 어려운 선택이 장기적으로 더 나은 결과를 가져올 수 있다는 것을 알면서도, 예를 들어 독감으로 인한 불편함이 소아과를 한 번 방문하는 불편함보다 크다는 것을 알면서도 저항감이 더 적게 느껴지는 선택을 한다.

의사들도 마찬가지다. 의학 교육을 받았고, 수년간의 경험을 가지고 있으며, 건강정보에 쉽게 접근할 수 있음에도 불구하고 의사들도 직장과 가정에서 일반인들과 동일한 패턴에 빠진다. 듀크대학교의 경제학자이자 변호사인 마이클 프레이크스Michael Frakes, MIT의 경제학자 조너선 그루버Jonathan Gruber와 함께 진행한 바푸의 연구에서는 의사들이 환자일 때 어떻게 행동하는지를 살펴봤다.[8]

그 결과, 당뇨병 치료나 백신접종 등을 비롯한 다양한 측면에서 의사들이 의학적으로 권장되는 방법을 따르는 비율은 일반 환자들보다 미미하게 높은 수준에 머문다는 것이 밝혀졌다. 일반인들은 무지에 의해 이런 행동을 한다고 생각할 수 있다. 하지만 의사들이 이런 행동을 하는 이유는 무지에 있지 않을 것이다.

우리 두 저자는 이 연구 결과에 별로 놀라지 않았다. 우리는 환자들이 권장 식단과 생활방식을 유지하도록 만드는 것이 얼마나 힘든지 잘 알고 있기 때문이었다. 정기적으로 병원에 가고, 약을 처방받아 복용하는 등 일상생활에 변화를 주는 일은 누구에게나 어렵다.

이런 상황을 변화시킬 수 있는 방법 중 하나는 '기본default' 경로를 재구성하는 것이다. 10월에 태어난 어린이는 병원에서 독감 예방주사를 맞는 것이 기본 경로이며, 이 기본 경로를 피하려면 예방접종을 거부해야 한다. 4월에 태어난 아이는 독감 예방주사를 맞지 않는 것이 기본 경로이며, 부모가 별도의 노력을 기울여야만 독감 예방주사를 맞을 수 있다.

개인의 의사결정에 관한 연구로 노벨 경제학상을 수상한 시카고 대학교 경제학자 리처드 세일러Richard Thaler와 하버드 대학교의 법학자이자 오바마 행정부에서 규제관리국 책임자로 활동했던 캐스 선스타인Cass Sunstein은 인간의 사고 시스템들이 어떻게 특정한 의사결정을 유도하는지 많은 연구를 해왔다.[9] 이들이 제시한 해답은 억지로 어려운 일을 하도록 사람들을 유도하는 것이 아니라 어려운 일을 쉽게 만드는 것이다.

이들은 사람들을 더 나은 경로로 이끄는 '넛지nudge'와 더 나쁜 경로에 붙잡아두는 '슬러지sludge'에 대해 설명한다. 독자들도 이런 경험을 한 적이 있을 것이다. 예를 들어, 사람들은 레스토랑 메뉴에서 맛있어 보이는 파스타를 눈여겨보다가 파스타의 열량이 1,300칼로리라는 사실 때문에 결국 샐러드를 주문하곤 한다. 정부가 칼로리 표기를 의무화하는 것은 단순히 정보를 제공하기 위해서가 아니라 더 건강한 선택을 유도하기 위한 일종의 넛지다. 더이상 원하지 않는 서비스 구독을 취소하려고 업체에 전화하는 경우를 생각해보자. 소비자는 ARS 번호로 전화를 걸어 구독을 취소하려고 하지만 10분 동안 안내 메시지를 들으며 대기한 뒤에야 간신히 상담원과 연결되고, 그 상담원을 설득해야만 서비스를 취소할 수 있는 경우가 대부분이다(케이블TV 서비스 구독 해지가 전형적인 예다). 이는 소비자가 구독을 해지하기 어렵게 만들기 위한 슬러지의 한 예라고 할 수 있다.

파스타를 정말 먹고 싶거나 구독을 정말 취소하고 싶은 사람이 있다면 넛지와 슬러지로는 이를 막을 수 없다. 하지만 사람들이 원하는 선택을 하는 것을 방해하는 유일한 요인이 편의성이라면, 특정한 선택을 다른 선택보다 더 쉽게 할 수 있도록 만드는 방법으로 사람들을 그 특정한 선택 쪽으로 유도할 수 있을 것이다.

그동안 연구자들은 독감 예방주사를 '기본'으로 맞도록 하는 방법을 모색해왔다.[10] 예를 들어, 1996~1997년 독감 시즌에 연구자들은 샌디에이고 소재 해군 부대 산하의 한 어린이집에서 예방접종을 시행하는 임상시험을 진행했다. 이 어린이들의 경우 어차피 매일 어린이집에 갈 수밖에 없기 때문에 이 임상시험을 통해 독감 예방접종은 기본 경로가 됐다. 당연히, 백신을 맞은 이 어린이들은 독감에 걸릴 확률이 낮았다. 게다가 이 어린이들과 함께 사는 가족 구성원들도 독감에 걸려 학교나 직장에 가지 못하는 일수가 적었고, (독감에 걸리면 가끔 발생하는) 귀 통증을 호소하는 횟수, 병원에 가는 횟수, 항생제를 복용하는 횟수가 더 적었다.

또 다른 연구에서 연구자들은 2004~2005년 독감 시즌에 미국 내 11개 학교에서 다양한 연령대의 어린이에게 독감 예방백신을 접종한 뒤, 학교에서 예방접종을 받지 않은 인근 17개 학교의 어린이들(대조 그룹)과 비교했다.[11] 실험 그룹의 어린이들은 부모가 동의서에 서명하기만 하면 이미 준비된 독감 예방주사를 학교에서 맞을 수 있었고, 대조 그룹의 어린이들은 이전과 같은 방식으로 다양한 경로를 통해 독감 예방주사를 맞을 수 있었다.

지금쯤이면 독자들도 이 실험의 결과를 예측할 수 있을 것이다. 실제로, 자녀가 학교에서 독감 예방주사를 맞은 가정에서는 독감과 유사한 질환이 적게 발생했으며, 감기나 독감을 치료하기 위한 약물도 적게 복용했고, 병원에도 적게 갔다는 사실이 확인됐다. 이 모든 결과는 어린이들에게 독감 예방주사를 접종하면 어린이들을 비롯한 지역사회 구성원들에게서 독감 확산을 막을 수 있다는 것을 시사한다.

성인에 대해서도 비슷한 실험이 진행된 적이 있다. 2009~2010년 독감 시즌에 럿거스 대학교의 연구진은 무작위로 성인 교직원을 두 그룹으로 분류했다.[12] 한 그룹은 독감 예방접종 예약을 한 뒤 예정된 시간에 학교로 오기만 하면 예방접종을 받을 수 있었고, 나머지 한 그룹은 언제 어디서 예방접종 예약을 할 수 있는지 정보만 제공받았다. 즉, 첫 번째 그룹은 '옵트 아웃opt out' 프로그램*의 일부였다. 여기서 옵트 아웃 프로그램은 참가자가 거부 의사를 밝히지 않는 한 독감 예방주사를 맞게 된다는 뜻이다. 반면, 두 번째 그룹은 '옵트 인opt in' 프로그램의 일부였다. 여기서 옵트 인 프로그램이란 본인이 원하는 경우에만 독감 예방접종 예약을 한다는 뜻이다. 짐작하겠지만, 이 실험에서 옵트 아웃 그룹에 속한 직원들은 옵트 인 그룹에 속한 직원들보다 예방접종을 더 많이 받았다. 이 두 그룹의 접종률 차이는 약 12%p였다(옵트 아웃 그룹의 접종률은 45%, 옵트 인 그룹의 접종률은 33%였다). 유아의 예방접종률과 출생 월의 관계에 대한 우리의 연구에서 관찰된 효과와 비슷한 효과가 이 연구에서도 관찰된 것이다.

현재 많은 학교, 직장, 보건소 및 기타 조직에서는 특별 프로그램이나 근무시간 외 예방접종 클리닉을 통해 독감 예방주사에 대한 접근성을 높이기 위해 노력하고 있다. 하지만 국가적인 차원에서 볼 때, 아직 이 정도로는 부족하다.[13] 현재에도 최고 접종률이 미국 어린이 전체의 3분의 2, 성인 전체의 절반 정도를 넘지 못하

---

* '옵트 아웃' 프로그램은 장기기증 비율을 높이는 데도 도움이 된다는 연구 결과가 있다. 실제로 장기기증 비율은 고인의 가족이 장기기증에 대해 적극적인 의사를 표시하는 경우보다 사후 장기기증에 대한 동의가 추정되는 경우(종교적 이유 등으로 가족이 고인을 대신해 적극적으로 장기기증을 거부하지 않는 경우)에 더 높다. Abadie and Gay, "Impact of Presumed Consent Legislation on Cadaveric Organ Donation." 참조.

고 있는 상황이기 때문이다. 또한 우리는 현실적인 문제인 백신접종 망설임vaccine hesitancy도 의미 있는 방식으로 해결해야 한다. 그리고 이 모든 연구는 더 많은 사람이 백신접종을 받게 만들려면 백신접종을 더 쉽게 만드는 일이 중요하다는 것을 보여준다.

불편함의 비용

지금까지 우리는 경제적인 비용에 대해서는 별로 언급하지 않았다. 하지만 미국 정부가 보건의료 시스템을 유지하는 데 상당히 많은 비용이 든다는 것은 독자들도 잘 알고 있을 것이다. 2019년 통계에 따르면 미국은 매년 약 3조 8000억 달러를 보건의료 비용으로 지출하고 있으며, 1인당 비용으로 계산했을 때 이는 다른 고소득 국가들보다 더 많은 금액이다.[14] 미국은 국내총생산의 17.7%에 해당하는 금액을 보건의료 비용으로 지출하고 있으며, 이는 1인당 평균 약 1만 1582달러에 달한다. 이 모든 돈으로 우리는 무엇을 얻고 있을까? 미국의 보건의료 시스템은 다른 부유한 국가에 비해 비효율적이고 불평등하며 성과가 저조하다.[15] 또한 많은 비용을 지출하고도 미국인들은 그에 상응하는 혜택을 얻지 못하고 있기 때문에, 미국 정부는 보건의료 시스템을 개선해 사람들이 부담하는 비용을 줄이는 데 상당한 노력을 기울이고 있다. 높은 보건의료 비용은 이상적인 의료 서비스를 가로막는 장벽이므로 이는 매우 당연한 일이다. 하지만 환자와 보험사의 예산은 한정돼 있는 반면, 환자 입장에서는 반드시 받아야 하는 의료 서비스가 있다.

이런 경제적 부담 때문에 보험사는 보험사 입장에서 '불필요한' 의료 서비스를 줄이기 위한 방법을 끊임없이 모색하고 있다. 예를 들어, 보험사는 환자에게 특정한 수술 또는 시술을 받기 위해서 일정 '자격'을 갖출 것을 요구하거나, 의사가 환자에게 고가의 약을 처방하기 전에 보험사에 '사전 동의'를 구하도록 요구하고 있다. 보험사의 이런 노력은 의도적인 '슬러지'의 일종으로, 즉 '정말로 필요한' 치료가 아니면 보험사에서 돈이 지출되지 않도록 의료 시스템을 지체시키기 위한 장벽이라고 할 수 있다('정말로 필요한'이라는 말을 강조한 것은 '필요한'이라는 말에 얼마나 다양한 해석의 여지가 있는지 언급하기 위해서다. 이에 대해서는 앞으로 더 자세히 설명할 것이다).

하지만 우리가 받는 의료 서비스에는 측정되지 않거나 눈에 띄지 않는 경제적 비용이 포함되며, 이 비용들은 실제로 주목할 만한 가치가 있다. 이런 비용 중 하나에 주목한 독감 예방접종 연구가 있다. 대부분의 경우 독감 예방접종은 경제적 비용을 직접적으로 수반하지는 않는다. 자녀를 비롯한 가족구성원이 독감에 걸렸을 때도 직접적으로 드는 비용이 거의 없다. 이런 비용은 쉽게 측정할 수 없는 비용이다. 진료비가 350달러나 나오거나 검사비용이 200달러가량 나올 수는 있지만, 이 정도 비용은 보험사나 환자에게 별로 영향을 미치지 않는다. 하지만 자녀가 독감에 걸려 부모가 소비한 시간과 일을 하지 못해 놓친 소득(이 경우 부모에게는 1~2일 정도의 시간 손실과 수백 달러 수준의 소득 손실이 발생하는 것으로 추정된다), 미리 지불한 어린이집 비용 등을 국가 차원에서 합산하면 손

실의 규모는 매년 수십억 달러에 이를 것으로 추정된다.[16]

측정하기 힘든 간접적 비용이 최적의 치료를 방해할 수 있다는 생각은 이론 수준에 머물지 않는다.[17] 예를 들어, 2011년에 발표된 한 연구는 심장마비 환자들을 대상으로 바로 이 생각을 검증했다. 하버드 의과대학 의사 니티시 초드리Niteesh Choudhry, 보건의료기업 이사이자 의사인 윌리엄 슈랭크William Shrank 그리고 공동연구자들은 심장마비로 입원해 치료를 받고 퇴원한 환자 5,800여 명을 두 그룹으로 무작위 분류했다. 한 그룹은 심장마비 예방에 필수적인 모든 약을 무료로 제공받았고, 다른 그룹은 평소와 같이 본인부담금copay(특정 의료 서비스에 대해 환자 본인이 지불해야 하는 고정 금액)을 지불해야 했다. 추적 결과, 두 그룹의 환자 모두 약을 제대로 복용하는 데 어려움을 겪었으며, 완전히 무료로 약을 제공받은 환자들의 경우 복용률이 약간 정도만 더 높았다는 사실이 밝혀졌다(무료로 약을 받은 환자들은 평균 44%, 그렇지 않은 환자들은 39%만이 약을 복용했다).

이는 무료로 약을 제공받은 그룹은 그렇지 않은 그룹에 비해 연구 기간 동안 경제적 부담이 약 500달러 적었지만, 돈으로 환산할 수 없는 다른 비용이 결과에 영향을 미쳤다는 뜻이다. 다시 말해, 사람들은 심각한 질병 예방을 위해 약을 무료로 제공받았을 때도 약을 50% 이하로 복용했다는 뜻이다. 왜 이런 일이 일어나는 것일까? 매달 약을 받는 데 드는 시간과 에너지, 매일 약을 복용해야 하는 불편함, 부작용에 대한 우려 같은 것들이 그 원인으로 보인다. 실험 참가자들은 약을 복용하기 위해 이 모든 '비용'을 치러야 했다. 따라서 사람들이 건강하게 살지 못하게 만드는 원인들 중 경제적 비용이 차지하는 부분은 매우 적다고 할 수 있다.

그에 비해 편의성과 연관된 비용은 의료 서비스의 거의 모든 측면에 영향을 미칠 수 있다. 예를 들어, 지방에 사는 환자들은 응급의료 서비스를 제공하는 대형 의료센터에서 대부분 멀리 떨어져 있기 때문에 심장마비 같은 질환의 경우, 지방 거주 환자는 최신 심장마비 치료를 받을 가능성이 낮다.[18] 장기 지속형 피임법과 관련해서도 편의성 관련 비용은 비슷한 효과를 낸다. 경구 피임약은 매일 같은 시간에 복용해야 한다(매우 불편하면서 어려운 일이다). 하지만 장기 지속형 피임법의 일종인 피임 주사는 한번 맞으면 몇 달 동안, 자궁 내 피임장치는 몇 년 동안 효과가 지속되며, 정관절제술이나 난관결찰술(난자를 자궁으로 전달하는 난관을 묶는 수술법으로 정자의 통로인 난관을 차단해 난자와 정자가 만나지 못하게 하는 영구적 피임법)의 효과는 영구적이다. 이런 장기 지속형 피임법들은 매일 복용해야 하는 경구 피임약에 비해 편의성 관련 비용이 적게 드는 동시에 효과도 더 뛰어나기 때문에, 사람들은 추가적인 이 피임법에 경제적 비용을 지불할 가치가 있다고 생각한다.

독감 예방접종에 대한 연구를 통해 우리는 아이들에게 독감 백신을 접종할 수 있는 가장 편리한 방법이 무엇인지 알아낼 수는 없었지만, 적어도 '불편함'이 공중보건에 실질적인 영향을 미칠 수 있다는 것을 보여줬다. 모든 지역사회와 가정은 처해 있는 상황이 제각기 다르므로 일률적인 해결책을 제시할 수는 없다. 하지만 매년 독감 예방접종률을 극대화하려면(실제로 매년 극대화되고 있다) 모든 가정의 아이들이 독감 예방접종을 쉽게 받을 수 있게 만드는 다양한 선택지가 제공되어야 한다.

물론, 이런 쉽고 다양한 선택지들은 독감 예방접종을 넘어 다른 부분들로도 확대되어야 한다. 불편함은 어떤 형태로든 거의 모든 유형의 보건의료 서비스에 수반되기 때문이다. 환자들은 진료 대기실에서 기다리고, 약을 타기 위해 약국에서 기다리며, 보험사에 전화를 걸 때는 수화기에서 나오는 '마음을 진정시키는 음악'을 들으면서 또 기다리는 불편을 감수해야 한다.

이런 불편함으로 인한 비용은 경험해본 사람이라면 누구나 잘 알고 있다. 하지만 다양한 연구 결과에 따르면, 이런 비용은 돈과 관련된 비용이 아니다. 이런 비용은 측정하기는 힘들지만 확실히 존재하는 비용이며, 옳은 일, 즉 의사들이 권장하는 일이자 우리 자신과 가족 그리고 공동체를 위해 해야 하는 일을 어렵게 만드는 비용이기도 하다.

4장

우리 아이가 '진짜' ADHD일까?

프로 선수와 무명 선수의 차이

보스턴 사람들은 특유의 억양과 운전방식, 던킨 도너츠에 대한 집착 등 여러 가지 특징을 가지고 있다. 이 책의 저자인 우리 두 사람도 보스턴 토박이는 아니지만 보스턴 사람들의 이런 특징 중 하나를 공유하고 있다. 바로 보스턴의 프로스포츠팀, 특히 뉴잉글랜드 패트리어츠에 대한 집착이다. 이 팀에 대해 잘 모르는 사람을 위해 설명하자면, 뉴잉글랜드 패트리어츠는 (논란의 여지가 있기는 하지만) 역대 최고의 쿼터백으로 불리는 톰 브레이디Tom Brady가 20개 시즌을 이끈 팀이다.

우리가 보스턴의 여러 병원에서 회진을 돌며 의사로서 경험을 쌓는 동안, 패트리어츠는 NFL을 장악했고 슈퍼볼에서 여러 차례 우승했다(우리는 병실에서 환자들과 함께 슈퍼볼 경기를 지켜보기도 했다). 브레이디는 2020년에 패트리어츠를 떠나 탬파베이 버커니어스로 이적했지만(톰 브레이디는 2023년 9월에 공식적으로 은퇴했다-옮긴이), 지금도 그는 사람들의 대화에서, 뉴스 보도에서 끊임없이 등장하고 있다. 브레이디에 대한 보스턴 사람들의 애착은 '전설'이나

'영웅' 같은 말로는 설명하기 힘들 정도로 강하다.

오늘날 브레이디는 전설적인 쿼터백의 반열에 올랐지만, 그가 대학에 입학했을 때만 해도 미국 풋볼 역사에서 그가 이 정도 위치를 차지하게 되리라고 생각한 사람은 거의 없었다.[1] 고교시절 최고의 선수였던 그는 미시간 대학교에 진학했다. 하지만 대학 입학 당시 그는 스타라고 보기 힘들었다. 그의 팀 내 위치는 일곱 번째 스트링 쿼터백에 불과했기 때문이다(풋볼에서 일곱 번째 스트링 쿼터백은 가장 경험이 적고 기량이 떨어지는 쿼터백 후보 선수를 말한다-옮긴이). 또한 당시 그는 레드셔츠 선수(4년간의 대학 선수생활의 공식적인 시작을 2학년으로 연기한 선수)였다. 이는 그가 1학년 때는 팀의 다른 선수들과 같이 훈련을 받긴 했지만 정식 경기에는 출전하지 않는 상태에서 운동과 학업을 병행했다는 뜻이다. 당시 그는 레드셔츠* 선수로서 스포츠 심리학자의 상담을 받으면서 계속 운동선수로서의 기량을 향상시켰다. 결국 2학년이 됐을 때 그는 주전 쿼터백으로 선발됐고, 그 후 패트리어츠 구단 입단이 결정됐다.

패트리어츠 구단의 지명 당시 브레이디의 드래프트 순위는 199위에 불과했다. 하지만 그는 곧 네 번째 스트링 쿼터백이 됐고, 결국 풋볼의 전설이 됐으며, 보스턴 사람들에게도 상징적인 선수가 됐다.

이 이야기를 들으면서 사람들은 궁금해할 것이다. 미시간 대

---

* '레드셔츠'라는 용어는 정식 선수생활을 1년 유예한 대학생들이 운동 때 입는 상의 색깔이 빨간색인 데서 유래했다.

학교에서의 레드셔츠 시절이 브레이디의 커리어에 얼마나 큰 영향을 미쳤을까? 만약 브레이디가 레드셔츠 선수로서 자기계발을 위해 1년을 더 대학에서 보내지 않았다면, NFL에 드래프트되어 오늘날의 그가 되었을까? 마티 맥플라이의 타임머신을 타지 않는 한 확실하게 알 수는 없다. 하지만 모든 선수의 기량이 뛰어난 프로스포츠 세계에서는 1년의 추가 개발 기간이 프로 선수와 무명 선수를 가르는 요소가 될 수 있을 것이다.

그렇다면 1995년의 톰 브레이디와 같은 상황에 처한 어린 선수들에게 평균적으로 1년간의 추가 훈련이 도움이 되는지 알아볼 수 있는 방법은 무엇일까? 결과에 영향을 미칠 수 있는 요인이 너무 많기 때문에, 레드셔츠를 입은 신입생만 보고 그들이 NFL에서 뛸 가능성이 더 높은지 확인할 수는 없다. 예를 들어, 같은 팀 동료 선수들의 라인업, 학업이 주는 부담감, 사회적 압박 또는 부상 같은 신체적 스트레스 등의 다양한 요소가 레드셔츠 선수가 되겠다는 결정에 영향을 미칠 수 있다. 또한 우리는 확인을 위해 무작위 실험을 합리적으로 진행할 수도 없다. 그 어떤 감독도 동전을 던져 팀의 선발 라인업을 결정하지는 않기 때문이다.

이쯤 되면 독자들도 짐작했겠지만, 프로스포츠 세계에서 추가 경험의 가치는 자연실험을 통해 밝혀낼 수 있었다. 1980년대 프로하키 선수들을 대상으로 한 연구(말콤 글래드웰의 책 《아웃라이어》에서 인용돼 대중에게 잘 알려져 있다)에서는 독감 예방접종에 대한 우리의 논의에서 다뤘던 생일 효과와 같은 효과가 확인됐다.[2] 이 연구에서 유소년 하키 선수들은 출생연도에 따라 다양한 그룹으로 나뉘었다. 따라서 특정 연도의 1월에 태어난 유소년 선수는 같은 팀의 다른 모든 선수들이 자신보다 어리다. 1월에 태어난 아이들은 평균적으로 같은 팀의 다른 아이들보다 5~6개월 정도 나이가 많고, 그해 12월에 태어난 아이들에 비해서는 거의 1년 정도나 나이가 많다. 아이들이 어릴 때는 몇 개월의 나이 차이가 신체적, 심리적 발달에 큰 차이를 만들 수 있다. 유소년 아이스하키 선수의 경우, 이 차이는 연습시간의 큰 차이가 된다(또한 이 정도 기간이면 선수들의 신체적 급성장이 한두 차례 이뤄질 수도 있다).

나이가 더 많고 동료들보다 신체적 발달이 잘된 유소년 선수들은 뛰어난 기량을 보이며 더 많은 경기에 출전하게 되고, 그로 인해 하키 선수로서의 기량을 발전시킬 기회를 더 많이 얻게 돼 더 기량이 개선된다. 이런 현상은 '상대 연령 효과relative age effect'로 설명할 수 있다. 연구자들이 프로 수준의 선수들 중에서 연초에 태어난 선수들이 상대적으로 많은 이유가 바로 이 효과 때문이라는 가설을 제시하는 이유가 여기에 있다. 실제로, 1982~1983년 시즌(연구진이 연구한 시즌)에 내셔널 하키 리그에서 뛴 선수의 62.8%가 1~6월에 태어난 반면, 7~12월에 태어난 선수는 38.2%에 불과했다.

연구자들은 메이저리그 야구와 유럽의 프로축구 클럽에서도 비슷한 현상이 나타난다는 증거를 발견했다.[3] 또한 독일 테니스 선수들을 대상으로 한 연구에 따르면 점점 더 높은 수준의 대회에 진출할수록 이 상대 연령 효과가 더욱 뚜렷하게 나타났다.[4] 이 연구 결과에 따르면 전체 랭킹 선수 중 29.6%, 한 지역 최고의 선수들 중 38.1%, 전국 최고의 선수들 중 42.1%가 1월, 2월 또는 3월에 태어났다. 요약하자면, 경쟁 스포츠에서 일부 선수들은 단순히 적절한 시기에 태어났다는 이유만으로 이점을 누리고 있었다고 할 수 있다. 그렇다면 상대 연령 효과는 스포츠 세계 밖에서는 어떤 영향을 미칠까?

같은 학년, 다른 나이

생년월일을 기준으로 아이들을 그룹으로 분류하는 경우, 같은 그룹 내 일부 구성원이 다른 구성원들보다 나이가 많은 상황이 항상 발생하며, 때로는 같은 그룹의 구성원들 사이의 차이가 상당히 클 수도 있다. 가장 명백한 예는 유치원과 학교다. 주에서 유치원 입학 연령을 "9월 1일 이전에 태어난 5세"로 규정하면 그해 유치원에 입학한 어린이들의 나이는 최대 1년까지 날 수 있다. 어떤 해의 8월 31일에 태어난 아이는 그 전해 9월 1일에 태어난 아이보다 364일 어리지만 둘 다 같은 시기에 유치원을 다니게 된다.

이 정도 어린 나이에서 1년은 결코 짧은 시간이 아니다. 유치원에서 가장 나이가 많은 아이는 가장 나이가 어린 아이보다 당연히 신체적으로 더 발달해 있고, 경험도 20%나 더 많을 수 있기 때문이다. 하지만 교사들과 학교 시스템은 출생 월에 관계없이 같은 반의 모든 아이들에게 동일한 기대치를 적용한다. 같은 반 아이들은 같은 수업을 듣고, 같은 지표로 평가받고, 같은 방식으로 행동할 것으로 기대된다. 나이 차이가 20%나 나는 아이들에게 동일한 행동과 학업 성취도를 기대하는 것은 말이 안 될 수도 있다. 그럼에도 현실적으로는 어느 정도 그렇게 해야 할 필요성이 있으며, 실제로 그렇게 하고 있다.

바푸와 하버드 의대 동료 의사인 티머시 레이턴Timothy Layton, 마이클 바넷Michael Barnett, 태너 힉스Tanner Hicks는 상대 연령 효과가 같은 반 아이들의 건강에 미치는 영향, 특히 ADHD(주의력결핍 과잉행동장애) 진단율에 미치는 영향을 알아보고자 했다.[5] 부주의, 과잉행동, 충동성을 특징으로 하는 ADHD는 지난 수십 년 동안 학령기 아동들에게서 진단율이 계속 상승하고 있다.[6] 2016년 미국 질병통제예방센터는 2~18세 아동의 약 9.4%(남아 12.9%, 여아 5.6%)가 ADHD 진단을 받은 것으로 추산했다.

바푸와 동료들은 나이 차이가 최대 1년이 나는 같은 반 아이들에게 교사와 부모가 동일한 기대치를 제시하면 아이들이 그 기대치를 충족하는 데 더 많은 어려움을 겪을 것이라는 가설을 세웠다. 즉, 이 가설은 같은 반에서 상대적으로 어린 아이들은 하루 종일 책상에 앉아 집중하면서 충동성을 억제하기가 힘들 것이고, 그 유일한 이유는 나이에 있을 것이라는 가설이었다. 따라서 이 가설에 따르면 교사들은 상대적으로 나이가 어린 아이들에게서 ADHD 증상이 나타날 확률이 높다고 판단하게 되며, 이 생각은 학부모들에게 그대로 전달돼 이 아이들이 의사의 진료를 받도록 만들 수 있다. 따라서 결국, 특정한 아이가 같은 반 아이들에 비해 행동에 문제가 많다는 말을 들은 의사는 ADHD를 의심하게 돼 그 아이에게 ADHD 진단을 내리고, 심지어는 약을 처방할 확률이 높아진다.

ADHD 진단에 상대 연령 효과가 작용하는지에 대한 연구는 이전에도 이뤄졌다. 앞선 연구들에서도 이 가설을 뒷받침하는 몇 가지 결과가 제시된 바 있다.[7] 하지만 이 결과들은 설문조사 데이터(실제 진단보다 신뢰성이 떨어짐)에 의존했거나, 연구대상이 충분히 많지 않았거나, 미국에서 연구가 진행되지 않았거나, 연구 당시의 의료관행이 적절하게 반영되지 않은 오래된 데이터에 기초한 것이었다. 그럼에도 불구하고 이 연구 결과들은 추후의 관련 연구를 촉발할 수 있을 정도의 설득력은 있었다.

우리는 앞 장에서 설명한, 독감 예방접종 연구의 기초가 된 방대한 보험금 청구 데이터베이스를 파헤쳐, 2012년부터 2014년까지 유치원에 입학한 40만 명 이상의 미국 어린이에 대한 데이터를 분석했다. 이 데이터베이스를 통해 어린이가 거주하는 주를 파악해서 주별 유치원 입학 기준일을 토대로 어린이 생일이 언제인지 확인할 수 있었다. 우리가 데이터를 수집할 당시 18개 주에서는 9월 1일을 입학 기준일로 사용했다. 이는 이 주들에서 생일이 8월인 아이가 유치원에 입학했을 때는 막 5세가 된 상태인 반면, 생일이 9월인 아이는 유치원에 입학했을 때 6세가 되기 바로 전 상태라는 뜻이다.

독감 위험의 경우와 마찬가지로, ADHD 위험도 단순히 아이의 생년월일에 따라 생물학적인 차이가 있지는 않을 것이다. 따라서 우리는 서로 다른 달에 태어난 아이들이 서로에게 반사실적 존재가 된다고 가정했다. 즉, 이는 8월에 태어난 아이들에게 일어난 일은 9월에 태어난 아이들이 만약 8월에 태어났다면 일어날 수 있는 일이며, 그 반대의 경우도 성립할 수 있다는 뜻이다. 다시 말해, 이는 특정한 달에 태어난 아이들과 다른 달에 태어난 아이들 사이에서 ADHD 발병률의 차이가 발견된다면, 그 차이는 생물학적으로 내재된 어떤 특성이 아니라 외부 요인이 작용한 결과로 생각할 수 있다는 뜻이다.

이 직관을 바탕으로, 우리는 8월에 태어난 아이들의 ADHD 진단율과 9월에 태어난 아이들의 진단율을 비교했다. 우리는 9월 1일이 입학 기준일인 주에서 학교에 다니는 아이들의 경우, 생일이 8월인 아이들은 같은 학년에서 가장 나이가 많은 아이들, 즉 생일이 9월인 아이들보다 ADHD 진단을 받을 확률이 더 높을 것이라는 가설을 세웠다.

연구 결과, 우리는 9월 1일이 입학 기준일인 주에서는 8월에 태어난 아이들이 그 전해 9월에 태어난 같은 학년 아이들에 비해 ADHD 진단 및 치료 비율이 34% 더 높다는 것을 확인했다.

그렇다면 이 결과는 상대 연령 효과에 의한 것이었을까? 우리는 그럴 가능성이 높다고 생각했지만, 증거를 더 많이 확보하고 싶었다. 우리가 생각한 방법은 두 가지였다. 첫 번째 방법은 9월 1일이 입학 기준일인 주에서 7월에 태어난 아이들과 8월에 태어난 아이들에 대한 비교 그리고 9월에 태어난 아이들과 10월에 태어난 아이들에 대한 비교를 통해, 8월에 태어난 아이들과 9월에 태어난 아이들의 ADHD 진단율 차이에 다른 요인들이 반영되지 않았는지 확인하는 것이었다. 우리의 가설이 옳다면 나이 차이가 몇 주밖에 나지 않는 7월생 아이들과 8월생 아이들 그리고 9월생 아이들과

10월생 아이들에게서 ADHD 진단율 차이가 거의 없어야 했다.

두 번째 방법은 입학 기준일이 9월 1일이 아닌 주(예를 들어, 유치원 입학 기준일이 8월 1일 또는 10월 1일인 주)의 8월생 아이들과 9월생 아이들을 비교하는 것이었다. 이런 주에서는 8월생 아이들과 9월생 아이들의 평균 나이 차이가 한 달밖에 되지 않기 때문에 ADHD 진단율도 거의 차이가 없을 것이다. 만약 8월생 아이들과 9월생 아이들 사이에서 유의미한 차이가 발견된다면, 이는 입학 기준일 외에도 다른 요인들이 함께 작용했기 때문이라고 생각할 수 있다(예를 들어, 독감 예방접종에 대한 우리의 연구에서 8월생 아이들은 다른 달에 태어난 아이들보다 1년에 소아과에 한 번 더 갈 확률이 높았는데, 그렇다면 8월생 아이들이 ADHD 진단을 받을 확률도 높아질 것이다).

분석 결과는 어떻게 나왔을까? 입학 기준일이 9월 1일인 주의 경우, 7월생 아이들과 8월생 아이들의 ADHD 진단율 차이 또는 9월생 아이들과 10월생 아이들의 ADHD 진단율 차이는 별로 없었다. 반면, 입학 기준일이 9월 1일이 아닌 주의 경우는 8월생 아이들과 9월생 아이들의 ADHD 진단율 차이가 크지 않았다.

이 분석 결과는 어린아이들의 ADHD 진단에 상대 연령 효과가 작용한다는 우리의 가설을 더욱 확고하게 뒷받침하는 것이었다.

우리는 여기서 한 걸음 더 나아갔다. 아이들의 상대 연령이 ADHD 진단에 영향을 미친다고 해도, 천식이나 당뇨병 같은 질환의 진단에도 상대 연령이 영향을 미친다고 생각할 수는 없었다. 아이의 행동과 같은 학년에 속한 다른 아이들의 행동 비교에 기초하는 ADHD 진단과는 달리, 천식이나 당뇨병 같은 질환은 상대적이 아니라 객관적으로 진단되기 때문이다(천식 진단에는 폐 기능검사, 당뇨병 진단에는 혈액검사가 이용된다). 따라서 8월생 아이들과 9월생 아이들의 천식 또는 당뇨병 진단율에 차이가 있다면 우리의 연구에 문제가 있다는 뜻이었다. 만약 그렇다면 8월생 아이들과 9월생 아이들은 확실하게 근본적으로 생물학적인 차이가 있어야 한다.

이 생각에 기초해, 우리는 천식, 당뇨병 및 기타 여러 질환에 대한 진단율을 분석했다. 그 결과, (매우 당연하지만) 8월생 아이들과 9월생 아이들 사이에는 우리의 결론을 뒤집을 수 있는, 즉 가설을 '반증falsification'할 수 있는 유의미한 진단율 차이가 발견되지 않았다.

ADHD는 진단에서 끝나지 않는다. 진단이 내려지면 치료가 뒤따르기 때문이다. 그래서 우리는 ADHD 진단을 받은 아이들의 치료 약물 복용에 대해서도 조사했다. ADHD 치료를 위해서는 일반적으로 리탈린Ritalin이나 애더럴Adderall 같은 각성제가 처방된다. 이런 약물은 적절하게 사용하면 과잉행동을 진정시키고 집중력을 향상시킬 수 있다. 하지만 이런 약물은 식욕을 억제할 수 있으며, 정신장애와 수면장애를 유발할 위험이 있다.

따라서 우리는 같은 학년이지만 상대적으로 어린 아이들이 이런 치료제를 처방받은 사례가 더 많았는지 조사했고, 그 결과 그 가능성이 상당히 높았다는 것을 알게 됐다. 8월생 아이들이 처방받은 ADHD 치료제의 평균량은 9월생 아이들이 처방받은 ADHD 치료제의 평균량보다 120일치가 더 많았다.

우리는 이전 연구에서 8월생 아이들과 9월생 아이들이 ADHD 진단율 면에서 달라야 할 생물학적 이유가 없다는 것을 밝힌 바 있다. 따라서 이 결과는 ADHD가 있는, 상대적으로 더 어린 아이들이 더 강도 높은 치료를 받았다는 뜻이다. 게다가 의사들은 ADHD 진단을 내릴 때 아이들의 상대 연령을 고려하지 않았던 것으로 보였다.

우리는 의사로서 그 이유를 충분히 짐작할 수 있다. 어린아이의 경우 나이가 들수록 행동이 '개선'되는 것처럼 보일 수 있으며, 의사와 부모는 효과를 눈으로 확인하니 약물을 복용하는 게 합리적이라고 생각할 수 있다. 하지만 아이의 행동이 변화하는 진짜 이유는 단순히 아이가 성숙해지면서 같은 학년 아이들과의 상대적 연령 차이가 좁혀지기 때문일 수 있다. 예를 들어, 다섯 살과 여섯 살의 상대적 차이는 아홉 살과 열 살의 상대적 차이보다 훨씬 더 크다는 사실은 나이가 들수록 더욱 분명해진다.

앞에서 우리가 언급하지 않은 중요한 통계가 있다. ADHD가 여자아이들에서보다 남자아이들에서 2배 이상 흔하다는 통계다. ADHD에는 과잉행동형, 부주의형 등 다양한 유형이 있다. 과잉행동형 ADHD의 경우는 성별에 따른 차이가 더 뚜렷하며, 남자아이들에게서 나타나는 비율이 여자아이들에게서 나타나는 비율의 4배에 이른다.

이 통계에 기초해, 우리는 상대 연령이 남자아이와 여자아이 사이에 어떻게 다른 효과를 나타내는지 알아보고자 성별을 분리해 다시 분석했다. 그 결과, 상대 연령 효과는 여자아이들보다 남자아이들에서 더 강한 것으로 나타났다. 이는 일반적으로 남학생이 더 많이 ADHD 진단을 받는다는 점을 고려할 때 놀랄 만한 결과는 아니다(여자아이의 경우 상대 연령 효과가 너무 작아 통계적으로 유의미하지 않았다).

이런 현상의 원인이 무엇인지는 확실하지 않다. 남자아이들은 연령별 발달 차이가 더 두드러지기 때문에 유치원생 남자아이들의 경우, 한 살 차이가 여자아이들에 비해 더 큰 발달 격차를 나타내거나 적어도 그렇게 인식될 가능성이 있긴 하다.* 또한, ADHD는 남자아이들에게 더 흔하게 진단되므로 교사, 부모, 의사는 유치원생 남자아이에게 ADHD에 대한 우려를 제기할 가능성이 더 높다. 반면, 유치원생 여자아이에 대해서는 판단을 보류하면서 1년 동안 같은 유치원을 다니는 또래 여자아이들에 비해 발달이 좀 느려도 '따라잡을' 수 있다고 생각할 가능성이 높다.

1년이란 시간의 나비효과

ADHD의 진단과 치료 방법에 대한 논의는 우리의 이 연구가 발표된 2018년 훨씬 이전부터 이뤄지고 있었다. 일부 연구자들은 아이들 전체의 9.4%가 ADHD 진단을 받는 것은 의사들이 과도하게 ADHD 진단을 내리기 때문일 수 있다고 주장하기도 했다. 어린아이들이 학교에서 어떻게 행동해야 하는지에 대한 우리의 기대가

---

* 남학생과 여학생의 차이 중 많은 부분이 과거의 생각과는 달리 생물학적 차이라기보다는 사회적 차이라는 연구가 있긴 하지만, 유아기 발달과정에서 남녀 간의 생물학적 차이는 확실히 존재하는 것으로 보인다.

비현실적이었던 것일까? 그렇다면 무엇이 '정상적인' 행동일까? 어린이 교육에 대한 전반적인 접근방식을 재고해야 할 필요가 있을까?

아이들의 생일과 ADHD 진단과의 연관관계에 대한 우리의 연구는 현재 진행 중인 ADHD 관련 논쟁에 놀라운 사실 하나를 추가했다. 바로 입학 기준일 같은 임의적인 요인이 ADHD에 대한 과잉 진단과 과잉 치료를 유발할 수 있다는 것이다.

상대 연령 효과는 이 밖에도 다른 방식으로 건강에 영향을 미칠 수 있다. 영국의 한 연구에 따르면, 한 학년에서 가장 나이가 어린 아이들이 ADHD나 지적장애 진단을 받을 가능성이 높을 뿐만 아니라 우울증 진단을 받을 가능성도 더 높았다.[8] 또한 1979년부터 1992년까지 캐나다 앨버타주의 데이터를 분석한 결과, 자살한 20세 미만 청소년 중 무려 55.3%가 같은 학년이지만 다른 아이들보다 나이가 어린 청소년(한 학년 학생 중 50%에 해당한다)이었던 것으로 나타났다.[9] 한편, 노르웨이의 한 연구에 따르면 같은 학년이지만 나이가 어린 경우 10대 임신 확률이 높은 것으로 나타났다.[10]

상대 연령 효과는 아이들의 건강뿐만 아니라 학교생활에도 영향을 미친다는 사실도 입증됐다. 입학 기준일이 9월 1일인 영국의 어린이들을 대상으로 한 연구에서 연구자들은 8월에 태어난 아이들의 표준화 시험(시험문제가 모두 동일하고 각 학생에게 주어진 시간이 동일하며 채점 방식이 모든 학생에게 동일한 시험) 점수가 9월에 태어난 같은 학년 아이들에 비해 일관되게 낮다는 사실을 발견했다. 연구진이 '8월 출생 페널티'라고 명명한 이 효과는 연구대상 중 가장 어린 5세 아이들에게서 가장 두드러졌으며, 18세에 이르기까지 일관되게 나타났다. 또한 연구진은 (특정 학년에 속한 다른 아이들의 생일, 학년의 시작 시점, 전학 여부 같은) 다른 잠재적 요인들을 고려한 결과, "8월에 태어난 아이들이 9월에 태어난 아이들보다 키 스테이지Key Stage 시험(영국의 표준학력 평가 시험-옮긴이)에서 성적이 크게 낮은 가장 큰 이유는, 단순히 그들이 시험을 볼 때 한 살 가까이 더 어렸기 때문"이라는 결론에 도달했다.

플로리다주의 어린이들을 대상으로 한 경제학자들의 연구에서도 이와 비슷한 결과가 도출됐다.[11] 즉, 8월에 태어난 아이들의 표준화 시험 점수가 9월에 태어난 아이들보다 낮았다. 연구자들은 추가 분석을 통해 이 효과가 아이들의 교육과정 전반에 어떤 영향을 미치는지 조사했다. 그 결과, 8월에 태어난 아이들은 9월에 태어난 아이들에 비해 행동장애, 인지장애, 신체장애 진단을 받은 사례가 더 많았으며, 읽기 또는 수학 보충 과정을 수강한 사례도 더 많았다는 사실이 밝혀졌다. 또한, 8월에 태어난 아이들은 영재 학생을 위한 프로그램에 등록할 가능성이 낮았고, 읽기 또는 수학 심화 과정에 등록할 가능성도 낮았으며, 선행학습 과정에 등록하는 비율도 낮아 표준 일정에 따라 고등학교를 졸업할 가능성도 낮았다. 전체적으로 볼 때 이런 효과는 성별, 인종, 어머니의 교육수준 등의 요인을 보정한 뒤에도 변하지 않고 거의 그대로였다.

그렇다면 이 모든 현상을 어떻게 해석해야 할까? 톰 브레이디 이야기로 돌아가보자. 브레이디는 공식적으로 대학 풋볼 선수생활을 시작하기 전에 레드셔츠 선수생활을 통해 자기계발에 집중할 수 있는 1년의 시간을 더 얻었다. 그 1년의 효과가 얼마나 컸는지는 확실히 알 수 없다. 하지만 그 효과가 작았다고 해도 그해 NFL 드래프트에서 전체 254명의 선수 중 199순위로 지명되는 것과 전혀 지명되지 않는 것의 차이를 만들었을 것이라고 상상하는 것은 어렵지 않다. 아마 그 1년이 없었다면 톰 브레이디는 오늘날과 같은 유명인사가 되지 못했을 것이다.

풋볼 팬이 아니더라도 8월에 태어난 아이들에게 1년의 준비 기간이 더 주어지면 어떤 일이 벌어질지 궁금할 것이다. 브라운 대학교의 경제학자 에밀리 오스터Emily Oster는 《패밀리 펌Family Firm》에서 "여름에 태어난 아이들에게 '레드셔츠' 시스템을 적용해 초등학교 입학을 1년 미뤄야 할까?"라는 도발적인 질문을 던졌다.[12] 만약 그렇게 한다면 아이들이 상대 연령 효과의 부작용을 피하는 데 도움이 될 수도 있을 것이다. 하지만 이 경우 부모는 자녀가 실제로 그 1년 동안 초등학교를 가지 않는 것이 상대 연령 효과를 감수하면서 초등학교에 가는 것보다 나을지 판단해야 한다. 이 질문에 대한 확실한 답은 아직 없다.

병원에서도 첫 단추는 중요하다

상대 연령 효과가 건강에 미치는 영향은 크게 두 가지다. 첫 번째는 앞에서 언급했듯이, 이 효과가 같은 학년 아이들에 비해 상대적으로 어린 아이들의 장기적인 건강과 교육 결과에 영향을 미칠 수 있다는 것이다. 두 번째는 첫 번째만큼 확실하지는 않다. 이 두 번째 영향은 의료에서 진단이 차지하는 핵심적인 역할과 진단에 어느 정도 주관성이 개입될 때 발생할 수 있는 문제들과 관련되기 때문이다. 예를 들어, 상대 연령 효과가 프로하키 선수들에게 미치는 영향은 흥미로운 주제에 그칠 수 있지만, 유치원 아이들이나 5세 아이들의 각성제 처방에 작용하는 상대 연령 효과는 매우 심각하게 생각해야 한다. 우리의 연구 결과를 보고 상대 연령 효과 때문에 9월생 아이들이 ADHD와 관련해 과소진단을 받는다고 생각할 수도 있다.[13] 하지만 우리 연구 결과에서 그보다 더 중요한 사실은 8월생 아이들이 과잉 진단과 과잉 치료를 받을 가능성이 높다는 것이다.

실제로 어떤 질환을 앓고 있지 않은 사람에게 과잉 진단을 내리는 것은 의료 차트에 한 줄을 더하거나 불필요한 처방 수준을 넘어서는 심각한 문제를 일으킬 수 있다. 과잉 진단은 수년 동안 환자의 치료 경로를 결정할 수 있는 일들을 연쇄적으로 유발할 수 있기 때문이다. 어떤 질병이든 질병에 대한 진단과 치료는 그 진단과 치료의 근거가 불확실하더라도 그 여파가 엄청나게 오래 지속되기 마련이다.

물론, 8월에 태어난 아이 중에도 정확하게 ADHD 진단을 받고 치료를 통해 큰 효과를 보는 아이들이 많다.[14] 하지만 이번 연구에서 관찰된 상대 연령 효과는, 8월에 태어나 ADHD 진단을 받은 아이들 중 일부가 9월에 태어났다면 그 아이들은 ADHD 진단을 받지 않았을 수도 있음을 시사한다. 아이들 중에는 ADHD 진단을 받았지만 '자라면서' 그 증상이 없어지는 경우도 있고, 그렇지 않은 경우도 있다.

환자가 특정한 치료 경로에 일단 진입하면 애초에 그 경로에 들어가지 말았어야 하는 경우에도 그 경로를 바꾸기가 어려울 수 있다. 바푸, 마이클 바넷, 앤드루 올렌스키의 연구에 따르면, 다른 의사보다 오피오이드를 더 많이 처방하는 경향이 있는 응급의학과 의사에게 치료를 받은 환자는 응급실 치료가 끝난 뒤에도 오랫동안 지속적으로 오피오이드 처방을 받은 사례가 많았다.[15] 물론, 이렇게 오피오이드를 처방받은 환자 중에는 시간이 지남에 따라 상태가 호전된 사람도 있었다. 하지만 오피오이드를 처방받은 환자 중 일부는 통증이 정말 심하거나 근본적인 원인이 더 심각했기 때문이 아니라, 우연히 특정한 의사에게 진료를 받았기 때문에 장기적으로 오피오이드를 복용하게 된 사람들이었다.

하버드 의과대학 학생 줘 시[Zhuo Shi]와 하버드 의대 의사이자 연구원인 아테브 메흐로트라[Ateev Mehrotra], 바푸 등이 수행한 유사한 연구에 따르면, 상기도 감염(기도의 상부에 해당하는 코, 부비동, 인두, 후두 등에 급성 감염이 발생하는 현상. 코 막힘, 인후통, 편도염, 인두염, 후두염, 부비동염, 중이염, 감기가 대표적 증상이다-옮긴이) 환자가 우연히 항생제를 더 많이 처방하는 경향이 있는 응급실 의사에게 치료를 받은 경우(항생제가 대부분의 바이러스 감염에 도움이 되지 않음에도 불구하고) 예상대로 환자들은 항생제를 처방받았다.[16] 당연히 그랬을 것이다. 하지만 여기서 놀라운 점은, 이렇게 항생제를 처방받은 환자들이 그 후에도 감염 치료를 위해 다른 의사들로부터 항생제 처방을 받은 경우가 많았다는 사실이다. 이 환자들은 과거에 항생제가 감염 치료에 '효과가 있었다고' 생각했기 때문에 그 이후에도 항생제 처방을 원했던 것으로 추정된다.

오피오이드 복용의 경우와 마찬가지로, 일부 환자들(아마 대부분의 환자들일 것이다)은 항생제를 복용하지 않았어도 증상이 호전됐을 것이다. 또한 우리는 이 연구 결과로부터, 환자가 다른 처방 성향을 가진 응급실 의사를 만났다면 평생 동안 항생제를 덜 복용할 가능성이 높아졌을 것이라고 추론할 수 있다.

심리적 지름길의 유혹

앞에서 우리는 ADHD 진단의 어려움 중 하나가 주관적 판단에 있다고 언급한 바 있다.* ADHD의 주요 특징으로는 과잉행동, 충동성, 부주의 등을 들 수 있으며,[17] ADHD 증상의 전체 목록을 살펴보면 주관성이 진단에 어떻게 영향을 미칠 수 있는지 어렵지 않게 알 수 있다. 전체 목록은 다음과 같다. 안절부절못함, 앉아 있기 힘들어함, 부적절하게 뛰어다니거나 기어오름, 조용히 노는 것을 어려워함, 끊임없이 움직이려 함, 지나치게 말이 많음, 차례를 기다

---

* '객관적인' 진단검사의 컷오프값(예를 들어, 헤모글로빈 A1C 수치가 6.5% 이상이면 당뇨병, 수축기 혈압이 130 이상 또는 이완기 혈압이 80 이상이면 고혈압으로 진단한다)을 결정하는 과정에도 어느 정도의 주관성이 개입될 수 있다. 하지만 당뇨병이나 고혈압 진단은 ADHD 진단보다 확실히 주관성이 덜 개입된다.

리기를 어려워함, 너무 빨리 대답함, 다른 사람의 말을 중간에서 끊음, 세부사항에 주의를 기울이지 않음, 부주의로 인한 실수가 잦음, 주의 집중 상태를 유지하기 어려워함, 다른 사람의 말을 잘 듣지 않는 것으로 보임, 정리정돈을 힘들어함, 과제를 끝까지 수행하기 어려워함, 물건을 자주 분실함, 중요하지 않은 자극에 민감함, 일상적인 활동을 하면서 건망증 증세를 보임.

이런 증상이 5세 어린이(또는 안절부절못하는 성인)에게 비정상적인지에 대한 의문은 일단 접고 생각해보자. 일반적으로 유치원생과 초등학교 1학년 어린이는 장시간 앉아 있는 것을 힘들어하고, 소리를 지르거나 뛰면서 놀고, 때로는 어른들의 말을 무시하기도 한다. 의학적 검사나 영상측정, 생리적 특징 측정 등 대부분의 의학적 상태에 대한 진단이 의존하는 객관적인 방법을 사용하지 않으면서 우리가 할 수 있는 것은, 그저 아이를 같은 학년의 또래와 비교하는 것뿐이다. 따라서 교사, 의사, 부모가 아이들을 평가하는 과정에서 상대 연령 효과가 개입될 수밖에 없다.

우리는 의사로서 소아과 의사들의 고충을 잘 알고 있다. 그들은 이용 가능한 모든 정보를 동원해 최선을 다하고 있는 사람들이다. 하지만 소아과 의사들이 ADHD 진단을 내리는 것은 쉽지 않을 때가 많다. 우선, 아이에 대한 정확한 정보를 얻는 일에서부터 어려움을 겪는다. 아이에 대한 정보는 부모나 보호자로부터 간접적으로 얻는 경우가 대부분이기 때문이다. 또한, 의사가 아이에 대한 데이터를 충분히 확보한다고 해도 그 데이터 중에서 ADHD와 관련된 데이터를 추출하는 데 어려움을 겪기도 한다. ADHD 진단은 결코 쉬운 일이 아니다.

모든 진단을 혈압이나 세포 수 같은 객관적인 측정값에 의존해 내릴 수 있다면 진단은 그리 어려운 일이 아닐 수도 있다. 하지만 현실은 그렇지 않다. 적절한 정보를 모두 확보한다고 해도 특정 증상이나 검사 수치를 설명할 수 있는 질환의 수는 엄청나게 많다. 또한 같은 질환이라도 환자마다 증상이 같은 방식으로 나타나지 않을 수도 있다. 어떤 환자에게는 심장마비가 땀과 호흡곤란을 동반하는 극심한 흉골하substernal 흉통으로 나타나는 반면, 다른 환자에게는 속 쓰림이나 소화불량, 목 통증 또는 팔 통증으로 나타날 수 있다(흔하지는 않지만 실제로 이런 증상이 나타난다). 결국 의사로서 우리는, 우리가 가진 모든 데이터를 종합해 답을 찾아내야 하며, 그러기 위해서는 의식적 추론과 무의식적 패턴 인식을 조합해야 한다. 즉, 이 과정은 인간에 의해 이뤄지기 때문에 일상적으로 인간을 잘못된 경로로 유도하는 모든 편견과 심리적 지름길mental short-cut(인지적 부하를 줄이기 위해서 모든 정보를 완벽하게 고려하지 않고 단순하게 생각하는 것)에 취약할 수밖에 없다.

ADHD 진단에서 상대 연령 효과는 행동과학자들이 '대표성 휴리스틱representativeness heuristic'이라고 부르는 편견이 작용하는 예 중 하나다. 실제로, 모든 유치원생 각각이 전형적인 발달 타임라인 중 어떤 위치에 있는지 판단하는 것보다, 모든 유치원생의 행동을 소위 정상적인 행동 기준을 기초로 서로 비교하는 것이 더 쉽다. 우리의 마음은 같은 범주에 속하는 것으로 보이는 것들에 기대치를 적용하기 위해 심리적 지름길, 즉 휴리스틱을 이용한다. 대표성 휴리스틱은 '유치원생은 이렇게 행동해야 한다'고 우리에게 말한다. 따라서 우리는 나이 차이가 거의 한 살이 나는 유치원생들이 서로 매우 다르게 행동하는 것이 당연한데도 이런 현실을 간과한다. 휴리스틱은 일상생활에서 도움이 될 수 있다. 예를 들어, 우리는 특정한 식료품점에 가본 적이 없어도 식료품점에 대한 일반적인 기대치가 있기 때문에 그 식료품점에서 계란과 우유를 판매하리라고 쉽게 생각한다. 하지만 이런 편견은 ADHD와 그 밖의 상황(8장에서 살펴볼 수술실에서의 상황 등)에서 문제가 되는 편견으로 이어질 수 있다.

진단을 일상적으로 왜곡시키는 또 다른 요인은 '가용성 편향 availability bias'이다. 가용성 편향은 우리가 가장 최근의 경험에 의존해 평가를 내릴 때 발생한다. 저명한 행동과학자인 아모스 트버스키 Amos Tversky와 대니얼 카너먼Daniel Kahneman은 한 실험에서 실험 대상들에게 흔한 영어 단어를 떠올리라고 한 뒤, 문자 'r'에 대해 생각하도록 요청했다.[18] 그 후 이들은 실험 대상자들에게 자신들이 떠올린 단어에서 문자 r이 첫 번째 문자일 가능성이 높은지, 세 번째 문자일 가능성이 높은지 물었다. 연구자들은 k, l, n, v에 대해서도 동일한 질문을 했다. 연구자들이 선택한 문자는 무작위로 선택한 것이 아니었다. 이 문자들은 영어 단어에서 첫 번째 문자일 가능성보다 세 번째 문자일 가능성이 높은 것들이었다.

하지만 실험 대상자 대부분은 실제 가능성과는 반대로, 이 문자들이 자신이 생각한 단어의 첫 번째 문자라고 대답했다. 원인은 가용성 편향에 있었다. 세 번째 위치에 r이 있는 단어를 떠올리는 것보다 r로 시작하는 단어를 떠올리는 것이 훨씬 더 쉽기 때문이었다. 이는 우리의 머릿속에서는 r로 시작하는 단어들이 (r이 세 번째에 오는 단어보다) '가용성'이 더 크다는 뜻이다.

캘리포니아 대학교 로스앤젤레스 캠퍼스[UCLA] 의과대학 의사이자 경제학자인 댄 리[Dan Ly]의 연구는 가용성 편향이 의사의 진단 추론에 어떤 영향을 미칠 수 있는지 보여준다.[19] 이 연구는 7,300여 명의 의사들이 남긴 의료기록을 분석해 폐색전증 진단이 이뤄진 과정을 추적했다. 폐색전증은 정맥에서 유래한 혈전이 폐동맥 혈관을 막아 호흡곤란을 일으키는 상태를 말한다. 연구 시작 시점에 의사들은 호흡곤란으로 보훈병원 응급실에 실려 온 환자의 약 9%에게 혈액검사 또는 CT 스캔을 실시했다. 하지만 환자 한 명에게 폐색전증 진단을 내린 후부터 의사들은 환자들에게 폐색전증 검사를 더 자주 시행하기 시작했다. 첫 번째 폐색전증 진단 후 열흘 동안 의사들이 폐색전증 검사를 시행한 환자의 수는 1.4%p 증가했으며, 이 수치는 결국 연구 시작 때의 수치로 줄어들었다. 비율 자체만 본다면 그 효과는 그렇게 크지 않지만, 미국 응급실 방문 건수가 연간 1억 3000만 건으로 추산되는 상황에서 이 효과는 매년 수천 건의 추가 검사로 이어질 수 있다.[20]

합리적으로 생각할 때, 후속 환자의 증상은 최초 환자의 증상과는 무관하다. 연구 기간 동안 폐색전증을 첫 번째로 진단받은 환자로 인해 다른 환자들이 폐색전증에 걸렸다고 할 수는 없기 때문이다(분명히 말하지만, 폐색전증은 전염되지 않는다). 의사들은 단순히 최근에 폐색전증을 진단했다는 이유로 폐색전증 검사를 더 자주

하기 시작한 것이었다. 즉, 폐색전증은 의사들의 머릿속에서 더 '가용성이 높은' 질환이었다. (인지편향 그리고 인지편향이 의사의 행동에 미치는 영향에 대해서는 다음 장에서 자세히 설명할 것이다. 여기서는 의사가 되기 위해 필요한 모든 훈련을 받았음에도 불구하고, 이런 심리적 지름길 때문에 의사들이 진단에 실패하곤 한다는 사실에만 집중할 것이다).

구르프리트 달리왈Gurpreet Dhaliwal은 의사가 진단을 내리는 방식에 편견이 어떻게 영향을 미치는지 글과 강연을 통해 강력한 메시지를 전달하는 사람이다. 캘리포니아 대학교 샌프란시스코 캠퍼스UCSF 의과대학 의사이자 교수인 달리왈은 동료 의사들이 '마스터 임상의master clinician'라고 부른다. 마스터 임상의라는 말은 진단의 기법과 기술을 신중하게 연마해온 의사를 뜻한다. 달리왈은 〈미국 의사협회 저널The Journal of the American Medical Association〉에 기고한 글에서 "대부분의 의사와 의대생은 진단과 조치가 필요한 삶의 수많은 상황에 대해 선천적 신경회로와 동일한 신경회로를 사용해 적절한 추론을 한다"라고 말했다.[21] 이는 이런 선천적 신경회로 때문에 우리 의사들은 심리적 지름길을 선택하게 되며, 그 선택은 인지편향으로 이어질 수 있다는 뜻이다. 이 글에서 달리왈은 의사는 진단 추론 과정 자체에 집중해야 하며 "진단 추론 과정 자체를 개선과 숙달의 가치가 있는 과정"으로 생각해야 한다고도 말했다. 그렇게 해야 의사들이 진단에 영향을 미칠 수 있는 편향들을 극복할 수 있다는 것이 그의 주장이다.

다시 말해, 이런 편향을 인식하지 못한다면 의사는 가장 최근에 진료한 환자에 대한 진단이 그 이후 환자의 진단에 영향을 미치는 것을 막을 수 없다. 이와 유사하게, 상대 연령이 사람들의 판단에 영향을 미친다는 것을 인정하지 않고는 어린이 환자가 학교에서 일으키는 행동 문제에 대한 정확한 진단을 할 수 없다.

부모가 자녀의 행동을 보면서 '세 살짜리 아이에게 이런 행동이 정상일까?'라는 의문을 갖는 것은 자연스러운 일이다. 하지만 우리는 '정상적인' 행동의 범위가 상당히 넓으며, '세 살짜리 아이', '유치원생', '초등학교 1학년생' 등 같은 범주 안에서 아이들의 나이 차이가 다양할 수 있다는 사실을 잊고 있다.

우리는 교사나 소아과 의사 또는 부모가 모두 이 사실을 간과하고 있다고 말하는 것은 아니다. 하지만 데이터에 따르면 교사에서 부모로 그리고 다시 의사로 이어지는 경로 어딘가에서 (대표성 휴리스틱과 결합된) 상대 연령 효과가 작용하는 것으로 보인다.[22] 진단과 치료에 관한 최종 결정권은 의사에게 있다. 따라서 의사에게 상대 연령 효과를 상기시키는 방법을 모색하는 것이 도움이 될 수 있을 것이다.

이런 방법은 사실 매우 간단하다. 예를 들어, 전자건강기록Electronic Health Records(디지털 형태로 체계적으로 수집돼 전자적으로 저장된 환자 및 인구의 건강정보)은 같은 학년의 또래에 비해 어린 아이들이 보이는 잠재적인 비정상 행동을 그 아이의 상대적인 나이를 고려해, 정보를 적절한 맥락에서 해석할 수 있도록 도움을 줄 수 있다.

에밀리의 편두통이 낫지 않은 이유

질병이 아예 없거나 이상이 있어도 건강 문제로 이어질 가능성이 낮은 사람에게 질병 진단을 내리는 과잉 진단은 의학계에서 널리 알려진 문제 중 하나인 진단오류의 한 예다. 진단오류에는 실제 문제를 정상으로 진단하는 과소진단(예를 들어, 실제로는 치료가 필요한 폐쇄성 수면무호흡증인데 '단순한 코골이'라는 진단을 내리는 경우)과 오진(대동맥 박리 환자에게 심장마비 진단을 내리는 경우처럼, 서로 다른 치료가 필요하지만 비슷한 증상이 나타나는 매우 다른 두 가지 질환을 혼동한 잘못된 진단)이 있다. 이런 진단오류로 인해 환자는 불필요한 치료를 받거나 치료시기를 놓쳐 심각한 문제에 노출되거나, 심지어는 사망에 이르기도 한다.

2015년, 미국 의학한림원은 의사들을 비롯한 연구자들로 구성된 한 연구진이 작성한 보건의료 개선책에 관한 보고서를 공개했다(바푸도 이 연구진 중 한 명이었다).[23] 수십 년에 걸쳐 이뤄진 연구들을 종합해 분석한 결과, 이 연구진은 진단오류가 보건의료 시스템에서 계속 결함으로 남아 있다는 결론을 내렸다. 이 결론에 따르면 외래진료를 받는 성인 환자의 약 5%가 진단오류를 경험하며, 진단오류로 인한 사망자 비율이 전체 환자의 10%에 이를 수 있으며, 병원에서 환자에게 발생하는 부작용의 최대 17%가 진단오류에 기인할 수 있다. 이런 수치는 대부분의 사람들이 삶의 어떤 시점에서 진단오류를 경험하게 되며, 이것이 생사를 가르는 결과를 초래할 수 있음을 시사한다.

우리 둘 다 오랫동안 의사로 일해왔다. 따라서 우리도 의사로서 최선을 다했는데도 진료실이나 병원에서 진단오류를 범한 적이 있다. 그중 일부는 심각한 결과를 초래하기도 했다. 우리보다 더 똑똑하고 지식이 풍부하며 유능한 동료들도 마찬가지다. 의사로서 우리는 실수하지 말아야 한다. 의사로서 실수를 저지른다는 것은 상황이 좋을 때는 자존심이 상하는 일에 불과하지만, 최악의 상황에서는 환자에게 치명적이기 때문이다. 하지만 매일 수백만 명의 환자가 보건의료 시스템 안에서 진료를 받으므로 진단오류가 발생할 가능성은 현실적으로 매우 높을 수밖에 없다.

나(크리스)는 의사이지만 환자 가족 입장에서 이런 진단오류를 많이 겪는다는 것을 몸소 체험한 적이 있다.

병원에서 둘째 아들을 출산한 뒤 집으로 돌아온 직후 아내 에밀리는 생애 최악의 두통을 겪었다. 그때 아내가 겪은 두통은 정신을 차릴 수 없을 정도로 극심했고, 이전에 경험했던 두통과는 차원이 달랐다. 출산 직후의 여성에게서 뇌출혈 위험이 높기 때문에 매우 심하고 '급작스러운' 두통이 나타날 수 있다는 것을 알고 있던 나는, 아내를 집에서 가장 가까운 응급실로 데려갔다.

나는 응급실 의사에게 아내가 심한 산후 두통을 앓고 있다고 말했고, 응급실 의사는 뇌출혈이 발생했는지 확인하기 위해 바로 CT 촬영을 실시했다. 이 상태(뇌출혈의 공식 용어는 뇌내출혈intracerebral hemorrhage이다)는 신속한 치료가 필요하기 때문에 영상의학과 의사는 CT 스캔 영상에 대한 '습식 판독wet read'을 곧바로 실시했다. 습식 판독이란 출혈처럼 시간을 다투고 생명을 위협할 수 있는 현상이 있는지 알아내기 위해 CT 촬영 직후 바로 스캔 영상을 살펴보는 일을 말한다. 습식 판독 결과, 다행히도 출혈은 발견되지 않았고, 뇌도 정상으로 판명됐다.

문제는 에밀리가 여전히 심한 두통을 겪고 있다는 것이었다. 에밀리에게는 정확한 진단이 필요했다. 에밀리는 "편두통일 것"이라는 의사의 말을 듣고 진통제를 처방받았다. 진통제를 먹은 뒤 30분 정도 지나자 두통은 약간 줄어들었지만, 에밀리는 두통이 완전히 사라지기를 바라면서 계속 누워 있을 수밖에 없었다. 결국 나는 에밀리를 집으로 데려왔고, 집으로 오기 전에 대부분의 환자들이 그렇듯이, 에밀리도 평소에 다니는 병원에서 후속진료를 받으라는 응급실 의사의 말을 들었다.

집에 온 뒤에도 에밀리는 여전히 매우 불편해했다. 게다가 에밀리에게는 편두통 병력이 없었기 때문에 응급실 의사의 진단이 정확한지 의심하게 됐고, 결국 나는 온라인 환자 포털에서 에밀리의 응급실 의료기록을 찾아내 CT 스캔 보고서를 살펴봤다. 한편, 응급실에서 에밀리의 CT 스캔 영상을 '습식 판독'했던 영상의학과 의사는 그때쯤 시간을 가지고 자세하게 영상을 다시 살펴봤고, 두통의 확실한 원인을 찾아내 보고서를 업데이트했다. 에밀리의 머리 한쪽에 위치한 부비동ˢⁱⁿᵘˢ(코와 코 주위 머리뼈 안에 위치한 비어 있는 좌우 8개의 공간)이 막혀 있었던 것이었다. 부비동이 막히면 콧물이 그 안에 고이면서 압력이 증가해 두통을 유발할 수 있다. 이 진단은 에밀리의 두통을 훨씬 더 명확히 설명해주는 것이었다.

문제를 확실하게 해결해야 한다고 생각한 에밀리는 다음 날이비인후과 전문의와 약속을 잡았고, 에밀리의 CT 스캔 결과를 본 이비인후과 전문의는 부비동 감염을 치료하고 배액을 돕는 약을 처방했다. 하지만 결국 그 후 에밀리는 부비동을 막히게 한 원인인 물혹을 제거하는 수술을 받아야 했다. 다행히도 물혹은 양성종양이었다.

에밀리는 이제 괜찮아졌고 더는 심한 두통을 겪지 않고 있다. 다행히도 에밀리는 오진으로 인한 장기적 피해를 입지는 않았다. 게다가 에밀리는 약사였으므로 약에 대해 많은 것을 알고 있고, CT 스캔 결과를 판독할 수 있는 의사 남편을 뒀다는 점에서 운이 더 좋았다고 할 수 있다.

하지만 여기서 나는 다른 시나리오, 즉 에밀리의 CT 스캔 보고서를 검색해보지 않는 시나리오를 쉽게 상상할 수 있었다. 만약 집에서 다시 보고서를 살펴보지 않았다면 에밀리는 자신이 편두통을 앓는 중이라고 생각했을 것이다. 그랬다면, 대부분의 감염이 그렇듯이 시간이 지나면서 증상은 개선되고 편두통도 나아졌을 것이다. CT 스캔의 최종 결과는 누군가가 우연히 볼 때까지 의료기록에 묻혔을지 모른다. 우리는 에밀리에게 편두통이 있다고 생각하면서 몇 달, 몇 년, 심지어 평생을 보낼 수도 있었다. 실제로 에밀리의 두통은 부비동이 막혀 생긴 일시적인 통증이었는데도 말이다.

모두가 자기 일에 충실했지만

진단오류에 대한 미국 의학한림원 보고서는 오류의 원인은 수없이 많으며 "임상의·환자·가족 간의 충분한 협력과 의사소통 부족, 진단과정을 제대로 지원하도록 설계되지 않은 보건의료 시스템, 임상의들을 대상으로 한 진단 성과에 대한 피드백 부족, 진단오류를 투명하게 밝히는 것을 방해하는 문화 등 수많은 것들이 진단오류로부터 배우고 진단을 개선하려는 시도들을 방해한다"라고 지적했다.

에밀리의 사례는 이런 원인 중 몇 가지를 잘 보여준다. 여기서 주목해야 할 점은 모든 사람이 자신이 기본적으로 해야 할 일을 충실히 수행했다는 사실이다. 응급실 의사는 생명을 위협할 수 있는 요인을 고려해 그 요인을 배제했고, 영상의학과 의사는 슴식 판독을 통해 에밀리에게 출혈이 없다는 정확한 진단을 내렸고, 추후 보고서에서 부비동에 문제가 있을 수 있다는 점을 적시했다(영상의학과 의사는 당시에 에밀리의 뇌 상태만 검사하면 됐는데도 추후에 보고서를 다시 올렸다).

문제는 의사소통이었다. CT 스캔 보고서가 응급실에 제때 전달되지 않아 에밀리는 즉각적인 치료를 받지 못했고, 에밀리에게 다시 전달되지도 않았다. 며칠 후 에밀리의 증상이 지속되는지 또는 악화되는지에 관한 보고서가, 응급실에서 에밀리를 담당한 의사 중 한 명에게라도 전달될 수 있었지만, 그런 일은 일어나지 않았다.

게다가 과로에 시달리는 응급실 의사는 진단오류가 있었다는 사실을 알 가능성이 거의 없기 때문에, 에밀리의 사례에서 교훈을 얻어 향후의 진료방식을 개선하기도 어려울 것이다. 세계 최고 수 수준의 응급의학과 의사와 최고의 영상의학과 의사가 이와 같은 상황에 처하더라도 상황은 별로 달라지지 않을 것이다.

현재의 보건의료 시스템은 의사에게 진단 성과에 대한 피드백을 제공하도록 설계돼 있지 않다. 따라서 오진을 한 의사가 자신이 오진한 사실을 전혀 모르고 지나가는 일이 매우 흔할 수밖에 없다. 병원에서 진료하는 우리 같은 의사들 대부분은 오진 사실이 진단 직후에 드러나는 경우에만 자신이 오진을 했다는 것을 알게 된다. 환자가 병원을 떠나고 나면 우리는 우리가 제대로 진단했기를 바랄 수밖에 없다.

한 연구에 따르면, 매년 수천 명의 메디케어Medicare(미국 정부가 시행하는 사회보장제도의 일종으로 65세 이상 혹은 소정의 자격 요건을 갖춘 사람에게 건강보험을 제공한다) 환자가 응급실에서 퇴원한 뒤 일주일 이내에 사망하는 것으로 추산된다.[24] 이들의 사망 원인이 그 일주일 안에 새로 발생한 건강문제일 수도 있지만, 이런 사망 사례 상당수는 진단오류에 의한 것일 가능성이 높다. 물론, 이런 환자를 진료한 의사는 향후의 진단오류를 방지하기 위해 어떤 환자가 퇴원한 뒤 사망했는지 알고 싶어 하겠지만, 의사들이 이를 알아낼 가능성은 거의 없다.

실제로 의사가 진단 성과에 대한 피드백을 받는다면 진료 방식을 바꿀 수 있을 것이다. 오피오이드 진통제(의사의 처방전에 따라 처방된 오피오이드 진통제 포함)는 매년 과다복용으로 인한 비극적인 사망을 수천 건씩 유발한다. 몇 가지 주목할 만한 예외를 제외하면, 의사들은 환자의 통증을 치료하기 위해 좋은 의도로 이런 약물을 처방한다. 하지만 의사들은 이런 약물이 환자에게 위험할 수 있다는 사실도 알고 있다. 또한, 안전한 처방 지침이 있더라도 환자에게 얼마나 많은 약을 투여해야 하는지 정확히 알기는 어려울 수 있다.

의사가 피드백에 어떻게 반응하는지 알아보기 위한 한 연구에서 서던 캘리포니아 대학교USC 심리학자이자 행동과학자인 제이슨 독터Jason Doctor와 공동연구자들은 샌디에이고의 의사 861명을 두 그룹으로 무작위로 나눴다.[25] 한 그룹은 샌디에이고 카운티 검시관으로부터 최근 해당 의사에게 오피오이드를 처방받은 환자가 과다복용으로 사망했다는 사실을 서신으로 통보받았고, 나머지 한 그룹은 그런 서신을 받지 않은 대조군이었다. 그 후 3개월 동안 서신을 받은 그룹은 오피오이드 처방량을 9.7% 줄인 반면, 대조군 의사들은 처방이 크게 변하지 않았다. 또한 서신을 받은 그룹은 대조군보다 환자에게 새로운 오피오이드 약물을 처방할 가능성이 낮았다.

이 연구는 '가용성 편향'을 보여주는 한 예이기는 하지만(서신을 통해 오피오이드 처방의 해악에 대한 인식이 일시적으로 높아졌을 수 있으며, 시간이 지나면 다시 기준선으로 돌아갈 수 있음), 진료 습관에 대한 피드백을 받는 것이 환자 치료 방식에 어떤 영향을 미치는지를 극명하게 보여주는 예이기도 하다. 연구자들은 의사들에게 오피오이드의 위험성과 이점에 대한 평가가 잘못된 것으로 판명된 사례를 제공했다. 의사들 입장에서는 자신이 내리는 모든 진단이나 제공하는 모든 치료에 대해 이런 피드백을 받는다는 것이 부담스러울 수 있지만, 의사가 개입한 후 환자에게 어떤 일이 일어나는지 더 많이 알 수 있다면 의사들의 진료와 치료 기술은 훨씬 더 향상될 것이다.

우리 두 저자는 모두 내부 장기의 질병을 예방하고 발견 및 치료하는 내과를 주 전공으로 하는 의사다(크리스는 호흡기 및 중환자 치료의학도 세부 전공으로 하고 있다). 내과 의사들은 자신의 진단에 자부심을 갖고 있다. 실제로, 크리스가 수련의 생활을 하는 동안 그를 지도하던 치프 레지던트 중 한 명은 우리 이름 뒤에 붙은 MD는 사실 '진단을 내리다Make Diagnoses'의 약자라는 농담을 던지기도 했다. 의사들 대부분은 복잡하고 어려운 증상의 수수께끼를 풀고 진단을 내릴 때 특히 스릴을 느낀다. 모든 종류의 진단오류는 환자에게 해를 끼친다. 진단오류의 발생 메커니즘을 알게 되면 앞으로는 이러한 오류를 더 잘 피할 수 있을 것이다.

하지만 어떤 진단은 다른 진단에 비해 쉬울 때도 있다.

식료품점에서 쓰러져 맥박이 없는 환자가 심정지 상태라는 것을 알기 위해서는 최소한의 교육만 받으면 된다. 사람들은 이런 환자에게 빠르게 도움을 주어야 한다는 것을 잘 알고 있다. 하지만 실제로 빠르게 도움을 주는 일은 쉬운 일이 아니다. 이런 상황에서 어려움은 진단에만 있는 것이 아니라 로지스틱스에도 있다. 심정지 치료는 식료품점, 사무실, 인도 등 어떤 곳에서도 시작될 수 있다. 응급의료 서비스^{EMS} 요원은 구급차에서 환자를 치료하면서 병원으로 이송해야 하므로 때로는 수십 명의 인력이 구급처치에 투입되기도 하며, 병원까지 장거리를 이동해야 할 수도 있다.

다음 장에서는 구급차를 타고 병원으로 향하는 중요한 순간에 어떤 일이 일어나는지 보여주는 자연실험에 대해 살펴볼 것이다.

5장

마라톤이
당신의 건강을
위협할 확률은?

한계에 도전하다

기원전 490년에 페이디피데스Pheidippides라는 그리스군의 전령은, 당시 아테네를 공격한 페르시아군을 아군이 물리쳤다는 소식을 전하기 위해 마라톤(아테네 북동쪽의 도시)에서 아테네까지 약 40킬로미터를 달려갔다. 프랑스 화가 뤽 올리비에 메르송Luc-Olivier Merson의 작품에서 묘사된 것처럼, 이 전령은 탈진 상태에서 소식을 전한 뒤 쓰러져 사망했다.

현대 마라톤의 유래에 대한 이 이야기는 감동적이긴 하다.[1] 하지만 이 이야기로도 해마다 세계 곳곳에서 100만 명 정도가 42.195킬로미터를 달리는 현재의 마라톤 경기, 세계에서 가장 빨리 달리는 주자도 2시간이 넘게 걸리는 마라톤 경기에 왜 참가하고 있는지는 설명하기 힘들다. 게다가, 이 2000년 된 전설의 진위 여부와 전령이 누구였는지는 아직도 논쟁의 대상이 되고 있다.[2] 또한, 이 이야기 중 구체적인 내용도 누락될 때가 많다. 페이디피데스는 마라톤에서 아테네까지 달리기 전에, 스파르타군에게 도움을 청하기 위해 240킬로미터를 먼저 달렸다고 한다. 이 정도 거리

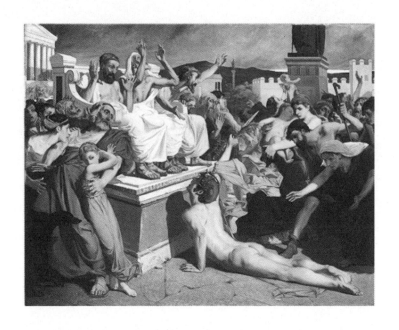

를 달렸다면 분명히 탈진 직전이었을 것이다. 전설은 전설이라고
치더라도, 마라톤은 1896년 최초의 근대올림픽에서 경쟁 종목으로
도입된 이후로 지금까지 건강을 위협하고 있다고 말해도 과언은
아닐 것이다.

오늘날 미국에서는 수백 명이 참가하는 소규모 경기부터 도시
전체를 점령하는 대규모 경기에 이르기까지 다양한 마라톤 경기
가 열리고 있다. 매년 5만 명 이상이 참가하고, 1만 2000명 이상의
자원봉사자가 동원되며, 250만 명 이상이 지켜보는 뉴욕 마라톤은
세계 최대 규모지만,[3] 미국의 다른 도시들에서 열리는 마라톤 대
회에도 수천, 수만 명의 러너와 관중이 모인다. 마라톤 대회가 미
치는 영향은 러너들에게만 국한되지 않는다. 마라톤 대회는 대회

가 열리는 도시 전체에 엄청난 혼란과 물류 문제를 초래하기 때문이다. 예를 들어, 마라톤 개최 도시는 도로폐쇄에 대한 사전계획을 수립하고 참가자와 관중 모두를 위한 공공안전조치를 취해야 한다. 이 공공안전조치의 중요한 부분이 바로 의료 서비스다. 페이디피데스의 이야기에서 알 수 있듯이, 마라톤은 아무리 체력이 좋은 선수라도 자신의 신체적 한계에 도전하기 때문에 건강에 위험을 초래할 수 있다. 수천 명의 참가자가 달리므로 의료팀은 여러 가지 잠재적인 문제에 대비해야 한다.[4] 예를 들어, 마라톤 대회에서는 (발목 염좌 같은) 근골격계 부상이 흔하게 발생한다. 이 정도의 부상이 생명을 위협하는 경우는 드물지만, 그래도 부상을 입은 러너는 도움과 치료가 필요하다. 하지만 마라톤 대회 의료진이 가장 걱정하는 것은 이런 유형의 부상이 아니다.

1986년 피츠버그 마라톤은 습도 60%에 기온이 섭씨 30도인 날에 열렸다. 당시 대회 의료진은 높은 온도와 습도로 인해 선수들이 탈수 및 일사병(엄밀히 말하면 운동성 열사병) 위험에 노출될 수 있다고 판단해, 선수들에게 물을 충분히 마실 것과 개인 최고기록에 도전하지 말 것을 권고했다. 거의 모든 거리표지판 옆에는 물과 구호물품이 비치돼 있었고, 코스의 끝부분에는 의료 텐트들이 집중적으로 배치됐다. 이 의료 텐트들에는 의사 100명, 족부의학 전문의 40명, 간호사 125명, 의대생 150명, 응급의료요원 80명, 물리치료사 및 기타 요원 수십 명, 구급차 24대가 배치돼 2,900여 명에 이르는 마라톤 참가자들을 돌봤다. 하지만 이렇게 준비를 했음에도 불구하고 날씨 때문에 참가자들 중에는 코스 초반부터 걷기 시작하거나 아예 중도 포기하는 사람들이 속출했다. 저널리스트 엘런 펄머터$^{Ellen Perlmutter}$는 〈의사와 스포츠의학$^{Physician and Sportsmedicine}$〉에 그날의 일에 대해 다음과 같은 내용의 기사를 썼다.

> 피츠버그 마라톤은 러너들끼리의 경쟁이어야 했지만, 결국 생존을 위한 경쟁이 되고 말았다. 일부 러너들과 의사들은 이 대회를 처음부터 열지 말았어야 했다고 주장했다. (…) 결국 2,897명의 러너들의 반 이상이 온열 관련 질환으로 치료를 받아야 했다.[5]

보통 사람의 몸은 이 정도로 더운 날씨에 마라톤을 할 수 있게끔 설계되지 않았다(적어도 우리 두 저자의 몸은 확실히 그렇다). 물론 사람은 한 번에 프랑크소시지 수십 개를 먹을 수 있도록 만들어지지도 않았다. 하지만 우리는 매년 7월 4일(미국 독립기념일)이 되면 코니아일랜드에서 열리는 '네이션 핫도그 먹기 대회'의 참가자들이 자신의 위장을 한계까지 밀어붙이다 탈이 나는 모습을 지켜보곤 한다. 인간은 불가능에 도전하면서 희열을 느끼는 존재인 것 같다.

네이션 핫도그 먹기 대회에서 참가자들이 토할 경우를 대비해 양동이를 준비하는 것처럼, 마라톤 대회 의료진도 많은 참가자가 도움을 필요로 할 것이라고 예상해 준비를 한다. 생명을 위협할 수 있고 즉각적인 조치가 필요한 온열 관련 질환은 수분을 보충하고, 경우에 따라 냉수 찜질을 통해 치료하기도 한다. 춥고 비가 오는 날에 열리는 마라톤 대회에서는 결승선에 도착하는 러너들을 대회

요원들이 담요로 감싸 몸을 따뜻하게 해야 할 수도 있다. 의료진은 러너들이 달리는 동안 손실되는 수분보다 더 많은 양의 수분을 섭취하는 과다수분보충 현상에도 대비해야 한다.* 또한 의료 텐트가 집중적으로 배치되는 결승선 주변에서 선수들이 쓰러지는 것에도 대처해야 한다. 이렇게 선수들이 쓰러지는 현상은, 갑자기 달리기를 멈추면 하지에 혈액이 고여 일시적으로 몸의 혈액순환이 제대로 되지 않아 발생한다. 쓰러진 러너들은 대부분 쉽게 회복된다.[6] 하지만 일부는 심장마비나 심정지 같은 심각한 증상 때문에 쓰러지기도 한다.

마라톤 대회의 의료 텐트에는 증상이 심각한 환자를 치료할 수 있는 모든 종류의 장비와 물품이 구비돼 있다. 현재 가이드라인은 일반적인 응급처치 용품 외에도 제세동기, 기도삽관 키트, 산소발생기, 정맥주사용 수액 및 약물, 흡입기, 활력징후 모니터, 혈액분석기, 침수치료용 욕조 등을 갖출 것을 권장하고 있다.

하지만 의료진이 예측할 수 없는 위협도 있다. 2013년 보스턴 마라톤 결승선에서 테러리스트들이 폭탄을 터뜨렸을 때, 결승선에서 선수들을 돌보던 의료진은 즉시 대응하여 피해자를 치료했다. 당시 의료 텐트에서 일하던 의사 수슈루트 장이Sushrut Jangi는 〈뉴잉

---

* 일반적인 상황에서는 위험할 정도로 많은 양의 물을 마시는 일이 매우 드물다. 하지만 마라톤 중에는 땀으로 많은 양의 수분이 손실되기 때문에 선수들은 자신의 몸에 실제로 필요한 수분의 양을 가늠하기 어렵다. 과도한 수분 섭취는 신체의 전해질 균형을 무너뜨려 치명적일 수 있다. 이런 이유로 마라톤 기획자들은 참가자들이 물을 너무 많이 마시지 않도록 코스 곳곳에 급수대를 배치하고, 이에 대한 조언을 제공한다.

글랜드 의학저널New England Journal of Medicine〉에 다음과 같은 내용의 글을 기고했다. "한 간호사는 폭탄이 터지자마자 응급구조대원들이 폭발 현장으로 달려가는 것을 봤다고 말했다. 그 간호사는 '순식간에 폭탄이 터졌고, 의사들이 현장으로 달려갔습니다. 휠체어를 탄 남자가 머리에 부상을 입은 채 의료 텐트로 들어오는 것을 본 뒤, (피에르 루지어라는 의사는) 현장으로 달려가기 직전에 아내에게 결승선 근처에서 폭탄이 터져 가봐야 한다는 내용의 작별 문자를 보냈어요. 그 의사는 나도 죽고 싶지는 않지만 사람들을 도와야 한다고 말했습니다'라고 당시를 회상했다."[7]

의료진은 중상을 포함한 부상에 대비하고 있었지만, 부상이 마라톤으로 인한 것이 아니라 사제 폭발물 때문에 발생하리라고는 전혀 예상하지 못했다. 그럼에도 불구하고 의료진은 피를 흘리는 환자들에게 지혈대를 대고, 신속하게 그들을 인근 병원으로 이송해 치료를 받을 수 있도록 도왔다.* 병원 응급실은 갑작스러운 환자 유입에 대비하고는 있었지만, 역시 폭탄 테러 피해자가 아닌 마라톤 관련 부상을 예상했었다. 하지만 다행히도 인근 응급실들은 밀려드는 환자들을 치료할 수 있는 역량을 갖추고 있었다.

보스턴 마라톤에서 발생한 폭탄 테러로 인해 결국 3명이 사망

---

* 보스턴은 대규모 교육병원이 많은 '의료 도시'라 마라톤 경기에서 발생하는 수많은 부상을 처리할 수 있는 능력을 갖추고 있었다. 매사추세츠 종합병원과 브리검 여성병원은 각각 31명의 환자를 치료했고, 보스턴 메디컬 센터는 23명, 베스 이스라엘 디코니스 병원Beth Israel Deaconess Medical Center은 21명, 터프츠 메디컬 센터와 세인트 엘리자베스 메디컬 센터는 각각 18명, 보스턴 어린이병원은 10명의 어린이를 치료했다. Gawande, "Why Boston's Hospitals Were Ready." 참조

하고 264명이 부상을 입었다. 정량화할 수는 없지만, 마라톤 의료진이 만약의 사태에 대비해 준비를 하지 않았고, 의료진에게 의료장비가 적절히 공급되지 않았다면 더 많은 희생자가 부상으로 목숨을 잃었을 것이다.

보스턴 마라톤은 전통적으로 애국자의 날(4월 셋째 월요일, 매사추세츠주 공휴일)에 열리는 대회로, 대회 약 6개월 전부터 준비가 시작된다. 매사추세츠주 비상관리국 직원들은 지하벙커에서 행사를 관리감독하며, 행사 당일에는 수천 명의 인력이 배치되고 참가자와 관중의 안전을 보장하기 위한 물품과 장비가 준비된다. 주 경찰, 주 방위군, FBI, 국토안보부, 폭탄처리반, 위험물처리반, 공중보건부, 적십자사는 물론 마라톤 코스 인근의 지역 경찰, 소방서, 응급의료 서비스 기관이 다양한 방법으로 경기가 원활하고 안전하게 진행될 수 있도록 지원한다.[8]

보스턴 마라톤 대회가 열리는 날은 매우 중요한 날이라고 해도 과언이 아니다. 하지만 지금까지 우리는 마라톤이 참가자들과 지원 스태프들의 건강에 어떤 의미가 있는지에 대해서만 이야기했다. 보스턴은 인구가 50만 명이 넘는 도시다. 그렇다면 지금부터는 보스턴 마라톤 대회가 마라톤 참가자들과 지원 스태프들이 아닌 보스턴 사람들의 건강에 어떤 영향을 미칠 수 있는지 살펴보자.

마라톤과 관계없는 사람들에게 벌어진 일

몇 년 전, 나(바푸)는 아내 니나가 5킬로미터 자선 마라톤 대회에서 뛰는 것을 보기 위해 보스턴 시내로 차를 몰고 있었다. 이 대회는 보스턴 마라톤 대회는 아니었지만 니나가 처음으로 참가한 마라톤 대회였기 때문에, 나는 현장에서 아내에게 응원을 보내고 싶었다. 그때 나는 내가 근무하는 대형 교육병원^{teaching hospital}(미래 및 현재의 의료 전문가에게 의학 교육 및 훈련을 제공하는 병원)인 매사추세츠 종합 병원 근처에 주차할 생각이었다. 레이스 코스가 바로 그 근처였기 때문이다. 하지만 문제가 발생했다. 평소 주차하던 도로가 대회 때문에 폐쇄된 것이다. 다른 장소를 찾아 주변을 한 바퀴 돌았지만 주차할 곳을 찾을 수 없었다(보스턴은 주차난이 심각한 곳이다). 결국 나는 지하철을 타지 않고 차를 몰고 온 것을 후회하면서 아내가 달리는 모습을 놓칠 수밖에 없었다.

아내의 레이스를 보지 못해 미안했던 나는 그로부터 몇 시간 뒤 집에 돌아온 아내에게 사정을 설명했다. 아내는 실망했지만, 보스턴의 주차난을 잘 알고 있었기에 이해한다고 말했다. 그러더니 아내는 잠시 멈칫거린 뒤 "오늘 보스턴 종합병원에 가야 했던 사람들에겐 무슨 일이 생겼을까?"라고 무심하게 말했다.

아내의 말을 듣고 나니, 나도 실제로 병원에 가야만 했던 사람들에게 무슨 일이 일어났을지 좀 우려가 됐다. 나는 보스턴 종합병원 의사이므로 인맥을 동원해 병원 내 주차장에 좋은 자리를 확보할 수 있었겠지만, 더 긴급한 문제, 즉 생명을 위협할 수 있는 문제에 직면한 환자들은 어땠을지 생각하게 된 것이었다. 아내가 참가한 5킬로미터 마라톤 대회 코스는 보스턴 종합병원이 위치한 비컨힐을 지나 케임브리지까지 갔다가 다시 돌아오는 비교적 짧은 코스였다. 그런데도 이런 혼란이 발생했는데, 보스턴 마라톤 같은 대규모 레이스는 훨씬 더 큰 혼란을 일으킬 수 있고, 도시의 주요 병원들에 대한 접근에 훨씬 더 오랫동안 영향을 미칠 수 있다는 생각이 들었다. 이런 대회에서는 수천 명의 참가자가 부상, 탈수, 열사병 등에 노출될 뿐만 아니라, 보스턴 대도시권Greater Boston(매사추세츠주 보스턴을 중심으로 하는 광역 도시권)에 사는 수백만 명의 사람들이 일상생활에서 심장마비, 감염, 뇌졸중 같은 건강 위험에 노출될 수 있을 것이다.

그렇다면 마라톤 대회는 흥미진진한 자연실험이 될 수 있었다. 참가한 사람들과 그렇지 않은 사람들 모두에게 마라톤 대회가 어떤 영향을 미치는지 측정할 수 있을까?

이전 장들에서 살펴보았듯이, 자연실험이 이뤄지려면 환자들이 완전히 무작위로 한 그룹이나 다른 그룹으로 분류되는 상황이 존재해야 한다. 마라톤은 우연히 열리는 것이 아니라 도시 당국과 참가자들이 사전에 계획한 것이다. 하지만 건강하던 스물다섯 살의 러너가 마라톤 코스에서 심장마비를 일으켰다면, 그 시점은 우연에 의해 결정된 것이 아니라 그 러너의 마라톤 참가에 의해 결정된 것이다. 하지만 마라톤 대회에 참가하지 않은 사람들의 경우, 마라톤 전날이나 다음 날이 아닌 마라톤 당일에 심장마비가 발생하는 것은 우연의 산물이라고 할 수 있다.

심장마비의 경우 몇 분의 치료 지연이 삶과 죽음의 차이를 만든다. 심장은 24시간 내내 혈액과 혈액에 포함된 산소와 영양분을 온몸에 공급한다. 심장마비는 관상동맥이 막히는 등 심장이 규칙적인 활동을 하기에 충분한 혈액을 갑자기 공급받지 못할 때 발생한다. 이 상태는 심장이 완전히 멈춘 게 아니라 계속 뛰고 있긴 하지만, 이때 심장은 가슴 통증, 두근거리는 느낌(심장박동에 대한 느낌), 호흡곤란, 목 또는 턱의 통증, 팔 또는 어깨의 통증, 메스꺼움, 구토 등의 증상을 통해 심장에 문제가 있다는 경고를 한다. 반면, 심정지는 심장에 산소가 거의 공급되지 않아 혈액을 펌프질할 수 없게 되거나 심장에 전기적인 문제가 생겨 펌프질이 중단되는 경우를 말한다. 심장이 혈액을 펌프질하지 못하면 뇌로의 산소 공급이 중단돼 의식을 잃게 되고, 심장 박동을 회복하지 못하면 결국 사망에 이를 수 있다. 심폐소생술, 제세동기를 이용한 전기충격, 관상동맥 스텐트 삽입술 또는 응급수술과 같은 의학적 개입은 심장의 혈액 펌프 기능을 회복하는 데 도움이 될 수 있지만, 이런 개입은 신속하게 이뤄져야 효과가 있다.

이 모든 것을 염두에 두고 가상의 환자 한 명에 대해 생각해보자. 편의상 그 환자의 이름을 존이라고 하자.

존은 담배를 피우다 끊은 82세 남성으로 매사추세츠주 워터타운에 산다. 보스턴 인근에 위치한 워터타운은 찰스강만 건너면 보스턴 시내로 진입할 수 있어 큰 병원에서 쉽게 심장마비 치료를 받을 수 있다. 무릎과 고관절에 관절염이 있는 존은 동네를 걸어 다닐 수는 있지만, 보스턴 마라톤 대회에 참가하지는 않을 것이다. 존이 보스턴 마라톤 전날 심장마비로 극심한 가슴 통증을 느껴 911에 전화했다면, 구급차를 타고 몇 분 안에 병원에 도착했을 것이다. 하지만 보스턴 마라톤 당일에 존에게 심장마비가 발생했다면, 존이 병원에 도착하는 데 훨씬 더 오랜 시간이 걸렸을 것이다. 구급차는 병원까지 평소와는 다른 경로로 우회하거나 마라톤 대회에 몰린 인파를 뚫고 가야 했을 테고, 따라서 평소보다 늦게 병원에 도착했을 것이다(만약 존이 구급차를 부르지 않고 이웃에게 병원으로 데려다달라고 부탁했다면 병원 도착은 훨씬 더 지연됐을 것이다).

앞서 언급했듯이, 마라톤 대회가 열리는 시점은 무작위로 정해지지 않는다. 하지만 마라톤 대회에 참가하지 않는 사람들의 심장마비 발생은 거의 무작위적이다. 그렇다면 마라톤 당일에 심장마비를 겪는 사람들과 마라톤 직전과 직후에 심장마비를 겪는 사람들로 서로 다른 두 그룹이 나뉘는 자연실험이 성립할 수 있다.

하지만 특정한 마라톤 대회 한 회만을 살펴본다면 문제가 발생할 수 있다. 2018년 보스턴 마라톤 대회는 바람이 많이 불고 비가 오는 추운 날에 열렸으며, 마라톤 대회 전후도 당일과 비슷한 정도로 추웠다. 이 마라톤 대회만 살펴본다면 우리는 마라톤이 심장마비에 미치는 영향을 잘못 추정할 수도 있다.[9] 기온이 낮으면 심장마비 발생률이 높아지기 때문이다. 즉, 2018년 보스턴 마라톤 대회 한 회만을 살펴보면 그 특정한 마라톤 대회가 심장마비 발생률에 미친 영향을 추정할 수는 있겠지만, 모든 보스턴 마라톤 대회가 심장마비 발생률에 미치는 일반적인 영향을 추정할 수 있다고 하긴 힘들다.

　보스턴 마라톤이 일반적으로 어떤 영향을 미치는지 알아내려면, 여러 번의 보스턴 마라톤 대회를 살펴보고 각각의 마라톤 대회 전후 날들의 심장마비 발생률 평균치를 구한 다음, 그 평균치를 마라톤 당일들의 심장마비 발생률 평균치과 비교해야 한다. 그동안 다양한 도시에서 오랫동안 열린 모든 대규모 마라톤 대회 전후 날들의 심장마비 발생률 평균치를 구한 다음, 그 평균치를 모든 마라톤 대회 당일의 심장마비 발생률 평균치와 비교한다면 더 확실한 추정이 가능할 것이다. 하나의 분석('사건 연구event study'라고 부른다)에서 고려되는 마라톤 대회의 수가 많아질수록, 즉 더 많은 숫자들로 평균치를 낼 수 있다면, 날씨 같은 특정한 마라톤 대회 전후의 상황이 미치는 영향을 최소화할 수 있다.

　우리(바푸, 유타 대학교 교수 클레이 만Clay Mann, 웨일 코넬 의과대학 의사 레이아 웨드런드Leia Wedlund, 앤드루 올렌스키)는 10년 동안 미국에서 열린 11번의 대규모 마라톤 대회에* 참가하지 않았지만 우연히 마라톤 코스 근처에 살았던 사람들에게 어떤 일이 일어났는지 연구해 〈뉴잉글랜드 의학저널〉에 그 결과를 발표했다.[10] 이 연구는 마라톤 대회 당일에 심장마비나 심정지를 겪은 사람들과 대회 당일 전후의 날들에 심장마비나 심정지를 겪은 사람들에게 어떤 일이 일어났는지 비교하기 위한 것이었다.

---

*　보스턴, 시카고, 호놀룰루, 휴스턴, 로스앤젤레스, 미니애폴리스, 뉴욕, 올랜도, 필라델피아, 시애틀, 워싱턴 D.C.

마라톤에 참가하지 않은 환자를 파악하기 위해 우리는 심장마비 또는 심정지로 입원한 65세 이상 환자의 보험금 청구 내역이 포함된 메디케어 데이터를 사용했다. 물론 65세가 넘어도 마라톤 대회에 참가할 수 있고, 실제로 레이스를 뛰는 사람들도 있다. 하지만 이 연령대의 사람들 중 실제로 마라톤 대회에 참가하는 사람은 매우 드물고, 심장마비나 심정지 환자들은 마라톤 참가를 방해하는 다른 만성질환이 있을 가능성이 매우 높다. 따라서 우리는 65세 이상 환자의 심장마비 또는 심정지 관련 데이터가 마라톤으로 인한 심장마비 발생에 거의 영향을 받지 않을 것이라고 확신했다.[*] 그런 다음, 우리는 병원들의 위치와 마라톤 코스의 우편번호를 이용해 마라톤 당일 또는 마라톤 당일 전후 몇 주 동안 마라톤의 영향을 받은 병원에서 치료를 받은 65세 이상 환자들을 찾아냈다. 마라톤 대회 당일들에 마라톤의 영향을 받은 병원들에 심장마비 또는 심정지로 입원한 65세 이상 환자는 1,145명, 마라톤 대회 전 5주 동안 그리고 마라톤 대회 후 5주 동안 마라톤 대회가 열린 요일과 같은 요일들에 이 병원들에 심장마비 또는 심정지로 입원한 환자는 1만 1074명이었다.

이 데이터로부터 바로 알게 된 사실 중 하나는 마라톤 경기가

---

[*] 연구에서 검토된 환자의 평균 연령은 약 77세였으며, 이 환자들의 50% 이상은 울혈성 심부전, 고혈압, 고콜레스테롤혈증hypercholesterolemia, 당뇨병 같은 심각한 만성질환을 앓고 있었다. 또한 이 환자들에게는 알츠하이머병, 심방세동(심방의 수축이 소실돼 불규칙하게 수축하는 상태로, 부정맥의 일종), 신장질환, 폐질환, 암, 뇌졸중도 흔하게 발생했다. 따라서 이 그룹은 마라톤에 참가할 가능성이 거의 없다고 할 수 있다.

없는 날과 있는 날에 심장마비 또는 심정지로 입원한 하루 평균 환자 수가 비슷한 수준이라는 것이었다. 이는 두 가지 사실을 시사한다. 첫 번째는 마라톤이 급성 심장질환으로 인한 노인들의 입원을 증가시키지 않았다는 것, 두 번째는 마라톤으로 인한 혼란과 번거로움에도 불구하고 노인 환자들이 급성 심장질환 치료를 전혀 포기하지 않았다는 것이다. 하지만 급성 심장질환이 응급 치료를 필요로 하는 가장 심각한 질환 중 하나라는 점을 고려할 때, 이 결과는 별로 놀라운 것이 아니다.

또한 우리는 마라톤 당일에 급성 심장질환으로 입원한 노인 환자들이 연령, 성별, 인종, 기저질환 등의 측면에서 마라톤 전후에 입원한 환자들과 유사하다는 사실도 확인했다. 따라서 마라톤 전후에 입원한 노인 환자들은 마라톤 당일에 입원한 노인 환자들에 대한 좋은 대조군 역할을 할 수 있다. 이는 두 그룹의 차이가 마라톤으로 인한 치료의 변화 때문일 수 있다는 뜻이다.

결국 이 연구를 통해 우리가 발견한 사실은 무엇이었을까?

마라톤 경기가 열린 날에 심장마비 또는 심정지로 입원한 노인 환자의 28.2%가 입원 후 30일 이내에 사망한 반면, 마라톤 경기가 열리지 않은 날에 입원한 노인 환자의 입원 후 30일 이내 사망률은 24.9%에 불과했다(치료 결과에 대한 표준화된 측정에 기초한 수치다). 다시 말해, 이는 마라톤 대회가 있는 날에 입원한 노인 환자들의 30일 이내 사망률이 3.3%p 높았다는 뜻이다.* 이 수치를 다른 방식으로 해석하면, 대규모 마라톤 대회 당일에 심장마비 또는 심정지가 발생해 입원 후 30일 이내에 사망한 환자 30명당 1명은 마

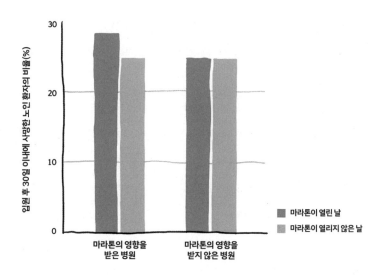

y축: 입원 후 30일 이내 사망한 사람과 그의 환자의 비율(%)

범례:
- 마라톤이 열린 날
- 마라톤이 열리지 않은 날

x축:
- 마라톤의 영향을 받은 병원
- 마라톤의 영향을 받지 않은 병원

라톤 당일이 아닌 다른 날에 심장마비 또는 심정지가 발생했다면 사망하지 않았을 수 있다는 뜻이다.

　우리는 이 분석 결과가 의미하는 바에 대해 결론을 내리기 전에, 마라톤과 마라톤으로 인한 혼란이 그 차이를 가져왔다는 것을 확신하기 위해 몇 가지 추가 분석을 실행했다. 먼저, 마라톤이 열리는 지역 바로 외곽에 있는 다른 병원들에 심장마비 또는 심정지로 입원한 유사한 환자들을 조사했다. 이 환자들은 같은 지역적 요인(예를 들어, 마라톤 대회 당일의 날씨)의 영향을 많이 받았지만, 마라톤으로 인해 해당 지역의 교통 체증이 발생하지는 않았으므로 도

---

*　11개 마라톤 대회 모두에서 요일, 도시, 환자 인구, 병원 간의 잠재적 차이를 조정된 통계모델로 설명한 후에도 이 차이는 상당히 일관되게 유지됐다.

로폐쇄에 따른 지연과는 무관했다. 따라서 우리는 마라톤이 열린 날과 그렇지 않은 날 사이에 큰 차이가 없으리라 예상했고, 실제로 이 예상은 적중했다.

다음으로, 우리는 사망률의 차이가 마라톤 당일에 입원한 환자들과 마라톤이 열리지 않은 날에 입원한 환자들에 대한 치료 차이 때문에 생긴 것은 아닌지 확인했다. 예를 들어, 평소에는 병원에서 심장마비를 치료하는 의사가 마라톤 당일에는 결승선에서 자원봉사를 하느라 병원에서 심장마비 환자를 치료할 수 없었을지도 모르는 일이었다. 확인을 위해, 우리는 관상동맥중재술(스텐트 삽입술), 관상동맥우회술(다른 신체 부위에 있는 동맥이나 정맥을 이용해 협착이 생겨 혈류량이 부족해진 부위에 혈류 공급이 원활해지도록 만드는 수술)처럼 생명을 구하는 심장수술 또는 시술이 시행된 빈도를 확인했다. 확인 결과, 이런 수술 또는 시술은 마라톤 경기가 열린 날과 그렇지 않은 날에 시행 빈도 차이가 없었던 것으로 나타났다.

마라톤 때문에 도로가 통제돼 환자들이 마라톤 대회 당일에 다른 장소에서 진료를 받았다면 어떻게 되었을까? 예를 들어, 구급차가 마라톤 당일에 도로폐쇄의 영향을 받지 않는 인근 '대조군' 병원으로 환자를 이송할 가능성이 더 높았을까? 만약 이런 병원(소규모 지역 병원)에서의 치료가 마라톤의 영향을 받은 병원(도시에 위치한 대규모 학술의료센터, 즉 대학병원)에서의 치료보다 나빴다면, 응급이송 지연이 아니라 환자를 치료한 병원의 차이로 인해 마라톤 당일 사망률이 증가했을 것으로 예상할 수 있다. 하지만 마라톤이 열린 날과 그렇지 않은 날의 이 두 유형의 병원들에서의 치료는 차이가 없었다.

우리는 이 정도면 마라톤으로 인한 혼란이 환자 치료와 사망률에 중대한 영향을 미친다고 거의 확신할 수 있었다. 실제로 우리는 분석 결과를 왜곡할 가능성이 있는 변수들을 거의 모두 배제했다. 즉, 마라톤 당일에 마라톤의 영향을 받은 병원과 대조군 병원 모두에서 마라톤을 제외한 다른 요인들이 작용하지 않았고, 마라톤 참가자들이 마라톤 때문에 심장마비나 심정지를 겪는 경우도 배제했고,[*] 마라톤이 열린 날과 그렇지 않은 날에 환자들이 받은 치료에도 차이가 없었고, 소규모 지역병원과 도심의 대학병원 모두에서 치료가 비슷했다는 것을 확인했다.

하지만 여기서 우리는 응급이송 시간이 변수로 작용했을 수도 있다고 생각했고, 확인을 위해 구급차 이송에 대한 조사를 추가적으로 시행했다. 메디케어 데이터베이스에는 구급차 탑승에 대한 상세 정보가 포함돼 있지 않지만, 응급의료 서비스 기관의 데이터베이스에는 이 정보가 포함돼 있다. 국가 응급의료 서비스 정보 시스템NEMSIS에는 전국 각지의 구급차 출동에서 수집된 데이터가 저장되며, 구급차 출동 위치와 출동 시간 및 이동 거리에 대한 자세한 정보와 함께 환자 치료에 대한 세부 정보도 기록된다. 따라서 우리는 NEMSIS 데이터를 사용해 마라톤이 열린 날의 구급차 출동

---

[*]   더욱 확신을 갖기 위해 우리는 마라톤에 참가할 가능성이 극도로 낮은, 즉 만성질환이 5개 이상인 환자만을 대상으로 분석을 반복했고, 비슷한 결과를 얻었다. 심지어 우리는 마라톤 참가자의 사망에 대한 인터넷 뉴스 보도를 뒤지기까지 했지만, 가정을 뒤집을 만한 증거를 찾지 못했다.

현황을 다른 날과 비교하고, 마라톤의 영향을 받은 지역과 영향을 받지 않은 지역을 비교했다.

비교 결과, 마라톤이 열린 날 오전, 즉 마라톤 코스 인근 도로들이 폐쇄되는 시간대의 (현장에서 병원까지의) 구급차 이송 시간은 평균 18.1분으로, 마라톤이 열리지 않은 날의 평균 시간인 13.7분과 비교할 때 4.4분 차이가 있는 것으로 나타났다. 여기서 특히 주목해야 할 것은 구급차가 이동한 거리에는 차이가 없었다는 사실이다. 이는 구급차가 다른 병원으로 가기 위해 다른 경로를 선택했거나 물리적으로 더 긴 경로를 선택한 것이 아니라, 지연됐다는 것을 뜻한다. 한편, 마라톤으로 인한 도로폐쇄의 영향을 받지 않은 인근 지역에서는, 우리의 예상대로, 마라톤이 열리는 날의 구급차 이송 시간이 마라톤이 열리지 않는 날과 차이가 없었다. 게다가 마라톤은 오전에 진행되기 때문에 도로가 다시 개방된 마라톤 당일 저녁의 구급차 이송 시간은 마라톤이 열리지 않는 날 저녁의 구급차 이송 시간과 차이가 없었다.

구급차 데이터를 통해, 우리는 이번 연구 결과가 또 다른 요인에 의해 영향을 받았을 수 있다는 생각을 하게 됐다. 그 요인은 사람들이 마라톤이 열리는 날에는 병원에 도착하는 데 시간이 오래 걸린다는 사실을 알기 때문에 911 신고를 미뤘을 가능성이다. 만약 그랬다면 사람들은 가슴 통증이나 불편감 같은 증상이 완화될 때까지 평소보다 조금 더 기다리려고 했을 수도 있다. 마라톤 당일에 사람들이 911에 전화하는 것을 이렇게 미뤘다면, 치료가 지연되어 심장이 더 많이 손상돼 사망률이 더 높아졌을 수도 있다. 하지만 조사 결과, 사람들은 마라톤 당일에도 911에 전화하는 것을 미루지 않았다는 사실이 밝혀졌다. 따라서 마라톤 당일에 환자들이 911 전화 신고를 늦게 해 사망률 차이가 발생했다고 생각할 수는 없었다.

그렇다면, 마라톤 당일에 심장마비나 심정지를 겪은 고령 환자들의 사망률이 높은 것은 마라톤으로 인한 도로폐쇄로 구급차가 병원에 늦게 도착했기 때문이라고 볼 수 있다. 2013년 보스턴 마라톤 폭탄 테러로 3명이 사망한 끔찍한 사건은 보스턴 마라톤이 열리는 월요일에 대해 지역사회가 생각하고 대비하는 방식에 변화를 가져왔다. 우리 연구는 마라톤 관련 혼란이 해마다 미국 전역에서 더 많은 사망자를 발생시킬 수 있으며, 특히 병원에 빠르게 도착해야 하는 고령 환자의 사망률을 높일 수 있다는 점을 시사한다. 또한 우리 연구는 심장마비나 심정지의 경우 몇 분 정도의 짧은 치료 지연도 생사를 가를 수 있음을 보여준다.

우리가 이런 발견을 한 것은 바푸의 아내 니나 덕분인 것 같다.

교란인자를 제거할 수 있을까?

마라톤이 참가자와 지역사회 주민들 모두에게 이렇게 위험하다면 모든 마라톤 대회를 취소해야 할까? 당연히 아니다. 우리는 ADHD 위험을 낮추거나 독감 예방접종 확률을 높이기 위해 출산시기를 가을에 맞춰야 한다고 생각하지도 않고, 마라톤 대회를 없애야 한다고 생각하지도 않는다. 다양한 측면에서 볼 때, 마라톤은 마라톤 대회에 참가하기 위해 사람들이 달리기를 시작하게 만들어 건강을 증진시키는 등 단점보다 장점이 많다. 그럼에도 불구하고 마라톤은 직접적으로는 참가자들의 건강을 위협하고, 간접적으로는 대회가 열리는 지역사회 환자들의 건강을 위협한다는 정량화 가능한 증거가 있다. 그렇다면 어떻게 해야 할까?

우리는 심장마비와 심정지의 경우 시간이 가장 중요하다는 것을 잘 알고 있다. 응급의학에서는 시간을 조직tissue에 비유한다. 예를 들어, 결정적 치료를 기다리는 시간이 길어질수록 더 많은 세포가 죽으면서 심장이 약해진다. 목격자가 신속하게 심폐소생술을 실시하거나 자동제세동기를 작동시키거나,* 구급차가 병원에 더 빨리 도착하고 병원에서 신속하게 결정적 치료를 제공하면 환자의 심장 손상을 완화할 수 있다. 하지만 '얼마나 빨리 도착해야 하는가?'라는 질문은 심장 응급상황을 비롯한 다양한 상황에서 쉽게 답할 수 있는 문제가 아니다. 심정지 치료 과정의 시작인 심폐소생술CPR을 예로 들어 설명해보자.

2004년에 질병통제예방센터는 에모리 대학교와 협력해 '생존율 향상을 위한 심정지 레지스트리Cardiac Arrest Registry to Enhance Survival,

---

* 우리는 모든 사람이 심폐소생술 시행법과 자동제세동기AED(심장과 번개가 그려진 표지판 아래 벽에 걸려 있는 장치) 사용법 교육을 받아야 한다고 생각한다. 병원 밖에서 심정지가 발생한 환자는 1초라도 빠르게 도움을 받는 것이 중요하다. 따라서 목격자가 911 신고를 한 다음 즉시 심폐소생술을 시행한 뒤 자동제세동기를 이용해 심장에 충격을 준다면 생존 가능성이 높아진다. 사랑하는 가족이나 낯선 사람의 생사를 가를 수 있는 이런 교육은 미국 적십자사 같은 단체들이 인터넷으로 제공하고 있다.

CARES'를 구축했다.[11] 응급의료 서비스팀이 도착할 때까지 주변 사람이 환자에게 심폐소생술을 시행한(즉, '목격자 심폐소생술') 약 2만 8000건의 심정지 사례를 조사한 질병통제예방센터와 에모리 대학교의 초기 연구 중 하나에서, 목격자 심폐소생술이 시행되지 않은 경우 환자생존율이 7.0%에 불과하지만, 목격자 심폐소생술이 시행된 경우 생존율이 11.2%로 크게 높아진 것으로 조사됐다.[12] 또한 이와 비슷한 데이터베이스를 이용한 스웨덴의 한 연구에서도 응급의료 서비스팀을 기다리는 동안 심폐소생술을 받은 환자의 생존율은 10.5%로, 그렇지 않은 환자의 생존율 4.0%에 비해 상당히 높은 것으로 조사됐다.[13] 목격자 조기 심폐소생술 시행이 심정지 후 생존율 향상과 직결된다는 사실은 다른 환경에서 이뤄진 다양한 연구들에서도 분명하게 밝혀졌다.

하지만 이런 연구들은 조기 심폐소생술이 어느 정도까지 생존율을 올리는지는 알려주지 않는다. 따라서 우리는 몸 전체의 혈액순환을 회복하기 위해 재빨리 조치를 취하면 환자의 생존율이 높아진다고 추정할 수밖에 없다. 다시 말해, 문제는 조기 심폐소생술이 생존율 향상에 정확하게 얼마나 기여하는지 파악하기 어렵다는 데 있다. 조기 심폐소생술은 시행 여부와 관계없이 생존율을 향상시키는 다른 요인들과 관련이 있을 수 있다. 예를 들어, 고소득 지역에 거주하는 환자는 저소득 지역에 거주하는 환자보다 조기 심폐소생술을 받을 가능성이 높은 데다 일반적으로 생존율도 높기 때문에, 조기 심폐소생술은 실제보다 더 효과가 커 보일 수 있다.[14] 소득, 연령, 성별, 인종, 교육수준, 거주지역 같은 차이 유발 요인이 관심에 의한 개입(이 경우는 조기 심폐소생술 시행)과 관심의 결과(이 경우는 생존) 모두와 연관되는 경우, 그 연관관계의 얼마나 많은 부분이 개입에 의한 것인지 측정하는 일은 더 어려워진다.

경제학, 통계학, 역학에서는 이 문제를 '교란의 문제'라고 부른다. 교란 현상에 대해서는 앞에서 다룬 바 있지만, 더 명확한 이해를 위해 예를 들어보자. 한 연구자가 선행학습 강의를 들은 고등학생들이, 강의를 듣지 않고 참고서만 보며 자기주도 선행학습을 한 고등학생들에 비해 SAT 대학입학 시험에서 더 높은 점수를 받는지 조사하기로 했다고 가정해보자. 연구자는 선행학습 강의를 수강한 학생 100명과 참고서만 본 학생 100명을 찾아 점수를 비교한 결과, 강의를 수강한 학생들이 참고서만 보며 독학한 학생들보다 SAT 점수가 평균 75점 높다는 것을 확인한다. 그렇다면 이 결과에 기초해, 선행학습 강의를 들은 학생들이 참고서만 보고 독학한 학생들보다 SAT 점수가 75점 높다는 결론을 내릴 수 있을까? 그렇지 않다.

선행학습 강의를 듣는 것이 참고서만 가지고 독학하는 것보다 더 나을 수는 있을 것이다. 하지만 여기서 우리는 SAT 점수 향상에 기여하는 다른 요인들과 선행학습 강의 수강 가능성을 높이는 요인들에 대해 생각해야 한다. 예를 들어, 부유한 가정의 학생에게는 어린 시절부터 SAT 점수를 높일 수 있는 다양한 조건들이 존재한다.[15] SAT 시험에 대비하기 위한 선행학습 강의를 수강하려면 수백 달러 이상의 비용이 들 수 있지만, 참고서를 사는 데 필요한 비용은 20달러 정도밖에 되지 않는다. 따라서 부유한 학생들은 경제적 여유가 있기 때문에 선행학습 강의를 수강할 가능성이 높다고 생각할 수 있다. 하지만 부유한 가정에서 자란 학생들은 선행학습 강의를 수강했든, 참고서만을 가지고 독학했든 상관없이 평균적으로 SAT에서 더 높은 점수를 받는다.

따라서 75점의 차이가 선행학습 강의를 듣는 것이 SAT 점수 향상에 실제로 더 유리한지, 또는 이 차이가 선행학습 강의를 수강한 학생 중에서 SAT에서 좋은 점수를 받은 부유한 학생의 수가 실제보다 더 적을 수 있다는 것을 말해주는지는 확실하지 않다. 이 점수 차이는 이 두 가지가 합쳐진 결과일 가능성이 매우 높다.

이 경우 부유함이라는 요소가 선행학습 강의와 SAT 시험점수의 관계를 교란시킨다고 할 수 있다(또는 부유함이 '교란인자confounder'라고 말할 수 있다).

연구에서 교란인자를 피할 수 있는 방법은 두 가지다. 첫째, 모든 교란인자들 각각을 쉽게 측정할 수 있다면 분석에서 이 교란인자의 영향을 통계적으로 조정할 수 있다. 이렇게 조정한 후에는 정량화하려는 효과만 남게 된다. 정량화는 교란인자들과 우리가 관심을 가지는 결과(예를 들어, 부유함과 SAT 점수)의 관계를 측정한 다음, 초기 분석 결과에 합산하는 방식으로 이뤄진다. 이 경우 우리가 모든 교란인자를 고려했다면 관심의 노출이 결과의 변화를 어느 정도 초래했는지 추정할 수 있다. 이 예에서, 부유함만으로 인해 SAT 점수가 얼마나 향상되는지 알 수 있다면 부유함의 효과(그 효과가 실제로 있는 경우)를 선행학습 강의 수강의 효과와 분리할 수 있다.

하지만 존재할 가능성이 있는 모든 교란인자 하나하나의 효과를 측정할 수 없다면, 교란인자들의 영향을 고려해 결과를 조절하는 것은 불가능하다. 이 경우 측정이 불가능한 교란인자들의 영향을 설명할 수 있는 방법은 무작위 배정밖에는 없다. 교란인자를 피할 수 있는 두 번째 방법이 바로 이것이다. 환자들을 개입 그룹 또는 대조 그룹에 무작위로 배정하면 개입과 개입에 수반되는 교란인자들 사이의 관계를 분리할 수 있다(우리가 사용하는 약물 대부분의 효과가 이런 무작위 비교연구에 의해 테스트된다). 이런 교란인자들에는 나이처럼 쉽게 측정할 수 있는 요인부터 환자의 교육수준, 소득수준, 가족의 지원 정도처럼 측정이 불가능하거나 파악 자체가 힘든 요인들이 포함된다. 이 모든 교란인자들은 약물 사용 그리고 약물 사용의 결과와 상관관계가 있을 수 있다.

SAT 시험 점수 이야기로 돌아가보자. 설령 학생의 부모가 어느 정도 부유한지 측정할 수 있다고 해도 부모의 학력, 부모의 직업, 학생이 다니는 학교의 수준 같은 요인들은 어떻게 측정할 수 있을까? 이런 요인들은 모두 학생의 SAT 점수에 영향을 미칠 가능성이 높다. 이런 교란인자들은 해충에 비유할 수 있다. 교란인자가 하나만 관찰돼도 실제로는 관찰되지 않은 교란인자들이 수없이 많이 존재할 수 있다는 뜻이다. 실제로, 교란인자가 너무 많아 그것을 모두 제거하는 것이 불가능한 연구들도 많다.

따라서 선행학습 강의 수강이 SAT 점수에 미치는 영향을 제대로 측정하기 위한 방법은 무작위 배정밖에는 없다. 그러기 위해서는 충분히 많은 수의 학생들을 무작위로 서로 다른 그룹에 배정하고 각 그룹에는 비슷한 수의 부유한 아이들(그리고 다른 교육수준을 가진 부모에게서 태어나 다른 학교에 다니는 아이들)이 있어야 한다. 무작위 배정을 통해 그룹들이 균형을 이룬다는 것은 부의 효과 또는 알려지거나 알려지지 않은 모든 요인의 효과도 두 그룹 간에 균형을 이룬다는 것을 뜻한다. 따라서 실험이 끝나면 이 두 그룹이 우리가 관찰하고자 한 차이 요인(이 경우는 선행학습 강의 수강과 참고서만을 이용한 독학)에 의해 실제로 차이를 보이는지 알 수 있다.

2012년 스웨덴 스톡홀름의 연구자들은 목격자에 의한 조기 심폐소생술의 효과를 파악하기 위해 무작위 실험을 실시했다.[16] 연구자들은 심폐소생술 교육을 받은 자원봉사자 수천 명을 모집한 후, 심정지 환자로부터 500미터 이내에 있는지 확인할 수 있는 휴대폰 위치추적 시스템을 그들에게 제공해 심정지 환자가 있는 곳으로 가게 했다. 이 실험에서는 심정지 환자가 발생했다는 긴급신고가 접수되면 환자들을 무작위로 서로 다른 그룹에 배정했다. 즉, 이는 환자들이 응급구조대가 도착하기 전에 근처에 있는 자원봉사자의 도움을 받은 그룹(개입 그룹)과 자원봉사자의 도움 없이 응급구조대를 기다린 그룹(대조 그룹)으로 무작위로 나뉘었다는 뜻이다.

이 실험에서 관찰된 심정지 환자는 모두 667명이었는데, 그중 306명은 무작위로 자원봉사자가 배정돼 도움을 받았고, 나머지 361명은 구급차가 도착할 때까지 자원봉사자의 도움 없이 기다렸다. 당연한 결과지만, 목격자 심폐소생술이 시행된 비율은 자원봉사자가 심정지 환자에게 배치된 경우가 그렇지 않은 경우보다 높았다(개입 그룹 62%, 대조 그룹 48%). 이는 모바일 기술이 목격자 심폐소생술 시행 가능성을 높인다는 것을 보여주는 결과였다. 하지만 최종적으로 봤을 때는, 자원봉사자가 파견된 그룹의 생존율은 대조 그룹보다 높았음에도 불구하고(11.2% 대 8.6%), 이 차이는 통계적으로 유의미한 수준에는 미치지 못했다. 하지만 이 결과는 적어도 조기 심폐소생술이 사망률을 낮출 수 있다는 생각을 뒷받침하는 고무적인 결과라고 할 수 있다. 물론 이 생각이 확고하게 입증되기 위해서는 대규모 연구가 필요하다.

이 연구와 앞서 언급한 마라톤 연구 같은 연구들의 힘은 단순히 우리가 이미 알고 있는 사실, 즉 심장 응급상황에서 타이밍이 중요하다는 사실을 재확인하는 데 국한되지 않는다. 응급실에서 하루 종일 일한 경험이 있는 사람이면 누구라도 이 말에 동의할 것이다. 이런 연구들이 가지는 진짜 힘은 타이밍이 응급상황에서 미치는 영향을 정량화할 수 있다는 데 있다. 생사를 가르는 상황에서 신속한 행동이 갖는 가치를 실제 숫자, 즉 분과 초 단위로 정밀하게 측정할 수 있기 때문이다. 이런 수치가 있어야 입법자, 도시계획자, 병원 관리자는 생사를 결정할 수 있는 숫자, 즉 달러와 센트를 가장 효과적으로 분배할 방법을 결정할 수 있다.

심정지 현장에 도착한 구급차

응급구조대원들은 최선의 방법이 확실하지 않은 혼란스럽고 급박한 상황에서 일을 하는 사람들이다. 이들은 혼란과 무질서, 불확실성 속에서 집중력을 잃지 않고 일을 수행해야만 한다. 응급구조대원들은 중대한 결과를 초래할 가능성이 높은 결정을 현장에서 내려야 하며, 대부분의 경우 이런 결정은 구급차가 어떤 길로 가야 빨리 갈 수 있는지 같은 결정보다 훨씬 복잡하다.

지금까지 우리는 구급대원들이 모두 같다고 가정했다. 하지만 실제로 911 신고를 받고 출동하는 구급차는 기본소생술basic life support, BLS 구급차와 전문소생술advanced life support, ALS 구급차로 나뉜다. 일반적으로 BLS 구급차에는 심폐소생술처럼 기본적이고 비침습적인 처치를 할 수 있는 응급구조사들emergency medical technician이 배치되는 반면, ALS 구급차에는 응급구조사들과 전문응급구조사para-medic(우리나라의 1급 응급구조사 교육과정과 유사한 교육을 받아 추가 응급 약물, 전문 외상처치술 등 고급 응급처치를 수행할 수 있다-옮긴이)가 배치된다. 전문응급구조사는 고급 교육을 받았기 때문에 구급차 안에서 루게릭병 환자에게 정맥주사를 놓거나, 심전도ECG 검사나* 심장 모니터링을 수행할 수 있으며, 기도삽관 처치도 할 수 있다. 즉, ALS 구급차는 현장에서 환자를 치료할 수 있는 방법이 BLS 구급차

---

*   심전도(EKG라는 독일어 약어가 더 익숙할 수도 있다)는 심장의 전기적 활동을 나타내며, 심각한 심장 응급상황이 발생하면 이 심전도가 변화한다. 관련 훈련을 받은 사람은 심전도 검사 결과를 육안으로 확인해 생명을 위협하는 심장 문제 발생 여부를 알아낼 수 있다.

보다 훨씬 다양하지만, BLS 구급차는 환자를 응급실로 빠르게 이송해 고급 치료를 받게 만들 수밖에 없다. 심정지 환자 신고가 접수되는 경우, 911에서는 되도록 ALS팀을 현장으로 보내려고 하지만, 항상 그럴 수는 없다. 어쨌든 구급차가 없는 것보다는 있는 것이 확실히 나으므로 그런 경우에는 BLS팀이 출동한다.

지금쯤이면 우리가 어떤 의문을 제기하려는지 눈치챘을 것이다. 우리의 의문은 '실제로 ALS 구급차가 BLS 구급차보다 더 나은 결과를 가져올까? 그렇다면 얼마나 더 나은 결과를 가져올까?'이다.

시카고 대학교 보건정책 연구원 프라치 상하비Prachi Sanghavi가 주도한 연구에서 우리(바푸, 하버드 대학교 경제학자 조지프 뉴하우스Joseph Newhouse, 하버드 대학교 통계학자 앨런 재슬러브스키Alan Zaslavsky)는 BLS 구급차와 ALS 구급차가 심정지 환자에게 미치는 영향이 어떻게 다른지 조사했다.[17] 먼저 우리는 메디케어 데이터를 조사해 심정지로 인한 911 신고 건수 약 3만 3000건을 분석했다. 이 중 5%는 BLS 구급차, 95%는 ALS 구급차로 초기 치료를 받았다.

초기 데이터raw data에 대한 분석 결과는 우리의 직관과는 정반대로 보였다. BLS 구급차로 이송된 환자생존율은 13.1%, ALS 구급차로 이송된 환자생존율은 9.6%로, BLS 구급차로 환자가 이송됐을 때 생존율이 3.5%p 높다는 결과가 나왔기 때문이다. 이 수치를 어떻게 해석해야 할까? 왜 더 전문적인 응급구조사에게 치료를 받은 환자들의 사망률이 더 높게 나왔을까?

우리는 교란인자들을 제거하기 시작했다. 먼저, 우리는 어떻게 BLS 구급차에서 치료받은 환자의 생존율이 더 높게 조사됐는지 알아내야 했다. BLS 구급차로 이송된 환자들은 증상이 덜 심각했기 때문에 BLS 구급차가 보내졌을 것이다. 우리는 ALS 구급차로 이송된 환자들과 ALS 구급차에 의해 이송됐다면 동일한 치료를 받았을 것으로 생각되는 BLS 구급차 이송 환자들을 매칭해 조정분석을 수행했다.* 하지만 이런 조정 후에도 비슷한 결과, 즉 BLS 구급차로 이송된 환자의 생존율이 ALS 구급차로 이송된 환자들보다 3.9%p 높다는 결과가 나왔다.

이 밖에도 결과를 교란시킬 수 있는 다른 요인들도 있었다. 우선, ALS 구급차가 배정된 환자들이 애초에 생존 가능성이 가장 낮은 환자들, 즉 가장 위중한 환자들이었을 가능성을 들 수 있다. 이 가능성은 (마라톤 대회에서처럼) 무작위 사건의 수가 부족한 경우 언제나 존재하며, 이 가능성을 무시하는 것은 불가능하다.

또한, ALS 구급대가 의도치 않게 환자에게 해를 끼쳤을 가능성, 즉 BLS 구급대는 끼칠 수 없었거나 끼치지 않은 해를 ALS 구급대가 환자에게 끼쳤을 가능성은 없을까?

---

* '성향점수 매칭propensity score matching'으로 알려진 이 방법은 처음에는 동일한 치료를 받을 가능성이 높지만 시간이 지나면서 우연에 의해 치료를 받게 되거나 받지 못하게 되는 그룹들, 즉 서로에게 반사실적인 그룹들을 예측 모델을 이용해 만들어내는 방법이다. 이 방법을 이용하면, 예를 들어, ALS 구급대의 치료를 받을 가능성이 비슷할 것으로 예측되는 사람들 중에서 실제로 ALS 구급대의 치료를 받은 사람들(ALS 환자들)과 그렇지 않은 환자들(BLS 환자들)의 결과 차이를 살펴볼 수 있다. 하지만 안타깝게도 이 방법은 완벽한 자연실험은 아니다. 이 방법은 우리가 모델을 만들어내는 경우에만 적용이 가능하며, 우리가 알지 못하거나 정할 수 없는 영향요인들을 설명하는 데 도움이 되는 자연적인 무작위 배정이 불가능하기 때문이다.

심정지 현장에 도착한 ALS팀은 구급차에 환자를 싣고 병원으로 향하기 전에 현장에 머물면서 전문 처치를 통해 환자의 심장을 다시 뛰게 할 것인지, 아니면 즉시 구급차에 환자를 싣고 병원으로 가면서 심폐소생술을 계속 실시할 것인지 선택해야 할 수 있다. 응급구조대원들이 '머무르면서 조치하기stay and play'와 '싣고 이동하기scoop and run' 사이의 선택이라고 부르는 이 결정은 쉽지 않을 때가 많다. 한편으로 보면, 구급대는 이송 전에 환자를 치료함으로써 심장을 다시 뛰게 할 가능성이 가장 높은 초기에 고품질의 심폐소생술을 실시할 수 있다. 그리고 앞서 살펴본 바와 같이, 심폐소생술을 일찍 시작하면 환자에게 이점이 있는 것으로 보인다. 하지만 심정지의 근본적 원인이 심각한 심장마비인 경우에는 즉시 환자를 구급차에 태워 중요한 의학적 중재를 시행할 수 있는 병원에 최대한 빨리 도착하는 것이 더 현명한 선택일 수 있다.

브리티시컬럼비아 대학교 연구팀은 북미 전역의 심정지 환자 약 4만 4000명을 대상으로 한 연구에서, 현장에서 치료를 받은 환자('머무르면서 조치하기')와 심정지 상태로 구급차에 실려 병원으로 이송된 환자('싣고 이동하기')의 생존율 차이를 조사했다.[18] 이 환자 4만 4000명 중 약 74%는 현장에서 심폐소생술을 받았고, 나머지 26%는 심정지 상태에서 병원으로 이송됐다. 연구자들은 이 두 그룹을 각각 분석한 결과, 현장에서 심폐소생술을 받은 환자는 12.6%가 입원 후에 생존한 반면, 심정지 상태에서 이송된 환자는 3.8%만이 입원 후에 생존했다는 사실을 밝혀냈다. 두 그룹의 생존율 차이가 이렇게 크다는 것은 '머무르면서 조치하기'가 더 효과적일 수 있다는 것을 시사한다.

하지만 우리의 연구에서처럼, 이 연구자들도 심정지 현장에서 성공적으로 심폐소생술을 받은 환자들이 현장에서 심폐소생술을 받지 못한 상태로 병원으로 이송된 환자들에 비해 애초부터 생존 가능성이 높았을 가능성을 고려해야 했다. 따라서 연구자들은 환자들이 현장에서 심폐소생술을 받을 가능성과 현장에서 심폐소생술을 받지 않고 즉시 병원으로 이송될 확률이 같다고 가정한 뒤 두 그룹의 입원 후 생존율을 비교했다. 그 결과, 연구자들은 현장에서 심폐소생술을 받은 환자의 생존율이 현장에서 심폐소생술을 받지 않고 심정지 상태에서 병원으로 이송된 환자보다 여전히 4.6%p 높다는 결과를 얻었다. 이 연구 결과는 ALS팀만이 할 수 있는 '머무르면서 조치하기'가 '신고 이동하기'보다 더 나은 방법이라는 것을 시사한다.

'머무르면서 조치하기'가 더 나은 방법일 수 있다는 이 연구 결과와 '신고 이동하기'가 더 나은 방법일 수 있다는 이전 연구 결과를 절충하는 것은 힘들다. 게다가 두 연구 모두 동일한 한계가 있다. 이 한계는 두 연구 모두 결과를 왜곡하는 교란인자들의 영향을 통제할 수 있는 무작위 사건에 기초하지 않았다는 사실에서 발생한다. 따라서 이렇게 두 연구 결과가 모두 확실하지 않다는 점을 고려하면, 훈련이나 경험, 환자에 대한 현장 평가에 기초해 '머무르면서 조치하기'와 '신고 이동하기' 중에서 선택해야 하는 구급대원들이 올바른 결정을 내리지 못하고 있다고 단정하기는 어렵다.

자연실험이 중요성을 갖는 이유가 바로 이런 모호성에 있다.

자연적으로 발생하는 무작위성을 활용하면 예측 모델에서 놓칠 수 있는 요소에 대한 걱정을 덜고 연구를 통해 도출한 결론에 더 확신을 가질 수 있다.* 언제나 그렇듯이, 문제는 자연 상태에서 무작위로 일어나는 사건들을 발견하는 데에 있다. 우리는 그런 무작위 사건들을 발견하기 위해 항상 안테나를 세우고 있다.

타이밍과 균형의 기술

지금까지 우리는 심장 관련 응급상황에서 분 단위의 시간이 얼마나 중요한지 살펴봤다. 하지만 심장마비와 심정지는 즉각적인 치료가 필요한 갑작스러운 개별 사건으로 나타나는 경향이 있다는 점에서 다른 많은 질환과는 다르다. 심장마비나 심정지가 아닌 의학적 문제들의 경우 얼마나 빨리 조치를 취해야 하는지 판단하기가 쉽지 않을 때가 많기 때문이다. 적절한 시점에 적절한 치료를 시작하는 일은 의료라는 '기술art'에서 핵심적인 부분을 차지한다.

---

*   이에 따라 우리는 심장마비를 비롯한 다양한 질환을 조사한 후속 연구에서 ALS 구급차 배정 가능성의 지역적 편차를 고려해, ALS 구급차가 배정될 가능성이 높은 지역에 사는 환자들이 ALS 구급차 서비스를 받을 가능성이, ALS 구급차 배정 가능성이 낮은 것을 제외한 다른 모든 측면에서는 비슷한 지역의 환자들에 비해 높을 것이라는 가설을 세웠다. 외상, 뇌졸중, 심장마비로 인해 ALS 구급차 서비스를 받은 환자들의 사망률은 BLS 구급차 서비스를 받은 환자들보다 높았지만, 심각한 호흡곤란 증상을 보인 환자들의 사망률은 차이가 없었다. Sanghavi et al., "Outcomes of Basic Versus Advanced Life Support for Out-of-Hospital Medical Emergencies." 참조

여러 가지 문제를 겪고 있는 환자를 치료할 때 의사들은 한 번에 할 수 있는 일이 많지 않기 때문에 어떤 검사와 치료를 우선순위에 두고 어떤 치료를 미룰지 선택해야 하는 경우가 많다. 한 가지 치료를 먼저 진행하기로 결정하면 다른 치료는 반드시 지연될 수밖에 없다.

일주일 동안 피로가 계속됐다고 호소하는 환자를 진료하는 주치의primary care doctor(1차 의료를 담당하는 가정의학과, 내과, 노인의학 또는 소아과 의사-옮긴이)의 예를 들어보자. 피로를 유발하는 질환에는 여러 가지가 있다. 의사는 환자의 건강, 상황 또는 감염에 대한 노출 가능성에 대해 환자에게 물어 가능성을 상당히 좁힐 수는 있지만, 여전히 어떤 검사를 해야 하는지, 그리고 언제 검사를 해야 하는지 생각해야 한다. 의사는 검사를 즉시 실시할지, 아니면 피로가 저절로 해결될 때까지 며칠 기다려볼지도 결정해야 한다. 이런 결정은 확실한 근거에 기초해 이뤄지는 것일까? 아니면 직관과 경험에만 의존하는 것일까?

어떤 경우에는 시간을 두고 주의 깊게 환자를 지켜보다 보면 환자가 회복되기도 한다. 실제로 많은 질환이 시간이 지남에 따라 저절로 좋아진다. 일부 의사들은 이 현상을 두고 "시간이 약"이라고 말하기도 한다. 이렇게 시간을 두고 환자를 지켜봄으로써 의사는 환자에게 불필요한 치료를 제공할 가능성을 줄일 뿐만 아니라(이에 대해서는 다음 장에서 자세히 설명할 예정이다), 시간을 두고 환자의 호전 여부를 관찰하면 환자 신체에 어떤 문제가 있는지 파악할 수 있게 돼, 의사 입장에서는 진단을 위한 유용한 정보를 얻을 수도 있다. 물론 치료를 너무 오래 미루는 것은 심각한 위험을 초래할 가능성도 있다. 예를 들어, 피로는 암, 감염, 우울증 등 심각한 질환과 관련이 있을 수 있다. 신속한 치료에 수반되는 위험과 지연으로 인한 위험의 균형을 맞추는 일은 의사의 결정 중에서 가장 중요한 요소 중 하나다.

예를 들어, 의사들은 중환자실에서 환자가 패혈증을 일으킬 정도로 심각한 세균 감염을 앓고 있다면 몇 분 안에 항생제를 투여하는 게 최선인지를 알고 있다. 하지만 환자의 상태가 덜 심각하고 패혈증이 없는 경우, 즉 퇴원해도 될 정도로 상태가 양호한 경우 의사는 항생제 투여를 얼마나 지연시킬 수 있을까? 몇 분? 몇 시간? 하루나 이틀? 어쩌면 환자에게 항생제가 전혀 필요하지 않을 수도 있다. 하지만 감염의 유형은 각기 다르며, 특정 상황에서 결정을 내리는 데 도움이 되는 연구가 부족한 경우가 많으므로, 일반적으로 의사들은 항생제 투여를 지연시키기보다는 빠르게 투여하는 쪽을 선택한다.

암 치료의 경우에도 불확실성이 존재한다. 대부분의 암은 조기에 치료하는 것이 이상적이지만, 즉각적인 응급조치가 필요한 암은 일부에 불과하다(이를테면, 주말에 암 진단을 받은 환자가 바로 응급조치를 받아야 하는 경우는 드물다). 이런 종류의 암을 제외한 다른 종류의 암의 경우, 암의 유해한 영향이 나타나기 전에 치료를 정확히 얼마나 미룰 수 있을까? 하루나 이틀? 2주?

넘어져서 고관절이 골절된 환자에 대해 생각해보자. 이 경우 수술이 필요할 수도 있지만, 이런 수술은 즉시 시행할 필요가 없는 경우가 많다. 의사의 수술 일정이 꽉 차 있으면 환자는 고관절 수술을 받기 위해 기다려야 할 수도 있다. 하지만 얼마나 오래 기다려야 할까? 몇 시간 또는 며칠?

대부분의 경우 이러한 질문에 대한 답은 실망스러울 정도로 불투명하다. 하지만 우리는 지금쯤이면 독자들이 우연에 의한 현상이 어떻게 더 나은 의료 서비스를 제공할 수 있는지 생각하고, 명확성을 제공할 수 있는 상황에 대한 감각을 갖게 됐을 것이라고 믿는다. 이제 그 실력을 발휘해보자. 우리 모두가 한 번쯤은 직면하게 될 의료 서비스 제공 시기 결정 문제에 자연실험이 어떻게 도움이 될지 지금부터 브레인스토밍해보자.

항생제로 치료하는 경우가 많고 치료하지 않으면 심각한 결과를 초래할 수 있는 폐렴부터 시작해보자. 이 경우 우리는 이런 질문들을 해볼 수 있다. 경미한 폐렴 환자에게 항생제를 투여해야 할까? 즉시 병원에 입원시켜야 할까? 아니면 하루나 이틀 정도 기다리면서 지켜봐야 할까? 여러분이 지금쯤이면 생각할 수 있는 문제, 즉 윤리적 문제 때문에 무작위 비교연구가 이뤄지지 않은 상황에서 이 질문들에 대한 답을 어떻게 찾아야 할까? 일부 폐렴 환자의 치료시기를 앞당기거나 늦출 수 있는 자연발생적 사건이 존재할 수 있을까?

한 가지 아이디어는, 친구나 가족과 함께 집에 있고 싶어 하는 휴일에는 대부분의 사람들이 몸이 좋지 않더라도 진료를 받지 않으려는 경향에 의존하는 것이다. 경증 폐렴 환자의 경우, 현충일 연휴나 노동절 연휴처럼 주말을 낀 3일간의 연휴(미국에서 현충일,

노동절 등의 공휴일은 대부분 월요일로 지정된다-옮긴이)에는 대부분 그 다음 주 화요일까지 진료를 미룬다. 연휴 직후 화요일에 폐렴으로 내원한 환자들과 연휴 직후가 아닌 다른 화요일에 내원한 환자들을 비교한다면, 연휴 직후 화요일에 내원한 환자 중 일부가 치료를 1~2일 지연한 환자들이라고 볼 수 있을까? 폐렴 치료가 1~2일 지연되는 것이 실제로 결과에 영향을 미친다면, 연휴 직후 화요일에 폐렴으로 내원한 환자는 일반적인 화요일에 내원한 폐렴 환자보다 정량적으로 더 나쁜 상태(중환자실에 입원할 가능성이 더 높을 수도 있음)여야 한다. 암은 어떨까? 일부 암은 수년에 걸쳐 천천히 자라기 때문에 발견됐을 때 치료가 긴급하지 않은 경우가 많다(진단 후 즉각적인 치료가 필요한 급성 혈액암(백혈병)은 예외다). 이 경우 종양 전문의나 외과 의사는 치료를 미뤄도 되는지 판단할 수 있다. 하지만 이런 상황에 대한 무작위 비교연구가 이뤄지지 않은 상태라면, 하루나 일주일, 한 달의 지연으로 인해 환자에게 더 나쁜 결과가 발생할 가능성이 있는지 어떻게 확신할 수 있을까? 자연실험이 결정적인 도움을 줄 수 있는 상황이 바로 이런 경우다. 암 환자의 경우, 치료를 받기까지 기다려야 하는 시간은 암센터의 예약 가능 시간 같은 임의적 요인에 의해 결정된다. 이 경우 같은 종류의 암을 앓고 있지만 암센터가 수리 중이라 예약 대기 시간이 길어진 상태에서 치료를 받은 그룹과 그렇지 않은 상태에서 정상적으로 치료를 받은 그룹을 비교할 수 있을 것이다.

다른 방법도 있다. 종양 전문의와 환자들은 1년에 몇 번 정도 새롭게 승인되는 항암제를 갑자기 이용할 수 있게 되는데, 치료하기 어려운 난치 암에 대한 추가적 치료법을 제공하는 획기적인 신약이 나왔다고 가정해보자. 종양 전문의라면 대부분 이런 신약을 즉시 환자에게 투여하고 싶어 할 것이다. 이 경우 신약이 승인된 후에 암 진단을 받은 환자들은 치료 시 약을 사용할 수 있기 때문에 즉시 약을 투여받을 수 있지만, 승인일 한 달 전에 암 진단을 받은 환자는 기존 치료를 시작한 지 한 달이 지나야 약을 받을 수 있으며, 승인일 두 달 전에 진단받은 환자는 신약을 받기 위해 두 달을 기다려야 한다. 신약의 승인 및 출시 시기는 환자의 암 진단 시점과 무관하기 때문에, 환자에게 0개월, 1개월 또는 2개월의 지연이 '할당되는' 자연실험이 이뤄질 수 있다. 따라서 이 그룹들의 결과를 비교함으로써 이 강력한 신약으로 치료를 지연시켰을 때의 효과를 추정할 수 있다.

마지막으로 고관절 골절 환자에 대해 생각해보자. 환자가 넘어져 고관절이 골절되면 심한 경우 수술이 필요하다. 하지만 이런 수술의 대부분은 즉시 시행할 필요가 없다. 기존 임상시험에 따르면 48시간 이내에만 수술을 하면 된다. 더 짧은 지연 시간(예를 들어, 12시간)의 효과를 확인하려면, 병원의 정형외과 의사 중 한 명이 휴가 중일 때 고관절이 부러진 환자들의 결과(수술대기 시간이 전반적으로 길어졌을 때의 결과)와 정형외과 의사 중 한 명도 휴가를 가지 않았을 때 고관절이 부러진 환자들의 결과를 비교하면 된다.

하지만 이런 추정은 가정에 불과하다. 이 생각 중에서 그 어떤 것도 완벽하다고 할 수는 없기 때문이다. 예를 들어, 폐렴 치료를 위해 다음 화요일까지 기다릴 수 있는 환자 중에는 단순히 덜 아프

기 때문에 치료를 미루는 환자도 있을 수 있다. 암센터가 수리 중이라 치료가 하루 지연될 수도 있지만, 그 하루라는 시간은 측정 가능한 차이를 발생시킬 만큼 긴 시간이 아닐 수도 있다. 정형외과 의사 한 명이 휴가를 떠난다고 해도 정형외과 전체 진료 일정이 예상했던 만큼의 영향을 받지 않을 수도 있다. 그럼에도 불구하고, 이러한 예들은 자연실험의 세계에 푹 빠진 연구자로서 우리가 어떤 생각을 하게 됐는지 보여주는 데 도움이 될 것이다. 앞서 살펴본 바와 같이, 우리가 원하는 답을 찾는 것은 올바른 질문을 하는 방법을 배우는 것에서 시작되는 경우가 많기 때문이다.

다음 장에서는 심장 응급상황의 다음 단계, 즉 심장 전문의에 의해 병원에서 이뤄지는 치료에 대해 살펴볼 것이다. 이번에는 치료 시점에 초점을 맞추지 않고 앞서 제시한 아이디어 중 하나인 '필요한 의사가 실제로 부재중일 때 어떻게 될까?'라는 질문에 집중할 것이다.

6장

심장 전문의들이
병원을 비울 때
일어나는 일

일요일 아침에 찾아온 불청객

의대에서 교육과 훈련을 받는 동안 의대생들은 인체, 인체의 정상적인 기능, 다양한 질병 상태에 대해 알려진 모든 정보를 흡수해야 한다. 교수들은 이 과정을 소방호스로 물을 마시는 일에 비유하곤 했는데, 직접 경험해보니 그 비유는 매우 적절한 것이었다.

의사들이 중요한 정보를 쉽게 기억하는 방법 중 하나는 스토리텔링을 활용하는 것이다. 사실과 수치는 특정한(대부분은 가상의) 증상의 환자와 특정한 세부사항 및 치료계획을 서로 연결시킴으로써 더 쉽게 기억할 수 있다. 이런 '임상 삽화clinical vignette'는 루푸스의 징후와 증상을 인식하거나 제2형 당뇨병 치료 같은 주제를 처음 학습할 때 일종의 고정점 역할을 하기도 한다.

이번 장은 우리 의사들이 오랫동안 사용해온 임상 삽화 접근법으로 시작해볼까 한다. 이 이야기의 주인공은 가상 인물이지만 수년 동안 우리가 실제로 치료해온 실제 환자의 사례에 기반한 것이다. 지금부터 이 환자를 '로버타'라고 부를 것이다.

로버타는 교외지역에 있는 방 2개짜리 작은 집에 사는 일흔일곱 살 여성이다. 나이에 비해 건강은 상당히 좋은 편이다. 10년 정도 담배를 피웠지만 첫 아이가 태어나면서 끊었고, 고혈압이 있어 약을 복용 중이며, 7킬로그램 정도 과체중이다.

어느 가을의 일요일 아침, 로버타는 앞마당 낙엽을 치우기 위해 밖으로 나간다. 하지만 20분 정도 지나자 숨이 차서 잠시 휴식을 취한다. 로버타는 5분 정도 휴식을 취한 후 낙엽을 다시 긁어모으기 시작했지만 곧 다시 숨이 가빠졌다. 하지만 로버타는 하던 일을 계속했고, 갑자기 무언가가 가슴을 쥐어짜는 느낌을 받으면서 메스꺼움이 심해진다. 그녀는 바닥에 주저앉아 휴대폰을 꺼내 911에 전화한 뒤 구급대가 도착할 때까지 기다린다. 기다리는 동안 가슴 통증은 계속된다.

사이렌을 울리며 불빛을 번쩍이는 구급차가 로버타의 집 앞에 도착한다. 구급대원들과 전문응급구조사가 재빨리 그녀를 구급차에 태운다. 심장은 빠르게 뛰고 있지만 혈압은 정상이다. 구급대원들은 알레르기가 있는지, 과거 병력이 있었는지 묻는다. 그녀는 고혈압 증상만 있다고 대답한다. 그러자 전문응급구조사는 그녀의 가슴에 전극을 꽂는다. 심전도 검사를 통해 심장의 전기적 활동을 분석하기 위해서다.

"심장마비인 것 같습니다. 가능한 한 빨리 치료할 수 있는 가장 가까운 대형병원으로 모시고 가겠습니다. 그동안 이 아스피린을 씹어서 삼키세요." 심전도 검사 결과를 확인한 전문응급구조사가 말한다. 죽을지도 모른다는 두려움에 로버타는 아스피린을 씹어 삼키면서 그의 손을 꽉 잡는다.

구급대원은 심장마비를 치료할 수 있는 가까운 대학 부속 교육병원에 무전을 친다. 병원에 도착하기 직전까지 증상은 나아지지 않았고, 병원에 도착하자마자 구급대원들은 로버타를 구급차에서 내려 응급실로 옮긴다. 응급실에는 의사와 간호사가 대기하고 있다. 구급대원들은 밝고 깨끗한 흰색 가운을 입은 젊은 심장 전문의에게 상황을 전달한다.

"잘 치료해드릴 테니 걱정하지 마세요"라고 의사가 말한다. 이 심장 전문의는 그녀에게 혈관이 부분적으로 막혀 혈액 흐름이 감소했고, 그로 인해 심장마비가 일어난 것으로 보인다며 수술을 해야 할 수도 있다고 말한다.

"정말 그래야 할까요?" 로버타가 긴장된 표정으로 묻는다.

"몇 가지 추가 검사를 할 예정입니다. 수술 여부는 검사 결과에 따라 결정될 겁니다."

로버타는 불안한 표정으로 고개를 끄덕인다.

그러자 의사는 아무렇지도 않은 듯이 "수술을 담당하는 제 동료 의사가 학회에 가느라 자리를 비웠지만, 걱정 마세요. 수술이 필요하면 우리가 해드릴 수 있습니다"라고 말한다.

"아, 네. 알겠어요. 그러시겠지요." 로버타가 멈칫거리며 말한다.

의사가 적어진 상황이 꼭 나쁜 일일까?

이벤트 전문 기업인 '이벤트 인더스트리 카운실'에 따르면 매년 전세계적으로 10억 명 이상의 사람들이 컨벤션, 콘퍼런스, 대규모 회의 또는 비즈니스 이벤트에 참여하며, 그 시장 규모가 수조 달러에 이른다.[1] 해마다 의학 분야의 대규모 조직들이 개최하는 콘퍼런스에 참석하는 의사의 수 역시 수만 명이 넘는다. 의사들은 이런 콘퍼런스에서 오랜 친구나 동료들을 만나고, 최고 수준 전문가들의 강연을 듣고, 연구 결과를 발표하고, 최첨단 의료기기를 직접 사용해보면서 다양한 즐거움을 느낀다(의사들의 이런 활동은 보편적으로 통용되는 '재미'의 정의에 부합하지 않을 수도 있다). 또한 이런 콘퍼런스는 바쁜 의사들이 가족과 함께 유명 관광지를 방문하고 관광을 할 수 있는 좋은 핑계가 되기도 한다.

미국의 대규모 심장 관련 단체인 미국 심장협회American Heart Association, AHA와 미국 심장학회American College of Cardiology도 매년 학술대회를 연다. 이 두 단체가 개최하는 학술대회에는 심장 전문의를 비롯한 의료 전문가 2만 명 정도가 참가한다. 다른 전문 분야들에서도 이런 학술대회가 열린다. 매년 세계 곳곳에서 수백 번의 대규모 학술대회가 열리며, 대회마다 수천 명의 의사들이 참가한다.

문제는 이런 학술대회가 학술대회에 참가하지 않는 다른 의사들에게 영향을 미칠 수 있다는 데 있다. 환자 때문에 동료 의사에게 연락했는데 그 의사가 다른 도시에 있다는 것을 알게 되는 경우가 그렇다. 일반적으로 다른 도시에서 열리는 학술대회에 참가하기 위해 병원을 비울 때, 그 의사의 진료는 다른 동료 의사가 '커버' 하게 된다. 이런 경우 병원에 부재중인 의사의 진료를 대신하는 다른 의사는 어떤 이유로 그 학술대회에 참석하지 않기로 결정한 노련한 의사일 수도 있고, 학술대회에서 발표할 연구논문이 없거나 할 강연이 없다고 판단한 후배 의사일 수도 있다. 누가 병원에 남고 누가 학술대회에 참석하든, 그 결과는 병원에 남는 의사의 수가 적어진다는 것이다.

하지만 전국 규모의 심장학술대회가 열린다고 해서 사람들에게 심장마비가 일어나지 않는 것은 아니다. 앞에서도 살펴보았듯이, 환자가 갑자기 심장마비를 일으켜 911에 전화하면 구급대는 항상 하던 대로 가장 가까운 병원으로 환자를 이송한다. 대도시 지역에서 이런 환자들을 치료할 수 있는 전문 역량을 갖춘 병원은 대부분 대규모 학술의료센터다.

우리 두 저자가 근무하는 병원 같은 곳을 '학술의료센터'라는 이름으로 부르는 것은 병원이 의과대학과 연계돼 있기 때문이다. 이런 대규모 학술의료센터는 일반적으로 연구에 중점을 두는 의사들이 진료를 하기 때문에 '교육병원'으로도 불리며, 최신 치료법이 가장 먼저 적용되는 병원이기도 하다. 우리 두 저자의 연구에는 최신 수술기법이나 새로운 암 치료법에 대한 내용이 포함되지 않을 수도 있지만, 우리도 학술의료센터에서 일하는 많은 의사들처럼 연구 분위기를 즐기고 있으며, 다음 단계의 획기적인 의학적 발견이 언제라도, 어떤 연구실에서든 이뤄질 수 있다는 것을 잘 알고 있다.

심장의학 분야에서도 학술의료센터는 첨단 치료법이 개발되고 기존 치료법이 개선되는 곳이다. 예를 들어, 학술의료센터에는 전문 교육을 받은 심장 전문의가 심장마비의 원인이 되는 관상동맥을 뚫어 스텐트stent(가느다란 그물망을 튜브 모양으로 만든 것으로, 좁아진 혈관을 넓히고 혈액이 원활하게 순환하도록 혈관의 직경을 물리적으로 유지할 목적으로 사용하는 의료기기를 말한다-옮긴이)를 삽입하는 경피적 관상동맥 중재술을 신속하게 수행하는 수술실인 '캐스 랩cath lab'이 있다. 또한, 심장치료 우수센터로 지정된 일부 학술의료센터들은 전문 시술뿐만 아니라 심장의 펌프 기능이 떨어지는 심부전 증상, 심장의 전기적 활동에 문제가 생겨 발생하는 부정맥 같은 복잡한 심장 문제를 관리하는 데 전문성을 갖춘 의사들을 보유하고 있다.

여느 직장과 마찬가지로, 병원에서도 의사가 회의, 육아휴직, 배심원 소환, 병가 등으로 자리를 비우면 잘못된 의사소통, 실수, 부주의 등의 문제가 발생할 수 있다. 하지만 의료 분야에서 발생하는 이런 문제들은 치료시기를 놓쳐 생기는 문제보다 더 심각한 문제를 초래한다.

상식적으로 생각할 때 의사의 수가 적은 것은 좋은 일이 아니다. 예를 들어, 우리는 병원 근무 인력이 적은 주말에는 심장마비 등 응급상황에 처한 환자의 치료 결과가 더 나빠진다는 사실을 알고 있다.[2] 하지만 의사의 수가 적은 것이 꼭 나쁜 일이라고 할 수 있을까? 그렇다면 심장의학 학술대회가 이 의문에 대답을 제공할 수 있을까?

시계를 40년 전으로 되감아보자. 1983년, 예루살렘의 의사들은 역사상 가장 큰 규모의 의사 파업에 돌입했다. 약 4개월 동안 의사들은 정부와 임금 협상을 벌이면서 필수적인 병원 서비스를 제외한 모든 의료 서비스를 중단했다. 그에 따라 선택적 시술이 지연됐고, 도시 곳곳에 설치된 임시 진료소에서 외래 환자 치료만 제공됐다.

예루살렘의 병원들에서는 한꺼번에 의사 수가 확 줄어들었다. 이 경우 의사들의 파업 시기가 환자들의 건강 상태와 연관된 것이라고 볼 수 없기 때문에(즉, 사람들의 건강 상태가 갑자기 변화해 의사들이 파업에 들어간 것이 아니었기 때문에), 자연실험의 조건이 조성됐다고 볼 수 있다. 이 자연실험은 파업 직전이나 직후에 병에 걸린 환자들, 즉 정상적인 의료 서비스가 이뤄진 시기에 치료를 받은 환자들이 대조 그룹이 되고, 파업 중에 우연히 병에 걸린 환자들이 개입 그룹이 됐다. 의사의 수가 줄어든 것이 개입 그룹 환자들에 대한 치료 수준을 떨어뜨렸을까?

예루살렘 히브리 대학교 연구팀은 사망 기록을 조사한 연구에서 놀랍게도 파업 직전이나 직후와 비교했을 때, 또는 전년도 같은 기간과 비교했을 때 파업 기간 중 사망자 수에 큰 변화가 없었다는 사실을 발견했다.[3] 파업 기간 동안 의사들은 심각한 환자들만 진료했지만 사망률이 크게 떨어지지는 않았다(물론 환자들이 다른 측면에서 고통을 겪었을 수도 있고, 치료 지연의 효과가 즉각적으로 나타나지 않아 이런 결과가 나왔을 수도 있다).

1983년에 일어난 예루살렘 의사들의 파업 이후 현재까지 전 세계의 다른 의사 파업들에 대한 연구에서도 파업 기간 동안 사망률이 동일하게 유지되거나 심지어 감소하는 것으로 나타났으며,[*] 많은 사람들이 일반적으로 의사가 많다고 해서 건강이 개선되는 것은 아니라는 결론을 내리고 있다(물론, 필수적인 의료 서비스가 계속된다는 가정하에서 그렇다는 것이다).[4] 전국 규모 심장의학 학술대회가 열리던 며칠 동안 심장마비로 병원에 입원했던 가상의 환자 로버타에게 이 모든 것이 의미하는 바는 무엇일까? 심장 전문의의 부재 때문에 당연히 그녀는 불안을 느껴야 했을까, 아니면 안심해도 됐을까?

심장의학 학술대회는 의사 수가 적어지는 것이 환자의 결과에 어떤 영향을 미치는지 연구할 수 있는 좋은 기회를 제공했다. 하지만 연구를 시작하기 전에 우리(바푸, UCSF 종양학자이자 보건정책 연구원인 비나이 프라사드Vinay Prasad, USC 경제학자 데이나 골드먼Dana Goldman과 존 롬리John Romley)는 본질적인 질문, 즉 자연실험을 위한 조건이 충족되는지 확인해야 했다.

지난 장에서 우리가 다룬 자연실험은 마라톤 경기가 열린 당일에 마라톤이 열렸든 그렇지 않았든 심장마비 또는 심정지 환자가 발생한다는 가정에 의존했다. 이스라엘 의사 파업에 대한 연구는 파업 여부와 상관없이 사람들이 병에 걸렸을 것이라는 가정에 의존했다. 이런 조건이 충족되는 경우에만 마라톤이나 파업 때문

---

[*] 의사 파업 기간 동안 환자 사망률이 감소하는 이유를 정확히 말하기는 어렵다. 하지만 이 사망률 감소는 사망 위험이 적기는 하지만 실제로 수반되는 선택적 시술 또는 반쯤 선택적인 시술이 중단되거나, 위험을 수반하는 다른 유형의 치료가 지연되었기 때문일 수 있다.

에 발생한 차이를 확인할 수 있기 때문이다.

지금 우리가 다루는 자연실험도 비슷한 가정, 즉 학술대회 기간 동안 심장마비를 겪은 환자들은 심장 전문의들이 학술대회에 참석했든 하지 않았든 심장마비를 겪었을 것이라는 가정에 의존한다. 이 가정은 과연 안전한 가정일까? 우리는 확실히 그렇다고 생각했다. 낙엽을 쓸어 모으다 심장마비를 일으킨 환자가 (이전에는 한 번도 만난 적이 없는 의사가) 학회 참석차 자리를 비운 사실을 알았다면 심장마비를 일으키지 않거나 낙엽을 쓸어 모으는 일을 하지 않았을 것이라고 생각할 이유가 있을까? 그럴 가능성은 제로에 가깝다. 즉, 심장의학 학술대회가 열린 시점이 환자들이 심장마비를 일으킨 시점과 완전히 무관하다고 생각하는 것은 매우 합리적이다. 심장마비는 갑자기 발생하며 예측이 어렵기로 악명 높은 질환이기 때문이다.

이제 본격적으로 수치를 다뤄보자. 10년간의 데이터를 살펴본 결과, 우리는 그 기간 동안 미국 심장협회와 미국 심장학회 주최로 매년 한 번씩 총 20회의 주요 심장의학 학술대회가 개최됐다는 사실을 확인했다. 또한 우리는 급성 심장질환이 발생한 환자에게 어떤 일이 일어났는지 파악하기 위해 2002년부터 2011년까지 미국 전역에서 심장마비나 심정지 또는 심부전으로 내원한 환자들의 메디케어 데이터를 조사해, 환자가 병원에 도착한 날짜, 심장 스텐트 삽입술 또는 관상동맥우회술 같은 특수한 심장시술 또는 수술을 받았는지 여부, 환자가 입원 후 30일 이내에 사망했는지 여부를 기록했다.[5]

그런 다음, 미국 심장협회와 미국 심장학회의 연례 학술대회가 열린 시점을 기준으로 급성 심장질환 환자들의 내원 시점을 조사했다. 학술대회가 열리는 기간 동안 치료를 받은 환자들이 치료 그룹, 학술대회 기간 전후에 치료를 받은 환자들이 대조 그룹이었다. 대조 그룹을 치료 그룹과 최대한 비슷하게 만들기 위해, 우리는 학술대회 직전 3주 동안과 직후 3주 동안 심장질환으로 내원한 환자들만을 분석대상으로 삼았다. 우리가 분석한 총 환자는 20만 명 이상이었다.

　가장 먼저 한 일은 학술대회가 있는 날과 없는 날에 입원한 환자들의 다른 조건들이 비슷한지 확인하는 것이었다. 확인 결과, 두 그룹 모두 남성과 여성이 거의 균등하게 분포되어 있었고, 평균 연령은 79세였으며, 인종 구성도 비슷했고, 심장병과 당뇨병, 신장질환, 고혈압, 고콜레스테롤혈증 등 기존 질환을 앓고 있는 비율도 비슷했다. 즉, 이 두 그룹 모두 급성 심장질환에 노출될 확률이 같았다.

　우리는 환자의 사망률 차이가 위험 수준(즉, 심장 문제로 사망할 가능성) 차이에 따라 결정될 것이라고 예측했다. 또한 위험수준이 높은 환자(일반적으로 기존 질환이 더 많은 환자)는 복잡한 의학적 개입을 필요로 할 가능성이 높으므로 심장 전문의 부재의 영향을 더 많이 받을 것이라고 예측했고, 이런 예측에 기초해 환자를 기존 질환에 따라 '저위험군'과 '고위험군'으로 나눴다.

　예비분석 결과는 심장의학 학술대회가 열렸든 그렇지 않았든 급성 심장질환의 발생 확률이 두 그룹에서 동일할 것이라는 우리

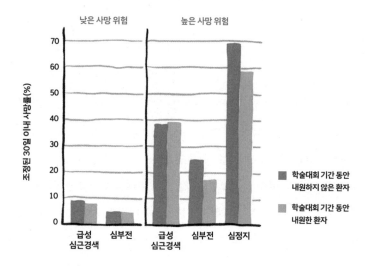

의 가정을 뒷받침했다. 즉, 자연실험이 성립하기 위한 전제조건이 충족된 것이었다. 따라서 이 두 그룹 간의 사망률 차이는 그들이 받은 치료의 차이에 기인한다고 합리적으로 추론할 수 있었다. 우리의 이 분석을 통해 찾아낸 것은 무엇이었을까? 먼저 '고위험군' 환자들부터 살펴보자.

심부전 또는 심정지가 발생한 고위험군 환자 6,000여 명의 경우, 전국 단위 심장의학 학술대회가 열린 날에 내원한 환자의 사망률이 학술대회가 열리지 않은 날에 내원한 환자의 사망률에 비해 현저히 낮았다. 이는 병원 내 의사 수가 적은 기간에 치료를 받은 고위험군 환자들이 병원 내 의사 수가 평소와 같을 때 치료를 받은 환자들보다 치료 후 생존율이 더 높았다는 뜻이다. 이 차이는 의미 있는 차이였다. 학술대회가 열리지 않은 날에 치료를 받은 고

위험군 심부전 환자의 치료 후 30일 이내 사망률은 약 25%였던 반면, 학술대회가 열린 날에 치료를 받은 고위험군 심부전 환자의 치료 후 30일 이내 사망률은 17%에 불과했다. 다시 말하면, 이 조사 결과는 학술대회가 열리는 날 내원한 고위험군 심부전 환자 100명 중 치료 후 30일 이내에 사망한 환자 8명 정도는 학술대회가 열리지 않은 날 내원했다면 생존했을 수 있다는 뜻이다. 심정지 환자들에게서도 이와 비슷한 유의미한 효과가 관찰됐다. 학술대회가 열리지 않은 날 내원한 고위험군 심정지 환자들의 사망률은 69%였던 반면, 학술대회가 열린 날 내원한 고위험군 심정지 환자들의 사망률은 59%였다. 한편, 학술대회가 열렸든 그렇지 않았든 심장마비 환자들의 사망률은 차이가 거의 없었다.

그렇다면 이 두 기간 동안 환자들이 받는 치료가 달랐을까? 조사 결과, 실제로 그랬다는 사실이 밝혀졌다. 예를 들어, 심장 스텐트 삽입술(심장마비 환자의 심장 혈류를 개선하기 위한 침습적 시술)이 시행된 비율은 학술대회가 열리지 않은 날 내원한 고위험군 환자들에게서는 28.2%였지만, 학술대회가 열린 날에 내원한 고위험군 환자들에게서는 20.8%에 불과했다.

앞서 언급했듯이, 이런 결과는 학술의료센터에서 이뤄진 치료만을 대상으로 조사해 얻은 것이다. 학술의료센터가 아닌 지역 병원에서 치료를 받은 약 5만 명의 고위험군 환자의 경우, 학술대회가 열리는 날과 그렇지 않은 날에 치료를 받은 환자들의 사망률은 차이가 없었다. 우리는 처음부터 교육병원의 심장 전문의가 학회에 참석할 가능성이 가장 높다고 가정했다. 이들은 자신의 분야에서 최전선에 서기 위해 노력하는 의사들이며, 이들을 위해 학술대회가 열리기 때문이다.

교육병원과 지역 병원 간의 결과 차이는 학술대회 기간 동안 교육병원에서 이뤄지는 심장질환 치료가 평소와는 어떤 면에서든 다를 것이라는 생각에 신빙성을 부여한다. 우리는 이런 차이를 유발하는 가장 큰 원인이 의사들의 숫자 차이에 있다고 본다.

지금까지의 결과는, 연구자들이 많은 학술의료센터에서는 심장 전문의가 자리를 비운 동안 고위험군 환자들의 치료 성과가 더 좋은 것으로 보인다는 말로 요약할 수 있다. 이 결과는 매우 흥미로운 초기 결과였다. 하지만 이 결론에 더 확신을 가지기 위해 우리는 추가적인 연구를 수행해야 했다.

이 결과가 실제로 심장의학 학술대회에 기인한다는 것을 입증하기 위해 우리는 다양한 시나리오를 설정한 뒤 다시 분석을 실행했다.

먼저, 우리는 심장질환 환자들의 결과가 의사들이 참여하는 일반적인 학술대회가 아니라 구체적으로 심장의학 학술대회에 의한 것인지 확인했다. 그 결과, 우리의 예상대로, 정형외과 전문의나 암 전문의, 소화기내과 전문의가 병원을 비웠을 때는 심장질환으로 인한 사망률에 변화가 없었다. 따라서 심장의학 학술대회가 이런 변화를 일으킨 원인이라고 할 수 있었다.

그다음으로, 우리는 우리의 연구 결과가 병원 전체의 결과 변화, 즉 해마다 심장의학 학술대회가 열리는 기간 동안 우연히 나타난 사망률의 큰 변화를 반영하는지 확인했다. 심장 전문의는 병원의 필수인력이다. 하지만 심장 전문의는 병원에서 이뤄지는 다른 전문 분야들의 치료에는 대부분 참여하지 않는다. 따라서 우리는 심장의학 학술대회가 다른 분야의 의사들이 치료하는 환자들에게 영향을 줄 가능성이 낮다고 생각했다. 그럼에도 불구하고 우리는 확인을 위해 추가 분석을 실행했다. 이번에는 처음에 사용했던 심장의학 학술대회 날짜들을 이용하되 고관절 골절, 위출혈 등 심장질환과는 관련이 없는 질환으로 인한 사망률을 조사해, 이런 질환들이 심장의학 학술대회 기간 동안 발생했을 때 사망률이 변화하는지 분석했다. 분석 결과, 우리의 예상대로 사망률 차이는 발견되지 않았다. 심장의학 학술대회는 심장질환 환자들에게만 영향을 미친다는 것이 확인된 것이다.

하지만 가장 큰 의문이 하나 남아 있었다. 전국 단위 심장의학 학술대회 기간 동안, 즉 심장 전문의들이 병원을 비울 가능성이 높아 전문적인 수술 또는 시술이 적게 시행되는 기간에 학술의료센터에서 치료를 받은 고위험군 심장질환 환자들의 사망률이 왜 낮아진 것일까?

우리는 이 의문에 대한 답이 의사들에게 있다고 점점 더 확신하게 됐다. 다만 더 구체적으로 알아보기 위해 심장 전문의와 그들의 진료 습관에 대한 자세한 분석을 시행했다.

시술을 받지 않은 환자들의 생존율

새로운 분석을 위해 우리(바푸, 앤드루 올렌스키, 데이나 골드먼, 존 롬리, 하버드 의대 심장 전문의이자 보건정책 연구자인 대니얼 블루먼솔Daniel Blumenthal과 로버트 예Robert Yeh)는 다시 메디케어 데이터를 조사했다.[6] 그리고 이번에는 학술의료센터에 심장마비로 내원한 환자로만 그룹을 좁혔다. 또한 '중재적 심장 전문의interventional cardiologist'라는 특정 유형의 심장 전문의에 대해서도 살펴봤다. 중재적 심장 전문의는 심장마비 환자에게 관상동맥 스텐트 삽입술 같은 전문적인 중재수술을 주로 하는 의사들이다(일반적인 심장 전문의는 이런 중재수술을 하지 않는다). 우리는 전국 단위 심장의학 학술대회에 참석하느라 중재적 심장 전문의들이 병원을 비운 동안 심장마비로 내원한 환자들에게 어떤 일이 일어났는지 알아내, 그 기간 동안 병원에서 이뤄진 심장마비 치료가 어떻게 달라졌는지 파악하고자 했다.

이를 위해 우리는 두 가지 유형의 심장마비 환자들에 대한 치료를 살펴봤다. 첫 번째 유형은 대부분의 경우 특별한 수술이 필요한 중증 심장마비(ST분절상승 심근경색증, STEMI), 두 번째 유형은 특별한 시술이 가끔씩만 필요한 덜 심각한 심장마비(비STEMI)다. 물론 '덜 심각한' 이 두 번째 유형의 심장마비도 작은 문제는 아니다. 비STEMI도 STEMI와 마찬가지로 생명을 위협하는 응급질환이며, 즉각적인 치료가 필요하고, 환자에게 공포감을 주는 심각한 기저 심장질환을 나타낸다. 심장 전문의가 이 두 가지 유형을 구분하는 이유는 비STEMI에서 발생하는 막힘이 STEMI보다 덜 완전하지 않은 경향이 있으며, 불완전한 막힘에 대해 위험한 시술을 시행하는 것이 최선의 답이 아닐 수 있기 때문이다.

연구 결과, 시술 여부에 대한 결정이 상대적으로 주관적인 비 STEMI 환자는 심장 스텐트 삽입술을 받을 가능성이 낮았고, 중재적 심장 전문의들이 학술대회에 참석하는 동안 사망하는 비율도 낮다는 것이 밝혀졌다.

따라서 전국 단위 심장의학 학술대회가 열리는 날에 고령의 환자가 STEMI가 아닌 심장마비로 학술의료센터에 내원했을 때, 즉 로버타와 매우 유사한 환자가 내원했을 때 시술을 받을 가능성이 낮고, 치료 후 30일 내 생존율도 높다고 할 수 있다.

하지만 새하얀 가운을 입은 심장 전문의의 말을 들었을 때 로버타는 이런 생각을 하지 않았을 것이다.

우리가 지금 설명하고 있는 효과는 얼마나 큰 효과일까? 이 효과는 겉으로 보기에는 무시할 수 있을 정도라고 생각할 수도 있다. 학술대회 때문에 중재적 심장 전문의가 병원을 비운 동안 덜 심각한 심장마비로 내원한 환자들의 사망률은 13.9%로, 그렇지 않은 상황에서 심장마비로 내원한 환자들의 사망률인 15.9%보다 2%p 낮았다. 흥미롭게도 사망률이 학술대회 기간 동안 떨어지는 현상은 시술을 받지 않은 환자들에게서만 나타났다. 이 환자들의 사망률은 심장의학 학술대회 기간 동안 19.5%에서 16.9%로 떨어졌다 (시술을 받은 환자들의 결과는 차이가 없었다).

다시 말해, 문제는 시술을 받지 않았다면 결과가 더 좋았을 일부 환자들이 시술을 받았다는 사실에 있었다.

사망률이 2%p 개선됐다는 것은 무엇을 의미할까? STEMI가 아닌 심장마비로 병원에 내원하는 메디케어 환자 50명당 한 명은 예약 날짜에 내원하면 생존하지만 예약 날짜가 아닌 날에 내원하면 사망한다. 이 차이가 실감이 나지 않는다면, 심장마비 치료를 위한 최고 수준의 치료를 시행했을 때도 사망률이 2% 정도밖에 감소하지 않는다는 사실을 생각하면 된다. 예를 들어, 중증 심장마비로 내원한 모든 연령대의 환자를 대상으로 한 임상시험 결과에 따르면, 심장 스텐트 삽입술은 심장으로 가는 혈류를 개선하는 정맥 내 약물(혈전용해제)과 비교해 사망률을 평균 2%p 감소시킨다.[7] 상당한 비용과 위험을 감수하고 시행되는 이런 침습적 시술로 인한 사망률 감소 정도는 학술대회 기간 동안의 자연스러운 사망률 감소 정도와 거의 비슷하다.

마지막으로, 우리는 우리의 연구대상인 중재적 심장 전문의들, 즉 학술대회에 참가하기 위해 병원을 비운 중재적 심장 전문의들과 병원에 남아 있던 중재적 심장 전문의들에 대해 추가 분석을 시행했다. 표면적으로는 이 두 그룹 전문의 사이에 유사점이 몇 가지 존재했다. 중재적 심장 전문의는 거의 모두 남성이었다(학술대회에 참석한 중재적 심장 전문의 95.4%, 병원에 남은 중재적 심장 전문의의 96.0%가 남성이었다). 또한 이 두 그룹 모두 의사들의 평균 연령이 51세였으며, 의사로 활동한 기간도 비슷했다.

하지만 이 두 그룹 사이에서는 큰 차이들도 발견됐다. 학술대회에 참석한 의사들은 그렇지 않은 의사들에 비해 명문 의대를 나온 비율이 높았고(23% 대 15%), 임상연구 시험을 주도한 비율도 높았으며(10.3% 대 3.9%), 미국 국립보건원으로부터 연구비 지원을 더 많이 받았으며(5.3% 대 0.4%), 의학저널에 논문을 더 많이(평균 19건 대 6건) 발표한 것으로 조사됐다.

학술대회에 참석한 중재적 심장 전문의와 그렇지 않은 중재적 심장 전문의 간의 또 다른 주요 차이점은 연간 심장마비 시술 건수였다. 학술대회에 참가하지 않고 병원에 남은 의사들은 학술대회 기간 동안 심장마비 시술을 더 적게 수행했을 뿐만 아니라, 1년 동안 심장 스텐트 삽입술을 시행한 횟수도 적었다. 메디케어 환자들에 대한 연간 심장 스텐트 수술 통계를 분석한 결과, 학술대회에 참가하지 않은 심장 전문의들은 참가한 심장 전문의들에 비해 심장 스텐트 삽입술을 평균 39%p 적게 시행했다.

심장마비가 발생했을 때 여러분이라면 누구에게 치료를 받고 싶을까? 논문 발표를 많이 하고 시술 경험이 풍부한 명문 의대 출신 의사일까, 아니면 그보다 수준이 떨어져 보이는 의사일까? 이 연구 결과를 알기 전이라면 자격이 더 화려해 보이는 의사를 선호했을 것이다. 하지만 이제 우리는 침습적인 심장치료를 선호하는 의사가 불필요한 치료를 제공할 뿐만 아니라 환자에게 해를 끼칠 수도 있다는 결론을 내릴 수밖에 없다.

의학적 개입의 어려움

물론 이런 연구들은 논란의 여지가 있을 수밖에 없다. 많은 심장 전문의는 해당 연구 결과를 믿을 수 없다고 생각했고, 실제로 그렇게 말하는 데 주저하지 않았다. 일부 심장 전문의들은 이 연구 결과가 칵테일파티에서 이야깃거리로 삼기엔 좋은 소재이지만, 실용적 가치가 있는 연구 결과는 아니라고 보기도 한다. 이들은 이 연구 결과가 맞는다면 심장의학 학술대회를 1년 내내 열어야 할 것이라고 주장한다. 실제로 우리 연구의 초기 결과가 발표된 지 얼마 지나지 않아 미국 심장협회 회장은 "이 연구에는 우리가 임상관행을 바꾸도록 만들 수 있는 결과가 전혀 존재하지 않는다는 것이 본 협회의 결론"이라며 회의적인 반응을 표명하기도 했다.[8]

여러 비판에도 불구하고 이 연구 결과들은 확실히 우리에게 시사하는 바가 있다. 심장 전문의들에게, 어떤 환자가 치료를 통해 도움을 받을 수 있고 어떤 환자가 그렇지 않은지 판단하는 데 도움을 주는 구체적인 가이드라인이 없는 상황에서, 침습적인 심장치료 중 일부가 남용될 수 있음을 분명하게 보여주기 때문이다. 우리의 논문과 함께 게재된 논평에서 캘리포니아 대학교 샌디에이고 캠퍼스UCSD 심장 전문의 리타 레드버그Rita Redberg는 다음과 같이 말했다. "이 연구 결과를 어떻게 해석해야 할까? 나는 이것이 고위험군에 속하는 심부전 환자나 심정지 환자에게 더 많은 의학적 중재를 할수록 사망률이 높아질 수 있다는 것을 보여준다고 생각한다. 실제로 풍선 펌프나 심실보조장치처럼 위험성이 높은 시술이 일부 환자들의 상태를 개선하지 못함에도 불구하고 여전히 사용되고 있다."[9]

모든 의료 서비스, 특히 심장 스텐트 삽입술과 같은 침습적 시술에는 위험과 이점이 동시에 수반된다. 이 경우 무작위 비교연구는 의료 시술의 이점이 위험보다 더 큰 환자 유형에 대해 의사에게 정보를 제공하는 데 도움이 될 수 있다. 하지만 평균적으로 '사실'인 것이 진료실에 앉아 있는 환자에게는 '사실'이 아닐 수도 있다. 의사가 어떤 치료를 제공할지 결정할 때 임상적 판단에 의존하는 이유가 바로 여기에 있다.

일부 임상적 결정은 내리기가 매우 쉽다. 예를 들어, 심각한 의학적 문제가 없는 중년의 성인이 심장마비 증세를 보인다면 심장 스텐트 삽입술이 거의 항상 옳은 결정이다. 하지만 내리기가 모호한 임상적 결정도 적지 않다. 예를 들어, 노인 여성의 심장마비를 치료할 경우, 심장 스텐트 삽입술은 위험성이 이득보다 클 수 있다. 또한 의사가 이런 환자에게 심장 스텐트 삽입술을 잘못하게 되면 환자는 이 시술로 인해 해를 입을 수도 있다. 고령 환자에게는 의학적 개입을 줄이는 것이 더 이득일 수도 있다.

이런 문제는 의료현장에서 가장 중요한 문제 중 하나다. 우리 의사들은 항상 스스로에게 특정한 치료, 약물 투여, 검사로 인한 환자의 잠재적 이득이 잠재적 위험보다 클지 질문한다. 모든 환자는 특성이 서로 다르기 때문에, 질문에 대한 답은 의료현장에서 바로 찾기가 힘들 수 있다. 의사마다 찾은 답이 서로 완전히 다를 때도 있다(이는 높은 수준의 무작위 비교연구가 가능한 경우에도 발생하는 현상이다). 이런 현상 역시 의료가 '기술art'이기 때문에 나타나는 것이다.

그렇다면 여기서 한 걸음 물러서서 생각해보자. 200명의 심장마비 환자가 한꺼번에 몰려왔는데 그중 50명에게만 심장 스텐트 삽입술을 할 수 있다는 지시가 한 심장 전문의에게 내려졌다고 가정해보자. 누구를 우선 치료할지 결정하는 것은 의사마다 다를 수 있지만, 심장 전문의는 200명의 환자 중 심장 스텐트 삽입술의 이점이 위험보다 클 것으로 보이는 50명의 환자를 쉽게 선택할 수 있을 것이다.

물론 현실에서는 환자들이 이렇게 몰리지도 않으며, 결정적으로 심장 전문의도 이런 선택을 해야 하는 상황에 직면하지 않는다. 대신, 심장 전문의는 환자들을 돕고 싶기 때문에 의식적로든 무의적으로든 자신이 배운 방법을 더 많이 적용하고 싶은 욕구에 지배되곤 한다.

결국 '더 많은 치료'를 하려는 의사는 더 많은 치료의 이득이 위험보다 적은 환자에게도 시술을 시행하게 된다. 이런 일이 일어나면 일부 환자에게는 시술을 전혀 받지 않았을 때보다 더 나쁜 결과가 발생할 수 있다. 반대로, 결국 '더 적은 치료'를 선택한 심장 전문의는 시술을 통해 혜택을 받을 수 있는 환자에게 시술을 시행하지 못하게 될 수도 있다.

의사들은 이렇게 서로 반사실적인 상황 사이에서 '치료를 했다면 환자가 더 나아지지 않았을까?', '치료를 하지 않는 것이 더 나았을까?' 같은 질문을 스스로에게 하면서 갈등할 때가 적지 않다.

여기서 우리가 중요하게 생각하는 것은 행동하지 않는 것보다 행동하는 것을 선호하는 경향이다. 일반적으로 의사들은 더 많은 치료를 하고 싶은 충동이 더 적은 치료를 하고 싶은 충동보다 강하다. 이것은 비단 의사뿐만이 아니다. 사실 해결해야 할 문제가 있을 때 사람들은 누구나 이렇게 생각한다.

완전히 다른 직업인 골키퍼를 예로 들어보자. 축구에서 한 선수에게 페널티킥이 주어지면 그 선수는 골키퍼를 제외한 어떤 상대도 없이 불과 11미터 거리에서 공을 골문 안으로 차 넣을 기회를 얻는다. 이 선수가 일단 공을 차면 골키퍼는 공이 골문 안으로 들어가지 못하도록 막아야 한다. 쉽게 말해 골키퍼는 한쪽으로 점프하거나, 반대쪽으로 점프하거나, 제자리에 서서 골대 중앙을 지키는 세 가지 선택지가 있다. 이 경우 공은 빠른 속도로 골문을 향해 날아오며, 공을 차는 선수는 몸짓으로 공의 방향을 골키퍼에게 알리지 않기 위해 주의를 기울이기 때문에 골키퍼는 공이 실제로 어느 방향으로 움직일지 확인할 시간이 없다. 따라서 골키퍼는 공의 방향을 추측해 점프하는 수밖에 없다.

최고 수준의 프로리그에서 이뤄진 286번의 페널티킥을 조사한 결과에 따르면, 골키퍼가 중앙에 가만히 있는 것이 실점을 막는 가장 좋은 전략이다.[10] 하지만 94%에 달하는 골키퍼들은 한쪽이나 다른 쪽으로 점프했다. 골키퍼를 대상으로 한 설문조사에 따르면, 페널티킥 상황에서 골키퍼가 중앙에 가만히 있지 않고 어느 쪽으로든 점프하는 이유 중 하나는 공을 막기 위해 무엇이든 해야 한다는 생각에 있다는 것이 확실하다.

UCSF 의과대학의 데버라 그레이디Deborah Grady와 리타 레드버그는 2010년 〈내과학 연보Archives of Internal Medicine〉에 발표한 논문에서 의사들의 이런 경향에 대해 다음과 같이 말했다. "미국의 임상의가 필요 이상의 진료 또는 치료를 하는 이유는 여러 가지가 있다. 예를 들어, 환자들을 문진하는 것에 그치는 진료보다 시술 또는 수술로 이어지는 진료가 의사들에게 경제적인 이득을 훨씬 더 많이 안겨주는 급여 시스템, 최첨단 의료장비를 이용한 검사를 받거나 시술 또는 수술을 받는 것이 더 나은 치료라고 믿는 환자들의 생각, 환자에게 왜 치료가 필요 없는지 설명하는 것보다 검사를 받게 하거나 처방전을 써주는 것이 더 빠르다는 의사들의 생각, 의사의 방어적 진료defensive medicine(의사가 자기의 진단이나 치료에 오류가 있어서 고소를 당할 것을 우려해 실제로 증상과 별로 관련이 없는데도 과도한 검사를 하는 것-옮긴이) 등이 필요 이상의 진료를 하게 만드는 원인이다. '테크놀로지 크립technology creep'도 한몫한다. 즉, 어떤 의료기기가 고위험군 환자들에게 확실하게 효과가 있다고 인정돼 사용이 승인되면 그 의료기기의 사용은 효과가 위험보다 크지 않은 저위험군 환자들에게까지 확산되는 경우가 많다."[11]

로버타와 심장의학 학술대회 이야기로 다시 돌아가보자. 학술대회에 참석하는 심장 전문의는 이득보다 해가 더 큰 상황에서 전문적인 심장시술을 시행할 가능성이 더 높았을까? 이런 의사들은 "가진 게 망치뿐이면 모든 것이 못처럼 보인다"라는 속담처럼 편견의 희생양이 되어 일부 환자에게 의도치 않게 필요 이상의 치료를 제공하게 됐을까? 만약 그렇다면 학술대회에 참석하지 않고 병원에 남은 심장 전문의는 이런 경향이 더 작았을까?

데이터는 이 질문들에 대해 명확한 답을 제시하지 못한다. 또한 학술대회에 참석한 의사에게 모든 책임을 전가하는 것도 공정하지 않다. 하지만 적어도 이런 연구들이 학술대회 기간 동안에 병원에 남는 심장 전문의의 숫자와, 심장 전문의에 의한 진료 또는 치료가 줄어드는 것이 심장질환 환자에 대한 전문 시술을 감소시키는 요인 중 하나일 수 있다는 것은 말해준다. 또한 우리는 이런 연구들을 통해 무작위 비교연구로는 밝혀낼 수 없는 특정 유형의 과잉 진료 또는 치료가 눈에 잘 띄진 않지만 실제로 이뤄지고 있다는 것을 알 수 있었다.

'적은 것이 더 나은' 상황

브라운 대학교 공중보건대학원 학장이자 조 바이든 행정부의 코로나19 대응 코디네이터였던 아시시 자Ashish Jha 박사는 과도한 치료로 인해 발생할 수 있는 문제에 대해 처음 인지한 순간을 다음과 같이 회상했다. "보건의료의 질에 대해 처음 관심을 가지게 된 것은 의대생 시절(1990년대) 병동에서 환자를 돌보기 시작하면서였다. 당시 나는 훌륭한 의사와 간호사의 영웅적인 노력에도 불구하고 환자들이 적절한 치료를 받지 못하는 경우가 많고, 환자를 돕기 위한 치료가 오히려 환자에게 해를 끼치는 경우가 너무 많다는 사실을 확실하게 알게 됐다."[12]

치료가 적게 이뤄질수록 좋다는 생각은 이전부터 존재했다. 하지만 이 생각은 인간의 직관에 반한다. 심장마비가 심장으로 가는 동맥이 막혀서 발생하는 것이라면 동맥을 열어주는 것이 어떻게 나쁜 일일 수 있을까? 유방조영술(유방촬영술)은 유방암 발견에 도움이 되고 세포진 검사pap smear test(자궁경부 표면에서 세포를 채취해 현미경으로 세포의 이상 유무를 관찰하는 검사-옮긴이)는 자궁경부암을 발견하는 데 도움이 되는데, 이런 검사를 적게 하는 것이 더 좋다고 말할 수 있을까? 하지만 실제로 의료에서는 더 적은 검사, 더 적은 시술, 더 적은 정보가 더 나은 결과를 가져올 때가 종종 있다. 하지만 이런 생각은 환자와 의사 모두가 받아들이기 힘든 것일 수도 있다.

암세포가 신체의 다른 기관에서 생겨나 폐로 이동해 발생한 전이성 폐암을 예로 들어보자. 안타깝게도 이 진행성 암advanced can-cer은 일단 암이 퍼지면 치료가 어렵고 치료 옵션이 제한적이다. 따라서 진단 후 기대여명이 매우 짧다. 많은 전이성 폐암 환자가 수명을 연장하기 위해 치료를 받지만(최근에는 기대여명을 연장하는 새로운 치료법이 개발됐다), 전이성 폐암을 앓는 것은 고통스럽고 불편할 수 있다.

완화치료palliative treatment는 불편한 증상을 완화하는 데 중점을 두는 치료를 말한다. 전이성 폐암 환자의 경우 완화치료에는 호흡곤란, 통증, 불안감 등 암 투병 중 삶의 질을 떨어뜨리는 증상에 대한 치료가 포함된다. 한편, 화학치료를 비롯한 다양한 암 표적치료는 환자의 수명을 연장하기 위한 치료다.

하버드 의과대학의 종양학자이자 완화치료 연구자인 제니퍼 테멜Jennifer Temel과 공동연구자들은 2010년에 발표돼 광범위한 토론을 불러일으킨 임상시험 연구에서, 완화의료 서비스를 통합하면 환자의 수명을 연장하는 데 도움이 될 수 있는지 알아보기 위해 전이성 폐암 진단을 받은 151명의 환자를 조사했다.[13] 이 연구에서 환자들은 진단 직후 (1)표준 암 치료를 받되 나중에 원하면 완화의료를 받을 수 있는 그룹 (2)동일한 암 치료를 받되 완화의료 서비스를 즉시 연계해 말기뿐 아니라 전체 암 치료 과정에서 완화의료 서비스를 받을 수 있는 그룹 중 한 그룹에 무작위로 배정됐다.

암 치료 과정 내내 이 환자들을 추적 관찰한 결과, 조기 완화치료 그룹에 속한 환자는 조기 완화치료를 받지 않은 환자보다 평균 2.7개월 더 오래 생존한 것으로 나타났다(11.6개월 대 8.9개월). 또한 조기 완화치료 그룹은 삶의 질과 기분도 개선됐다. 우리가 여기서 주목하는 이 연구의 핵심은 조기 완화치료 그룹의 환자들이 2.7개월 더 오래 살았고, 말기에는 덜 공격적인 암 치료를 받았을 뿐만 아니라 삶의 마지막 단계에서도 간단한 증상 기반 치료에 중점을 둔, 덜 공격적인 암 치료를 받았다는 사실이 밝혀졌다는 것이다. 즉, 완화치료를 통해 증상이 완화된 환자들은 불쾌하고 위험하며 비용이 많이 드는 화학요법을 덜 받았을 뿐만 아니라 더 편안하고 더 오래 살 수 있었다는 뜻이다. 미국 내과의사협회American Board of Internal Medicine, ABIM와 컨슈머 리포트Consumer Reports(독립적인 제품 테스트, 조사 저널리즘, 소비자 지향 연구, 공공교육 및 소비자 옹호에 전념하는 미국의 비영리 소비자 조직-옮긴이)는 불필요하거나 해로울 수 있는 의료 서비스에 대한 정보를 의사와 환자 모두에게 제공하기 위해 2012년에 '현명한 선택Choosing Wisely' 캠페인을 시작했다. 이 캠페인의 목표는 "환자가 이미 받은 다른 검사나 시술과 중복되지 않고, 해롭지 않으며, 진정으로 필요한, 근거에 기반한 치료를 선택할 수 있도록 지원함으로써 의사와 환자 간의 대화를 촉진하는 것"이다.[14] 이를 위해 '현명한 선택'은 다양한 의료 영역 각각에서 '적은 것이 더 나은' 상황의 '상위 5가지' 목록들 수십 가지를 발표했다. 예를 들어, 이 캠페인은 "폐암 위험이 낮은 환자에게는 CT 검사를 실시하지 말라"고 권고한다. 실제로 CT 검사는 거짓 양성false positive 판정(음성을 양성으로 잘못 판정함-옮긴이) 가능성을 수반할 수 있고, 실제로는 치료가 필요하지 않은 환자에게 치료를 하게 만들어 득보다는 실이 많을 수 있다. 흥미롭게도 이런 일은 일부 영역에서는 필요 이상의 치료를 받지만 (예방적 치료 또는 정신건강 치료 같은) 다른 영역에서는 필요 이하의 치료를 받음으로써 고통을 받는 불우한 환자들에게도 일어난다.

급박한 상황에서 의사들이 하는 실수는 대부분 필요 이상의 치료를 하는 쪽이라고 생각한다. 우리 두 저자도 이런 실수에서 자유롭지 않다. 의사들은 환자가 바이러스 감염이 확실하기 때문에 항생제가 필요하지 않은데도 항생제를 투여하고(항생제는 바이러스 감염에 효과가 없다. 항생제는 세균(박테리아) 감염에만 효과를 낸다-옮긴이), 희귀병일 가능성이 극도로 낮다는 것을 알면서도 온갖 종류의 희귀질환에 대한 검사를 시행하며(일부에서는 이를 '산탄총shotgun' 진단 방식이라고 부른다), 아무 문제도 발견되지 않으리라고 예상하면서도 '만약의 상황에 대비해' 환자의 몸 전체를 CT 촬영하도록 지시하기도 한다. 대부분의 경우 결국 이런 조치들은 불필요했던 것으로 판명된다. 하지만 아주 가끔은 이런 '불필요한' 조치가 생명을 구하는 결과를 낳을 수 있고, 그로 인해 더 많은 진료 또는 치료를 선호하는 경향이 더 강화된다.

그렇다면 이 어려운 문제를 풀 수 있는 방법은 무엇일까? 하버드대 심장 전문의이자 작가이며 〈뉴잉글랜드 의학저널〉의 고정 기고자인 리사 로즌바움Lisa Rosenbaum은 "가장 정확한 결론은 적을수록 더 나은 경우도 있고, 많을수록 더 나은 경우도 있지만, 대부분의 경우 우리는 어떤 쪽이 더 나은지 모른다는 것입니다"라고 말한다.[15] 이 결론은 매우 실망스러워 보이만, 의사로서 우리는 이 결론이 맞는다고 말할 수밖에 없다. 우리가 할 수 있는 일은 지속적인 연구와 조사를 통해 현재까지 명확하게 설명되지 않는 부분들을 확실하게 설명하기 위해 노력하는 것밖에 없다.

한 노련한 외상외과 의사가 임상적으로 불안정한 환자에 대한 진단을 내리면서 했다는 말이 생각난다. 의대생들 사이에서 널리 알려진 "뭘 하려고 하지 마. 그냥 가만히 서 있어!"라는 이 말은 원래 1940년대에 한 연극 연출자가 과잉 연기를 한 배우에게 화가 나 한 말이었다. 의사들이 이 말을 받아들이는 것은 쉽지 않을 것이다. 하지만 의사들은 이 말에 지혜가 담겨 있다는 것을 인정해야 한다. 병상에 누워 생사를 오가는 환자를 바라보고 있는 의사에게 "어떻게 해야 할까요?"라는 어려운 질문을 할 때, 의사가 할 수 있는 대답은 "지금은 아무것도 할 수 있는 게 없습니다. 일단은 지켜봅시다"인 경우가 많기 때문이다.

7장

의료진을 관찰하는
감시자가 존재한다면?

관찰자의 존재와 생산성

1924년, 웨스턴 일렉트릭 컴퍼니는 미국 국립과학원 연구위원회와 협력해 공장 근로자의 생산성을 높일 수 있는 요인을 연구하는 프로젝트를 시작했다. 이 프로젝트에서 제일 처음 시행한 실험은 공장에서 작업자의 생산성을 최대로 높일 수 있는 조명 수준을 찾는 것이었다. 이 실험에서 연구자들은 먼저 일정한 조명 밑에서 일한 소수의 작업자들과 며칠에 걸쳐 매일 조금씩 어두워지는 조명 밑에서 일한 작업자들, 즉 실험 그룹을 비교했다. 연구보고서에 따르면, 실험이 진행되는 동안 두 그룹의 생산성은 실험 그룹의 작업자들이 조명이 너무 어두워 자신이 하는 일을 볼 수 없게 된 시점까지는 계속 높아졌다. 하지만 조명이 너무 어두워진 시점부터는 당연히 생산성이 떨어지기 시작했고, 작업자들은 그런 조건에서는 제대로 일할 수 없다고 불평하기 시작했다.

이 실험을 통해 연구자들은 어둠 속에서 일하는 것이 실제로 어렵다는 것 외에도 다소 의외의 발견을 하게 됐고, 그 발견에 기초해 조명 수준이 작업자의 생산성에 유의미한 영향을 미치지 않

는다는 결론을 내렸다.[1] 하지만 이 결론보다 더 흥미로운 사실은 두 그룹 모두에서 며칠에 걸쳐 생산성이 높아졌다는 것이었다. 이는 두 그룹 모두에서 공통적으로 생산성을 높이는 어떤 요인이 존재했다는 것을 시사한다. 하지만 연구자들은 그 요인이 무엇인지는 밝혀내지 못했다.

그 후 연구자들은 휴식시간, 근무시간 등 여러 가지 요인들을 조사했지만, 그 어떤 요인으로도 이 실험 과정에서 관찰된 기준치 대비 생산성 증가를 설명할 수 없었다. 따라서 연구진은 실험 자체의 어떤 구성요소들이 생산성을 높였을 수 있다고 추정했다. 즉, 연구자들은 작업자들이 실험에 참여하면서 관리자와의 관계가 개선됐을 가능성이 있다고 생각했다.

하지만 곧 연구자들은 작업자와 관리자의 관계가 아니라 작업자들과 실험자들, 즉 연구자들 자신의 관계에 주목하게 됐다. 처음에 작업자들은 연구자들이 공장을 실험실로, 작업자들을 실험용 쥐로 만든다고 생각해 연구자들을 경계했다. 당연한 일이었다. 하지만 시간이 지나면서 작업자들은 연구자들과 편안한 관계가 되었고, 그러면서 생산성이 높아지기 시작했다.

여기서 연구자들이 제기한 의문은 다음과 같다. '관찰자의 존재가 연구 참가자(작업자)에게 영향을 미친 유일한 요인이었을까?', '관찰되고 있다는 이유만으로 작업자의 생산성이 높아졌을까?'

호손 공장에서 진행된 이 연구에 대한 보고서에 따르면 "실험에서 공장 직원들(작업자와 관리자)을 인터뷰하고 관찰한 연구자들 자체가 연구 대상 상황의 일부였다. 따라서 연구자들과 작업자들의 관계, 연구자들과 관리자들과의 관계를 모두 고려해야 했다. (이 실험에서는) 작업자와 관찰자의 관계가 작업자와 관리자의 관계보다 훨씬 밀접했다. 따라서 관찰자가 작업자에게 미친 영향이 관리자가 작업자에게 미친 영향보다 컸다."[2]

실험이 수행된 지 수십 년이 지났지만, 아직도 이 연구는 결론과 과학적 타당성 면에서 논란의 대상이다.[3] 그럼에도 불구하고, 연구 참가자가 자신이 관찰되고 있다는 사실을 인식하면 그렇지 않은 경우에는 하지 않았을 행동을 하게 되는 이 현상(호손 효과Hawthorne effect)은 인간을 대상으로 하는 연구에서 지금도 고려되고 있으며, 다른 환경에서도 비슷한 현상이 나타난다는 것이 충분히 입증된 바 있다.[4] 호손 효과의 크기와 중요성은 상황에 따라 다를 수 있지만, 직장에서 상사가 자신을 지켜보고 있다는 것을 알게 된 순간 보고 있던 연예 뉴스 사이트를 재빨리 닫거나, 치과 검진 날 갑자기 치실을 사용한 경험이 있는 사람이라면 누구나 이 아이디어가 그럴듯하다고 생각할 것이다.

예기치 않은 위험이 도사리는 곳

당연한 말이지만 의사는 완벽한 존재가 아니다. 이 사실은 우리 의사들도, 환자들도 모두 잘 알고 있다. 환자들은 처음에는 모를 수도 있지만 곧 알아차리게 된다. 의사라면 환자를 돌보는 과정에서 어떤 실수든 실수를 저지르지 않고 의료계에서 경력을 쌓는 것이 거의 불가능하다는 것을 깨닫는 데 그리 오래 걸리지 않는다. 그렇다고 해서 가능한 한 실수 없이 올바르게 하려는 노력을 멈출 수는 없지만, 우리도 인간이기 때문에 완벽함은 도달할 수 없는 목표일 수밖에 없다.

실수는 다양한 양상으로 나타난다. 많은 정보에 접근할 수 있는데도 여러 가지 이유로 잘못된 결론에 도달하는 진단오류에 대해서는 앞에서 다룬 바 있다. 또한 의사들이 치료법을 잘못 선택하는 경우도 있다. 예를 들어, 의사가 요로감염 환자에게 표준 항생제를 사용해 치료하기로 결정했는데, 그로부터 이틀이 지난 뒤 이 환자의 감염을 일으킨 박테리아가 해당 항생제에 내성이 생겨 감염에 효과가 없다는 사실을 알게 될 수도 있다. 이런 유형의 실수는 의사가 당시를 되돌아보면서 "그때는 그럴 수밖에 없었어"라고 말할 수 있는 실수다.

한편, 상황의 복잡성이나 불확실성과 관계없이 어떤 상황에서든 반드시 피해야 하는 실수도 있다. 수술 중 실수로 수술도구를 환자 몸 안에 남기거나, 엉뚱한 신체 부위를 수술하거나, 환자의 혈액형과 다른 혈액형의 피를 수혈하는 등의 실수가 이런 유형의 실수다. 하지만 사람은 누구나 실수를 할 수밖에 없다. 따라서 사람들이 만든 의료 시스템 안에서, 매년 수백만 건의 치료와 검사가 수행되는 상황에서 의료 관련 실수는 빈번하게 발생한다. 이 같은 실수 중 어떤 것들은 환자에게 거의 또는 전혀 영향을 미치지 않는 반면, 어떤 것들은 심각한 피해를 입히거나 환자를 사망에 이르게 할 수도 있다.

당연히 의사들은 이런 실수를 피하기 위해 세심한 주의를 기울인다. 또한 한 사람의 실수로 환자가 피해를 입을 가능성을 최소화하기 위해 여러 단계의 보호 장치들도 마련돼 있다. 의사들은 필요한 경우에 컴퓨터 시스템과 자동화 프로세스를 이용하는데, 자동화가 불가능하거나 위험도가 높은 경우에는 실수를 방지하기 위해 여러 사람이 확인을 한다. 예를 들어, 병원에서 의사가 쓴 처방전은 환자에게 전달되기 전에 병원 소속 약사와 간호사의 확인을 거치는데, 이는 여러 단계의 확인을 거치는 동안 어떤 단계에서 걸러지지 않은 실수를 다음 단계에서 바로잡도록 만드는 보호 장치라고 할 수 있다. 이런 보호 장치는 '스위스 치즈 모델Swiss Cheese Model'에 기초한 실수 방지 장치다(스위스 치즈 모델이란 에멘탈 치즈의 구명이 치즈 생성 과정에서 무작위로 생기듯이, 사고를 유발할 잠재적 결함은 항상 같은 위치에 있는 것이 아니라, 다양한 위치에서 발생할 수 있다는 것을 설명하는 모델이다-옮긴이).[5] 따라서 어떤 조치가 이 보호 장치의 각 층에 있는 구멍을 모두 통과하면서 취약점이 발견되지 않아야 실수가 아닌 조치로 확인될 수 있다.

이런 모든 노력에도 불구하고 환자가 피해를 입으면 환자를 담당한 의사나 간호사 등 의료 종사자들은 자신이 도우려고 한 사람에게 실수로 피해를 입혔다는 죄책감에 시달린다. 물론 이렇게 중대한 실수에는 일반적으로 여러 가지 요인이 복합적으로 작용하지만, 실수가 일어난 과정에 부분적으로라도 참여한 사람이라면 책임감을 느끼지 않을 수 없을 것이다.

한번은 우리 병원에서 일어난 사건 하나가 〈뉴잉글랜드 의학저널〉에 기사로 실렸다. 이 의학저널은 이 사고에 대해 "외과 의사의 일상적인 업무수행을 방해하는 요인들을 비롯한 다양한 요인들이 한 외과 의사가 규칙 기반 행동에서 벗어나도록 유도해" 결국 환자가 손목에 잘못된 수술을 받게 만들었다고 지적했다.[6] 환자는 이 수술 직후에 다시 제대로 수술을 받고 회복했지만, 당연히 병원과 담당 의사 모두에 대한 신뢰를 잃었고, 환자를 수술한 외과 의사는 이 사고가 자신과 환자 모두에게 '파괴적인' 사고였으며 "다른 의사들은 누구도 이 환자와 내가 겪은 일을 겪지 않길 바랍니다"라고 말했다.[7]

의료진 개개인의 실수를 피하기 위한 노력에도 불구하고 병원은 여전히 위험한 곳이라고 해도 과언이 아니다. 아니, 당연히 병원은 위험한 곳일 수밖에 없다. 병원은 사람에 의해, 사람을 위해 운영되는 기관이기 때문이다. 의료가 기술적으로 더욱 발전하고 복잡해짐에 따라 지난 수십 년 동안 환자안전(개념적 측면과 전문적 진료 분야 모두)이 점차 더 높은 우선순위를 차지하게 됐고, 사람들은 병원에서도 실수의 가능성이 곳곳에 도사리고 있다는 것을 잘 알고 있다.

1991년에 발표된 〈하버드 의료관행 연구Harvard Medical Practice Study〉라는 제목의 기념비적인 논문은 연구자들이 뉴욕주의 1984년 입원기록 중에서 무작위로 3만 건을 선택해 분석한 결과를 담고 있다.[8] 연구자들이 분석한 이 데이터는 뉴욕주 전역에 걸쳐 무작위로 선정된 51개의 비정신과 병원에서 추출한 모든 종류의 환자에 대한 것이었다. 연구자들의 목표는 병원이 얼마나 위험한지(적어도 1984년에는 얼마나 위험했는지) 추정하는 것이었다. 연구 당시에는 예방 가능한 부작용이 어느 정도 되는지 측정이 거의 이뤄지지 않고 있었다. 따라서 특히 의료사고medical malpractice 관련 소송의 경우 잘못된 결과가 개인의 과실에 의한 것인지, 의료 시스템 전반의 결함에 의한 것인지 판단하기 어려웠기 때문에 문제가 발생하곤 했다.

연구자들은 수천 수만 개의 데이터를 샅샅이 살펴보면서 의료 서비스의 직접적인 결과인 의도하지 않은 부상, 특히 환자가 어느 정도의 장애를 안고 퇴원하게 만든 부상의 사례들을 찾아냈다.* 목에 대형 정맥주사 카테터를 잘못 삽입해 폐가 함몰된 경우(기흉), 병상에서 떨어져 다친 경우, 자궁외임신을 조기에 진단하지 못한 경우 등이 이런 사례들로 분류됐다.

조사 결과는 매우 놀라웠다. 이런 사례는 입원환자의 3.7%에서 발생했기 때문이었다. 이는 뉴욕주 전역에 걸쳐 무작위로 선정된 51개의 비정신과 병원에서 1984년 한 해에만 이런 사례가 약 9만 8600건에 달했다는 뜻이다. 또한 이 사례의 13.6%에서 환자는 결국 사망에 이르렀고, 2.6%는 영구적인 장애를 겪게 됐다는 사실도 밝혀졌다.

결과적으로, 이 획기적인 연구는 이와 유사한 연구들과 함께 궁극적으로 병원 치료 과정에서 예방 가능한 실수들의 속성을 규명하는 데 도움이 됐다고 할 수 있다. 지금까지 언급한 위해사례(환자에게 해를 입힌 사례)에 대한 정의와 그 빈도에 대한 추정치는 연구마다 달랐지만, 한 가지 분명한 사실은 예방 가능한 실수가 병원 곳곳에서 수없이 많이 일어나고 있으며, 이런 실수들이 환자를 사망에 이르게 하는 치명적인 결과를 초래한다는 사실이다.

21세기가 시작될 무렵 미국 국립의학원은 〈사람은 실수를 하게 마련이다: 더 안전한 보건의료 시스템 구축에 관하여To Err Is Human: Building a safer Health System〉와 〈의료의 품질 격차 해소: 21세기를 위한 새로운 보건의료 시스템Crossing the Quality Chasm: A New Health System for the 21st Century〉이라는 이름의 기념비적 보고서 두 편을 발표했다. 〈하

＊　이 연구는 의료사고를 둘러싼 소송에 정보를 제공하기 위한 것이었기 때문에 환자에게 해를 입히지 않은 의료과실 사례는 포함되지 않았다. 하지만 현재 환자안전을 연구하는 학자들은 '의료사고에 미치지는 못하지만 의료사고와 거의 비슷한 수준의 실수'에 주목하고 있다. 이런 실수들의 기저에는 안전하지 않은 과정이 숨어 있으며, 이를 방치하면 결국 환자에게 실제로 피해를 주는 의료과실로 이어질 수 있기 때문이다.

버드 의료관행 연구〉를 비롯한 다양한 논문들의 결과를 종합해 만든 이 두 보고서는 당시 병원에서 이뤄지던 진료와 치료의 문제점을 지적했을 뿐만 아니라, 의료 분야에서 현대적인 안전 개념을 증진시킨 기폭제 역할을 하기도 했다. 특히 〈사람은 실수를 하게 마련이다: 더 안전한 보건의료 시스템 구축에 관하여〉는 예방 가능한 의료과실로 인해 미국에서 매년 4만 4000~9만 8000명의 환자가 사망하고 있다는 점을 지적함으로써, 예방 가능한 의료과실이 사람들의 주요 사망 원인으로 작용하고 있다는 점을 강조했다.

예방 가능한 과실은 환자에게 피해를 주기도 하지만, 매년 수십억 달러의 추가 의료비 지출에 기여하는 것으로도 추정된다. 이 두 보고서는 예방 가능한 실수와 환자안전을 의료계가 개별 사건이 아닌 시스템의 문제로 접근해야 한다고 촉구했다. 어떤 의료과실이 예방 가능한 과실인지 아닌지 정확하게 구분하는 것도 쉬운 일은 아니다. 하지만 예방 가능한 과실이 사망의 직접적인 원인이 된 사례(예방 가능한 과실이 환자의 치료 과정에서 발생했지만 그 과실이 환자 사망의 직접적인 원인은 아닌 사례와 반대되는 경우)의 수를 추정하고, 그런 과실을 예방할 방법을 찾는 일도 매우 어렵다. 최근 추정에 따르면 매년 적어도 수만 명의 환자가 예방 가능한 의료과실로 사망한다.[9]

병원은 도움과 치유의 공간이어야 하는데, 왜 환자들에게 이렇게 위험한 곳이 될 수 있을까? 이 질문에 대한 답을 얻기 위해서는, 일반적으로 병원은 급성 질환 때문에 환자들이 오는 곳이므로 좋은 치료를 받든 나쁜 치료를 받든, 즉 치료의 질과 상관없이 병원 내에서 환자들이 피해를 입을 위험이 높다는 사실을 먼저 확실하게 인정해야 한다. 또한 환자는 수술 또는 약물 복용으로 인해 합병증에 걸릴 위험도 높아진다. 게다가 입원환자를 위해 의료진이 하는 거의 모든 일, 심지어는 환자에게 무해해 보이는 일에도 어느 정도 위험이 따른다. 앞서 설명한 것처럼, 환자의 상태를 모니터링하고 혈액검사를 하는 일에도 과잉 진단의 위험이 수반되며, 이런 검사에서 이상 징후가 발견되는 경우 의사는 실제로는 문제가 아닌 '문제'를 치료하게 될 수도 있다. 또한, 환자가 병원에서 받는 약물이나 수술 같은 치료에도 당연히 위험과 부작용이 따르며, 이는 심각한 해를 끼칠 수 있다. 이 모든 위험에도 불구하고 의사가 이런 치료를 진행하는 것은, 치료를 진행했을 때의 잠재적 이익이 약간의 불편함부터 심각한 장애 또는 사망에 이르는 다양한 잠재적 위험보다 크다고 판단하기 때문이다.

의료과실의 위험은 이런 본질적인 요소들에 의해 다층적으로 구성된다. 다행히도 대부분의 의료과실은 환자에게 중대한 영향을 미치지는 않는다. 잘못된 처방은 대부분의 경우 환자에게 피해를 주지 않으며, 대부분의 낙상은 고관절이나 머리 부상으로 이어지지 않으며, 대부분의 수술 실수는 바로잡을 수 있다. "시스템에서 원하는 결과를 얻기 위해서는 시스템 설계가 완벽해야 한다"라는 말이 있다. 이 말은 유명한 공학자이자 통계학자인 W. 에드워즈 데밍 W. Edwards Deming이 한 말인데, 뒤집어서 생각하면 모든 시스템은 사람이 통제하기 때문에 어느 정도 오류가 있을 수밖에 없다는 뜻이다. 따라서 환자의 안전을 위해서는 존재할 수 있는 모든 위험성을 제거해야 하며, 그럴 수 없는 경우에도 위험성을 최소화하는 데 최선을 다해야 한다.

병원에서의 호손 효과

미국에서 병원들의 환자안전 관련 관행을 감독하는 가장 큰 기관은 조인트 커미션Joint Commission이라는 민간기관이다.* 이 기관은 환자의 피해를 최소화하기 위해 설계된 공통 기준을 병원들에 적용한다. 조인트 커미션은 예고 없이 병원에 조사관을 파견해 일주일 동안 병원의 시설과 장비를 평가하고, 환자를 돌보는 방식을 관찰하며, 수술 절차와 프로토콜을 검토하고, 직원들의 업무수행 방식에 대해 인터뷰하는 방식으로 병원을 인증한다. 조인트 커미션의 조사관은 일종의 '추적자' 역할을 수행하며, 환자가 치료를 받는 동안 병원 곳곳으로 환자를 따라다니며 환자에게 일어나는 일을 관찰하고, 자신이 선택한 직원에게 병원의 일상적인 프로세스에 대해 물을 수 있다.[10] 예를 들어, 조사관은 수술실팀이 표준 프로토콜을 준수하면서 적절한 환자에게 적절한 수술을 하고 있는지 확

---

* 이전에는 '의료기관인증합동위원회Joint Commission on Accreditation of Healthcare Organizations, JCAHO'로 불렸던 조인트 커미션은 메디케어, 메디케이드Medicaid(미국의 65세 미만의 저소득층과 장애인을 위한 의료 보조 프로그램-옮긴이) 같은 정부 프로그램이 의료 서비스의 비용을 병원에 제공하기 전에, 병원이 환자안전 기준을 준수하는지 확인하는 민간 비영리기관이다. 따라서 일반적으로 조인트 커미션의 기준은 미국 병원들에서 환자안전 관행의 기준이 된다.

인하기 위해 '타임아웃' 실시를 요구할 수 있다.[11] 타임아웃은 수술실 팀원이 수술을 방해하지 않는 선에서 잠시 멈추고 환자의 신원, 수술계획, 수술 부위 등을 큰 소리로 말하는 것을 말한다.

환자 치료를 감독하는 병원 관리자와 사업운영을 책임지는 경영진은 이렇게 예고 없는 조인트 커미션의 조사가 이뤄지는 동안 스트레스를 받을 수밖에 없다. 조사 결과가 좋지 않은 병원에는 규정 위반 조치가 내려질 수 있고, 최악의 경우에는 인증이 박탈돼 평판이 크게 추락하고 상당한 재정적 피해를 입을 수도 있기 때문이다. 따라서 병원 관리자들은 조사관이 방문했을 때 직원들이 최선을 다할 수 있도록 독려해야 한다.

미국 간호협회American Nurses Association, ANA 웹사이트에는 조인트 커미션 조사관이 병원을 방문했을 때 병원에서 일했던 사람이라면 누구나 공감할 수 있는 상황이 다음과 같이 묘사되고 있다.

갑자기 병원 내에서 "코드 J"라는 안내방송이 들리고 악몽이 시작된다. (…) "피터, 복도 정리하고 크리스마스 장식은 창고에 숨겨주세요! 줄리, 정맥주사, 세척장치 사용 기록 제대로 됐는지 체크하고, 캐시는 차트 확인해줘!"[12]

우리 두 저자는 여러 병원에서 조인트 커미션의 조사를 경험했기 때문에 이 이야기가 결코 과장이 아니라고 확실히 말할 수 있다. 병원 직원들은 조사가 시작되면 클립보드를 든 조사관이 지나갈 때를 대비해 평소에는 '마음속으로만' 지키던 규칙도 철저하게 지킨다. 조사가 시작되면 "화학물질 안전정보는 어디에 표시되나요?" 또는 "코드 핑크*가 발령된다는 것은 무슨 뜻이지요?"처럼 조사관이 직원에게 물어볼 가능성이 있는 질문에 대한 모범 답변이 직원에게 이메일로 전달되기도 한다.

요약하자면, 병원 직원들은 조인트 커미션이 방문해 일주일간의 조사를 시작했다는 사실을 알게 되는 순간, 자신의 모든 행동이 마치 현미경으로 관찰되듯이 세세하게 관찰될 것을 매 순간 떠올린다고 할 수 있다. 앞에서 호손 효과에 대해 설명했으니 독자들도 이 상황이 어떻게 전개될지 짐작할 수 있을 것이다.

병원 직원들에게 "조사관이 주변에 있을 때는 평소와 다르게 업무를 수행합니까?"라고 묻는다면 어떻게 대답할까? 대부분의 직원들은 조사관이 가까이 있을 때 업무가 더 '원칙적으로' 진행된다는 것을 알고 있으므로 "그렇다"라고 솔직하게 대답할 것이다. 하지만 직원들에게 "조사관이 주변에 있을 때 업무수행이 더 잘되나요?"라고 물어본다면 대부분 "그렇지 않다"라고 답할 것이다. 우리는 직원들이 자신이 제공하는 의료 서비스의 질이 조사관의 영향을 받지 않으며, 조사관이 주변에 있을 때 업무를 다르게 수행하는 것은 조사관을 만족시키기 위한 노력에 불과하다고 생각하기 때문에 이렇게 대답할 것이라고 생각했다. 따라서 우리는 호손 효과가 의료 분야에서 실제로 작용하고 측정 가능한지 알아보기 위

---

* 많은 병원에서 '코드 핑크'는 아기나 어린이가 유괴되었을 가능성이 있을 경우(다행히도 드물다) 아기나 아이를 찾을 때까지 산부인과병동을 비롯해 병원 전체를 봉쇄한다는 것을 알리는 의료 코드다.

해서는 설문조사를 뛰어넘는 수준의 어떤 것이 필요하다고 판단했다. 우리에게 필요한 것은 실험이었다.

2006년 독일의 한 연구진은 실제로 호손 효과가 중환자실에서 일하는 의사, 간호사 및 기타 병원 직원들의 행동에 영향을 미치는지 조사했다.[13] 연구자들은 5개 중환자실 전담 의료진이 자신이 관찰되고 있다는 사실을 아는 경우, 환자와 접촉하기 전과 후에 규정대로 알코올 함유 소독제로 손을 닦을 가능성이 더 높은지 확인했다. 연구자들은, 중환자실에서 일상적으로 의료기록을 검토하는 일을 하기 때문에 중환자실에 있는 것이 이상하지 않은 '비밀' 관찰자를 이용해 관찰을 시작했다. 이 비밀 관찰자는 총 20시간 동안 중환자실 의료진을 관찰한 결과, 이들이 알코올 함유 소독제로 손을 씻어야 하는 횟수 중 실제로는 29%만 씻는다는 사실을 발견했다(안타깝게도 이런 유형의 연구에서는 평균적으로 이 정도 비율밖에는 나오지 않는다).

그로부터 몇 달 후 연구자들은 다시 관찰자를 중환자실에 들여보냈다. 이번에는 중환자실 의료진에게 중환자실에서 일하는 누군가가 의료진의 '위생 수칙 준수 여부'를 관찰할 것이라고 미리 알려줬다. 이렇게 공지한 상태에서 관찰자는 20시간 동안 중환자실 의료진을 관찰했고, 이 기간 동안 의료진은 손을 씻어야 하는 횟수의 45%를 씻었다고 기록했다. 연구대상이 됐던 중환자실 의료진은 자신이 관찰되고 있다는 것을 알 때, 그렇지 않을 때에 비해 알코올 함유 소독제로 손을 씻은 비율이 55% 증가한 것이었다.*

이 연구만으로는 손 위생이 개선되었다고 해서 해당 기간 동안 중환자실 환자들의 세균 감염률이 낮아지거나 사망률이 낮아지는 등 더 나은 결과가 초래됐다고 단언하기 어렵다. 하지만 호손 효과를 연구하기 위해 실시한 실험이 소수의 중환자실에서만 이루어지지 않고 손 소독에만 국한되지 않았다면 어떨까? 모든 미국 병원의 모든 직원이 갑자기 자신이 관찰되고 있다는 사실을 알게 된다면 어떨까? 그렇게 된다면 집중력과 주의력이 향상될까? 모든 병동과 수술실에서 안전 프로토콜을 더 철저히 준수할 수 있을까? 무엇보다도, 그렇게 된다면 병원에 내원한 모든 환자들에게 더 나은 결과가 초래될 수 있을까?

이런 질문들에 대한 답을 찾기 위해 우리(바푸, 마이클 바넷, 앤드루 올렌스키)는 데이터를 활용했다.[14] 조인트 커미션 조사관들은 예고 없이 방문하기 때문에 이 조사관들이 방문하는 기간에는 자연 실험이 일어난다(환자 입장에서 이런 예고 없는 방문은 사실상 무작위로 이뤄진다고 할 수 있다). 또한 우리는 환자가 병원에 머무는 동안 어떤 일이 일어났는지 파악하기 위해 메디케어 데이터에 다시 의존했다. 노인들이 입원환자의 많은 부분을 차지하기 때문이었다.

조인트 커미션은 병원 조사가 완료된 뒤, 조사관들이 언제 각각의 병원에 대한 인증 조사를 진행했는지 공개한다. 따라서 우리는 조사관들이 언제 특정 병원에 머물렀는지 알 수 있다. 그렇다면 조사가 진행되기 전과 후의 몇 주는 조사가 이뤄진 주에 발생한 상

---

* 관찰한 직원이 의사였는지 간호사였는지, 5개 중환자실 중 어떤 중환자실에서 관찰이 이뤄졌는지에 따라 결과가 달라졌을 수도 있기 때문에, 연구팀은 이런 잠재적 교란인자들을 통계적으로 조정한 다음 결과를 다시 계산했지만, 여전히 절대적인 비율은 증가한 것으로 나타났다.

황에 대한 반사실적 상황이 될 수 있다. 조사 전후의 몇 주는 조사가 진행된 주에 만약 조사관이 병원에 없었다면 어떤 일이 일어날 수 있었는지 알려주기 때문이다. 따라서 우리는 조사가 진행된 기간에 환자들에게 일어난 일들과 조사가 진행되지 않은 기간에 환자들에게 일어난 일의 차이가 조사 자체 때문에 발생한 것이라고 생각할 수 있었다. 이는 호손 효과의 확실한 사례였다.

우리는 조인트 커미션의 조사 시점 데이터와 메디케어 데이터를 종합해 2008년부터 2012년까지 1,984개의 일반의료 및 외과병원에서 총 3,417번의 인증 조사가 진행됐다는 것을 알아냈다. 이를 통해 우리는 이 병원들에서 조사 기간 동안 발생한 25만 번의 내원과 조사 전과 후의 3주 동안 발생한 약 150만 번의 내원 사례를 분석했다.

우리의 중심 가설은, 병원 직원 전체가 조인트 커미션의 조사 사실을 알고 있으므로 직원들의 행동이 크게 달라졌을 것이고, 그에 따라 조인트 커미션의 조사 대상인 예방가능 사망(건강결정요인 등을 고려한 광의의 공중보건정책으로 예방할 수 있는 사망-옮긴이), 욕창, 정맥 카테터에 의한 감염, 수술 합병증 같은 위해사례가 줄어들었어야 한다는 것이었다. 또한 우리는 조인트 커미션의 조사 결과에 따라 우수센터 자격 유지가 결정되는 대규모 학술의료센터(교육병원)와 다른 병원 사이에 차이가 있는지도 살펴봤다.

우리 연구의 첫 번째 단계 중 하나는, 조인트 커미션 조사가 진행된 기간과 그렇지 않은 기간에 내원한 환자들이 비슷한지 살펴봄으로써 이 두 그룹의 환자들이 서로에게 반사실적인지 확인하는 것이었다. 확인 결과, 조사가 진행된 주에 내원한 환자들과 그렇지 않은 주에 내원한 환자들은 연령, 성별, 인종 면에서 유의미한 차이가 발견되지 않았고, 당뇨병이나 심방세동 같은 만성질환 또는 뇌졸중이나 심장마비 같은 급성질환 측면에서도 유의미한 차이가 없었다. 이 결과는 직관적으로 이해가 된다. 대부분의 환자는 조인트 커미션에 대해 들어본 적이 없을 것이고, 언제 조인트 커미션 인증 조사가 실시되는지도 모른다. 따라서 환자들이 인증 조사 실시 여부에 따라 특정 날짜에 특정 병원에서 진료를 받기로 결정할 가능성은 거의 없다고 볼 수 있었다.

그다음 단계로, 우리는 연구하고자 하는 7주(조사 직전 3주, 조사가 진행된 주, 조사 직후 3주) 동안 병원에 입원한 환자의 30일 이내 사망률을 조사했다. 그 결과, 조사가 진행된 주가 아닌 주에 내원한 환자의 평균 사망률은 7.21%였던 데 비해 조사가 진행된 주에 내원한 환자의 사망률은 그보다 현저히 낮은 7.03%로, 0.18%p 차이가 나는 것으로 밝혀졌다(환자들의 개별적 특성으로 인한 작은 편차를 감안해 조정한 결과, 이 차이는 0.12%p로 약간 줄어들긴 했다). 또한 주에 따른 패턴 변화를 살펴본 결과, 조사가 끝나면 사망률이 조사 전의 사망률로 돌아가는 패턴이 명확한 것을 알 수 있었다.

또한 우리는 대규모 학술의료센터들을 살펴봤다. 이런 병원들은 평판을 유지해야 하기 때문에 조인트 커미션 조사관들의 방문에 특히 민감하다. 대형 병원에는 조사관들의 방문에 대비하는 대규모 대응팀이 늘 준비돼 있다. 따라서 우리는 이런 유형의 병원에서 조사의 영향이 더 클 것이라는 가설을 세웠다. 대규모 주요 학술의료센터들만 살펴본 결과, 조사가 진행되지 않은 주의 평균 사망률은 6.41%, 조사가 진행된 주의 사망률은 5.93%로, 0.49%p(조정 후에는 0.38%p)의 차이가 관찰됐다.

다시 말하면, 이는 우리 예상대로 조사가 진행된 주에 내원한 환자들은 조사 전후에 내원한 환자들보다 30일 이내 사망률이 낮았다는 뜻이다. 조인트 커미션의 조사와 그로 인한 의료진의 행동 변화가 환자를 더 잘 돌보게 만든 결과를 낳은 것이었다.

이 차이는 미미한 수준에 불과하다고 볼 수도 있을 것이다. 하지만 이 작은 퍼센트 차이가 실제로 얼마나 많은 환자의 생사를 가르는지 알게 된다면 생각이 달라질 것이다. 연구 기간인 5년 동안 분석 대상과 비슷한 수준의 대규모 교육병원에 내원한 환자 수는 약 90만 명이었다. 이 검사로 인한 사망률 감소 효과가 1년 내내 매주 발생했다고 가정하면, 그 5년 동안 메디케어 환자 중 사망한 사람의 수는 3,600명이나 줄어들었을 것이다. 물론 병원들이 1년 내내 계속 조인트 커미션 조사를 받는다고 이 효과가 1년 내내 지속되리라 생각하는 것은 비현실적이다. 하지만 이 수치는 사망률의 0.38%p 절대 차이가 더 큰 규모에서 어떤 의미를 갖는지 생각하는 데 유용할 수 있다.

우리는 이 결과가 다른 요인들에 의한 것이 아닌지 확인해야 했기 때문에 몇 가지 추가 분석을 실행했다. 조인트 커미션의 조사는 주요 공휴일에 실시될 가능성이 낮다. 이는 이런 주요 공휴일들이 조사가 진행된 주의 전 또는 후의 주(즉, 대조 그룹이 될 수 있는 주)에 포함될 가능성이 높다는 뜻이다. 만약 (병원의 치료 조건이 좋지 않기 때문이거나 증세가 심각한 환자만 주요 공휴일에 내원하기 때문에) 주요 공휴일에 내원한 환자의 사망률이 더 높았다면, 이는 결과에 영향을 미칠 가능성이 있었다. 따라서 우리는 추수감사절, 크리스마스, 새해 첫날, 7월 4일(미국 독립기념일)에 입원한 환자를 제외한 후 분석을 반복했지만 결과는 변하지 않았다.

또한 우리는 의사들이 의학적으로 복잡한 환자들의 진료나 수술 일정을 미루는 방법 등으로 조인트 커미션 조사 기간 동안 병원에 고위험군 환자가 내원하지 못하도록 했을 가능성도 고려했다 (그렇게 하면 병원 의료진의 부담이 줄어들기 때문이다). 하지만 데이터 분석 결과, 병원들은 조사가 진행된 주와 그렇지 않은 주에 기본적으로 동일한 수와 유형의 수술을 수행한 것으로 나타났다. 더불어 의사들이 조사 기간 동안 환자를 병원에 내원하지 못하도록 만들 가능성 역시 매우 낮다는 사실도 발견했다. 따라서 이러한 요인 중 어느 것도 우리의 연구 결과에 영향을 미쳤다고 볼 수 없었다.

마지막으로 우리는 컴퓨터 시뮬레이션을 이용해, 조사가 실제로 진행된 날이 아닌 무작위로 선택된 날에 진행됐다고 가정한 뒤 분석을 다시 수행했다. 우리는 가상 조사의 효과가 있을 것으로 예상하지 않았기 때문에, 컴퓨터 시뮬레이션에서 효과가 나타난다면 우리의 결과가 실제 조사의 영향을 받은 것이 아니라 무작위적 우연에 의한 것이라고 생각할 수 있었다. 우리는 정확하게 1,000번 이상 시뮬레이션을 반복해 실행했지만, 가상 조사 기간 동안의 사망률은 가상 조사 기간이 아닌 기간의 사망률과 다르지 않았다. 이 결과는 우리의 결과가 우연에 의한 것일 가능성이 매우 낮다는 뜻이었다.

이 정도면 조인트 커미션의 조사가 사망률 감소의 원인이라는 것을 데이터가 확실히 말해준다고 볼 수 있었다. 호손 효과는 실제로 병원 의료진에게 작용하고 있었다.

인간 심리에 대한 기본적인 이해가 있는 사람이라면 이 모든 것이 당연해 보일 수 있다. 우리 모두는 누군가가 어깨너머로 지켜보고 있을 때 조금 더 성실하게 업무를 수행하며, 의사와 간호사도 예외는 아니다. 따라서 조인트 커미션의 조사 기간 동안 환자들의 결과가 어느 정도 개선되는 것은 놀라운 일이 아니다. 나중에 알게됐지만, 중요한 것은 호손 효과의 존재 여부가 아니라 그 효과의 발생 메커니즘이었다.

조인트 커미션 조사의 목적이 예방 가능한 실수를 피하기 위한 안전 프로토콜이 준수되는지 확인하는 것이라면, 데이터로 조사의 효과를 확인할 수 있어야 한다. 조사관이 병원에 있는 동안 간호사가 환자에게 더 세심한 주의를 기울인다면, 환자가 넘어져 다치는 일이 줄어들고 활동하지 않아서 혈전이 생기는 일이 줄어들 것으로 예상할 수 있다. 또한 수술팀이 수술실의 안전 프로토콜에 더 주의를 기울인다면 수술 사고, 수술 후 상처 합병증 또는 수술 합병증으로 인한 사망 사례가 전반적으로 줄 것으로 예상할 수 있다. 의사가 더 세심한 주의를 기울인다면 올바른 진단을 더 빠르고 더 자주 내릴 수 있어 감염이나 심장마비로 인한 사망을 예방할 수 있을 것이다.

하지만 의료과실 또는 의료과실에 준하는 실수의 비율을 살펴본 결과,* 조사가 이뤄진 주와 그렇지 않은 주의 실수 발생 비율은 큰 차이가 없다는 것이 확인됐다. 예를 들어, 병원에서 걸릴 수 있는 치명적인 위장관계 질환인 클로스트리디움 디피실*Clostridium difficile* 감염증 발생 비율은 조사가 진행된 주에는 내원 환자 100명당 1.47건, 조사가 진행되지 않은 주에는 1.48건으로 큰 차이가 없었다. 욕창, 수술 후 합병증, 병원 내 고관절 골절과 같은 문제를 측정하는 품질 및 안전성 점수에서도 차이가 발견되지 않았다.

요약하면, 조인트 커미션 조사 기간 동안 내원 환자의 사망률은 유의미하게 감소했지만, 데이터로 조사의 효과를 확인할 수는 없었다. 따라서 우리는 실수 예방이 사망률 감소의 원인이 아니라면 무엇이 그 원인인지 의문을 가질 수밖에 없었다.**

병원 내 감염, 수술 실수, 낙상 등 예방 가능한 실수에 대한 우리의 생각이 범위 면에서 너무 제한적이었는지도 모른다. 쉽게 측정할 수 없는 다른 종류의 실수가 발생하고 있었을 수도 있다. 의료진의 주의를 분산시키는 요인들을 우리가 너무 적게 고려했을 수도 있다(조인트 커미션 조사관들도 주의를 분산시키기는 한다). 조인트 커미션 조사 기간 동안에는 병원에서 의사와 간호사가 주의를 분

---

* 구체적으로, 우리는 메디케어와 메디케이드 같은 정부 프로그램이 병원의 의료 서비스 질과 안전 상태를 평가하기 위해 사용하는 환자안전지표(예방 가능한 특정한 실수)를 살펴봤다.

** 조인트 커미션의 조사 기간 동안 다양한 안전수칙이 더 엄격하게 준수됐을 수 있다. 하지만 이 기간 동안 사망률이 감소한 원인이 안전수칙 준수가 아닌 것으로 밝혀졌다는 점에 주목해야 한다. 예를 들어, 항생제 내성 박테리아에 감염된 환자 주변에서 특별한 가운을 입는 상식적인 안전수칙 준수도 사망률 감소에 기여하는 것으로 판명되지 않았다. 하지만 다양한 안전수칙들을 동시에 더 엄격하게 준수하면 통합 효과aggregate effect가 발생할 가능성은 있다.

산시킬 수 있는 많은 것들(예를 들어, 계속되는 호출, 다른 임상 업무, 속보 등)이 아닌 환자 치료에 더 많은 주의를 기울였기 때문에 더 정확한 진단, 더 세심한 수술, 합병증 조기 발견, 더 정밀한 기록 보관, 저위험군 환자들에 대한 더 개인화된 치료 제공, 더 나은 병상 지원이 이뤄질 수 있었을까?

자연실험은 매우 강력한 실험이지만, 자연실험 역시 한계가 있을 수밖에 없다. 이런 의문들에 대한 답을 얻으려면 자연실험이 아닌 다른 유형의 집중적인 연구가 필요할 수도 있다. 예를 들어, 다양한 유형의 의료종사자들을 대상으로 엄격한 심층 인터뷰를 실시해 조인트 커미션의 조사가 진행되는 기간에 그들이 다르게 행동한다는 것을 확인하거나 의사, 간호사, 치료사가 컴퓨터에 남긴 임상기록을 자세히 검토해야 할 수도 있다.

결과적으로 볼 때, 병원 내 호손 효과에 대한 우리 연구는 호손 효과가 확실하게 존재한다는 것은 말해주지만, 해답보다 의문을 더 많이 제시했을 수도 있다.

의사가 되고 나서 처음 저지른 실수

조인트 커미션의 조사 말고도 항상 의사들을 괴롭히는 것이 있다. 의료과실 가능성이 그것이다. 나(크리스)는 의사가 되고 나서 처음 저지른 실수를 잊지 못한다.

당시 나는 의대를 졸업한 지 얼마 되지 않은 인턴으로 레지던

트 교육병원 중 한 곳의 일반 병동에서 근무하고 있었다. 인턴 1년
차는 의사가 수련하는 기간 중 가장 고되고, 힘들고, 바쁘고, 스트
레스가 많은 시기다. 이 기간 동안 인턴은 의과대학에서 배운 모든
것을 도움이 필요한 실제 환자에게 적용해야 한다. 이 시기 동안에
는 집에 들어가서도 간단하게 샤워를 한 뒤 잠만 자고 다시 병원으
로 나와야 하고, 점심은 크래커와 땅콩버터 샌드위치로 때우기 일
쑤였다. 그래도 난 인턴 생활이 좋았다. 한 생명을 책임진다는 것,
낯선 환자가 나를 신뢰한다고 느끼는 것은 정말 멋진 경험이었다.
이런 일을 하기 위해 오랫동안 준비해왔던 내게 인턴 기간은 의사
로서 스릴과 특권을 느낀 시기이기도 했다. 너무 바빠 병실 창문을
통해서만 햇빛을 볼 수밖에 없었던 날도 있었지만, 인턴 시절은 하
루하루가 모두 설레는 날이었다.

하지만 이런 짜릿함에는 실수에 대한 두려움이 적지 않게 수
반되곤 했다. 물론 인턴은 선배 레지던트와 주치의의 엄격한 감독
을 받고 간호사, 약사, 치료사 및 기타 임상의로부터 많은 도움을
받는다. 또한 인턴은 일반적으로 병동에서 한 번에 최대 10명 이상
의 환자를 돌보는 팀의 중심 의사이기 때문에 책임져야 할 일이 많
다. 문제가 발생하면 간호사의 호출에 응답하고, 검사 및 약물 처
방전을 작성하고, 환자를 상담한 전문의와 소통하고, 가족들에게
최신 정보를 제공해야 한다. 인턴은 도움과 지원을 받지만, 아무리
주의를 기울여도 실수를 하게 마련이다.

인턴이 된 지 몇 달이 지나지 않았을 때였다. 당시 새로운 환
자 두 명이 입원했는데, 두 사람 모두 하룻밤 사이에 호흡곤란 증

세로 입원한 환자였다. 두 환자 모두 고령의 남성이었고, 병원에서 지급한 동일한 환자 가운을 입고 코에 튜브를 통해 산소를 보충하고 있었다. 당시 병원은 거의 만원이라 둘은 같은 병실에 있었다. 이 중 한 명은 장기간의 흡연으로 인해 발생한 만성 폐쇄성폐질환 때문에 호흡곤란 증상을 보였다. 이 환자는 감기로 인해 만성 폐쇄성폐질환이 악화돼 기침을 심하게 하면서 쌕쌕거렸다. 다른 한 환자는 심부전으로 인해 숨이 가빴다. 이 환자는 심장이 혈액을 효율적으로 펌프질하지 못해 다리와 폐에 체액이 과도하게 축적되고 있었다. 이 환자 역시 만성 폐쇄성폐질환을 앓았지만, 입원한 이유는 심부전이었다.

만성 폐쇄성폐질환이 악화될 경우 주로 사용하는 약물은 프레드니손prednisone 같은 항염증 스테로이드다. 이런 약물은 환자의 폐 면역 체계를 진정시켜 기도를 열고, 호흡을 더 쉽게 만드는 역할을 한다. 심부전 때문에 폐로 체액이 역류하는 환자의 경우 주로 사용되는 약물은 소변 배출을 유도해 과도한 체액을 제거하는 이뇨제다.

두 진단은 모두 간단했고, 당시 나는 인턴 생활을 시작한 지 얼마 되지 않았지만 이미 만성 폐쇄성폐질환 환자와 심부전 환자를 몇 번 치료한 경험이 있는 상태였다. 당시 다른 8명의 환자 중 몇 명이 곧 퇴원할 예정이었기 때문에 그들에게 추가적인 치료를 하고 약 처방을 하느라 정신이 없었다. 회진을 돌면서 지도교수, 선배 레지던트들과 환자들에 대해 논의하면서 나는 호흡곤란이 있는 두 새로운 환자에 대한 치료 계획을 말했고, 그들은 그 계획에 동의했다. 그 뒤 나는 간호사들과 심리상담사들의 호출에 응했고, 심전도 이상으로 경보음을 울리게 한 환자를 체크하고(심각한 상황은 아니었다), 아버지가 아직도 퇴원하지 못해 속상해하는 또 다른 환자의 딸과 이야기를 나눈 후, 컴퓨터로 전자차트에 접속해 만성 폐쇄성폐질환 환자에게는 프레드니손을, 심부전 환자에게는 이뇨제를 처방했다.

그로부터 약 한 시간 후, 당직실(여기서 '당직실'이란 컴퓨터 4대와 전화기 2대가 놓여 있고 인턴 2명과 시니어 레지던트, 의대생이 상주하는 공간을 말한다)에서 퇴원지시 서류를 작성하고 있던 내게, 심부전 환자를 담당하는 간호사가 와서 조심스럽게 물었다. "선생님이 처방하신 프레드니손을 심부전 환자에게 투여했는데요. 회진 때 그 환자한테 이뇨제도 함께 투여하기로 이야기가 다 된 건가요?"

"그 환자는 만성 폐쇄성질환이 악화된 경우라 이뇨제가 필요 없는데요." 동료 인턴의 전화 통화 소리, 당직실 문 바로 밖에서 계속 들리던 심장 모니터 알람 소리를 들으며 내가 대답했다.

"우리가 지금 같은 환자에 대해 이야기하는 게 맞겠지요? 그 환자 지금 다리가 너무 많이 부어서 이뇨제를 투여하는 게 좋을 것 같은데요."

나는 속으로 '같은 환자에 대해 이야기하고 있는 거 맞느냐고?'라면서, 한 환자는 프레드니손, 다른 한 환자는 이뇨제가 필요한 환자였고, 분명히 나는 그렇게 처방전을 작성했다고 생각했다.

그 순간 나는 내가 실수를 하지는 않았을 것이라고 생각했지만, 곧 불안한 느낌이 엄습했다. 그 불안감 속에서 나는 1~2초 동안 아무 말도 할 수 없었다. 마치 심장이 순식간에 얼어붙는 것 같은 느낌이었다.

바로 나는 전자 처방전을 확인했고, 내가 심부전 환자에게는 프레드니손을, 만성 폐쇄성폐질환 환자에게는 이뇨제를 처방했다는 것을 알게 됐다. 정신이 산만한 상태에서 환자를 혼동해 엉뚱한 약을 처방한 것이었다. 전적으로 내 실수였다.

간신히 정신을 차리긴 했지만 심장은 계속 빠르게 펄떡대고 있었다. '도대체 내가 무슨 짓을 한 거지?'라고 생각하면서 바로 나는 만성 폐쇄성폐질환 환자에게 내린 이뇨제 처방을 취소했다. 다행히 그 환자는 아직 이뇨제를 복용하기 전이었다. 하지만 심부전 환자는 이미 프레드니손을 복용한 후라 내 실수를 바로 잡을 수가 없었다. 의사 처방전은 약사와 간호사가 확인 차원에서 다시 검토하면서 간혹 이런 실수를 잡아내곤 하지만, 이 경우에는 심부전 환자가 만성 폐쇄성폐질환도 있었기 때문에 약사와 간호사는 의사가 이 환자의 심부전 증상과 함께 만성 폐쇄성폐질환 증상도 치료하기 위해 프레드니손을 처방했다고 생각했던 것 같다. 그럴 수 있었다. 모든 일은 내 책임이었다.

프레드니손은 흔하게 처방되는 약이지만, 프레드니손이 필요하지 않은 환자가 복용할 경우 심각한 부작용을 초래할 수 있다. 이런 부작용 중 하나가 내가 심부전 환자에게 처방한 약 때문에 발생했을 가능성이 큰 체액저류^{fluid retention}(신체의 순환계나 조직, 흉강이나 복강 등 신체의 구멍에 수분이 비정상적으로 축적돼 신체기관이 붓는 현상-옮긴이)다. 또한 프레드니손은 당뇨병 환자의 혈당수치를 높여 인

슐린을 안전하게 투여하기 어렵게 만들 수도 있다. 고령 환자에게 프레드니손의 또 다른 우려되는 부작용은, 그 자체로 위험할 수 있는 혼란과 방향감각 상실 상태인 섬망을 유발할 수 있다는 것이다.

'어떻게 이런 일이 일어났을까? 내가 다른 환자들이나 퇴원지시 서류 작성, 간호사와 심리상담사들의 호출, 전화 같은 것들에 너무 정신이 팔려 있었나? 아니면 너무 서두른 건가? 내가 이 환자를 다치게 했나? 환자를 똑바로 보고 올바른 환자에게 올바른 약을 처방하는 기본적인 일도 제대로 할 수 없다면 이 일을 계속해야하는 걸까? 해고당하는 건 아닐까? 고소당할 수도 있지 않을까?' 이런 생각들이 꼬리를 물고 이어졌다.

나는 레지던트 선배들과 지도교수에게 이 일에 대해 이야기했다. 그들은 침착하게 반응하면서, 일단 두 환자를 적절하게 치료하기 위해 모든 조치를 취한 다음 그 두 환자에게 무슨 일이 있었는지 알리고, 안전 보고서를 작성하라고 말했다. 그들은 이 실수로 인해 환자들이 해를 입었을 가능성은 있지만, 프레드니손은 한 번 투약만으로는 환자에게 심각한 피해를 입힐 가능성이 낮다고 나를 안심시켰다(다행히도 이 실수로 인해 두 환자가 영향을 받지는 않았다).

환자에게 내 실수에 대해 설명하는 것이 내키지는 않았지만, 그렇게 하는 것이 내 의무였다. 나는 환자의 병실로 들어간 다음, 병상 머리맡에 있는 의자에 앉아 무슨 일이 있었는지 설명했다. 환자는 안심하는 표정이었다. 환자는 내가 병실로 들어왔을 때의 분위기로 보아 '암 같은 병'에 걸렸다고 통보할 것이라고 예상했다고 말했다. 환자는 이전에도 프레드니손을 여러 번 복용한 적이 있지만 아무런 문제가 없었다며, 내가 최선을 다해 그를 돕기 위해 노력하고 있다는 것을 알기 때문에 걱정하지 않아도 된다고 말했다. 나는 실수에 대해 사과하고 앞으로는 이런 실수를 방지하기 위해 최선을 다하겠다고 말했다.

"괜찮아요. 그럴 수 있습니다." 그가 사람 좋은 미소를 지으며 말했다.

의료진의 집중을 방해하는 요소들

앞의 이야기의 세부적인 내용은 독특하지만, 큰 개념과 느낌은 바쁘다는 핑계로 일을 놓쳐본 적이 있는 사람이라면 누구나 공감할 것이다. 직장은 주말에 대한 이야기를 나누고 싶어 하는 동료나 끊임없이 울리는 전화벨, 받은 편지함 등 항상 주의가 산만해지는 요소로 가득 차 있다. 병원도 다르지 않다. 다만 병원 특유의 주의분산 요소들이 있을 뿐이다.

주의산만이 처방 실수에 영향을 미쳤다면, 이를 방지할 수 있는 방법은 무엇일까? 몇 가지 아이디어가 떠오르지만 각 아이디어마다 장단점이 있다. 전자의료기록 시스템에는 다음과 같은 메시지가 표시됐을 수도 있다. "같은 병실에 두 명의 환자가 있습니다. 적절한 환자에게 적절한 오더를 내리고 있습니까?" 이런 시스템은 겉으로 보기에는 매력적이지만, 병원 환경에는 다양한 알람과 경고가 존재하며, 대부분은 실제로 그다지 중요한 문제를 표시하지 않기 때문에 병원에서 시간을 보내다 보면 이런 것들은 무시하기 쉽다(이 현상을 '알람 피로'라고 한다).[15] 의사에게 더 조용하고 산만하지 않은 업무환경을 제공할 수도 있지만, 그렇게 되면 의사가 간호사나 환자와 더 멀어지게 돼 의사소통이 악화될 수 있다(의사가 병원에 있는 이유 중 하나가 환자와 가까운 곳에 있기 위해서다). 의사들이 '방해 금지' 시간을 갖도록 만드는 방법도 생각할 수 있다. 방해 금지 시간에는 주요 응급상황 외에는 방해받지 않도록 하여 집중력을 높이는 방법이다(의사들이 환자를 위해 약을 준비하거나, 다른 간호사에게 환자를 인계하는 간호사를 절대 방해하지 않도록 교육하는 것도 의료진의 집중력을 높이기 위한 것이다). 물론 이렇게 하면 응급치료가 아닌 다른 치료들이 지연되는 문제가 발생할 수 있다.

의사들의 집중을 방해하는 요소들을 줄일 수 있는 방법은 이외에도 여러 가지를 생각할 수 있을 것이다.[16] 문제에 대한 해결책을 상식선에서 브레인스토밍하는 것은 병원이 처방 실수 같은 사고에 대응하는 방식에서 매우 중요한 단계를 차지한다. 안타깝게도 한 병원에 적합한 해결책이 다른 병원에는 적합하지 않을 수 있으며, 심지어 같은 병원 내에서도 부서마다 해결책이 다를 수 있기 때문에 모든 실수를 방지할 단 하나의 해결책을 찾아내는 것은 매우 힘든 일이다.

주의분산을 피하는 일은 모든 의료 분야에서 중요하지만, 수술실에서는 특히 더 중요하다. 미시간대 의과대학 외과 과장 저스틴 디믹Justin Dimick은 팟캐스트 〈프리코노믹스 M.D.Freakonomics, M.D.〉에 출현해, 환자를 수술하기 전에 어떻게 집중을 하는지 다음과 같이 설명했다. "먼저 겉옷을 벗고 수술복을 입습니다. 수술 모자를 쓰고 수술용 안경을 쓴 다음 스크러빙scrubbing을 합니다.* 많은 의사들은 손을 씻는 일이 수술 전 머릿속을 비우기 위한 행동이라고 생각하지요. 그런 다음 수술실로 들어가 환자를 살펴보면서 수술을 어떻게 진행할지 머릿속으로 그려봅니다. 그러다 보면 수술 외의 모든 것을 잊을 수 있습니다."[17] 수술이 시작되면 디믹과 같은 외과의사들은 '몰입 상태flow state' 상태로 진입한다. 이 상태는 운동선수들이 무아지경이라고 부르는 상태와 비슷하다.

디믹은 "정말 시간이 녹아내리는 것 같습니다. 시계를 올려다보면 2시간이 순식간에 흘러 있어요. 의사마다 다르겠지만, 저는 황홀경 같은 상태에 빠지는 것 같아요. 내가 너무 집중을 하고 있어서 수술실 테크니션scrub tech이** 내게 뭔가 말을 하기 위해 내 몸을 흔들기도 합니다."

수술은 고도의 집중력이 요구되는 일이지만 수술실은 집중을 방해하는 요소들로 가득 차 있다. 1972년에 발표된 한 연구에 따르면 수술실의 소음(수술용 장갑, 금속제 수술도구, 수술용 흡입기 등에서 나는 소리 등)은 소형 비행기가 내는 소리만큼 크고, 무의식적인 신체 반응을 유발할 만큼 주파수가 높을 때가 많다.[18] 또한 수술의는 수술실 밖에서 일어나는 일들 때문에 주의가 분산될 수도 있다. 디믹

---

* 스크러빙은 수술용 장갑을 끼고 수술을 시작하기 전에 피부 세균을 제거하기 위해 손, 손가락, 손톱, 팔뚝을 철저하고 체계적으로 씻는 행동을 말한다.

** 수술실 테크니션은 외과 의사가 수술에 사용할 수술도구를 정리하고 수술실의 멸균 상태 유지를 돕는 등 외과 의사의 수술을 보조하는 수술실팀의 일원이다.

은 수술을 하고 있는데 응급실에서 급한 환자를 봐야 한다는 요청을 받은 적도 있고, 이전에 수술한 환자가 합병증이 발생했다는 연락을 받은 적도 있다고 떠올렸다. 디믹은 "이런 일들은 주의를 분산시킬 수 있습니다. 수술받는 환자에 집중하고 결정을 내려야 할 때, 이런 일이 몰입을 방해하기 때문입니다"라고 말했다.

수술실에서 수술의의 집중력을 흐트러뜨릴 수 있는 일이 발생하는 것은 놀라운 일이 아니다. 하지만 다른 사람들과 마찬가지로 수술의도 수술과 관련이 없는 일, 즉 환자 치료와 무관한 일, 개인적인 일로 주의가 산만해질 수 있다. 수술의들도 수술을 하면서 중간중간에 '이번 주말에 무슨 영화를 볼까?', '오늘따라 왜 발목이 아픈 거지?', '오늘 내 주식이 어떻게 되고 있을까?',* '집에서 나올 때 현관문 잠갔겠지?', '이번 주말에 있을 생일파티를 어떻게 하면 좋을까?' 같은 생각을 한다.

여기서 생일에 대해 생각해보자. 성인들은 대부분 자신의 생일에 어릴 적만큼 신나하지는 않지만, 그럼에도 불구하고 생일에는 특별한 대우를 받거나 친구나 가족과 함께 시간을 보내곤 한다.

그렇다면 외과 의사의 생일이 외과 의사가 수술하는 환자의 수술 결과에 영향을 미칠 정도로 주의를 분산시키는 요인이 될 수 있을까?

이번에도 생일이 역시 자연실험의 조건을 성립시킬 수 있다.

---

* 바푸는 2008년에 주식시장이 폭락했을 때, 주식에 투자한 외과 의사들이 수술실에서 주의가 흐트러졌을 가능성을 조사한 적이 있다. 하지만 주식 폭락 기간과 그 후 몇 주 동안의 수술 결과가 차이가 있다는 증거는 발견되지 않았다.

하지만 이 자연실험은 태어난 달이 외과 의사들의 수술에 미치는 영향을 연구하기 위한 것이 아니라, 외과 의사의 개인적인 삶에서 일어나는 일들이 수술에 미치는 영향을 연구하기 위한 자연실험이다. 주의가 분산되는 것이 환자 치료에 영향을 미치는지 물어볼 수는 없지만, 자연실험을 통해 어느 정도는 알 수 있다. 외과 의사가 의도적으로 생일에 특정한 수술 일정을 잡거나 피하지 않는 한, 외과 의사의 생일이 수술환자에 미치는 영향은 사실상 무작위적이다. 응급수술도 당연히 사전에 계획되지 않는다. 응급수술을 집도하는 외과 의사는 자신의 생일에 어떤 환자가 수술을 받을지를 자신의 의지로 결정할 수 없기 때문에, 외과 의사의 생일이 환자 치료에 미치는 영향은 사실상 무작위다. 따라서 자연실험의 조건이 충족된다.

우리(바푸, UCLA 연구원 쓰가와 유스케, 가토 히로타카)는 특정한 4년 동안 응급수술을 받은 환자들을 대상으로 환자와 수술에 관련된 메디케어 데이터와 생일을 포함한 외과 의사에 대한 데이터를 연결해 분석했다.[19] 이를 통해 외과 의사의 생일에 응급수술을 받은 메디케어 연령대 환자들이* 다른 날에 같은 의사의 응급수술을 받은 메디케어 연령대 환자들에 비해 수술 후 30일 이후에 생존한 비율이 더 높았는지 또는 더 낮았는지 확인했다. 수술 날짜를 제외한 모든 조건이 비슷하다면, 외과 의사의 생일이 아닌 날에 수술을

---

* 이 경우 응급수술은 관상동맥우회술, 고관절 골절 복구수술, 담낭 제거술 등 17개의 일반적인 응급수술 중 하나로 병원 입원 3일 이내에 시행된 수술을 말한다. 예약된 수술은 응급수술에서 제외했다.

받은 환자들은 외과 의사의 생일에 수술을 받은 환자들의 대조 그룹이 될 수 있다.

우리는 약 98만 건의 수술 사례를 조사했는데, 그중 약 2,000건이 외과 의사의 생일에 이뤄진 수술이었다. 두 그룹을 비교했을 때 수술 자체와 환자의 나이, 만성질환 등 환자의 특성은 사실상 동일했다. 또한 자신의 생일에 수술을 한 외과 의사들은 다른 날과 비슷하게 복잡한 수술을 비슷한 횟수로 시행했다. 따라서 외과 의사가 자신의 생일에 특정한 환자를 선택해 수술했다고 볼 수는 없었다.

우리가 분석한 모든 수술을 종합해볼 때, 외과 의사의 생일에 수술을 받은 환자의 수술 후 30일 이내 사망률은 7.0%로, 다른 날에 시행된 수술의 30일 이내 사망률인 5.6%에 비해 높았다. 동일한 외과 의사가 수술한 환자들과의 비교를 위해 통계모델을 이용해 시행한 분석에서도 수술 후 30일 이내 사망률은 외과 의사의 생일에 수술을 받은 환자의 경우 6.9%, 다른 날에 수술을 받은 환자의 경우 5.6%로 앞의 결과와 비슷한 결과가 나타났다.

이 결과가 통계적인 우연에 의한 것이 아닌지 확인하기 위해 우리는 몇 가지 추가 분석을 수행했다. 먼저, 우리는 외과 의사의 "하프 생일half birthday(생일 6개월 전 또는 6개월 후의 날-옮긴이)"을 기준으로 분석을 반복했는데, 예상대로 사망률에 차이가 없음을 확인했다. 일반적으로 성인에게 하프 생일은 별로 중요하지 않기 때문이었다. 그다음으로 우리는 40세, 50세, 60세 생일 같은 '중요한 생일', 즉 사람들이 더 축하를 많이 하는 생일을 맞은 외과 의사에게 수술을 받은 환자들의 수술 후 30일 이내 사망률이 더 높았는지 확

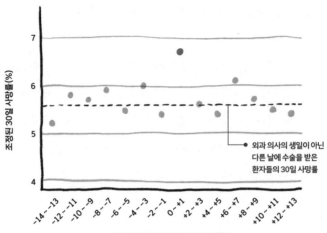

외과 의사의 생일이 아닌
다른 날에 수술을 받은
환자들의 30일 사망률

외과 의사의 생일을 기준으로 한 일수
(외과 의사의 생일은 0, 생일 전후의 날들은 -, +가 붙은 숫자로 표시했다)

인했지만, 차이는 발견되지 않았다. 또한 우리는 생일이 금요일인 경우, 생일이 월요일부터 목요일까지의 요일 중 하루였던 경우보다 더 주의를 흐트러뜨리는 축하 행사가 계획됐을 가능성이 높을 것이라는 가설을 세우고, 외과 의사의 생일이 무슨 요일이었는지도 살펴봤다. 요일 간의 차이 역시 발견되지 않았다. 따라서 사망률의 차이는 외과 의사의 생일에만 영향을 받는다고 할 수 있었다.

더 나아가 우리는 조인트 커미션의 조사가 미치는 영향을 연구할 때 사용했던 방법과 비슷한 컴퓨터 시뮬레이션 분석도 시행했다. 무작위로 생성된 가짜 생일을 외과 의사에게 할당한 뒤, 이 가짜 생일을 외과 의사들이 실제로 수술한 환자들과 연결시키는 시뮬레이션을 1,000번 반복했다. 외과 의사의 실제 생일이 어떤 식으로든 수술 성과에 영향을 미친다는 초기 결과가 맞는다면, 외과 의사가 가짜 생일에 환자를 수술할 때는 어떤 효과도 발생하지 않으리라고 생각했고, 결과는 우리의 판단과 일치했다. 이 결과는 우리의 초기 결과가 우연에 의한 것이 아니라는 것을 뜻했다.

우리가 얻은 결과는 외과 의사의 생일에 수술을 받은 환자들의 수술 결과가 달라진다는 것을 데이터로 보여주고 있었다. 하지만 그 이유는 확실하지 않았다. 수술 결과에 외과 의사의 생일이 영향을 미친다면, 도대체 이 생일에는 무슨 일이 일어나는 것일까?

생일에는 대개 주의를 흐트러뜨리는 문자메시지, 소셜미디어 알림, 친구들로부터의 전화가 쇄도한다. 자신의 생일에 외과 의사는 매일 함께 일하는 마취과 의사, 간호사, 테크니션 등 동료 직원과 생일과 관련된 특별한 계획에 대해 대화를 나누게 되고, 그러면서 외과 의사는 물론 수술실팀 전체가 업무에 집중하지 못하게 될 수도 있을 것이다. 이들은 수술 후에 저녁식사를 함께 하기로 했을 수도 있고, 그 경우 이들은 수술이 예상보다 오래 걸리는 경우가 많다는 것을 알기 때문에 제시간에 끝내기 위해 조금 더 서둘렀을 수도 있다.

이런 모든 요인 중 어떤 것(또는 어떤 것들의 조합)이 작용했든, 외과 의사의 생일에 수술을 받은 환자들의 사망률이 높은 이유가 주의산만에 있는 것만큼은 확실하다.

감염률 0의 기적

그렇다면 이 문제를 해결할 수 있는 방법이 있을까? 주의가 산만해지는 것을 피하기 위해 의사들은 병원에 출근하기 전에 또는 수술실에 들어가기 전에 자신의 개인적인 생활과 관련된 모든 것을 미리 체크해야 할까?

SF 드라마 〈세브란스〉에서 루먼 인더스트리의 직원들은 (가상의) 수술을 받아 사생활과 직장생활이 완전히 분리된 사람들로 등장한다. 이들은 직장에 도착하면 사생활에 대한 기억이 없어져 생산성이 높아지며, 하루 일과를 마치고 집으로 돌아갈 때는 직장에서 한 일에 대한 기억이 없어져 업무와 관련된 스트레스 없이 개인생활을 영위할 수 있다. 이 드라마는 일과 가정의 완전한 분리가 가능하다면 어떤 세상이 될지 탐구한다(드라마의 내용을 스포일링하지 않기 위해 여기서는 직원들이 받은 수술이 일종의 문제 해결책이라는 정도만 언급했다).

드라마의 이런 설정은 좀 터무니없기는 하지만, 조인트 커미션의 조사가 미치는 영향이나 외과 의사의 생일이 미치는 영향에 관한 연구 결과에 비추어본다면, 어떻게 보면 이런 상황을 만들 수 있다면 병원에 도움이 될지 모른다는 생각이 들기도 한다. 고도의 훈련을 받았고 지식이 풍부한 의사, 간호사 및 기타 직원이 매일 출근해 외부의 영향을 받지 않고 환자를 돌볼 수 있기 때문이다. 병원에서 사생활에 대해 생각하지 않는다면 생일, 소셜미디어 알람, 문자메시지, 취미, 주말 계획 같은 것도 신경 쓸 필요 없이 일에만 집중하게 될 것이다.

하지만 현실에서는 개인적인 생활과 직장생활이 어느 정도 섞이는 것이 업무 성과를 높이는 데 도움이 되는 것으로 보인다. 병원처럼 스트레스가 많은 환경에서는 더욱 그래 보인다. 예를 들어, 동료와의 개인적인 관계는 병원에서든 외래 진료실에서든 환자 치료 중 발생하는 위급 상황에 효과적으로 대처할 수 있는, 서로를 신뢰하고 원활하게 소통하는 응집력 있는 팀의 중요한 구성요소로 간주된다.

예를 들어, 미국 네바다주 넬리스 공군기지의 의료진은 피크닉이나 볼링대회 같은 팀 또는 커뮤니티의 연중행사에 참가함으로써 의료진끼리 서로에 대한 이해를 높이도록 하고 있다. 이런 행사들의 목표는 대인관계와 의사소통 개선, 신뢰구축을 통해 궁극적으로 환자에게 도움이 되는 방식으로 작용하게 하는 것이다. 예를 들어 팀원들이 편안하게 말할 수 있게 해 실수를 피하도록 말이다.[20]

공군기지에서 팀의 응집력, 신뢰구축, 의사소통 개선이 생명을 구할 수 있는 곳은 의료 분야만이 아니다. 주의산만과 사람에 의한 실수가 치명적인 결과를 초래하는 항공 분야에서는 실수를 줄이는 것이 항상 최우선 과제였다. 예를 들어, 조종사가 안전한 비행을 유지하기 위해 필요한 모든 단계를 따르도록 상기시키는 체크리스트는 항공 분야 초창기인 1930년대부터 항공 프로토콜의 일부로 사용돼왔다.[21]

사실, 의료진 내에서 신뢰구축과 의사소통 개선을 통해 실수를 방지한다는 생각은 항공 분야에서 차용한 것이다. 또한, 사람에 의한 실수가 항공 안전에 가장 큰 위협이라는 인식은 카나리아제도의 테네리페섬에서 주의산만 유발 요소와 팀 커뮤니케이션 문제 때문에 583명이 활주로에서 사망한 사고 등 1970년대에 잇따라 발생한 사고 이후에 '승무원 자원관리crew resource management(승무원 상호 협력 및 의사소통 개선을 통해 인적자원, 하드웨어 및 정보를 가장 효과적으로 사용케 함으로써 안전운항능력을 제고할 수 있도록 설계된 프로그램-옮긴이)' 교육이 시작되도록 만들었다.[22]

이 교육의 핵심은 아무리 고도로 훈련된 전문가와 팀 리더라도 주의산만, 기억력 감퇴, 판단 오류의 희생양이 될 수 있다는 인식에 있다.[23] 팀의 가장 말단 직원도 최고위 상급자에 의한 실수나 불안전한 상황을 편안하게 지적할 수 있는 열린 의사소통이 이뤄진다면, 팀은 모든 인적 잠재력을 활용해 실수를 방지할 수 있다.

승무원 자원관리 원칙은 항공 분야를 넘어서 수술실, 응급실, 중환자실 같은 환경에서도 환경에 맞춰 조정돼 적용되고 있다. 이 원칙이 환자에게 얼마나 도움이 되는지 정량화하기는 아직 힘들다. 하지만 우리는 팀원들 간의 역학관계 개선이 어느 정도라도 도움이 된다고 상상할 수는 있다. 실제로, 함께 일하는 수술 팀원들에 대한 연구에 따르면 팀원들 간 친밀도가 높을수록 의사소통이 원활해지고 수술 능률이 높아지며, 무엇보다도 수술 실수와 환자 합병증이 줄어드는 것으로 나타났다.[24]

따라서 외과 의사의 생일에 수술실에서 산만함을 유발할 수 있는 대인관계가 실제로는 팀의 결속력을 높여 치료의 질을 향상시킬 가능성이 높다고 할 수도 있으며, 이 이익은 산만함으로 인한 사망률 증가 효과보다 클 수도 있다.

그렇다면 외과 의사들이 생일에 하루 근무를 쉬게 만들어야 할까? 아니면 조인트 커미션 조사관들을 병원에 계속 돌아다니게 해야 할까? 이런 방법은 너무 극단적으로 보인다(하지만 우리는 지금 도 모든 아기가 가을에 태어날 수 있는 방법을 찾기 위해 여전히 노력하고 있다). 극단적인 방법이 아니어도 수술팀의 집중력을 유지할 수 있는 좋은 방법이 있다.

예를 들어, 앞서 언급한 수술실의 '타임아웃'은 외과 의사와 수술 팀원들이 적절한 환자에게 적절한 수술을 시행하도록 만들기 위한 방법 중 하나다. 중환자실에서는 체크리스트를 의료기기나 알림장치 같은 것들을 사용할 때 반드시 같이 확인하도록 만드는 방법이 매우 효과적이라는 것이 입증된 상태다. 2004년에 발표돼 의료관행을 크게 변화시킨 연구에서, 미시간 의대 연구자들은 미 시건주 전역의 96개 중환자실에서 의사가 중심정맥관(정맥을 통해 심장 근처의 굵은 혈관까지 삽입되는 관의 일종으로 중환자의 목에 삽입하는 대형 정맥주사를 말한다)을 삽입할 때마다 체크리스트를 사용하도록 요청했다.[25] 중심정맥관은 경정맥으로 직접 삽입되기 때문에 관에 있는 박테리아가 환자의 혈류를 타고 생명을 위협하는 심각한 감 염을 일으킬 수 있다. 중심정맥관을 삽입할 때 의사는 무균 상태를 유지해야 하지만, 응급실이나 중환자실에서는 그러기가 현실적으 로 쉽지 않다(무균 상태 확인이 항상 이뤄지는 수술실과 비교했을 때는 특 히 더 그렇다).

의료기기를 사용할 때 반드시 체크리스트를 확인하게 만드는 것은 의사들이 항상 따르지는 않는 절차를 항상 따르게 만들기 위해서였다. 연구 대상이 된 중환자실 의사들은 중심정맥관 삽입 전에 체크리스트를 확인함으로써 손을 소독했는지, 멸균 가운을 착용했는지, 환자에게 멸균 커버를 씌웠는지, 중심정맥관 삽입 위치를 적절하게 선택했는지, 클로르헥시딘chlorhexidine으로 환자 피부를 세척했는지 등을 다시 한번 생각하게 됐고, 중심정맥관이 더 이상 필요하지 않을 때 감염 예방을 위해 최대한 빨리 환자의 몸에서 제거해야 한다는 것도 다시 상기하게 됐다.

그 결과는 극적이었다. 체크리스트를 의무적으로 확인하도록 만들기 전 이 병원들의 감염률은 '카테터 데이catheter-day' 1,000일당 2.7건이었다. 이는 중환자실 환자 1,000명이 하루 동안 중심정맥관을 사용했을 때 그중 평균 2.7명이 감염됐다는 뜻이다.* 이에 비해, 체크리스트 사용을 의무화한 기간 동안의 감염률은 카테터 데이 1,000일당 1.6건으로, 37% 정도 감염이 줄어든 것으로 나타났다. 더 좋은 점은 체크리스트 사용 의무화 후 3개월, 6개월, 9개월, 심지어 18개월에 이르는 기간 동안 감염률이 점점 더 줄어 더는 감염이 발

---

* 역학자들은 이런 감염률을 측정해 다양한 기간 동안 중환자실에서 중심정맥관이 삽입된 채 지낸 환자들을 그룹별로 분류하곤 한다. 환자 한 명이 중심정맥관이 삽입된 채 지내는 하루가 '카테터 데이' 1일로 정의된다. 따라서 카테터 데이 1,000일은 1,000명의 환자가 각각 1일 동안 중심정맥관이 삽입된 상태로 지냈거나(1,000×1=1,000), 500명의 환자가 2일 동안 중심정맥관이 삽입된 상태로 지냈거나(500×2=1,000), 200명의 환자가 5일 동안 중심정맥관이 삽입된 상태로 지냈다는(200×5=1,000) 것을 뜻한다. 하지만 실제 분석에서는 다양한 기간 동안 다양한 환자들이 중심정맥관을 삽입한 채 지낸 시간을 고려해야 한다.

생하지 않는 0으로 떨어졌다는 사실이었다.

어떤 수치가 0으로 떨어진다는 것은 의료 분야에서 자주 일어나는 일이 아니다. 이 연구가 엄청난 반향을 일으킨 이유가 바로 여기에 있었다. 이 연구 결과가 발표된 이후, 중심정맥관 삽입 전에 반드시 체크리스트를 통해 멸균 상태를 확인하도록 하는 방법이 미국 전역의 중환자실로 확산되었고, 예상대로 중심정맥관 삽입으로 인한 감염이 줄기 시작했다.[26]

다른 중재 방법들은 성과를 내지 못한 경우가 많았는데 왜 이 방법은 이렇게 엄청난 성공을 거뒀을까? 존경받는 의사이자 의료의 질을 연구한 학자였던 아베디스 도나베디안Avedis Donabedian(2000년에 사망할 때까지 거의 평생을 미시간 의대 교수로 일했다)은 의료 시스템의 문제를 세 가지 측면, 즉 의료의 구조(물리적 환경, 장비, 관련 인력), 의료의 과정(환자를 진단하고 치료하기 위해 취하는 조치), 의료의 결과(실제로 환자에게 발생한 결과) 측면에서 연구했다.[27] 중심정맥관 삽입 전에 체크리스트를 확인하는 방법이 개발되고, 실제로 현장에서 시행되고, 미국 전역의 병원에 널리 채택된 것은 이 세 가지 측면 모두를 확실하게 포괄하는 개선 노력의 한 예라고 할 수 있다. 이 방법은 바쁜 중환자실 환경에서 작동하는 몇 가지 주요 알림 장치에 체크리스트를 결합함으로써 의사에게 구체적인 도움을 주었고, 중환자실 치료의 구조를 개선했고, 주의가 산만해질 수 있는 의사들이 중심정맥관에 의한 감염을 예방하는 데 필요한 단계를 따르도록 하고, 간호사와 다른 의료진이 이러한 단계를 준수하도록 만듦으로써 중환자실 치료의 과정을 개선했다. 그리고 무엇보다도 이런 변화로 인해 혈류 감염이 감소하는 등 환자에게 실질적이고 측정 가능한 개선된 결과를 가져왔다.

재정적 인센티브가 문제를 해결할 수 있을까?

안타깝게도 중심정맥관은 의료의 질과 안전이라는 매우 큰 퍼즐의 작은 조각 하나에 불과하다. 이 연구 이후 퍼즐의 다른 조각들도 맞춰지고 있다. 예를 들어, 심부전으로 내원한 환자를 치료하는 의사들도 체크리스트를 의료기기와 통합하기 시작하면서 더 좋은 결과를 얻고 있다.[28]

　　하지만 이런 사례들을 더 광범위하게 모방해 대규모 개선을 이뤄내는 일은 쉬운 일이 아니었다. 미국 국립의학원이 병원 내 과실 개선의 시급함을 강조한 〈사람은 실수를 하게 마련이다: 더 안전한 보건의료 시스템 구축에 관하여〉와 〈의료의 품질 격차 해소: 21세기를 위한 새로운 보건의료 시스템〉이라는 제목의 두 보고서를 발표한 지 20년이나 지난 2020년에도, 의료의 질 개선 운동을 이끌고 있는 하버드 의대 교수이자 '보건의료의 질 개선을 위한 연구소Institute for Healthcare Improvement'의 설립자인 도널드 버윅Donald Berwick, 미국 내과학회American College of Physicians 회장과 '국가의료 질 포럼 National Quality Forum' 대표를 지낸 크리스틴 카셀Christin Cassel은 다음과 같은 글을 썼다.

비용을 통제하는 가장 좋은 방법은 과정, 제품 및 서비스의 품질을 개선하는 동시에 낭비를 지속적으로 줄이는 것이라는 생각은 산업 분야 대부분에서 거의 교리처럼 통용되고 있다. 하지만 이 생각은 대부분의 의료기관의 전략에 큰 영향을 주고 있지 않다.[29]

환자가 병원에서 수술 합병증이나 중심정맥관에 의한 감염과 같은 예방 가능한 위해사건을 경험하는 경우, 병원은 당연히 그에 관련된 치료를 추가적으로 해야 하며 그 과정에서 발생한 비용을 보험회사에 청구할 수 있다. 또한, 병원은 중심정맥관 삽입술에서 감염이 발생한 경우에도, 중심정맥관 시술에 든 비용과 중앙정맥관 시술로 인한 감염을 치료하는 데 든 비용을 모두 보험회사에 청구할 수 있다. 그렇다면 병원은 더 나쁜 치료를 제공함으로써 더 많은 수익을 올릴 수 있게 되고, 이는 문제가 될 수 있다. 이렇게 의도적으로 합병증을 일으키는 것은 비윤리적인 범죄행위이지만, 현재의 보험회사 중 일부는 이런 상황을 개선해야 할 재정적 필요성을 전혀 인식하지 못하고 있다. 이런 요인들이 작용하는 상황에서, 우리는 병원과 보험사의 재정적 이익을 환자의 재정적 이익으로 전환할 수 있다면(즉, 환자가 고품질 치료에 대해서는 더 많은 비용을 지불하고 저품질 치료에 대해서는 더 적은 비용을 지불할 수 있도록 만든다면) 더 나은 결과를 얻을 수 있다는 생각을 당연히 할 수밖에 없다. 중심정맥관 삽입 때문에 감염이 발생한 경우 병원이 치료비용을 부담하게 하고, 수술 합병증 발생 비율이 전국 평균 비율보다 높을 때도 병원이 더 많은 비용을 부담하게 하면 될 것이다.

고품질 의료 서비스를 제공하는 병원에 재정적 인센티브를 제공한다면 불필요한 사망과 장애로부터 얼마나 많은 환자를 구할 수 있을까?

　　현재 의료 서비스 제공자들은 이를 알아내기 위한 노력을 하고 있다. 양질의 의료 서비스를 재정적으로 장려하고 저품질 의료 서비스를 장려하지 않는 보험금 지불 구조는 다양한 방식으로 확립되고 있으며, 이런 방식들은 우리의 목적에 따라 품질과 비용을 모두 통합하는 '가치 기반 보험금 지불방식'이라는 말로 요약할 수 있다.[30] 실제로 지난 수십 년 동안 '높은 가치'의 치료에는 재정적 보상을, '낮은 가치'의 치료에는 불이익을 주는 가치 기반 지불 시스템이 미국 전역에 도입됐다. 그렇다면 이런 접근방식이 실제로 의료의 질을 개선했을까?

　　하버드 의대 심장 전문의이자 〈뉴잉글랜드 의학저널〉의 고정 기고자인 리사 로즌바움은 2022년에 다음과 같은 글을 썼다. "어려운 이야기다. 병원 내 감염을 줄이고, 수술 결과를 개선하고, 폐렴이나 심부전 또는 심근경색 환자의 치료 과정을 개선하는 데 초점을 맞춘 노력은 초기에는 부분적으로 성공을 거뒀다. 하지만 최근에는 의료 질 개선 운동의 단점에 대한 인식이 높아지고 있다."[31]

　　이런 단점 중 하나를 들어보자. 재정적 인센티브가 특정한 의료의 질을 나타내는 지표와 연계되면, 병원은 환자 치료 결과가 아니라 점수를 높여 재정적 인센티브를 받으려고 할 것이다. 이는 교사가 진정한 교육 개선보다는 표준화 시험 점수를 극대화해 인센티브를 받는 상황과 유사하다. 따라서 의료기관은 문서화 작업을 최적화하기 위해 컨설턴트를 고용하는 데까지 이르렀고, 의사들은 차트 작성에 더 많은 시간을 할애하고 환자 치료에는 더 적은 시간을 내주면서 근본적인 치료의 변화 없이 가치 점수를 개선하는 데 수십억 달러가 사용되고 있다.[32]

게다가 점수와 재정적 인센티브를 연계하는 것은 환자에게 피해를 줄 가능성도 있다. 일반적으로 메디케이드에서 지원받는 자금으로 환자를 돌보는 안전망 병원(무보험자와 메디케이드 환자를 주로 치료하는 공립병원 또는 자선단체가 운영하는 진료소)의 경우, 보험사로부터 더 많은 보험금을 지급받는(예를 들어, 그렇게 지급받은 보험금의 일부를 문서화 작업에 사용하는) 일반 병원에 비해 재정자원이 부족하다. 따라서 '낮은 수준'의 치료를 하게 되고, 그로 인해 다시 엄청난 재정적 불이익을 받고 있다.[33]

의료의 질을 개선하고 의료과실을 줄이기 위해 대규모로 개입할 수 있는 방법을 찾는 일은 지금도 어려운 문제로 남아 있다. 재정적 인센티브는 시스템 내에서 변화에 동기를 부여할 수 있지만, 우리가 원하는 문제를 해결하지 못할 수도 있고 새로운 문제를 야기할 수도 있기 때문이다. 역사와 증거를 통해서도 우리는 치료와 보험금 지급을 연계하는 것이 만병통치약이 아니라는 것을 알 수 있다. 로즌바움은 "그동안 수많은 지표와 그 지표들의 가치를 평가하기 위한 연구가 이뤄지고 있지만, 우리가 과연 정말 중요한 것들을 측정하고 있는지, 정말 중요한 것들이 무엇인지 제대로 파악하고 있는지는 아직 불분명하다"라고 말했다.

재정적 인센티브를 재조정하려는 시도가 우리가 기대했던 대규모의 의료 질 개선으로 이어지지 않는다면, 그 대안은 무엇일까? 확실한 대안이 존재하기는 하는 걸까? 하버드 의과대학 의사이자 보건경제학자인 J. 마이클 맥윌리엄스J. Michael McWilliams는 코로나19가 인센티브의 또 다른 힘을 보여줬다고 주장했다. 그는 2020년에 의료 전문가들이 팬데믹에 대응하는 모습을 관찰한 뒤 다음과 같은 설득력 있는 주장을 했다.

> [그들은] 위험한 상황에서 지쳐 있었다. (…) 하지만 그러면서도 새로운 책임을 받아들였다. (…) 그들은 측은한 마음을 숨기지 않았다. (…) 그들에게는 재정적 인센티브나 성과 측정은 중요하지 않았다. (…) 그들의 이런 모습은 환자를 보살피기 위해 받은 임상훈련과 환자에 대한 본질적인 관심이야말로 그들이 가진 힘 그리고 환자를 더 잘 치료할 수 있다는 희망의 가장 큰 원천이라는 것을 잘 보여준다.[34]

이 말은 의료 서비스 제공자가 환자를 더 잘 치료하게 만드는 요인은 금전적 동기가 아니라 다른 어떤 것이라는 점을 강조한다. 그 동기는 바로 사명감이다.

8장

외과 의사와
중고차 영업사원의
공통점

왼쪽 숫자 편향의 함정

여러분이 식료품점 주인라고 가정해보자. 신학기 시즌을 앞두고 새로운 상품으로 모차렐라 스트링 치즈 패밀리사이즈 팩을 판매하기 위해 준비를 하고 있다고 생각해보자. 도매상에 지불하는 대금과 기타 비용을 고려할 때 8달러 정도에 팔면 될 것 같다는 생각이 든다. 하지만 가격을 정확하게 얼마로 책정해야 할까?

소매업에 종사하지 않아도 우리는 여기서 가격을 7.99달러로 책정해야 한다는 것 정도는 알 수 있다. 사람들은 이런 식으로 가격을 정하는 방식에 익숙해져 있다. 7.99달러는 8달러와 1센트 차이밖에 나지 않지만, 사람들은 같은 상품을 '7달러대' 가격으로 사는 것이 '8달러대' 가격으로 사는 것보다 더 나은 선택이라고 잠재의식에 따라 생각한다. 확실히 7달러대 가격은 8달러대 가격보다 저렴해 보이기 때문이다. 이 현상은 우리의 뇌가, 앞에서 언급한 대표성 휴리스틱, 가용성 휴리스틱 같은 인지편향의 일종인 '왼쪽 숫자 편향left-digit bias'에 지배당한다는 증거다.

소매업체들은 지난 수십 년 동안 이 편향을 활용해오고 있으며, 경제학, 심리학, 언어학에서는 이런 현상을 과학적으로 설명하기 위해 지금도 연구를 진행 중이다.[1] 영어권을 포함한 많은 언어권에서 사람들은 왼쪽에서 오른쪽으로, 즉 숫자의 가장 큰 단위에서 작은 단위로 시선을 이동하며 숫자를 읽는다. 예를 들어, 43 같은 숫자를 읽을 때 우리는 10의 자리 숫자인 4를 먼저 읽은 다음 1의 자리 숫자인 3을 읽는다.[2] 따라서 숫자 43과 78을 비교할 때, 우리 뇌는 그 숫자들을 '아날로그 척도', 즉 우리 잠재의식에 존재하면서 많은 양과 적은 양을 쉽게 비교하게 해주는 '수직선number line, 數直線'(원점의 오른쪽에 양수를, 왼쪽에 음수를 나타낸 직선-옮긴이)에 올려놓는 경향이 있다(이런 머릿속 아날로그 저울은 수학이 발달하기 전에 우리 조상들이 사물의 양을 측정하고 평가하는 데 도움이 됐을 것이다).

우리의 뇌는 어떻게 이런 과정을 가속화할까? 우리는 43과 78을 비교할 때 1의 자리 숫자에는 신경을 쓰지 않는다(40대의 모든 숫자는 70대의 모든 숫자보다 작기 때문이다). 우리 뇌는 첫 번째 숫자들을 비교해 두 숫자가 40대 숫자와 70대 숫자라는 것을 먼저 알아낸다. 이 두 숫자를 잠재의식 속에 존재하는 수직선 위에 올려놓음으로써 78이 43보다 크다고 빠르게 결론을 내리는 것이다.[3] 이에 비해, 10의 자리 숫자가 같은 두 숫자(예를 들어, 53과 55)를 비교할 때 우리 뇌는 수직선에 이 두 숫자를 배치하기 전에 10의 자리 숫자와 1의 자리 숫자를 모두 처리해야 하므로 시간이 좀 더 걸린다.

이 이유 때문에, 모차렐라 스트링 치즈를 살 때 우리 뇌 입장에서는 8.01달러가 8.02달러보다 적다고 우리에게 말하는 것보다 7.99달러가 8.00달러보다 적다고 말하는 것이 더 쉬워지는 것이다.

이보다 더 중요한 것은 왼쪽 자릿수가 다른 경우, 이 예에서처럼, 가격이 1센트밖에 차이가 나지 않는데도 우리 뇌는 아날로그 수직선에서 두 숫자를 서로 더 먼 위치에 배치하는 경향이 있다는 사실이다. 즉, 이는 식료품점에서 보통 10달러 정도에 판매되는 상품의 할인가격이 각각 8.00달러인 경우와 7.99달러인 경우, 보통 7.99달러가 10.00달러에서 훨씬 더 할인이 많이 된 가격이라고 생각한다는 뜻이다.

이제 치즈보다 훨씬 더 중요한 것을 사는 경우를 예로 들어보자.

여러분이 중고차를 산다고 가정해보자. 구매를 위해 알아야 할 세부정보는 무엇일까? 당연히 자동차가 내가 원하는 사양을 갖추고 있는지, 상태가 괜찮은지 알고 싶을 것이다. 그동안의 주행거리도 궁금할 것이다. 주행거리는 자동차를 구성하는 부품들의 전반적인 마모 상태를 나타내는 유용한 지표이기 때문이다. 대부분의 사람들은 중고차를 살 때 얼마나 더 오래 탈 수 있는지를 생각하므로, 주행거리가 3만 마일인 자동차를 8만 마일인 자동차보다 훨씬 더 많은 돈을 주고 구입한다.

예를 들어, 5만 마일의 추가 마모는 차량 가격을 상당히 많이, 아마 몇천 달러쯤 떨어뜨릴 것이다. 4만 마일의 추가 마모는 5만 마일보다는 가격을 덜 떨어뜨릴 것이다. 그렇다면 100마일, 10마일, 심지어 5마일의 작은 차이는 어떨까?

중고차 구매자는 (다른 무엇보다도) 주행거리를 기준으로 차에 대해 얼마를 더 지불할지 주관적으로 판단을 내릴 수밖에 없다. 일반적으로 주행거리가 많을수록 차의 가치가 낮게 인식되지만, 주행거리에 따라 가치가 달라지는 정도는 사람마다 다를 수 있다. 구매자는 켈리블루북Kelley Blue Book(과거 거래기록을 기반으로 중고차 가격을 제시하는 자동차 가치평가 전문기업) 같은 곳에서 가격 정보를 얻기도 하지만, 최종적으로는 자신의 이익을 극대화하려는 판매자와 협상해 최종 가격에 합의를 해야 한다.[4]

그렇다면 이런 모든 상황에서 왼쪽 숫자 편향은 어떤 역할을 할까? 왼쪽 숫자 편향은 가격이 8,999달러인 자동차를 9,000달러인 자동차보다 약간 더 많이 팔리게 만들 것이다. 하지만 우리가 여기서 다루고자 하는 왼쪽 숫자 편향은 가격뿐만 아니라 수량을 비교하려는 대부분의 경우에서 나타난다.

토론토 대학교의 경제학자 니콜라 라세테라Nicola Lacetera, 시카고 대학교의 데빈 포프Devin Pope, 위스콘신 대학교 매디슨의 저스틴 시드너justin Sydnor는 자동차 주행거리 인식에 왼쪽 숫자 편향이 어떻게 작용해 자동차에 대한 가치 인식을 변화시키며, 그 변화로 인해 자동차의 판매가격이 어떻게 달라졌는지 연구하기 위해 2200만 건 이상의 중고차 판매 사례를 분석했다.[5] 연구자들은 2만 마일 또는 5만 마일처럼 '이정표적인' 주행거리로 생각되는 주행거리에 약간 못 미치는 주행거리를 가진 자동차의 가치가, 실제 가치와 다르게 인식될 것이라는 가설을 세웠다. 즉, 연구자들은 주행거리가 3만 9993마일인 2003년식 토요타 캠리가 나머지 조건이 동일하지만 주행거리가 4만 19마일인 2003년식 토요타 캠리보다 훨씬 비싸게 팔렸을지 알아보고자 했던 것이었다. 예를 들어, 주행거리가 4만 마일 바로 밑인 자동차들은 4만 마일이 조금 넘는 자동차들과 본질적으로 동일할 것으로 예상되기 때문에, 이 두 그룹의 관계는 서로 반사실적이다. 주행거리가 4만 마일이 조금 넘는 자동차는 주행거리가 3만 9900마일대인 자동차들이 조금만 더 주행했다면 얼마에 팔렸을지 알려줄 수 있으며, 그 반대의 경우도 성립한다. 따라서 이 상황은 자연실험의 조건을 충족한다.

연구자들은 이 중고차 2200만 대의 주행거리를 500마일 단위로 반올림해 그룹별로 분류했다(예를 들어, 주행거리가 2만 2000~2만 2499마일인 자동차들이 같은 그룹에 배정되고, 2만 2500~2만 2999마일인 자동차들은 그다음 그룹에 배정됐다). 그런 다음, 연구자들은 연구팀이 자체 개발한 통계모델에 기초해 자동차의 기본 특성(제조사, 모델, 연식)이 판매가격에 기여하는 부분을 판매가격에서 뺐다. 최종 판매가격 중에서 자동차의 가치에 대한 구매자와 판매자의 주관적인 판단에 의해 결정되는 부분, 즉 '잔존 판매가격residual sales price'만을 계산해내기 위해서였다. 자동차의 주행거리를 기준으로 이 잔존 판매가격을 계산한 결과, 다음과 같은 결과가 나왔다.

연구자들의 예상대로, 자동차의 주행거리가 많을수록 잔존 판매가격이 낮아졌다. 주행거리가 늘어날 때마다 마모와 손상이 더해져 자동차의 가치가 떨어지기 때문에 이는 당연한 결과다. 하지만 '이정표적인' 주행거리 수치에 도달하는 지점, 즉 만 마일 단위가 바뀌는 모든 지점에서 가격이 급격하게 떨어졌다. 즉, 9,500~9,999마일 그룹에서 1만~1만 499마일 그룹으로 바뀔 때, 1만 9500~1만 9999마일에서 2만~2만 499마일 그룹으로 만 마일 단위가 바뀔 때 가격이 갑자기 떨어지는 현상이 발생했다.

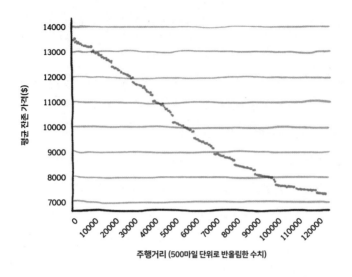

평균 잔존 가격($)

주행거리 (500마일 단위로 반올림한 수치)

　　이렇게 가격이 급격하게 떨어지는 지점을 '불연속성' 지점이라고 부른다. 일반적으로 우리는 주행거리가 늘어남에 따라 가격이 연속적이고 지속적으로 떨어질 것으로 예상하지만, 이런 이정표적인 지점에서는 하락세가 가팔라지는 독특한 현상이 발생한다. 이런 이정표적인 주행거리 수치에 도달하는 지점에서의 불연속적인 가격 하락은 주관적인 요인에 의한 것이라고 추정할 수밖에 없다. 9,500마일, 1만 500마일, 1만 1000마일 지점을 지날 때와 1만 마일 지점을 지날 때, 자동차가 객관적으로 다르지는 않기 때문이다.

　　자동차가 이런 이정표적인 주행거리 지점을 통과할 때 확실하게 달라지는 것은 주행거리계의 가장 왼쪽 숫자뿐이다. 따라서 이런 결과를 합리적으로 설명할 수 있는 요인은 왼쪽 숫자 편향밖에 없다.

따라서 식료품점에서든 중고차 매장에서든 왼쪽 숫자 편향은 우리가 수량을 인식하는 방식에 영향을 미친다고 할 수 있다. 하지만 소비자만 숫자를 비교하는 것은 아니다. 의사로서 우리는 환자의 나이, 검사 결과, 인공호흡기나 엑스레이 사진에 표시되는 숫자 등을 끊임없이 보고 있으며, 이런 수치들에 기초해 신속하게 의사 결정을 내린다. 그렇다면 여기서 의문이 생긴다. 의사의 결정도 왼쪽 숫자 편향의 영향을 받을까? 만약 그렇다면 이 편향의 영향을 받은 의사의 결정이 환자에게 어떤 영향을 미칠까?

이제 막 40세가 된 환자에게 내려진 진단

심장마비로 응급실에 실려 갔다가 수석 심장 전문의가 학술대회에 참석하느라 자리를 비웠다는 사실을 알게 된 77세 여성 로버타를 다시 떠올려보자(6장 참조). 로버타는 낙엽을 긁어모으던 중 숨이 가빠지고 가슴이 답답해졌다. 현장에 도착한 구급대원들은 심장마비를 의심하고 즉시 심전도 검사를 실시했다.

구급대원들이 로버타의 증상이 심장마비라고 생각한 이유는 나이였다. 70대 노인에게 심장질환은 매우 흔하게 발생하기 때문이다. 27세 여성이 호흡곤란과 가슴 답답함을 호소한다면 구급대원이 가장 먼저 생각하는 것은 심장마비가 아닐 수도 있다. 심장질환은 20대에서는 매우 드물게 발생하기 때문이다. 대신 구급대원은 20대에게서 더 흔한 천식 같은 질환을 의심했을 것이다.

의사, 구급대원, 간호사 등 신속한 판단을 내려야 하는 직업을 가진 사람들은 일반적으로 경험을 통해 더 나은 판단을 내릴 수 있으며, 이는 우리가 교육에 많은 시간을 투자하는 중요한 이유이기도 하다. 우리 의사들은 점점 더 많은 환자를 진료하면서 어떤 질병이 흔하거나 흔하지 않은지, 어떤 환자에게서 이러한 질병이 잘 발생하는지, 어떤 질병의 증상이 전형적이거나 비정형적인지 등에 대한 감각을 연마한다. 교육과 경험을 통해 의사들은 머릿속에서 '질병 스크립트illness script'를 만들어낸다.[6] 질병 스크립트란 다양한 질병을 발견해내는 방법들이 정리된 일종의 매뉴얼 같은 것이다.

예를 들어, 폐렴에 대한 질병 스크립트에는 폐렴에 걸릴 수 있는 사람들(고령 환자, 면역체계가 약한 환자, 폐질환 환자 등), 폐렴의 전형적인 징후와 증상(며칠간 계속되는 기침, 호흡곤란, 발열), 일반적인 검사 결과(흉부 엑스레이 이상, 백혈구 수치 상승)에 대한 정보가 포함될 수 있다. 의사들은 이런 특징들을 충분히 갖춘 사례를 발견하면 폐렴에 관한 질병 스크립트가 머릿속에서 떠올라 최소한의 인지적 노력으로 진단을 내릴 수 있다.

이런 질병 스크립트는 의사의 진단에 도움을 준다는 점에서 휴리스틱의 일종이라고 할 수 있다. 따라서 이런 휴리스틱을 통해 빠르게 진단을 내리는 일도 다양한 편향의 영향을 받을 가능성이 매우 높아 보인다.

컬럼비아 대학교의 경제학자 스티븐 쿠센스Stephen Coussens는 대학원생 시절부터 왼쪽 숫자 편향이 의료에 미치는 잠재적 영향에 대해 관심을 가지고 응급실 의사들의 진단 추론에 대해 연구하기 시작했다.[7] 그는 대부분의 의사들이 참고하는 심장마비 관련 스크립트의 고전적인 내용, 즉 40세 이상 환자에게서 발생할 가능성이 높다는 내용에 주목했다. 대부분의 의사들은 이 스크립트에 따라, 다른 면에서는 모두 비슷한 30대와 40대를 비교할 때 40대에서 심장마비가 발생할 확률이 높다고 생각한다.

여기서도 자연실험이 성립할 수 있다. 무작위로 선정된 두 그룹의 환자를 마흔 살을 바로 앞둔 그룹과 막 마흔 살이 된 그룹으로 나눈다고 가정해보자. 심장마비 위험은 두 그룹 사이에서 어떤 차이가 있을까? 일반적으로 심장마비 위험은 나이가 들수록 증가하지만, 마흔 살 전후의 몇 달 사이에 심장마비 위험이 증가하는 정도는 미미할 것이다. 이는 몇 달의 차이를 제외하면, 의학적으로도 생물학적으로도 이 두 환자 그룹은 본질적으로 동일해야 한다는 뜻이다. 따라서 두 그룹은 서로에게 반사실적 관계에 있다.

물론, 거의 40세인 환자는 정확하게는 39세다. 왼쪽 숫자 편향이 작용한다면, 응급실 의사는 거의 40세인 환자가 흉부 압박감을 호소할 때보다, 몇 달이 지나 이 환자가 실제로 마흔이 넘어 같은 증상을 호소할 때 잠재의식 속에서 '심장마비 질병 스트립트'를 활성화할 가능성이 높을 것이다.

40세 생일 전후로 5년 이내에 어떤 이유로든 응급실을 찾은 560만 명의 환자(이 중 약 100만 명은 40세 생일로부터 1년 이내)를 대상으로 한 분석을 통해, 쿠센스는 왼쪽 숫자 편향이 트로포닌[troponin] 혈액검사로 심장마비의 증거를 확인하려는 의사의 결정에 영향을 미칠 수 있는지 살펴봤다.[*] 구체적으로, 쿠센스는 3개월 단위(예를 들어, 39세 0~2개월, 39세 3~5개월 등)로 환자를 연령별로 분류한 후, 의사가 환자의 나이에 따라 트로포닌 검사를 지시한 비율이 어떻게 달라졌는지 정량화했다.

왼쪽 숫자 편향이 영향을 미치지 않았다면, 중고차의 가치가 주행거리가 늘어날수록 완만하게 하락할 것으로 예상되는 것처럼, 심장마비 진단을 위한 트로포닌 혈액검사 확률도 연령에 따라 완만하게 상승해야 했다. 반면, 왼쪽 숫자 편향이 영향을 미쳤다면 이 확률 분포에서도 불연속성이 나타나야 했다. 즉, 40세가 막 넘었을 때 갑자기 트로포닌 검사 확률이 높아졌어야 했다. 분석 결과는 다음과 같았다.

40세가 되면 갑자기 응급실에서 심장마비 검사를 받는 환자가 훨씬 더 많아지기 시작했다. 이정표적인 주행거리 지점들에서 중고차 가격이 갑자기 하락했듯이, 검사 확률이 완만하게 증가하던 38세, 39세, 41세와 비교했을 때 40세에 갑자기 확률이 증가한 것은 뭔가 특별한 요인이 작용한 결과일 가능성이 높았다.

40세 환자들이 38세, 39세, 41세의 환자들과 다른 점은 30대를 벗어나 막 40대에 접어들었다는 것밖에는 없다. 따라서 이는 응급실 의사들의 진료에 왼쪽 숫자 편향이 작용했음을 시사한다. 마흔에 가까워졌지만 엄밀히 말하면 '30대'인 환자가 심장마비 검사를

---

* 트로포닌은 심장 근육세포를 비롯한 다양한 근육세포에서 발견되는 단백질이다. 심장마비가 발생하면 심장으로의 혈액 공급이 차단돼 트로포닌을 혈액으로 방출하는 심장 근육세포가 손상된다. 따라서 일반적으로 의사는 환자에게서 심장마비가 의심될 경우 혈중 트로포닌 수치가 높은지 확인한다.

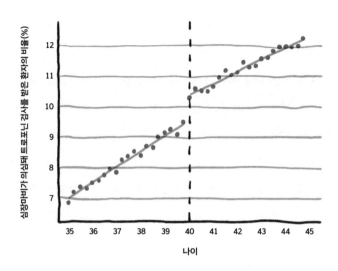

받은 비율은 9%를 조금 넘었고, 거의 같은 나이지만 엄밀히 말하면 '40대'인 환자가 같은 검사를 받는 비율은 10%를 조금 넘었다. 환자의 연령대가 올라감에 따라 완만하게 검사 비율이 증가한다는 사실을 고려할 때, 40세에서 상대적인 검사 비율이 갑자기 9.5% 늘어난 것은 환자들의 실제 나이가 아니라 인지되는perceived 나이 때문이라고 볼 수 있다. 이 비율의 차이가 작아 보일 수도 있다. 하지만 이 차이는 미국에서 매년 수천, 수만 건의 검사가 환자의 근본적인 생물학적 특성과 상관없이 완전히 자의적인 이유로 시행되고 있음을 시사한다.

　쿠센스는 이 실험에서 한 걸음 더 나아가, 이런 검사 비율 증가가 심장마비를 비롯한 다양한 관상동맥 질환들에 대한 진단 증가로도 이어지는지 확인했고, 그 결과 비슷한 패턴을 발견했다.

40세가 되면 심장질환 진단율이 갑자기 19.3% 증가하는 것으로 나타났다. 이 차이는 의사들이 더 자주 검사를 실시함에 따라 심장질환을 발견할 가능성이 높아졌기 때문일 수도 있고, 의사가 '40대' 환자들을 관상동맥 질환 환자로 분류할 가능성이 높았기 때문일 수도 있으며, 이 두 가지 요인이 함께 작용한 결과일 수도 있다. 또한 이 차이는 의료 시스템 전체에 걸쳐 40세를 목전에 둔 환자들이 심장질환 진단을 실제보다 적게 진단받거나, 40세를 막 넘은 환자들이 심장질환 진단을 실제보다 더 많이 받고 있을 수 있다는 추론을 가능하게 한다. 이 두 경우 중 어떤 경우든, 이 연구의 결론은 왼쪽 숫자 편향이 응급실 의사들의 진료에 영향을 미치고 있다는 것을 확실하게 보여주는 증거라고 할 수 있다.

환자의 나이는 얼마나 중요한 정보일까?

환자의 나이는 의사가 진단 결정을 내릴 때 고려해야 하는 가장 중요한 특성 중 하나다. 나이에 따라 환자의 증상이 특정 질병으로 인한 것일 가능성이 크게 달라지기 때문이다. 젊은 환자에게 심장마비가 흔하지 않은 이유는 심장마비가 수십 년 동안 관상동맥이 좁아진 결과인 경우가 많기 때문이다. 반면, 성인에게서는 매우 드물게 발생하는 질환도 많다. 예를 들어, 관상동맥에 발생하는 염증성 질환인 가와사키병Kawasaki disease은 어린아이에게만 발생한다. 따라서 나이는 이런 질환들에 대한 '질병 스크립트'의 핵심 부분을 차지하며, 이는 의사들의 진단 정확도가 왼쪽 숫자 편향 같은 나이 기반 편향에 특히 영향을 많이 받는다는 뜻이다.

이처럼 나이는 의사가 적절한 진단을 내리는 데 도움이 될 뿐만 아니라 치료방법을 결정하는 데도 도움이 된다. 예를 들어, 의사는 어떤 치료법이 60세 환자에게는 안전하고 효과적이지만 90세 환자에게는 그렇지 않다고 판단할 수 있다. 그렇다면 여기서 의문이 생긴다. 실제로 나이는 의사의 진단뿐만 아니라 치료방법 결정에도 영향을 미쳤을까?

치료 결정을 명확하게 내리기 힘들기 때문에 주관과 편견이 개입하기 쉬운 고령 환자의 심장마비 개심술open-heart surgery(흉부를 절개해 열고 심장의 근육, 판막 또는 동맥을 수술하는 모든 유형의 수술)을 예로 들어보자. 환자가 심장마비로 내원하면 심장 전문의는 막힌 관상동맥을 찾아내려고 노력한다. 심장마비는 약물만으로 치료 가능한 경우도 있지만, 막힌 관상동맥에 스텐트를 삽입해 혈관 막힘 증상을 완화시켜야 하는 경우도 있다. 스텐트 삽입술은 캐스 랩(6장 참조)에서 이뤄지는 최소한의 침습적 시술이다. 또한, 관상동맥이 막혔을 경우 혈액이 다른 쪽으로 '우회bypass'할 수 있도록 막힌 관상동맥 주위에 혈관을 추가하는 대규모 수술인 관상동맥우회술이 필요한 경우도 있다.

상상이 되겠지만, 관상동맥우회술에는 많은 위험이 따른다. 따라서 이 수술은 단기적인 합병증 위험이 잠재적인 이점, 즉 수명 연장보다 적을 때 시행된다. 수술을 받았을 때의 위험이 수술을 받지 않았을 때의 위험보다 더 큰 환자들이 있기 때문이다. 이는 심장외과 전문의가 관상동맥우회술 시행을 결정할 때, 어떤 환자에게 수술이 도움이 되고 어떤 환자에게 해가 될 가능성이 더 높은지 신중하게 판단해야 한다는 뜻이다. 의사 입장에서는 이런 결정을 내리기 어려울 때가 많다. 응급실 의사가 훈련과 경험을 바탕으로 다양한 진단에 대한 감각을 잠재의식적으로 발달시키는 것처럼, 심장외과 전문의도 비슷한 과정을 통해 환자가 관상동맥우회술 시행으로 혜택을 보거나 해를 입을 가능성이 있는지 예측한다.

당연히 환자의 나이는 이 예측 과정에서 핵심적인 역할을 한다. 일반적으로 고령 환자는 젊은 환자보다 심장마비 발생 후 어려움을 겪을 가능성이 더 크며, 어떤 치료를 받더라도 사망 위험이 더 높다. 또한 고령 환자는 수술 합병증으로 고생할 가능성도 더 높으며, 수술 후 전반적인 생존율도 낮다.[8] 반면, 관상동맥우회술 시행 이후 환자가 잘 회복하면 수명이 연장되고 (수명 연장 기간과 상관없이) 남은 삶의 질이 향상될 수 있다.

2020년에 〈뉴잉글랜드 의학저널〉에 발표된 연구에서 우리(바푸, 앤드루 올렌스키, 하버드 의과대학 심장 전문의이자 건강정책 연구원인 안드레 지머만André Zimerman, 스티븐 쿠센스)는 심장마비 진단을 받은 메디케어 연령대 고령 환자들이 관상동맥우회술을 받은 비율을 조사했다.[9] 우리는 80세 전후에 왼쪽 숫자 편향이 작용할 수 있다는 가설을 세웠다. 대부분의 80대 환자는 인생의 마지막 10년을 보내고 있으며, 70대 환자보다 수술의 혜택을 더 적게 받을 가능성이 있기 때문이다.

환자에 대한 심장외과 전문의의 평가는 환자의 병력에 대한 객관적 데이터와 환자에게 수반되는 잠재적 위험과 이점에 대한 다소 주관적인 평가로 구성된다. 여기서 중요한 사실은 이런 상황에서 80세 전후의 환자들에 적용할 수 있는 가이드라인이 확실하게 존재하지 않는다는 것이다.[10] 따라서 우리는 이 환자들에 대한 심장외과 전문의의 주관적인 평가에 왼쪽 숫자 편향이 작용할 것이라는 가설을 세웠다. 즉, 우리는 심장외과 전문의들의 머릿속에도 아날로그 수직선이 존재할 것이므로 79세 환자가 80세 환자보다 삶의 끝에서 더 멀리 있다는 생각을 할 것이고, 그에 따라 수술의 이득(심장 기능 개선으로 인한 수명 연장)이 80세 환자보다 79세 환자에게 더 크리라고 생각할 가능성이 있다고 예측했다. 과연 실제로 왼쪽 숫자 편향이 심장외과 전문의가 수술의 이득과 손해에 대해 판단할 때 역할을 했을까?

이 의문에 대한 답을 찾기 위해 우리는 메디케어 데이터를 기초로 80세 생일 전후 2주 내에 심장마비로 내원한 환자들(즉, 내원 당시 나이가 79세 50주에서 80세 2주 사이인 환자)을 찾아냈다. 우리는 나이가 79세 50주인 환자와 80세 2주인 환자는 본질적으로 같고, 70세와 80세라는 광범위한 라벨만 다를 뿐이라고 가정했다. 따라서 두 그룹 간의 차이는 '79세'로 분류된 환자와 '80세'로 분류된 환자를 치료하는 방법의 차이에 기인한다고 할 수 있었다.

항상 그렇듯이, 가장 먼저 해야 할 일은 이 두 그룹이 본질적으로 동일하며 서로에 대해 대조 그룹 역할을 할 수 있다는 증거를 찾는 것이었다. 우리는 80세에 약간 못 미치거나 80세가 약간 넘은 심장마비 환자 약 9,500명의 기본적인 특성을 살펴본 결과, 성별이나 인종, 장애 여부, 메디케이드 자격, 기존 심장질환 보유 이력, 폐질환, 당뇨병, 고혈압, 고콜레스테롤혈증, 뇌졸중, 암, 치매 발병률에 차이가 없는 것을 확인했다. 또한 두 그룹 간의 입원 비율에도 차이가 없었으며, 이는 응급실에서의 심장마비 진단 검사 실시 여부 또는 환자 입원 결정에 왼쪽 숫자 편향이 영향을 미치지 않았다는 것을 시사한다. 마지막으로, 우리는 의사들의 심장의학 학술대회 참가 여부가 사망률에 미치는 영향에 대한 연구에서처럼, 왼쪽 숫자 편향이 심장마비 증상의 경중에 따라, 즉 STEMI 유형인지 비 STEMI 유형인지에 따라 효과의 존재 여부가 달라지는지 조사했지만, 차이는 관찰되지 않았다.

따라서 이 두 그룹은 서로에게 확실히 반사실적이었고, 자연실험 성립을 위한 조건이 충족됐다.

이 자연실험을 통해 우리는 80세 생일 전 2주 이내에 심장마비로 내원한 환자는 7.0%가 수술을 받은 반면, 80세 생일 후 2주 이내에 내원한 환자는 5.3%가 수술을 받았다는 사실을 발견했다.* 우리는 이 두 그룹이 나이를 제외한 나머지 모든 부분에서 비슷하다고 판단했기 때문에, 수술 비율의 차이 1.7%p는 나이가 '79세'로 분류된 환자들에 대한 의사들의 주관적인 인식이 '80세'로 분류된 환자들에 대한 의사들의 주관적인 인식과 어떻게 다른지 보여주는 수치라고 보았다. 즉, 이 결과는 80세 생일 후 2주 이내에 심장마비

---

* 기준선 특성과 관련될 수 있는 교란인자들을 고려한 후에도 결과는 변하지 않았다. 이는 아마도 두 그룹이 이미 서로 매우 유사했기 때문일 것이다.

로 내원한 환자 59명 중 한 명은 단지 80세 생일이 지났기 때문에 수술을 받지 못했다는 뜻이다.

그렇다면 이 차이가 왼쪽 숫자 편향 때문이라는 것을 어떻게 확인할 수 있을까? 정말 왼쪽 숫자가 환자의 위험에 대한 인식을 바꾼 것이라면, 왼쪽 숫자가 바뀌지 않았을 때는 생일에 따른 수술률에 차이가 없어야 했다. 따라서 우리는 77세부터 83세까지, 생일 전후 2주 이내에 심장마비를 겪은 환자를 대상으로 다시 분석을 시행했다.

왼쪽 숫자가 변하지 않는 생일의 경우, 생일에 따라 관상동맥우회술 수술률에 약간의 차이가 있었지만 통계적으로 유의미한 차이는 아니었다. 오직 80번째 생일만이 수술률의 유의미한 감소와 연관이 있었고, 이는 왼쪽 숫자 편향이 차이를 유발하는 경우에 예상할 수 있는 결과였다.

그 후 우리는 생일을 중심으로 진행된 이전의 자연실험들에서처럼, 메디케어 환자들에게 가짜 생일을 배정하고 가짜 80세 생일에 가까운 시점에 심장마비를 겪은 환자들을 찾아내 분석을 다시 시행했다. 왼쪽 숫자 편향에 의해 관상동맥우회술 수술률의 차이가 발생했다면, 가짜 생일 전 2주 이내에 심장마비를 겪은 환자들과 가짜 생일 후 2주 이내에 심장마비를 겪은 환자들의 관상동맥우회술 수술률이 차이가 나지 않았어야 했고, 실제로 차이가 관찰되지 않았다.*

이 시점에서 우리는 80세 생일이 막 지난 환자들이 관상동맥우회술을 훨씬 더 적게 받은 것은 왼쪽 숫자 편향이 수술 시행 결

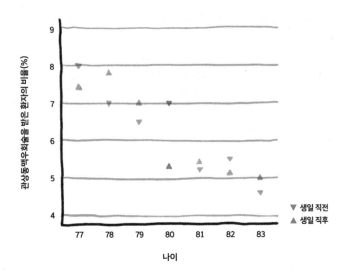

정에 영향을 미쳤다는 매우 설득력 있는 증거라고 확신할 수 있었다. 우리의 다음 의문은 왼쪽 숫자 편향이 이 환자에게 미친 영향에 관한 것이었다. 이 환자들은 한편으로 보면 심장 혈류 개선 수술을 받을 기회를 놓쳤다고 할 수도 있고, 다른 한편으로 보면 상당한 위험이 수반되며 수술 후 회복이 어려울 수 있는 대규모 개심수술을 피했다고 할 수도 있다.

왼쪽 숫자 편향이 수술률에 미치는 영향이 환자의 결과에서 의미 있는 차이로 이어졌는지 알아보기 위해, 우리는 수술 1년 후 환자의 생존 여부(1년 사망률)를 조사했다. 80세가 조금 안 된 환자

---

* 또한 이 분석은 두 그룹 간의 작은 실제 나이 차이(최대 4주)가 관상동맥우회술 시행 결정에 당연히 영향을 미치지 않았다는 것도 보여줬다.

와 80세가 조금 넘은 환자 간에는 관상동맥우회술 시행 여부를 제외한 다른 조건의 차이가 없었기 때문에, 우리는 두 그룹 간의 사망률 차이가 있다면 그 차이는 수술률 차이에 의해서만 발생할 것이라고 생각했다.

이번에는 수술률이 아닌 사망률에 대해서만 유사한 분석을 수행했고 그 결과, 우리는 80세 생일 직전에 심장마비로 입원한 환자와 그 직후에 입원한 환자 간의 1년 사망률에 큰 차이가 없다는 것을 발견했다. 즉, 약 80세 환자의 경우 관상동맥우회술 시행이 항상 1년 생존율 개선으로 이어지지는 않았다(만약 그랬다면 수술 가능성이 더 높은 80세 미만 환자의 사망률이 감소했을 것이다).

그렇다고 해서 이 수술이 이 연령대의 일부 환자에게 도움이 되지 않는다는 것은 아니다. 이는 평균 수치이며, 수술을 받는 것이 확실하게 더 유리한 환자들도 있다. 하지만 '경계에 있는' 환자, 즉 수술을 받는 것과 받지 않는 것의 장점과 단점이 비슷하다고 의사가 판단한 환자의 경우, 수술을 받지 않았을 때는 당연히 수술로 인한 고통이나 불편함, 개심술에 수반되는 위험 등이 없기 때문에 수술을 받았을 때와 비슷한 정도로 사망률이 내려갈 수 있다.

식료품점에서 7.99달러에 판매되는 상품이 생각만큼 좋은 상품이 아니라는 사실을 깨닫지 못하는 사람은 '푼돈은 아끼지만 큰돈은 낭비하는' 사람이라고 할 수 있다. 하지만 왼쪽 숫자 편향이 수술 결정에 미치는 영향은 이와는 다른 문제다. 심장외과 전문의들은 일반적으로 고령 환자가 젊은 환자보다 관상동맥우회술의 혜택을 받을 가능성이 낮다는 것을 확실하게 알고 있다. 이들은 실제로 '80대' 환자가 '70대' 환자보다 수술의 위험성에 노출될 가능성이 높다는 것을 알고 그에 따라 수술 결정을 내리기 때문에 '큰돈을 아끼는' 사람들이라고 볼 수 있다. 하지만 이들은 79세 환자와 80세 환자 사이의 차이 같은 미세한 차이에 대해서는 왼쪽 숫자 편향의 지배를 받는 '푼돈을 낭비하는' 사람들이다.

왼쪽 숫자 편향은 응급실 의사들의 진료와 심장마비 치료를 위한 수술 결정 외에도 다양한 의학적 결정에 영향을 미친다는 증거가 다른 연구자들의 후속연구를 통해 속속 발견되고 있다. 예를 들어, 왼쪽 숫자 편향은 신장이식에도 영향을 미친다는 증거가 발견됐다.[11] 연구자들은 수만 개의 기증 예정 장기에 대한 데이터가 포함된 국가 장기기증 데이터베이스의 자료를 토대로, 70세인 잠재적 기증자의 신장이 나이가 비슷한 69세 환자의 신장보다 품질이 낮다고 인식돼, 이식되지 않고 폐기될 가능성이 훨씬 더 높다는 사실을 발견했다. 또한 연구자들은 혈중 크레아티닌 수치(수치가 높을수록 신장 기능이 나쁨을 나타내는 신장 기능 측정치)가 2.0데시리터당밀리그램인 잠재적 기증자의 신장이, 크레아티닌 수치가 1.9데시리터당밀리그램인 잠재적 기증자의 신장과 매우 유사함에도 불구하고 기증되지 않고 폐기될 가능성이 높다는 사실을 발견했다.*[12]

* 이식에 사용할 수 있는 장기의 수를 과도하게 감소시키는 요인이 무엇인지에 대해서는 추가로 연구가 필요하며, 이런 요인들이 이식 수혜자에게 미치는 영향에 대한 더 많은 연구가 이뤄져야 이 문제가 얼마나 심각한지 더 잘 알 수 있게 될 것이다.

담석이 소화에 필요한 담즙 유출을 막아 발생하는 급성 담낭염을 앓는 약 13만 명의 메디케어 연령대 환자를 대상으로 한 또 다른 연구에서는, 79세와 89세 환자가 각각 비슷한 연령인 80세와 90세 환자보다 수술을 받을 가능성이 훨씬 더 높은 것으로 나타났다.[13] 수술 위험이 낮다고 간주되는 환자의 경우 담낭을 외과적으로 제거하는 담낭절제술이 일반적인 치료법이다. 하지만 고위험군 환자의 경우 수술 대신 덜 침습적인 치료법을 시도하기도 한다.*

마지막으로, 국립 암 데이터베이스를 이용해 직장암 환자 약 10만 명을 대상으로 진행한 연구에서 연구자들은 '가이드라인 준수' 치료, 즉 환자 개개인의 직장암 유형과 단계에 따라 권장되는 수술, 방사선치료, 화학치료를 받은 비율에 왼쪽 숫자 편향이 영향을 미쳤는지 확인했다.[14] 연구팀은 58세 또는 59세 환자가 60세 환자보다 가이드라인 준수 치료를 받은 비율이 훨씬 더 높았지만, 60세 환자와 61세 또는 62세 환자 사이에는 차이가 없다는 사실을 발견했다. 이 환자들의 생존율이나 삶의 질과 같은 중요한 결과와 관련해 왼쪽 숫자 편향의 존재가 어떤 의미로 해석될 수 있는지는 아직 확실하지 않다.

연구 결과, 암 환자의 경우는 60세, 신장이식의 경우 70세, 담낭 환자의 경우 80세가 중요한 것으로 나타났다. 다시 말해, 의사가 환자의 '늙음'에 대해 판단하기 위해 사용되는 마법의 10년 기

---

* 이 연구에서는 69세와 70세 사이의 수술률에 차이가 없었으며, 이는 외과 의사들이 '60대' 환자가 '70대' 환자와 위험 측면에서 크게 다르지 않다고 인식했음을 시사한다.

준은 존재하지 않는다. 오히려 '늙음'은 질병의 특성에 의해 정의 된다고 할 수 있다.

선은 어딘가에 반드시 그어져야만 한다

의료 실수 중에는 예측이 불가능한 것들이 있다. 지난 장에서 언급 한 크리스의 약 처방 실수 사례에서 알 수 있듯이, 어떤 환자가 실 수의 희생양이 될지 예측하기란 어렵다. 따라서 병원에서는 약을 투여할 때마다 바코드 스캔을 통해 올바른 약이 올바른 환자에게 전달되도록 하는 등 오류가 발생할 가능성을 최소화하기 위한 시 스템이 갖춰져 있다.

하지만 앞서 설명한 왼쪽 숫자 편향으로 인한 실수는 예측이 어느 정도 가능하다. 물론, 그렇다고 의사들이 미래를 예측할 수 있다는 것은 아니다. 이를테면 주행거리가 5만 마일인 중고차가 4만 9995마일인 중고차보다 일반적으로 더 저렴한 가격에 거래된 다는 것을 추측할 수 있는 것처럼, 39세가 40세보다 응급실에서 심 장질환을 과소 진단받을 위험이 더 크다는 것도 합리적으로 예상 할 수 있다. 위의 두 경우 모두에서 문제는 예측 가능한 인지오류 에 있다.

앞서 살펴본 사례들을 통해, 우리는 왼쪽 숫자 편향이 대표성 편향과 결합해 의사가 환자를 인식하는 방식에 영향을 미친다는 것을 알게 됐다. 그러나 왼쪽 숫자 편향은 의사가 환자를 분류하고 그에 근거해 진료하는 일 외에도 다양한 측면에서 환자 진료에 영향을 미친다.

의료 서비스에서는 나이를 기준으로 환자를 그룹으로 묶는 일처럼 환자에게 실질적인 영향을 미칠 수 있는 일들이 매우 다양한 방식으로 매우 자의적으로 이뤄지고 있다.

예를 들어, 미국 질병예방특별위원회Preventive Services Task Force, USPSTF는 암의 조기발견을 위해 선별검사screening test(어떤 질병의 조기 단계에서 이를 진단하기 위해 증상이 없는 사람을 대상으로 집단검진으로 행해지는 검사)를 권장한다. USPSTF는 50세부터 75세까지 모든 성인이 대장암 선별검사를 받을 것을 권고하는데, 이 경우 49세 또는 76세의 경우 대장암에 걸릴 위험이 50세 또는 75세와 비슷함에도 불구하고 대장내시경 선별검사를 받을 확률이 더 낮다.[15] 또한 USPSTF는 20년간 하루 평균 한 갑 이상의 담배를 피운 50~80세 성인은 매년 CT 스캔을 통한 폐암 검진을 받을 것을 권장하는데, 이 경우 49세와 81세의 성인은 검진 대상자들과 비슷한 위험에 노출되지만 폐암 검진을 받을 가능성이 낮다(20년 동안 평균 하루 한 갑에 조금 못 미치는 양의 담배를 피운 사람 역시 마찬가지다).[16]

물론 이렇다고 해서 USPSTF를 탓할 수는 없다. 선은 어딘가에는 반드시 그어야 하기 때문이다. 하지만 선을 어디에 긋든 컷오프는 피할 수 없으며, 그 컷오프는 자의적인 방식으로 선 양쪽의 환자를 나누게 될 것이다. 따라서 모든 종류의 컷오프는 의학을 포함한 많은 연구 분야에서 자연실험의 훌륭한 원천이 된다.

미국인들이 가장 먼저 경험하는 의미 있는 나이 컷오프 중 하나는 법적 성인이 되는 18세다. 18세는 청소년기가 점진적으로 지속되는 나이로, 속도는 개인에 따라 다르지만 일반적으로 10대 초중반에 시작돼 20대까지 이어지는, '어린이'에서 '성인'으로의 발달 시기의 한 시점이다. 물론 청소년이 18세가 되는 날 갑자기 생물학적 변화가 일어나는 것은 아니다. 하지만 세상은 18세가 되는 순간 갑자기 청소년을 다르게 대하며, 의료도 예외가 아니다(미국에서 청소년adolescent은 공식적으로 24세 미만을 뜻하며, 만 18세부터 24세 미만은 '젊은 성인young adult'이란 이름으로 부르기도 한다-옮긴이).

우리(크리스, 바푸, 우재민, 하버드대 교수 마이클 바넷)는 '어린이'에서 '성인'으로의 갑작스러운 분류 변경이 의료에 어떤 영향을 미치는지 알고 싶었다. 18세 미만의 청소년은 '어린이'로 분류되기 때문에 크게 두 가지 주요 이유로 '성인'으로 분류되는 청소년과 다른 대우를 받는다(이 책에서 '어린이'는 성인이 아닌 모든 사람을 뜻한다. UN 아동권리협약도 마찬가지로 전 세계의 만 18세 미만인 자를 어린이로 본다-옮긴이). 첫째, 특정 치료 또는 의학적 개입의 위험과 혜택이 '어린이'와 '성인'에게 적용될 때 다르게 인식될 수 있다. 18세 생일이 얼마 남지 않은 누군가를 치료하는 의사는 10대 청소년을 치료하는 방식과 비슷한 방식으로 치료할 수 있는 반면, 같은 의사가 막 18세가 된 누군가를 치료하는 경우는 그 누군가를 '젊은 성인'으로 대할 수 있다. 두 번째 이유는 인지편향과 관련이 없는 이유다. 응급실에 실려 온 '어린이'는 성인 담당 대신 소아청소년 담당 의사나 간호사를 만나게 되고, 성인 담당 구역(밋밋하고 장식이 없는 공간)과는 다른 구역(알록달록한 색깔과 동물 그림으로 장식된 소아과 공간)에서 치료를 받으며, 응급실 진료를 받는다고 해도 성인과는 다른 프로토콜에 기초해 치료를 받는다. 이 모든 것이 성인과 어린이에 대한 치료를 다르게 만드는 요소다.

우리는 18세가 되면 달라지는 것 중 하나가 응급실을 방문했을 때 오피오이드 진통제를 처방받을 가능성이라고 생각했다. 18세가 되기 바로 직전의 사람들과 18세가 갓 넘은 사람들은 각각 '어린이'와 '성인'으로 분류되는 것 외에는 비슷하기 때문에, 이 두 그룹이 오피오이드 처방을 다르게 받는 것은 분류 방식 때문이라고 할 수 있다. 즉, 의사는 '어린이'에게는 오피오이드 처방을 꺼릴 수 있지만 '성인'에게는 처방할 가능성이 더 높다.

민간보험금 청구 데이터베이스에 따르면, 2006년부터 2016년까지 17세 또는 18세 청소년이 응급실을 방문한 건수는 약 87만 5000건이었다.[17] 우리는 먼저 이들 중 나이가 17세 9~11개월인 청소년들과 18세 1~3개월인 청소년들의 특징을 비교함으로써, 18세에 약간 못 미치는 청소년들과 18세가 약간 넘은 청소년이 비슷한지 조사했다. 조사 결과, 실제로 이 두 그룹은 성별, 미국 내 지리적 분포, 만성질환(당뇨병, 비만, 폐질환, 알코올 사용장애alcohol use disorder, AUD(알코올 섭취를 중단하거나 조절하는 능력이 손상돼 정신적, 신체적, 사회적 기능에 장애가 생기는 질환-옮긴이) 등) 비율, 이전에 오피오이드 처방을 받은 비율, 오피오이드 사용장애, 오피오이드 과다복용 등 다양한 측면에서 비슷했다. 두 그룹은 응급실에 방문한 이유도 대부분 이 연령대에서 흔히 볼 수 있는 부상과 감염으로 비슷했다.

다음으로, 우리는 18세 미만의 어린이들이 응급실에서 실제로 다른 대우를 받는지 살펴봤다. 보험금 청구 데이터는 응급실에서 이들에게 일어난 중요하고 핵심적인 일들에 대해 구체적으로 말해주지 않기 때문에 이 작업은 쉬운 일이 아니었다. 하지만 우리는 어떤 유형의 의사들이 이들을 진료했는지에 대한 정보는 어느 정도 수집해 분석할 수 있었다. 분석 결과, 18세에 가까운 대부분의 환자는 어린이와 성인을 모두 치료하는 응급의학과 의사가 돌본 것으로 나타났다. 하지만 18세가 갓 넘은 환자들은 18세에 약간 못 미치는 환자들에 비해 응급실 소아 담당 의사에게 진료를 받은 비율(5.4%) 또는 대형 응급실의 소아과 영역에서 진료를 받은 비율(1.7%)이 낮았다.

그런 다음, 우리는 이 청소년들의 나이(개월 수)를 기준으로 이들이 응급실에서 오피오이드 처방을 받은 비율을 살펴봤다. 결과는 다음과 같다.

전반적으로, 청소년이 나이가 들어감에 따라 오피오이드 처방을 받은 비율이 점진적으로 증가했다. 우리는 의사들이 나이가 많은 청소년에게 오피오이드를 처방하는 것이 덜 위험하다고 생각한다는 가정을 했기 때문에 이 패턴은 별로 놀랍지 않았다. 하지만 '어린이'와 '성인'의 경계선인 18세 지점에서 도약(불연속성)이 발생했다. 조사 기간 내에 오피오이드 처방을 받은 비율은 나이가 17세 11개월인 환자들은 13.7%, 18세 1개월인 환자들은 15.3%로, 두 그룹 사이의 비율 차이가 1.6%였다. 오피오이드 처방률의 점진적인 증가와 교란인자들을 결합해 통계모델을* 만든 다음 다시 분석을 했을 때도 두 그룹의 차이는 거의 1.3%p에 이르는 것으로 추

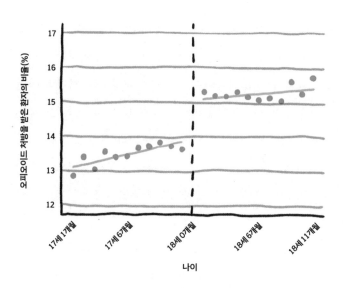

산됐다.

　즉, 이 결과는 18세 전후의 청소년이 '성인'으로 분류되면 '어린이'로 분류됐을 때보다 오피오이드 처방을 받은 비율이 9.7% 더 높다는 뜻이다. 미국에서 매년 15세에서 24세 사이의 환자가 응급실을 방문하는 횟수가 2020만 건으로 추정된다는 점을 고려하면, 이 차이는 매년 최소한 수만 건의 오피오이드 처방이 임의적으로 이뤄진다는 것을 뜻한다.[18]

---

*　우리는 컷오프 구간에서 나타나는 불연속적인 '도약'의 실제 크기를 측정하는 데 도움을 주는 '회귀 불연속 설계(regression discontinuity design' 모델을 사용해, 광범위한 추세(이 경우 일반적으로 환자의 나이가 들어가면서 오피오이드 처방률이 증가하는 추세)에 따른 변화 부분과 경계선 양쪽의 그룹 구성 변화에 따른 측정 가능한 교란인자(여기서는 주요 요인이 아니었음)로 인한 도약 부분을 제거했다.

오피오이드 진통제는 장기 사용, 중독, 과다복용의 위험이 수반되는 약물이다.* 물론 의사는 통증 조절의 이점이 약물의 위험보다 크다고 판단될 때 오피오이드 진통제를 처방한다. 하지만 이런 약물 처방이 임의적인 요인에 의해 영향을 받는 경우(즉, 성인에 가깝다는 이유로 오피오이드 처방을 받는 경우)에는 위험만 있을 뿐 이득은 존재하지 않는다. 실제로 이런 임의적인 요인에 의해 오피오이드가 처방되고 있었다면 오피오이드와 관련된 부작용이 늘어났어야 한다.

우리는 동일한 청소년 그룹을 조사했지만 이번에는 응급실 방문 후에 오피오이드 관련 중대 위해사건, 즉 새로운 오피오이드 장기 복용, 새로운 오피오이드 복용에 따른 오피오이드 사용장애 또는 과다복용 진단 중 하나가 일어난 비율에 초점을 맞췄다. 다행히도 이런 위해사건이 응급실 방문 후에 발생하는 경우는 드물었다. 전체 응급실 방문의 1.6%에서만 방문 다음 해에 이런 사건 중 하나가 발생한 것으로 나타났다. 하지만 이전에 사용한 것과 유사한 통계모델을 사용해 분석한 결과, 실제 나이에 관계없이 '어린이'가 아닌 '성인'으로 간주되는 것이 위해사건 발생률을 0.2%p 높였으며, '성인'으로 분류된 18세 전후의 환자는 '어린이'로 분류된 환자보다 위해사건이 발생한 비율이 12.6% 더 높다는 것이 밝혀졌다.

---

*   오피오이드 과다처방은 처방받은 환자가 아닌 사람의 손에 약이 들어가게 만들어 환자의 가족과 지역사회 구성원들을 위험에 빠뜨리는 경우가 많다.

우리의 이 연구 결과는 몇 가지 중요한 사실을 보여줬다. 앞서 언급했듯이, 18세 전후의 청소년은 '어린이'로 분류되는지, '성인'으로 분류되는지에 따라 응급실에서 다른 치료를 받고 있었다. 또한 이 분류에 따라 오피오이드 처방 비율이 달라졌으며, 오피오이드 복용에 따른 위해사건 발생 비율이 달라졌다. 이런 차이를 발생시킨 원인이 무엇인지는 확실하게 말할 수 없지만, 의사의 '대표성 편향'(이 경우는 '어린이'와 '성인'의 치료 방식은 달라야 한다고 생각하는 편향)과 치료 프로토콜의 차이('성인' 치료 프로토콜과 '소아과' 치료 프로토콜의 차이)가 결합돼 이런 현상이 생긴 것으로 추정된다.

오피오이드 유행opioid epidemic(1990년대 이후 오피오이드 오남용, 과다복용에 따른 사망이 급증하는 현상-옮긴이)과 계속 씨름하는 상황에서, 이런 결과는 우리를 매우 우울하게 만든다. 오피오이드가 환자의 가정과 지역사회에 유입되고 있는 이유는 매우 다양해 보인다(성인과 어린이를 분류하는 관행도 그 이유 중 하나로 보인다). 이런 상황에서 위험을 최소화면서 환자의 통증을 치료할 수 있는 방법을 체계적으로 개발하려면 선의의 처방을 이끄는 다양한 동인을 이해하는 것이 매우 중요하다. 우리의 이 연구는 '소아과적 접근방식'의 일부 측면이 청소년들에게 오피오이드 처방을 더 적게 하도록 만들었을 가능성, 그리고 이 접근방식을 '성인'에게 적용함으로써 오피오이드 유행이 억제될 수 있는 가능성을 시사한다.

성공하면 그대로, 실패하면 바꾸기

이제 주제를 바꿔, 어린이보호구역처럼 특히 사고위험이 높은 곳에서 과속 차량으로 인해 보행자 부상 같은 교통사고가 발생하는 문제에 대처하는 지역 경찰서에 대해 생각해보자. 과속을 막기 위해 경찰서가 단속 카메라로 과속 차량의 사진을 찍어 범칙금 티켓을 발부하는 방법을 고려하고 있다고 가정해보자. 이 상황에서 경찰서는 단속 카메라 설치 위치에 대해 고민할 것이다.

한 가지 방법은 해당 지역의 모든 교차로에 단속 카메라를 설치하는 것이다. 이 방법은 과속을 확실히 줄일 수는 있지만, 비용이 엄청나게 많이 들고 비실용적이다. 교차로를 무작위로 선택해 카메라를 설치하는 방법도 있다. 이 경우 운전자들은 카메라가 어디에 있는지 모르기 때문에 속도를 줄일 수 있지만, 과속이 자주 발생하지 않는 곳에 카메라를 설치한다면 과속 적발이 지나치게 자주 이뤄지거나 정작 사고 위험이 높은 곳에서는 사고를 예방하지 못할 수도 있다.

세 번째 방법(가장 확실한 방법일 것이다)은 언덕 아래쪽과 같이 사람들이 과속을 가장 자주 할 것으로 예상되는 곳과 어린이보호구역같이 속도를 줄이는 것이 매우 중요한 곳에 몇 대의 카메라를 설치하는 것이다. 이런 곳에 단속 카메라를 설치해 과속 티켓을 발부하면 몇 대의 카메라로 매우 큰 효과를 거둘 수 있으며, 보행자와 학생의 안전이라는 중요한 목표를 달성하는 동시에 과속 운전자를 최대한 많이 적발할 수 있다.

이 세 번째 방법은 의사들로 하여금 예측 가능한 방식으로 실수를 하고 있고 인지편향의 영향을 받는다는 것을 인식하게 해, 실수가 일어나는 영역을 찾아내 실수를 예방하는 것과 비슷하다. 물론 의사들의 실수는 과속 같은 위법행위와는 다르다. 오히려 환자 곁에서 최선을 다하려는 과정에서 발생하는 경우가 대부분이다. 따라서 이런 유형의 실수가 발생할 가능성이 가장 높은 영역을 찾고 연구하는 것은 모든 환자에게 더 나은 결과를 가져올 체계적인 변화를 만드는 기초가 된다.

예를 들어, 왼쪽 숫자 편향이나 대표성 편향과 같은 예측 가능한 편향으로 인해 특정 연령대에서 치료가 어떻게 변화하는지 살펴보는 것은, 가파른 언덕 아래에 과속 단속 카메라를 설치하는 것과 비슷하다. 이는 바꿔 말하면 의료현장에서 잠재적인 실수를 발견하거나 예방하는 일이 어렵지 않다는 뜻이다. 왼쪽 숫자 편향이 임상적 판단 과정에서 예측 가능한 실수로 이어진다는 것을 보여주는 의학 연구들 덕분에, 우리는 이런 실수들에 대처할 수 있는 기회를 가지게 됐다. 최소한 우리의 연구는 의사와 환자에게 일상적인 의료 서비스 과정에서 편향이 어떤 역할을 할 수 있는지 알리는 역할을 했다고 할 수 있다. 또한 우리의 연구 결과는 전자건강 기록 시스템에 의해 가능해진 디지털 건강관리 도구에 통합시킬 수도 있다(더 자세한 내용은 앞으로 다룰 것이다).

의료 분야에는 예측 가능한 편향들, 즉 무작위로 발생하는 것이 아니라 적절한 곳을 찾아보면 시스템에 의해 발생한다는 것을 알 수 있는 실수들이 존재한다. 4장에서 우리는 의사가 한번 폐색전증 진단을 내린 후 다음 진료에서 같은 진단을 내릴 확률을 높게 만드는 가용성 편향의 사례들에 대해 살펴본 바 있다. 의사도 사람이다. 그렇다면 우리는 의사도 보통 사람들이 빠지는 편향에 빠질 수 있다는 증거를 찾을 수 있어야 한다.

'성공하면 그대로, 실패하면 바꾸기win-stay/lose-shift'라는 이름의 휴리스틱을 예로 들어보자.[19] 이 휴리스틱은 학습 휴리스틱의 일종으로, 과제를 성공적으로 완수하는 데 도움을 주는 일종의 지름길이다. 사람들은 퍼즐 풀기 같은 작업을 할 때 한 가지 전략을 취해 성공하면 다음에 비슷한 퍼즐을 풀 때에도 이전에 성공한 전략을 '유지'하는 경향이 있다. 반면, 어떤 전략이 실패하면 그 전략은 성공할 수 없다고 확신해 전략을 '전환'하려는 경향이 있다. 이 휴리스틱은 시행착오를 통해 새로운 문제를 해결하거나 게임에서 전략을 최적화하는 등 많은 상황에서 유용하다. 하지만 이전의 '성공' 또는 '실패'에서 배운 것이 미래의 사례와 관련이 없는 경우, 이 휴리스틱으로 인해 문제가 발생할 수도 있다.

매사추세츠 대학교의 경제학자인 마나스비니 싱Manasvini Singh은 이 휴리스틱이 산부인과 의사가 분만실에서 내리는 의사결정에도 영향을 미칠 수 있다고 생각했다. 분만실의 상황은 산모의 개인적인 상태에 따라 매우 다양하다. 대개 사람들은 산부인과 의사가 출산을 돕는 과정에서 얼마나 자주 그리고 신속하게 중대한 결정을 내리는지 잘 모른다. 산부인과 의사는 산모의 진통이 어떻게 진행될지, 아기의 현재 상태는 어떤지, 개입을 했을 때와 그렇지 않았을 때 산모와 아이에게 어떤 결과가 발생할지 확신할 수 없기 때문에 출산 과정 내내 긴박하게 의사결정을 내린다. 질식 분만을 계획했지만 예상대로 진통이 진행되지 않는 환자에게 의사가 내리는 가장 일반적인 결정은, 제왕절개 수술을 시행할지 아니면 질식 분만을 계속 시도할지에 관한 것이다.

싱은 의사가 질식 분만이나 제왕절개 분만 중 산모에게 합병증이 발생하면 이를 '실패'로 인식해 다음 환자의 분만 때 방법을 '전환'할 가능성이 높다는 가설을 세웠다. 싱은 3번 분만실에서 진통을 겪은 산모에게 일어난 일은 나중에 6번 분만실에서 진통을 겪을 산모에게 일어날 일과 아무런 관련이 없어야 하는데도, 의사는 이 휴리스틱의 영향을 받기 때문에 분만 방법을 결국 바꿀 수 있다고 생각했다. 싱은 분만실이 일종의 '과속 단속 카메라'를 설치하기에 좋은 장소라고 판단한 것이었다.

여기서 자연실험의 조건이 충족된다. 의사 한 명이 두 번의 근무시간에 걸쳐 한 번에 한 명씩 산모 두 명의 분만을 돕는다고 가정해보자. 이 의사의 모든 근무시간을 합치면 몇 개의 산모 그룹을 만들 수 있다. 우선, 의사의 첫 번째 근무시간에 분만한 산모들이 있을 것이고, 합병증을 겪지 않고 분만한 산모 다음에 분만을 한 산모들이 있을 것이고, 합병증을 겪으면서 분만한 산모 다음에 분만한 산모들이 있을 것이다. 다른 산모가 분만한 뒤에 분만을 한 이 두 그룹의 산모들은 서로에게 반사실적이다. 합병증을 겪지 않고 분만한 산모 다음에 분만을 한 산모들은, 합병증을 겪으면서 분만한 산모 다음에 분만한 산모들에게 어떤 일이 일어날 수 있었는지 보여줄 수 있고, 그 반대도 성립하기 때문이다. 따라서 이 두 그

름 간의 모든 차이는 의사의 이전 분만에서 산모에게 합병증이 발생했는지 그렇지 않았는지에 따라 의사의 판단이 달라졌기 때문에 발생한 것이라고 볼 수 있다.

싱은 2021년에 〈사이언스〉에 발표된 연구에서 몇 개 병원의 10년간 전자의료 데이터를 분석해 그 기간 동안 231명의 의사가 8만 6000건 이상의 분만을 도왔으며, 의사 한 명이 평균 390건의 분만을 담당했다는 사실을 알아냈다.[20] 싱은 각 분만 건이 질식 분만인지 제왕절개 분만인지를 기록했으며, 각 분만 건에 난산(자궁이 정상적으로 수축함에도 태아가 분만 중에 물리적인 차단으로 인해 골반을 빠져나오지 못하는 상황), 산후 출혈 및 기타 산모 부상, 탯줄 문제, 영아 부상 등의 합병증 발생 수를 합산했다.

싱은 시간 경과에 따른 개별 의사의 분만 순서를 살펴보고 이전 분만이 질식 분만인지 제왕절개 분만인지, 그리고 이전 분만과 관련된 합병증은 몇 가지인지에 따라 다음 아기가 질식으로 분만될 확률을 계산했다. 다음 출산은 이전 출산과 관련이 없어야 하므로, 다음 출산에서 질식 분만의 평균 비율은 이전 분만의 합병증 수에 따라 달라지지 않을 것으로 예상할 수 있었다.

그 후 싱은 모든 조사 대상 의사들에 대한 데이터를 통합하기 위해 산모의 나이, 인종 및 민족, 만성질환 보유 여부, 분만 아기 수(단일아, 쌍둥이 등) 같은 교란인자들을 고려했다.

그 결과, 싱은 이전 아기가 질식 분만을 통해 태어난 경우, 출산 합병증의 수가 증가할수록 다음 아기가 질식 분만을 통해 태어날 확률이 낮아진다는 사실을 발견했다. 이는 '성공하면 그대로,

실패하면 바꾸기' 휴리스틱이 작용한 결과로 볼 수 있었다. 합병증 없이 질식 분만에 성공한 경우, 의사의 다음 분만 시술이 질식 분만이었던 비율은 79%, 합병증이 3개 나타난 경우에는 78%, 합병증이 8개 이상인 경우에는 76%였다. 이전 분만이 제왕절개 분만이었던 경우, 합병증의 수가 증가할수록 다음 아기가 질식으로 분만된 비율이 증가했다. 합병증이 없는 경우 다음 출산은 76%(질 분만이 더 흔하기 때문에), 합병증이 3개인 경우 78%, 제왕절개 합병증이 8개 이상인 경우 다음 아기는 80%가 질식 분만으로 태어났다.

이 휴리스틱의 효과가 몇 퍼센트 정도로 미미한 것은 대부분의 경우 의사가 다음 분만을 진행할 때 마음을 깨끗하게 비웠기 때문으로 보인다. 이는 질식 분만 또는 제왕절개 분만 결정에서 가장 중요한 요인은, 의사가 인지적 편향에 굴복했는지 여부가 아니라 임상적 요인이었다는 것을 뜻한다. 하지만 적어도 이 연구는 가끔은 의사들이 이전 분만 사례로 인한 정신적 부담을 다음 분만 사례로 가져가기도 한다는, 즉 '성공하면 그대로, 실패하면 바꾸기' 휴리스틱이 산부인과 의사들에게 작용한다는 것만은 분명하게 밝혔다. 만약 이 효과가 작용하지 않았다면 이전 합병증의 수에 따른 질식 분만율의 변화를 볼 수 없었을 것이다. 즉, 분만 중 진통을 겪은 산모 중 일부는 의사의 이전 분만에서 합병증이 발생하지 않았다면 의사가 처음에 시도했던 질식 분만 또는 제왕절개 분만 방식이 바뀌지 않고 그대로 진행됐을 것이다.

그다음 단계로 싱은 이 휴리스틱의 효과가 얼마나 컸는지 추산했다. 싱은 분만 방식 전환의 영향을 받았을 것으로 추정되는 산모들의 경우 입원 기간이 길어졌으며, 퇴원 후 추가 병원 방문이 약간 늘어났고, 무엇보다 우려스럽게도 산모와 태아 사망률이 높아졌다는 사실을 발견했다. 이 휴리스틱은 의사들에게 작지만 예측 가능한 역할을 하는 것으로 보였으며, 환자에게도 영향을 미친다는 것이 입증됐다. 싱의 연구는 매년 태어나는 360만 명 이상의 아기 중 수천 명이 의사의 이전 분만에서 태어난 아기의 영향을 받았으며, 그 영향 중 일부는 매우 치명적이었다는 것을 보여준다.[21]

'의사들의 의사'가 겪는 딜레마

제왕절개 분만에 관한 싱의 연구는 의사의 이전 경험이 이후 환자를 치료하는 방식에 어떤 영향을 미칠 수 있는지를 보여준 수많은 연구 중 특히 주목할 만한 것이었다. 2006년 하버드 의대 의사이자 건강정책 연구자인 니티시 초드리와 공동연구자들이 캐나다 온타리오주의 심방세동 환자들의 건강기록에 기초해, 캐나다 의사들의 진료를 분석한 연구도 이와 비슷한 맥락에서 이뤄졌다.[22] 심방세동은 심장에서 형성돼 뇌로 이동하는 혈전으로 인해 뇌졸중 위험이 높아지는 만성 심장박동 이상 증상이다. 뇌졸중을 예방하기 위해 의사는 해당 환자에게 항응고제(혈액 응고를 감소시킴으로써 혈관 내에 혈전이 생기는 것을 방지하는 약물) 투여 여부를 고려한다. 하지만 항응고제는 뇌졸중 위험은 감소시키지만 출혈 위험을 증가시키기 때문에, 일부 환자에서는 출혈(뇌 또는 위장관 내부 출혈 등)의 위험이 뇌졸중 예방의 잠재적 이점보다 더 클 수 있다. 항응고제 투여 결정을 뒷받침하는 연구와 가이드라인이 있음에도 불구하고, 항응고제의 위험과 이점을 비교하는 일은 의사의 주관적 판단이 개입되는 까다로운 문제다. 이렇게 주관성이 존재하는 경우에는 편향이 문제가 될 수 있다.

연구진은 66세 이상 심방세동 환자의 데이터를 사용해 항응고제(이 연구에서는 와파린wafarin)를 복용하는 동안 심각한 출혈이 발생했거나, 항응고제를 복용하지 않는 동안 뇌졸중을 겪은 환자, 즉 의사가 항응고제를 투여하거나 투여하지 않기로 한 결정으로 인해 합병증을 겪은 심방세동 환자를 돌본 약 1,200명의 의사를 찾아냈다. 연구진은 의사들이 자신이 처방한 항응고제로 환자가 출혈을 겪은 경우는 그 이후에 진료하는 환자에게 항응고제를 처방하지 않는 선택을 했을 가능성이 높고, 항응고제 사용으로 환자가 뇌졸중을 겪은 경우 그 이후에 진료하는 환자에게 항응고제를 처방하는 선택을 했을 가능성이 높을 것이라는 가설을 세웠다. 앞에서 다룬 '성공하면 그대로, 실패하면 바꾸기' 휴리스틱이 여기서 다시 등장한다.

연구진은 출혈 또는 뇌졸중 합병증이 발생한 환자를 치료한 각 의사에 대해 해당 환자의 입원 날짜를 기준으로 입원 전후 각각 90일을 조사했다. 해당 환자에 대한 의사의 경험이 향후 의사 결정에 영향을 미친다면, 의사는 합병증 발생 전과 후의 항응고제 처방 비율이 달랐을 것이다. 한 환자에게 합병증이 발생한 시점과 의사가 치료하는 다른 환자와의 관계는 사실상 무작위 관계다. 따라서 특정 환자에게 합병증이 발생하기 전에 의사가 치료한 환자들과 특정 환자에게 합병증이 발생한 후에 의사가 치료한 환자들은 서로 반사실적이다. 즉, 의사가 합병증 환자 전에 치료한 환자 그룹은 의사가 합병증 환자 후에 치료한 환자 그룹에 대한 대조 그룹으로, 의사가 이전에 합병증 환자를 치료하지 않았다면 그 이후에 항응고제를 어떻게 처방했을지 알려주는 자연실험이 된다. (자연실험 성립 여부를 확실하게 검증하기 위해, 연구진은 이 두 그룹에 속한 환자들의 만성질환, 출혈 또는 뇌졸중 발생 관련 기저 위험 등의 특성을 다시 비교해 이 두 그룹이 비슷하다는 것을 확인했다.)

연구진의 분석 결과는 어떻게 나왔을까?

항응고제를 복용하는 동안 출혈 합병증이 발생한 환자를 치료한 의사들은 그 이후 유사한 심방세동 환자에게 항응고제를 처방한 비율이 낮아졌으며, 이 효과는 합병증이 발생한 후 최소 1년 동안 지속되는 것으로 나타났다. 이는 의사가 출혈 합병증을 겪은 환자를 치료하지 않았다면 항응고제를 투여했을 일부 환자들이 항응고제를 투여받지 못했다는 뜻이다. 연구진은 이 효과가 일반적인 약물이 아닌 항응고제에만 해당되는 결과인지 확인하기 위해 일반 혈압약 처방률을 살펴본 결과, 연구진의 예상대로, 의사가 항응고제 복용으로 인해 합병증이 발생한 환자를 치료한 후에도, 혈압약 처방률은 변하지 않았다는 사실을 발견했다(혈압약은 출혈과 무관하다).

흥미롭게도, 연구진은 항응고제를 처방받지 않은 심방세동 환자에게서 출혈이 아니라 뇌졸중이 발생한 사례들에서는 다른 결과를 발견했다. 이 경우에는 합병증 발생 전과 후의 항응고제 처방률 차이가 없었다.

이는 환자가 적극적인 치료(환자에게 약을 투여함)로 인해 합병증을 겪었을 때는 의사의 행동이 달라졌지만, 환자가 비치료(약을 투여하지 않음)로 인해 합병증을 겪었을 때는 그렇지 않았다는 뜻이다. 이런 차이는 왜 발생했을까?

데이터만으로는 확실하게 말하기 어렵지만, 의사가 자신의 행동으로 인한 합병증과 행동을 하지 않음으로 인한 합병증에 대해 다르게 인식하기 때문에 발생한 것으로 보인다. 6장에서 의사와 축구 골키퍼가 가만히 있기보다는 무언가를 하고 싶은 충동에 더 자주 휩싸인다고 말했는데, 의사와 축구 골키퍼는 행동하지 않음으로써 문제가 발생하는 것보다 행동을 함으로써 문제가 발생한 것에 더 큰 책임감을 느끼기 때문에, 그 이후에 행동을 변화시킨다고 생각할 수 있다. 즉, 두 가지 선택 중 어떤 선택을 하든 심각한 피해가 초래되는 상황에서, 의사들은 행동하지 않음으로 인한 부정적인 결과보다 행동으로 인한 부정적 결과를 더 두려워한다고 볼 수 있다.[23]

의사의 결정이 이전 경험에 의해 어떻게 영향을 받는지 보여주는 다른 예는, 환자를 직접 대면할 일이 거의 없는 병리과 전문의pathologist에게서 찾을 수 있다. 병리과 전문의는 환자로부터 채취한 조직, 체액 및 기타 물질을 검사하고 분석해 진단을 돕는 일을 하는 의사다. 병리과 전문의는 답을 찾아내는 전문가이며, 외과 의사를 비롯한 다양한 분야의 의사들은 복잡하고 어려운 진단을 내리기 위해 병리과 전문의의 환자 생검^{biopsy}(생체검사)* 결과에 의존하는 경우가 많다. 병리과 전문의는 현미경으로 세포를 관찰하거나 첨단 검사를 통해 다른 전문의들이 생사를 결정할 수 있는 진단을 자신 있게 내릴 수 있도록 돕는다. 병리과 전문의는 불확실성으로 가득 찬 임상 환경에서 진실을 제공하는 의사이기 때문에 '의사들의 의사'로 불리기도 한다.

현미경으로 조직과 세포를 관찰하는 일은 편향의 영향을 받지 않는다고 생각하기 쉽다. 사람들은 병리과 전문의의 생검 보고가 야구심판이 볼인지 스트라이크인지를 외치는 일과 비슷하다고 생각한다. 하지만 생검 슬라이드를 해석하는 일은 생각만큼 객관적인 과정이 아니다. 병리과 전문의들의 생각이 항상 서로 일치하지는 않기 때문에 동일한 슬라이드를 보고 한 병리과 전문의는 '스트라이크' 판정을, 다른 병리과 전문의는 '볼' 판정을 내릴 수 있다. 따라서 병리과 전문의들은 일반적으로, 특히 위험도가 높은 상황에서는 다른 병리과 전문의에게 '2차 소견^{second opinion}'을 구한다.

여기서 야구 비유를 선택한 데에는 이유가 있다. 야구심판도 사람이기 때문에 편향의 영향을 받을 수밖에 없다. 툴루즈 대학교의 경제학자 대니얼 첸^{Daniel Chen}과 예일 대학교의 토비아스 모스코비츠^{Tobias Moskowitz}, 켈리 슈^{Kelly Shue}는 투수가 던진 공이 투구가 스트라이크 존 안에 던져졌는지(스트라이크) 아니면 스트라이크 존 밖

---

* 생검은 현미경 검사를 목적으로 전문가(일반적으로 병리과 전문의)가 피부나 간, 폐, 신장 같은 신체 장기에서 소량의 샘플을 채취하는 것을 말한다.

으로 나갔는지(볼) 결정하는 구심(홈플레이트 뒤에 있는 심판)의 판정이 자신의 바로 직전 판정의 영향을 받을 수 있다는 것을 보여줬다.[24] 연구자들은 미국 메이저리그 야구 경기에서 투수가 던진 공이 포수의 글러브에 꽂히는 위치를 센티미터 이하 단위로 측정해 구축한 데이터베이스를 이용해, 1만 2564회의 경기에서 127명의 심판이 150만 번의 콜드 피치called pitch(타자가 스윙을 하지 않은 투구)에 대해 내린 판정을 분석했다. 분석 결과, 연구자들은 심판들이 판정을 내릴 때 바로 직전 판정에서 볼 판정을 내렸다면 동일한 위치로 들어온 다음 투구에 대해 스트라이크 판정을 내린 비율이 높았고, 바로 직전 판정에서 스트라이크 판정을 내렸다면 다음 투구에는 볼 판정을 내린 비율이 높았다는 사실을 발견했다. 또한 이 효과는 심판 판정의 불확실성이 높은 영역, 즉 스트라이크존의 가장자리에 가깝게 공이 들어왔을 때 훨씬 더 강했다. 이는 심판이 판정을 내릴 때 바로 이전에 자신이 내린 판정에 기초해 스트라이크 판정과 볼 판정의 '균형을 맞추려 하는' 편향을 보인다는 뜻이다.*

* 야구심판들은 '도박사의 오류gambler's fallacy'라고 알려진 편향을 보였다. 이 편향은 서로 무관한 사건들(예를 들어, 두 번의 투구나 두 번의 동전던지기)이 연관이 있다고 생각하는 경향을 뜻한다. 동전을 다섯 번 던졌는데 매번 앞면이 나왔다면, 다음번에도 앞면이 나올 확률은 얼마나 될까? 물론 정답은 50%다. 도박사의 오류는 이 정도면 뒷면이 나올 '차례'가 됐기 때문에 뒷면이 나올 확률이 높아진다고 생각하는 것을 말한다. 야구심판의 경우도 이와 비슷하다. '공정한' 심판을 보려면, 판정이 까다로운 경우 투수에게 유리한 판정과 타자에게 유리한 판정이 균형을 이뤄야 한다는 생각이 심판의 잠재의식에 있을 수 있기 때문이다. 카지노는 룰렛 테이블에서 이전 스핀의 기록을 플레이어에게 보여주는 방식으로 이 편향을 이용한다. 이전 스핀에서 일어난 일은 다음 스핀과 관련이 없지만, 마지막 몇 번의 스핀 결과가 계속 빨간색이었다면 플레이어는 검은색에 크게 베팅하고 싶은 유혹을 받는다. 물론 카지노는 여러분이 어떤 색에 베팅하든 이익을 본다. 단지 카지노는 최대한 많은 돈을 베팅하기를 원할 뿐이다.

병리과 전문의들도 이와 비슷한 편향을 보였을까? 산모의 분만 방식에 대한 연구와 심방세동 환자에 대한 연구에 따르면, 환자에 대한 의사의 이전 경험이 그 이후 의사의 행동에 영향을 미칠 수 있다. 하지만 야구심판과 달리 병리과 전문의는 환자에게 유리한 판정과 불리한 판정의 균형을 맞추려고 하지 않는다. 병리과 전문의들은 진단에 기여하기 위해 질병의 증거 또는 질병이 존재하지 않음을 보여주는 증거를 찾으려 노력할 뿐이다.

이번에는 이전 경험이 병리과 전문의에게 어떻게 영향을 미치는지 보여주는 (자연실험이 아닌) 한 무작위 비교연구를 살펴보자. UCLA 의과대학 의사이자 교수인 조앤 엘모어Joann Elmore가 이끈 연구팀은 2022년에 발표한 연구에서, 병리과 전문의가 2차 소견을 제시하기 전에 1차 소견을 참조하는 관행에 편향이 작용하는지 살펴봤다.[25] 이를 위해 연구팀은 피부 생검 슬라이드에 대한 한 병리과 전문의 해석이, 같은 슬라이드에 대한 다른 병리과 전문의 해석에 어떤 영향을 미치는지를 조사했다.

야구심판은 자신의 이전 판정에 따라 자신의 다음 판정을 수정하려는 동기가 있을 수 있다. 그렇다면 병리과 전문의들은 어떨까? 2차 소견을 작성하는 병리과 전문의는 다른 병리과 전문의의 1차 소견에 어떻게 반응할까?

이 실험에서 연구자들은 149명의 피부병리 전문의(피부 조직 샘플을 전문적으로 해석하는 병리과 전문의)에게 흑색종melanoma(피부암의 일종으로 흑색종 진단은 매우 까다롭기 때문에 흑색종 관련 피부 생검 슬라이드는 다른 병리과 전문의에게 보내져 2차 소견 작성 과정을 거친다)이 의심되는 피부 생검 슬라이드 18개를 무작위로 제공했다. 이 슬라이드를 받은 병리과 전문의들은 각각의 생검 슬라이드가 어느 정도의 침습성을 가진 흑색종인지 등급을 매기도록 요청받았고, 이렇게 매겨진 등급은 '1단계 해석'으로 기록됐다.

그런 다음 연구자들은 병리과 전문의들이 이 슬라이드들과 이 슬라이드들에 자신이 매긴 등급을 완전히 잊도록 1~2년을 기다린 뒤, 병리과 전문의들에게 이 슬라이드 중 18개의 사진을 찍어 만든 디지털 슬라이드들을 제시했다. 연구자들은 이때 병리과 전문의들에게 이 슬라이드들이 1~2년 전에 자신들이 직접 해석한 것이라는 사실을 알리지 않았다. 또한 이 '2단계 해석'에서 18개의 디지털 슬라이드에 무작위로 다른 병리과 전문의의 '1차 소견'을 첨부했다. 따라서 이 2단계 해석에서 병리과 전문의들은 사실상 해당 슬라이드에 대해 2차 소견을 제시하라는 요청을 받은 것이라고 할 수 있다.

하지만 이 1차 소견들은 연구자들이 조작한 것이었다. 1단계 해석에서 병리과 전문의들이 각각의 슬라이드에 어떤 등급을 매겼는지 알고 있는 연구자들이 슬라이드들에 첨부한 '1차 소견'에는, 병리과 전문의들이 1단계 해석에서 매긴 등급보다 (무작위로) 더 높거나 낮은 등급이 표시돼 있었다.

따라서 1단계 해석을 한 병리과 전문의들은 2단계 해석을 한 자기 자신들에게 반사실적이었다. 이는 병리과 전문의들이 자신이 처음에 제시한 1차 소견과 다른 '1차 소견'에 노출되지 않았다면 어떤 해석을 했을지 보여주는 그룹이 된다는 뜻이다. 2단계 해석에서 병리과 전문의들이 동일한 슬라이드에 대해 1단계 해석 때와는 다른 등급을 매긴다면, 그 원인은 연구자들이 조작한 '1차 소견'에 의해 발생한 편향에 있다고 합리적으로 추정할 수 있었다.

결과는 어떻게 나왔을까? 자신이 1단계 해석에서 매긴 등급보다 더 높은 등급이 매겨진 1차 소견이 첨부된 동일한 슬라이드를 2단계 해석에서 본 병리과 전문의들은, 그 슬라이드에 대해 자신이 1단계 해석에서 매긴 등급보다 더 높은 등급을 매긴 비율이 높았다. 즉, 이 경우 2단계 해석에서 58%의 병리과 전문의들이 동일한 슬라이드에 대해 자신이 1단계 해석에서 매긴 등급보다 더 높은 등급을 매겼다. 또한, 자신이 1단계 해석에서 매긴 등급보다 더 낮은 등급이 매겨진 1차 소견이 첨부된 동일한 슬라이드를 2단계 해석에서 본 병리과 전문의들은, 그 슬라이드에 대해 자신이 1단계 해석에서 매긴 등급보다 더 낮은 등급을 매긴 비율이 높았다. 즉, 이 경우 2단계 해석에서 38%의 병리과 전문의들이 동일한 슬라이드에 대해 자신이 1단계 해석에서 매긴 등급보다 더 낮은 등급을 매겼다. 두 경우 모두에서 병리과 전문의들은 무작위로 첨부된 '1차 소견'에는 가까운 쪽으로, 그리고 자신이 1단계 해석에서 매긴 등급으로부터는 먼 쪽으로 기우는 경향을 보였다. 게다가 1차 소견 쪽으로 기울게 만드는 이 편향은, 대부분의 경우 병리과 전문의들이 (전문가 패널의 의견일치에 의해 결정되는) '올바른' 진단에서 멀어지게 만들었다. 즉, 병리과 전문의들은 1단계 해석에서 올바른 소견을 제시한 경우가 많았지만, 2단계 해석에서는 '다른 병리학자'가 제시한 1차 소견의 영향을 받아 잘못된 소견 쪽으로 기울어진 경우가 많았다. 야구심판들은 이전 판정의 영향을 받아 다음 판정들의 균형을 맞추는 편향을 보였지만, 병리과 전문의들은 소견을 강화하는 쪽으로 편향을 보였다고 할 수 있다.

이는 '닻 내림 편향anchoring bias'(기준점 편향)이라고 부르는 편향의 한 예다.[26] 이 편향은 답을 찾기 위한 출발점을 한번 찾으면 마치 닻을 내린 배처럼 그 자리에 머물고 싶어 하는 인간의 경향을 뜻한다. 병리과 전문의가 2차 소견을 제시할 때뿐만 아니라 영화 관객이 평론가의 리뷰를 읽고 영화를 판단할 때도 이 편향이 나타난다. 그런 면에서 확증편향과 밀접한 관련이 있다. 확증편향은 사람들이 처음 내린 결론에 부합하는 새로운 정보만을 선호하고 그 정보에만 우선순위를 두면서 그 정보를 반박하는 정보는 무시하는 경향을 뜻한다.

다른 병리과 전문의의 1차 소견을 읽은 다음 현미경으로 슬라이드를 분석하는 병리과 전문의는 백지상태에서 시작한다고 볼 수 없다. 병리과 전문의가 의식하든 그렇지 않든, 1차 소견이 이 병리과 전문의가 현미경으로 관찰한 결과를 해석하는 방식에 이미 영향을 미치고 있기 때문이다.

메타인지 활용 전략

언제나 그렇듯이 여기서도 의문이 생긴다. 그렇다면 이런 모든 문제를 어떻게 해결해야 할까?

첫째, 우리는 이런 인지편향의 대부분이 인간이 경험을 쌓고 미래를 예측하는 데 도움이 되는 패턴들을 인식하도록 촉진하기 위해 생겨났다는 점을 잊지 말아야 한다. 물론 이전 경험이 편향된 의사결정을 유도하기도 한다. 하지만 여러 해에 걸쳐 축적된 경험은 의사가 효과적으로 업무를 수행하는 데 도움을 주기도 한다(이에 대해서는 9장에서 다룰 것이다). 실제로, 의사들이 심리적 지름길을 개발하게 된 것은 업무에 도움이 되는 경우가 많기 때문이었다. 패턴인식과 빠른 사고에 많은 부분을 의지하지 않았다면 의사들은 지금처럼 많은 환자를 돌볼 수 없었을 것이다.*

물론, 인지편향과 휴리스틱은 의사를 잘못된 결론으로 유도해 환자를 위험에 빠뜨리고, 경우에 따라서는 사망에 이르게 할 수도 있다. 하지만 인지편향을 완전히 제거하는 것은 불가능하다. 우리 뇌에는 인지편향을 유발하는 메커니즘이 너무 깊숙하게 박혀 있고, 의사가 제공하는 좋은 치료의 상당 부분이 이 메커니즘에 의존하기 때문이다.

그렇다면 이제 우리는 환자가 이런 편향들로 인해 피해를 입는 것을 예방하면서도, 이런 심리적 지름길들이 의사에게 도움을 계속 주도록 만들 수 있는 방책을 생각해내야 한다. 물론 그 일은

---

* 우리 입장에서도 이런 편향과 휴리스틱이 없었다면, 이를 활용해 자연실험을 연구하지 못했을 테고 다른 방식으로는 해석하기 어려운 문제의 답 또한 찾지 못했을 것이다. 예를 들어, 왼쪽 숫자 편향은 80세 직전과 직후의 고령 환자를 대상으로 하는 관상동맥우회술의 위험과 이점을 연구할 수 있는 기회를 제공했으며, 대표성 휴리스틱은 18세 직전과 직후의 청소년 환자를 대상으로 한 불필요한 오피오이드 처방의 효과를 추정할 수 있게 해줬다.

결코 말처럼 쉬운 일이 아니다. 현재 우리에게는 이런 인지편향들이 미치는 부정적인 영향을 대규모로 제거할 수 있는 도구가 많지 않기 때문이다. 이는 부분적으로는 최근까지도 이런 편향들이 의사와 환자에게 어느 정도 영향을 미치는지 우리가 잘 알지 못했기 때문이다.

이런 상황에서, 우리는 가장 먼저 해야 할 일이 의사들을 '탈편향debiasing'시키는 일, 즉 의사들에게 현재까지 알려진 인지편향들과 그것들이 미치는 영향에 대해 인지시키는 일이라고 본다.[27] 실제로, 의과대학 과정과 전공의(인턴과 레지던트) 과정에는 인지편향, 인지편향이 환자에게 미치는 위협, 인지편향을 완화하기 위한 전략에 대한 교육이 점점 더 많이 포함되고 있다.

예를 들어, 나(크리스)도 보스턴 메디컬 센터에서 레지던트로 일하면서 매주 열린 '임상추론연습Clinical Reasoning Exercise'이라는 이름의 교육 프로그램에 참가했다.[28] 이 프로그램 참가자들의 목적은 다양한 질병에 대한 최신 치료법이나 희귀질환을 관리하는 세부사항들에 대해 배우는 것이 아니라(그런 내용은 다른 교육 프로그램에서 다뤘다), 의사로서 환자를 돌보고 진단을 내리고 치료법을 결정할 때 어떤 사고 과정을 거치는지에 대해 배우는 것이었다. 이 프로그램의 핵심은 '메타인지metacognition'(자신의 사고과정에 대한 이해)를 개선해 인지편향을 비롯한 다양한 사고과정이 의사들의 진료에 어떻게 영향을 미치는지 더 잘 인식하게 만드는 데 있었다. 편향을 조금이라도 알아차릴 수 있다면 편향이 만들어내는 덫을 더 잘 피할 수 있을 것이다.

인지편향을 피할 수 있는 방법 중 하나는, 의사가 잠시 시간을 내 자신의 사고방식을 재평가하도록 유도하는 '인지 강제 전략cognitive forcing strategy'을 사용하는 것이다. 달하우지 의과대학 응급의학과 의사이자 환자안전 전문가인 팻 크로스케리Pat Croskerry는 "인지 강제 전략은 의사가 자신의 의사결정을 스스로 모니터링하게 만드는 탈편향 기법의 일종으로, 실수로 이어질 수 있는 패턴인식 경로로 임상의가 이끌리는 것을 막기 위해 설계됐다. (…) 이 전략은 임상의가 의식적으로 메타인지 단계를 적용하게 만들고, 어떤 대안이 필요한지 강제적으로 인지하게 하는 규칙들의 집합이다"라고 설명한다.[29] 이 말은, 이 전략이 의사가 임상적 의사결정을 내려야 할 때 대안들을 적극적으로 선택 또는 거부하도록 만들 수 있다는 뜻이다. 적용하는 데 시간이 많이 들긴 하지만, 앞에서 언급한 심리적 지름길을 선택하지 않게 만들기 위한 전략이라고 할 수 있다.

그렇다면 실제로 인지 강제 전략은 의료현장에서 구체적으로 어떻게 적용될 수 있을까? 한 고령 환자가 집에서 쓰러져 응급실에 왔다고 가정해보자. 환자는 오른쪽 다리에 상당한 통증이 있고 손목과 코, 뺨에 부상을 입은 상태다. 환자는 자신이 쓰러졌을 때의 상황을 잘 기억하지 못하지만, 이 모든 부상은 넘어졌을 때 발생한 것으로 추정된다. 엑스레이 검사 결과, 고관절 골절이 확인됐지만 손목과 얼굴에는 골절이 없는 상태다. 환자를 진찰한 정형외과 의사는 다음 날 핀을 삽입해 골절된 고관절을 고정시키는 수술을 할 예정이다. 이런 경우, 일반적으로 의사는 부상에 대한 진단을 내리고 통증 완화 조치를 취한 뒤 다음 날 아침에 수술 준비를 한다.

하지만 인지 강제 전략을 사용하는 의사라면 외상에 대한 즉각적인 치료도 필요하지만, 외상이 주의를 분산시킬 수 있다는 점을 인식할 것이다. 의사는 상처, 피, 통증에 주의를 빼앗길 때가 많기 때문이다. 따라서 이 전략을 사용하는 의사라면 다음과 같은 생각을 할 수 있다(또는 같이 일하는 의료진에 말할 수 있다). "잠시 생각해보자. 넘어져서 내원하는 환자에게는 왜 넘어졌는지 항상 물어봐야 한다. 즉, 이 고령 환자의 경우, 혈압이 갑자기 떨어져 의식을 잃은 것인지, 심장마비나 심장박동 이상 때문에 쓰러졌는지 우리가 알아야 한다." 기저질환 같은 다른 원인 때문에 환자가 쓰러졌을 가능성을 적극적으로 고려함으로써, 의사는 편향과 휴리스틱이 의사의 판단을 빠르게 만드는 '고속도로'에서 벗어나, 환자에게 더 신중하게 접근할 수 있는 '경치 좋은 길'을 선택할 수 있다. 이 경우, 의사는 잠시 시간을 내 환자의 심전도를 확인함으로써 쓰러짐을 유발한 심장박동 이상을 발견해 이를 치료하게 될 수도 있다.

의사들은 시뮬레이션을 통해서도 인지편향과 휴리스틱에 대해 배울 수 있다. 시뮬레이션상에서는 의사들이 실수를 해도 환자를 위험에 노출시키지 않기 때문이다. 우리 두 저자도 수련과정에서 많은 시뮬레이션을 거쳤고, 대부분의 의사는 (심폐소생술 자격증 같은) 특정한 자격증을 유지하기 위해 주기적으로 시뮬레이션을 통한 교육을 받는다. 높은 수준의 시뮬레이션에서는 최대한 실제 상황과 비슷한 상황을 만들기 위해 최첨단 기술로 만든 마네킹, 숙련된 배우, (활력징후 같은) 실시간 데이터, 실제 병실, 의료장비 등이 동원된다. 시뮬레이션이 끝난 뒤에 의사들은 '디브리핑debriefing' 과정을 통해 팀원들, 참관인들과 함께 시뮬레이션 당시의 상황, 그 상황에서 자신이 했던 결정과 행동을 면밀하게 검토해 더 나은 대처가 가능했었는지에 대해서 토론한다.

32명의 마취과 레지던트(의과대학을 졸업하고 마취과 전문의가 되기 위해 전공의 수련과정을 밟고 있는 의사)를 대상으로 수행한 한 연구에서, 연구자들은 마취과 의사들이 흔히 겪는 응급상황(전신 알레르기 같은 과민증anaphylaxis, 폐색전증, 호흡곤란 등 위험도가 높고 빠른 결정이 요구되는 증상으로 인한 위급상황)에서 연구대상자들이 어떻게 대처하는지 알아보기 위해, 이들에게 동영상 시뮬레이션 실험에 참가하도록 요청했다.[30] 그런 다음 연구자들은 흔한 인지편향 9가지 중 어떤 인지편향이 참가자들에게서 나타나는지 관찰했고, 그 결과 예상대로 이 의사들에게서 인지오류가 적지 않게 발생했다는 사실을 발견했다. 예를 들어, 전체 시뮬레이션의 62%에서 '닻 내림 편향'이 관찰됐고, 80%에서 '조기종결 편향premature closure bias'(모든 정보가 알려지기 전에 진단을 내리는 경향. 닻 내림 편향과 비슷하다)이 관찰됐으며, 68%에서 '매몰비용 편향sunk cost bias'(어떤 행동이 잘못됐다는 증거가 있는데도, 이미 자원을 투자했다는 이유로 그 행동을 계속하는 경향)이 관찰됐다. 이 연구는 자신의 행동이 관찰되고 있다는 것을 알고 있는 참가자들에게서도 인지편향이 나타나며, 시뮬레이션이 의사들이 안전한 환경에서 인지편향에 대해 배울 수 있게 해주는 효과적인 방법이라는 점을 잘 보여준다.

교육과 훈련이 인지편향에 대한 인식을 높이는 것은 분명하지

진료차트 속에 숨은 경제학

만, 교육과 훈련만으로는 충분하지 않다. 그렇다면 다른 방법들을 생각해야 할 것이다(이런 방법들 중 일부는 앞에서 언급한 바 있다). 예를 들어, 수술실 '타임아웃'은 수술 팀원들의 뇌를 '고속도로'에서 잠시나마 '경치 좋은 길'로 이동시켜 환자에게 올바른 수술을 할 수 있도록 돕기 위해 고안된 방법이다.

연구 기반 가이드라인과 의사결정을 돕는 다양한 방법(임상적 의사결정 지원 방법)도 도움이 될 수 있다. 예를 들어, '위험 계산기risk calculator'는 앞에서 우리가 관상동맥우회술 시행 결정에 왼쪽 숫자 편향이 미치는 영향을 다룰 때 등장한 휴리스틱 의존 사고를 피할 수 있게 해주는 도구 중 하나다. 미국 외과학회American College of Surgeons 가 제공하는 온라인 위험 계산기는 수백만 명의 환자 데이터를 사용해 수술 후 부작용이 발생할 확률을 예측함으로써 왼쪽 숫자 편향의 영향을 배제한 채 수술의 위험도를 추정할 수 있게 해준다.[31] 예를 들어, 이 계산기는 일반적으로 사람들이 흔히 하듯 환자를 '70대' 또는 '80대'로 분류하는 대신 연속적인 숫자 라인을 따라 나이를 처리한다. 또한, 이 위험 계산기를 이용해 일차의료 의사primary care doctor(대체로 건강에 문제가 있을 때 가장 먼저 대하는 의사를 말한다. 미국의 경우 일차의료 의사의 진료 분야는 가정의학과, 소아과, 내과, 산부인과 이며, 일차의료 의사는 환자를 이차의료 기관의 전문의에게 의뢰할 수 있다. 미국에서는 주치의로도 부른다.-옮긴이)들은 환자의 콜레스테롤 수치를 낮추고 심장마비를 예방하기 위해 스타틴statin을 처방하는 것이 도움이 될지 결정하는 데 도움을 받기도 한다.[32]

전자건강기록 시스템의 다양한 디지털 도구도 환자가 생성한 데이터를 모니터링하고 실시간으로 인지오류를 방지하는 데 도움을 줄 수 있다. 예를 들어, '디지털 넛지digital nudge'(디지털 기술을 사용하는 넛지)는 중심정맥관이나 소변을 빼내는 요로 카테터가 너무 오래 삽입돼 발생할 수 있는 감염을 예방하기 위해 적절한 시점에 의사나 간호사가 이런 관들을 제거하게 해준다(이런 일들은 잊어버리기가 매우 쉽다). 또한 특정 질환을 앓고 있는 환자를 위한 '오더 세트'를 만들어 간과하기 쉬운 치료의 구체적인 측면들을 의사에게 상기시키는 체크리스트로 사용하는 방법도 생각할 수 있다. 예를 들어, 심부전 환자를 위한 오더 세트는 의사가 이런 환자에게 도움이 되는 혈압약인 'ACE 억제제'를 처방하도록 유도할 수 있다. 또한 정교한 알고리즘은 진료 데이터를 스캔해 즉각적인 치료가 필요하지만 쉽게 놓치기 쉬운 패혈증을 의사가 포착할 수 있도록 경고할 수도 있다.[33]

하지만 여기서 우리가 잊지 말아야 할 사실이 있다. 이론적으로 이런 디지털 도구들은 우리 인간처럼 인지편향에 빠지지는 않지만, 알고리즘은 인간에 의해 프로그래밍된다는 점이다. 즉, 이는 알고리즘은 인지편향의 영향을 받지 않고 숫자를 처리할 수 있지만, 알고리즘 설계자는 자신도 모르게 알고리즘에 영향을 미칠 수 있다는 뜻이다. 예를 들어, 40세 이상의 환자에 대해 심장마비 위험이 있다고 응급실 의사에게 알려주는 전자경보가 설정돼 있다고 가정해보자. 이런 전자경보는 의사가 39세 환자보다 40세 환자에 대해 심장마비 증상 확인을 훨씬 더 많이 하게 만듦으로써 왼쪽 숫자 편향을 발생시키거나 심화시키는 결과를 낳을 가능성이 매우 높다.*

만약 특정한 수술 위험 계산기가 위험 예측에 (환자의 건강 상태에 중요한 영향을 미치는) 흡연 상태를 고려하지 않는다면, 흡연자와 비흡연자의 서로 다른 수술 위험도를 정확하게 계산해내지 못할 것이다. (하지만 앞에서 언급한 관상동맥우회술 위험 계산기와 외과학회의 온라인 위험 계산기는 흡연자와 비흡연자의 서로 다른 수술 위험도를 정확하게 계산해낸다). 또한, 알고리즘의 예측 기반이 되는 수백만 명의 환자 그룹들에 특정 그룹이 포함되지 않은 경우, 알고리즘이 생성하는 예측은 다양한 인구 집단에 걸쳐 정확하지 않을 수도 있다. 예를 들어, 1,000개의 병상을 갖춘 대규모 도시 병원의 환자들을 기반으로 하는 패혈증 탐지 알고리즘은, 병상이 60개에 불과한 소규모 시골 병원, 즉 대규모 도시 병원과는 완전히 다른 환자 집단과 완전히 다른 질환을 치료하는 병원에서는 정확도가 떨어질 수도 있다.

인지편향과 휴리스틱의 부작용을 피하기 위한 전략은 우리가 앞에서 언급한 것들 외에도 다양하지만, 모든 인지편향과 휴리스틱의 부작용을 방지할 수 있는 '마법의 탄환'은 존재하지 않는다. 이런 전략들 대부분에는 단점이나 한계가 있다. 예를 들어, 어떤 전략들은 실제로 의료현장에 적용하기에는 시간이 너무 많이 들고, 어떤 전략들은 하나의 인지편향을 제거하는 데는 유용하지만

---

* 실제로 이러한 경보 같은 도구가 있었다면, 의사들이 40세 환자를 39세 환자와 다르게 치료하도록 유도한 것이 연구 결과에 영향을 미쳤을 수 있다.

다른 인지편향에는 효과가 없다. 따라서 우리는 다양한 인지편향들이 실제 의료현장에서 미치는 영향을 계속 밝혀냄으로써 그 인지편향들이 새로운 피해를 끼치기 않게 만드는 동시에, 우리에게 끼치는 피해를 줄일 방법을 찾아야 한다.

이 상황에서 중요한 것은, 치료 과정에서 마주칠 수 있는 인지편향을 의사와 환자 모두가 인식하는 일이다. 인지편향이 치료에 영향을 미칠 수 있다고 생각하는 것만으로도 인지편향의 영향을 줄이는 데 많은 도움이 될 수 있다.

지금까지 우리는 '편향'에 대해 많은 이야기를 해왔다. 하지만 독자들 중에는 이 이야기에서 뭔가 중요한 부분이 빠져 있다는 생각을 한 사람도 있을 것이다. 맞다. 우리는 미국 사회에 널리 퍼져 있는 성별이나 인종 또는 기타 개인적 특성에 기반한 편향이 의료에 미치는 영향에 대해서는 지금까지 다루지 않았다. 다음 장에서는 이런 유형의 편향이 의사와 의료 서비스에 교묘하게 영향을 미치는 방식에 대해 살펴볼 것이다.

9장

나에게
최고인 의사는
어떤 의사일까?

의학드라마 속 의사들

미시간 의대 의사이자 교수인 엘리엇 태퍼$^{Elliot\ Tapper}$는 의대를 다닐 때부터 TV 드라마에 등장하는 의사들에게 관심이 많았다. 태퍼는 당시 TV 의학드라마에서 묘사된 의사들의 모습이, 그로부터 수십 년 전에 방영된 드라마에서 묘사된 의사들의 모습과 다르다는 점에 주목했다. 그 이유를 알고 싶었던 태퍼는 수업을 받거나 실험실 해부작업, 병원실습을 하지 않는 시간에 틈을 내 TV를 보고 연구했고, 결국 의학드라마를 전문적으로 분석할 수 있는 수준에 이르렀다. 그의 연구는 1950년대에 방영된 최초의 인기 의학드라마인 〈메딕^{Medic}〉에서 시작해, 〈의사 마커스 웰비$^{Marcus\ Welby,\ M.D}$〉, 〈ER〉, 〈스크럽스^{Scrubs}〉, 〈하우스^{House}〉, 〈그레이 아나토미$^{Grey's\ Anatomy}$〉 등으로 계속 이어졌다. 태퍼가 이 연구를 진행할 때는 스트리밍 서비스가 등장하기 한참 전인 21세기 초였기 때문에, 그는 도서관 시청각자료실에서 〈매시$^{M^*A^*S^*H}$〉를 시청해야 했고, 넷플릭스에서 우편으로 〈세인트 엘스웨어$^{St.\ Elsewhere}$〉 DVD를 빌려 봐야 했다(넷플릭스는 1998년에 DVD 우편 대여 서비스를 시작해 2023년에 종료했다-옮긴이).

태퍼는 자신이 관찰한 내용을 논문으로 정리해 발표하려고 했지만 처음에는 그 일이 쉽지 않았다며 "논문을 어딘가에 제출했을 때 (동료) 검토 단계에서 검토위원들은 '엘리엇 태퍼는 역사학자가 아닌 것이 분명하다'라는 의견을 냈다. 그로부터 12년이 지난 지금도 그 일을 생각하면서 웃곤 한다"고 말했다.

실제로 그는 역사학자가 아니었고 지금도 역사학자가 아니다. 하지만 수련 중인 젊은 의사 중 TV 의학드라마를 태퍼만큼 많이 본 사람은 거의 없을 것이다.

의사들이 이상적인 모습으로 등장하는 의학드라마에 대해 2010년에 쓴 글에서 그는 "초기 의학드라마의 내용은 의사단체들이 승인한 내용만으로 구성됐다. 따라서 이 드라마들에서 의사들은 잘못을 저지르지 않는 모습으로만 묘사됐다"라고 말했다.[1] 1970년대 인기 의학드라마인 〈의사 마커스 웰비〉의 주인공 마커스 웰비가 가장 전형적인 예일 것이다. 이 드라마에서 마커스 웰비는 헌신적이며 환자 치료에 절대 실패하지 않는, 나이 지긋한 가정의학과 의사로 묘사된다.* 하지만 태퍼는 "이런 초인적인 의사에 대한 묘사는 지속되지 않았다"며 "그 이유는 드라마가 그리는 의사의 모습이 시간과 인간적인 약점에 의해 제약을 받는 실제 의사들

---

*　〈의사 마커스 웰비〉의 주인공은 방영 당시부터 비판의 대상이었다. 예를 들어, 이 드라마는 동성애 묘사 때문에 방영 당시에 비판을 받았으며, 시청자들의 항의가 이어지자 1974년에는 미국 전역의 ABC방송 계열사들이 동성애가 묘사된 한 에피소드를 결방시키기도 했다. 그럼에도 불구하고 주인공 마커스 웰비는 드라마를 시청한 많은 환자들의 사랑을 받았다. 지금도 어떤 의사를 마커스 웰비에 비유하는 것은 칭찬으로 여겨진다. O'Connor, "Pressure Groups Are Increasingly Putting the Heat on TV." 참조.

의 모습과 일치하지 않음을 사람들이 경험으로부터 깨달았기 때문"이라고 분석했다.

TV 의학드라마에 기반한 기대와 현실이 일치하지 않는 것은 환자와 의사 모두에게 마찬가지였다. 1985년에 〈뉴욕 타임스〉에 실린 '의사들의 문제는 이미지가 너무 좋다는 데 있다'라는 기사에 따르면, 이런 괴리는 의료과실에 대해 보험금을 지급하는 보험사들이 '마커스 웰비 신드롬'이라는 말을 만들어낼 정도로 심각했다. 마커스 웰비라는 드라마 속 의사가 흠잡을 데 없는 임상적 통찰력과 현대의 의료기술을 적용하는 모습이 어떤 의사도 충족할 수 없는 기준을 만들어냈기 때문이다.

보험사들은 실제로 의사들이 상황을 악화시키고 있다고 생각했다. 〈뉴욕 타임스〉는 이 기사에서 "많은 의사들이 환자들을 안심시키기 위해 마커스 웰비처럼 항상 자신 있는 태도를 보이고 있다. 하지만 그러다 문제가 발생하고, 환자가 충격을 받아 의료과실 소송을 하는 경우가 점점 많아지고 있다"라고 지적했다. 미국 의사협회American Medical Association, AMA의 생각도 마찬가지였다. 이 기사에 따르면 미국 의사협회 한 관계자는 "우리는 환자 치료에 대해 지나친 자신감을 보이고 있다. 환자의 기대를 만족시켜야 하기 때문이다. 하지만 우리는 상황이 악화될 수 있다는 것을 환자들에게 솔직하게 알려야 하며, 그러기 위해서는 (의사에 대한) 사람들의 생각이 크게 변해야 한다"라고 말했다.

시간이 흐르면서 화면에 등장하는 의사들은 사람들에게 더 많은 것을 보여주게 됐다. 의사의 결점, 갈등, 불완전한 판단력 등 인간적인 측면이 TV 드라마에 등장하는 의사들에게서 부각되기 시작한 것이었다. (〈하우스〉 팬이라면 특히 이 분석에 동의할 것이다). 일반적으로 의학드라마에서 정확성은 별로 중시되지 않는다.[2] 예를 들어, 〈ER〉, 〈시카고 호프Chicago Hope〉, 〈그레이 아나토미〉에 대한 분석에 따르면, 드라마에서 묘사되는 위급한 상황은 사망률이 실제보다 거의 9배나 높게 왜곡된 채 묘사된다. 따라서 다차원적이고 결함이 있는 TV 의사가 예상치 못한 시나리오에 휘말리는 것이 황금시간대 프로그램의 성공공식처럼 여겨지기 시작했다. 태퍼는 "TV 드라마에서 의사가 계속 등장하는 것은 기술적, 과학적으로 매력이 있는 의사라는 캐릭터에 사람들이 계속 매료되기 때문"이라고 말했다.

의사들 중에는 의학드라마를 보기 힘들어하는 사람들도 있다. 드라마의 의학 관련 내용이 너무 부정확해서 주의가 분산되거나, 드라마 자체가 일을 잊어버리게 만들 만큼 재미있다고 느끼지 못하기 때문이다. 하지만 의학드라마가 우리 같은 사람을 의사로 만드는 데 도움을 준다는 것은 많은 사람이 인정할 것이다.

크리스에게 가장 깊은 인상을 남긴 TV 드라마 속 의사는 〈스타트렉: 보이저〉에서 배우 로버트 피카도가 연기한 '닥터'라는 이름의 응급의료용 홀로그램이다. 닥터는 우주선 보이저호에서 사상자가 발생했을 때 응급의료 보조 역할을 하도록 설계된 홀로그램으로, 사람처럼 걷고 말하며 지각이 있는 컴퓨터 프로그램이다. 닥터는 보이저호가 의료진 없이 은하계 반대편에 표류하게 되자, 이 우주선의 유일한 의사가 된다. 닥터는 그 어떤 '진짜' 의사보다 더 방대한 의학지식과 기술력을 갖추고 있지만, 본질적으로 컴퓨터 프로그램이기 때문에 환자를 대하는 태도가 형편없고, 의료 전문가에게 기대되는 공감 능력과 인간적 유대감이 부족하다. 드라마가 진행되는 동안 닥터가 치료하는 환자들과 우주선 동료들은 은하계를 여행하면서 닥터에게 진정한 의사로서의 의미와 인간으로서의 의미에 대해 가르친다.

지금쯤이면 여러분에게 의사도 인간이라는 생각이 잘 전달되었기를 바란다. 우리가 아니더라도, 여러분이 가장 좋아하는 TV 의학드라마 속 의사가 이런 생각을 심어줬을지도 모르겠다.

좋은 의사의 조건

우리는 이 책의 많은 부분에서 의사가 인간으로서 어떻게 실수를 저지르고 편향에 빠지는지 자세히 살펴봤다. 물론 인간적인 측면은 의사라는 직업에 필수 요소이기도 하다. 의사들의 인간적인 측면은 환자와의 소통을 통해 환자가 자신의 건강 상태를 이해하는 것을 돕고, 환자의 삶을 개선하기 위한 조치를 취할 수 있게 해준다. 또한 치료의 대상이 되는 세포, 조직, 장기의 총합으로 환자를 보기보다는 가치관, 우선순위, 희망, 두려움을 가진 전인격체로서 환자를 보고 치료할 수 있게 해주기도 한다. 더 나아가 이런 인간적인 측면은 〈스타트렉: 보이저〉에서처럼 의사가 조만간 인공지능으로 대체되지 않을 것이라는 확신을 갖게 만들기도 한다.

1927년에 하버드 의과대학 교수 프랜시스 피보디^{Francis Peabody} 가 보스턴 시립병원에서 의대생들을 대상으로 쓴 에세이의 내용 중 일부를 살펴보자. 이 글은 쓰인 지 거의 한 세기가 지난 지금도 우리에게 반향을 불러일으킨다.

지난 30년 동안 놀라울 정도로 의학이 발전하고 의사들이 이용할 수 있는 과학지식의 양이 엄청나게 늘어났다는 사실을 생각할 때, 현재의 의과대학들이 교육의 이 측면에 대해 더 관심을 기울이고 있는 것은 당연해 보인다. 그동안 학교는 새로운 지식을 소화하고 서로 연관시키는 어려운 작업에 몰두하느라, 과학 원리를 질병의 진단과 치료에 적용하는 일이 의료의 한 부분에 불과하다는 사실을 쉽게 간과해왔다. 가장 넓은 의미의 의료에는 의사와 환자 간의 모든 관계가 포함된다. 의료는 점점 더 많은 부분을 의학에 의존하게 되는 일종의 '기술'이긴 하지만, 지금도 의료의 상당 부분은 과학의 영역 밖에 있는 요소들로 구성돼 있다. 의료라는 기술과 의학이라는 과학은 서로 대립하는 관계가 아니라 서로 보완하는 관계다.[3]

모든 의사는 의사자격증을 취득할 때 표준화된 과학교육을 받고 테스트를 거치지만, 피보디가 말했듯이 의료라는 기술의 중요한 부분, 즉 환자와 소통하고 환자를 돌보는 방식은 여러 가지 요인에 의해 형성된다. 즉, 이 방식의 일부는 교육에 의해, 다른 일부는 의사의 타고난 강점이나 배경, 성격, 독특한 관점에 의해 결정된다.

의료의 질이 의료라는 기술과 의학이라는 과학을 어떻게 적용하느냐에 따라 달라진다면, 다른 사람보다 '더 나은' 의사가 분명히 있다고 할 수 있다. '더 나은'을 강조한 이유는 대중잡지에서 '최고의 의사들'을 선정하는 경우와는 달리, 한 의사를 다른 의사보다 '더 나은' 의사로 평가할 수 있는 보편적인 방법이 없기 때문이다.[*] 우리 두 저자의 경우도 환자들 중에는 우리를 훌륭한 의사로 평가하는 사람도 있고, 형편없는 의사라고 생각하는 사람도 있다. 또한 동료 의사들 중에도 우리의 임상적 판단을 다른 의사들의 판단보다 더 깊이 신뢰하는 의사들이 있으며, 우리 두 저자도 다른 의사의 판단에 대해 의견에 엇갈리는 경우가 있다.

　　하지만 어떤 의사를 다른 의사보다 '더 나은' 의사로 생각하게 만드는 특정한 객관적인 기준이 존재하는 것만은 확실해 보인다. 예를 들어, 어떤 응급의학과 의사는 동료 의사에 비해 더 빨리 또는 더 자주 정확한 진단을 내릴 것이고, 어떤 외과 의사는 특정 수술의 합병증 발생률이 더 낮을 것이며, 어떤 일차의료 의사는 당뇨병이 잘 관리되는 환자 비율이 높을 것이다. 적절한 변수를 충분히 측정하고 '좋음', '나쁨', '평균'을 반박이 불가능한 방식으로 정의할 수 있다면, 의사가 제공하는 의료 서비스의 질을 구분하는 데

---

[*]　　'최고의 의사' 리스트는 어떤 기관이나 기업이 선정했든 일단 의심을 해봐야 한다. 이런 리스트는 일부 의사들이 비용을 지불해 만든 광고일 가능성이 높기 때문이다. 〈프로퍼블리카 ProPublica〉(미국의 비영리 탐사보도 매체-옮긴이)의 한 기자는 자신이 의사가 아닌데도 업체에 비용을 지불한 뒤 '최고의 의사' 리스트에 포함된 사례를 보도해 충격을 준 적이 있다(이 기자는 자신의 전문분야를 '조사'라고 이 업체에 알려줬다). Allen, "I'm a Journalist. Apparently, I'm Also One of America's 'Top Doctors.'" 참조.

도움이 되는 몇 가지 패턴을 찾을 수 있을 것이다.

〈영국 의학저널British Medical Journal〉에서 독자들에게 "무엇이 어떻게 좋은 의사를 만드는가?"라는 질문을 던진 적이 있다.[4] 그 후 이 질문에 대한 대답을 담은 편지가 24개국의 의사, 간호사, 환자 등으로부터 100통이 넘게 들어왔고, 이 대답들은 몇 가지 주제로 분류됐다. 그중 하나는 (1927년에 프랜시스 피보디가 쓴 글에서처럼) 의사가 되기 위해서는 교육만으로는 부족하며, 최신 과학과 기술에 대한 지식 이상의 것이 필요하다는 생각이었다. 다른 하나는 의사가 환자, 간호사 그리고 팀원들의 의견을 경청하고 소통하는 방식이 의료진 협력과 환자 치료에 매우 중요하다는 것이었다. 이 밖에도, 좋은 의사가 되기 위해서는 환자에 대한 연민과 공감을 가져야 하며, 진료실 밖 환자의 삶에도 관심을 갖고 환자의 이익을 옹호할 수 있어야 하며, 불확실한 상황과 그에 수반되는 감정에 익숙해야 하며, 다른 관점을 기꺼이 경청하고, 자신이 틀렸을 때는 인정하고, 자신의 한계를 받아들이고, 모르는 것이 있으면 솔직할 수 있는 겸손함이 있어야 한다는 대답이 수집됐다.

아무리 노력해도 대부분의 의사는 이러한 정의나 다른 어떤 정의로도 좋은 의사가 되기 위해 이 모든 것을 구현하는 데는 어려움을 겪을 것이다. 우리는 필연적으로 어떤 분야에서는 탁월하고 다른 분야에서는 부족할 수밖에 없다. 중요한 것들의 대부분은 가르치거나 배우는 데 시간과 경험이 필요하다. 따라서 〈영국 의학저널〉에 편지를 보낸 사람들이 좋은 의사가 되는 방법에 대해 대체적으로 의견이 일치한 것은 당연해 보인다. 이들의 견해는 다음과 같이 요약할 수 있다. "우리가 유일하게 바라는 것은 (적절한 시험성적이 아니라) 적절한 재능을 가진 [의대] 학생을 선발하는 것이다."

경험 많은 의사가 항상 더 나은 선택일까?

무엇이 좋은 의사를 만드는지에 대한 문제를 다루기 위해 먼저 기본적인 질문을 던져보자. 의사가 오랜 경험을 통해 기술을 연마한다면, 나이 든 의사가 젊은 의사보다 항상 더 나은 의사가 될 수 있을까?

젊은 의사들이 다양한 질환을 가진 환자들을 처음 보고 치료하게 되는 초기의 '고비', 즉 전공의 과정을 한번 자세히 살펴보면서로 확실하게 반대되는 두 가지 가설을 세울 수 있다. 첫 번째 가설은 의사가 경험을 통해 배운다면, 당연히 수십 년의 경력을 가진 선배 의사가 이제 막 수련을 마친 젊은 의사보다 더 나은 의사여야 한다는 것이다.[5] 두 번째 가설은 전공의 과정은 의사가 최신 의학연구 결과에 기초해 수련을 받는 시기이므로 이제 막 레지던트 과정을 마친 젊은 의사가 선배 의사보다 최신 치료법과 기술에 더 익숙해야 하며, 따라서 환자 치료 결과도 더 좋아야 한다는 것이다. (매년 발표되는 의학 논문이 100만 건 이상이라는 사실을 감안할 때, 나이 든 의사들이 젊은 의사들에 비해 최신 연구 결과를 잘 따라잡지 못한다고 해서 비난할 수는 없다.)

2017년에 발표된 연구에서 우리(바푸, UCLA 연구원 쓰가와 유스케, 하버드 의과대학 동료인 조지프 뉴하우스, 앨런 재슬러브스키Aan Zaslavsky, 대니얼 블루먼솔)는 입원환자를 전담해 관리하는 내과 전문의들에게 나이가 미치는 영향에 대해 연구했다.[6] '입원전담 전문의hospitalist'로 불리는 이 의사들은 심각한 감염, 장기부전, 심장질환 등 미국에서 가장 흔한 급성 질환으로 입원한 환자들에게 치료의 대부분을 제공한다.[7]

입원전담 전문의에 대한 연구는 광범위한 데이터를 얻을 수 있게 해주는 것 외에도 장점이 또 있다. 대부분의 경우 환자는 의사가 환자를 대하는 태도, 의사에게서 느껴지는 전문성, 의사의 대응력 그리고 의사에게서 느껴지지만 정확하게 표현할 수는 없는 미묘한 특성 등을 기준으로 의사를 선택한다. 예를 들어, 상태가 심각한 환자는 경험이 많은 의사에게 더 효과적인 치료를 받을 수 있으리라 기대하기 때문에 그런 의사를 선택할 수 있다. 이 경우, 우리는 나이와 경험이 많은 의사들이 치료한 환자들의 결과가 더 나쁘게 나올 확률이 높다는 이유만으로, 그들이 치료한 환자들의 결과가 젊은 의사들이 치료한 환자들의 결과보다 나쁠 가능성이 높다는 잘못된 결론을 내릴 수 있다(이 잘못된 결론은 교란인자가 영향을 미친 결과다).

하지만 입원환자는 입원전담 전문의를 선택할 수 없기 때문에, 자신의 입원 시점에 당직의사였던 입원전담 전문의에게 치료를 받게 된다. 일반적으로 입원전담 전문의는 병원의 모든 구역들을 1~2주에 한 번씩 돌아가면서 담당한다. 또한 입원환자 치료에만 집중하므로 빠르게 입원환자 치료의 전문가가 된다. 입원환자 치료는 사람들이 흔히 경험하는 외래환자 치료와는 여러 가지 면에서 다르다.

우리 입장에서 생각하면, 이 과정은 여러 가지 자연실험이 성립하는 매우 유용한 과정이다. 우선, 입원환자는 입원 시점에 근무하는 입원전담 전문의에게 무작위로 배정된다. 입원이 필요한 다양한 환자들이 충분히 존재하는 한, 서로 다른 입원전담 전문의가 돌보는 환자 그룹들은 서로에게 대조 그룹 역할을 할 수 있으며, 이 그룹들 사이의 차이는 입원전담 전문의의 차이에 기인한다고 할 수 있다.

우리는 65세 이상 메디케어 환자들의 데이터와 입원전담 전문의의 나이가 포함된 데이터를 이용해 2011년부터 2013년까지 약 1만 9000명의 입원전담 전문의가 관리한 약 73만 7000건의 계획되지 않은 입원 사례를 조사했다. 우리는 환자를 치료한 입원전담 전문의들을 나이에 따라 40세 미만, 40~49세, 50~59세, 60세 이상의 4개 그룹으로 나눴다.

첫 번째 단계로, (지금쯤이면 독자들도 짐작하겠지만) 우리는 이 4개 그룹 각각에 속한 환자들의 특성을 비교했다. 입원환자가 무작위로 의사에게 배정되었다면 의사의 나이에 관계없이 각 그룹은 비슷해야 했고, 실제로 모든 그룹은 성별, 나이, 인종, 만성질환 보유율, 메디케이드 자격 여부(사회경제적 지위를 나타내는 지표) 등 모든 항목에서 비슷했다. 따라서 각각의 그룹은 모든 다른 그룹들에 대해 반사실적이라고 합리적으로 말할 수 있었다.

하지만 각 그룹의 입원전담 전문의는 달랐다. 나이가 많은 의사일수록 레지던트 과정 수료 후 경력이 더 많았는데, 40세 미만 의사의 레지던트 수료 후 경력은 평균 4.9년이었으며 60세 이상 의사는 28.6년이었다. 또한, 나이가 많은 의사일수록 남성이 더 많았다(40세 미만 의사는 61%가 남성인 반면 60세 이상 의사는 84%가 남성이었다). 이는 최근 수십 년 동안 발생한 의사들의 성별 구성 변화를 반영한다. 의사들이 치료하는 환자 수에도 차이가 있었는데, 40세 미만 의사와 60세 이상 의사는 그 중간 연령대의 의사보다 치료하는 환자 수가 더 적은 경향이 있었다. 데이터만 봐서는 이런 차이의 원인을 알 수 없었다. 젊은 의사들은 추가 교육을 받거나 가정을 꾸린 지 얼마 되지 않아 바빴기 때문에, 나이 든 의사들은 은퇴가 얼마 남지 않았기 때문에 병원 근무시간이 적었을 수도 있다. 그 이유야 어쨌든 자연실험 성립조건은 충족됐다.

하지만 아직 연구는 반밖에 진행이 안 된 상태였다. 나이 든 의사가 젊은 의사보다 '더 나은' 의사인지에 대한 질문에 답하려면, 나이 든 의사가 어떤 측면에서 더 나은 의사인지 정의할 수 있어야 했다. 다시 말해, 우리에겐 비교의 기준이 필요했다. 생명을 위협하는 질환으로 입원할 수밖에 없는 환자들을 치료하는 의사들에게 적용할 수 있는 분명하고 간단한 측정 지표는 환자 사망률이다. 입원환자 중에는 의사가 누구든 상관없이 생존하거나 사망하는 환자도 있지만, 의사의 임상적 판단이나 의사결정, 기술에 의해 생사가 갈리는 환자도 있다.

따라서 다음 단계는 사망률, 구체적으로는 이런 입원환자의 30일 사망률을 비교하는 것이었다. 우리는 통계모델을 이용해 환자 개개인의 특성 차이와 의사 개개인의 특성 차이를 모두 고려하고,* 같은 병원 내에서 다양한 연령대의 의사가 치료한 환자의 결과를 비교했다.** 그 결과 의사의 나이가 많을수록 환자 사망률이 높았다는 사실을 발견했다. 40세가 안 된 의사 그룹의 환자 사망률은 10.8%였고, 40~49세 그룹에서는 11.1%, 50~59세 그룹에서는 11.3%, 60세 이상 그룹에서는 12.1%였다. 이 수치들을 종합해서 생각할 때, 이 결과는 60세 이상의 의사들이 치료한 1,000명의 환자 중 사망한 환자 13명을 40세 미만의 의사가 치료했다면 그 13명이 생존할 수 있었다는 뜻이다.

또한 우리는 이런 사망률 차이가 다른 요인이 아닌 의사의 연령에 따라 나타났는지 확인하기 위해 몇 가지 추가 테스트를 실행했다. 나이가 많은 의사는 기준 시점에 이미 사망 위험이 높은 환자를 치료했을 가능성이 높기 때문에, 우리는 암으로 입원했거나 임종이 임박해 호스피스 치료를 위해 퇴원한 환자를 제거한 후 분석을 다시 수행했다(나이가 많은 의사가 이런 환자들을 다른 방식으로 치

---

* 우리는 나이가 미치는 영향만을 연구하고자 했기 때문에 성별 차이 같은 요인들로 인해 나타날 수 있는 차이들을 제거해야 했다(자세한 내용은 뒤에서 설명할 것이다). 즉, 나이가 많은 의사일수록 남자일 가능성이 높기 때문에, 우리는 남성 입원전담 전문의와 여성 입원전담 전문의 사이의 차이로 인해 발생할 수 있는 편향이 교란인자가 되지 않도록 성별 간 차이에 의한 효과를 배제했다.

** 이와 같은 '병원 내' 분석은 특히 중요하다. 우리는 환자들이 병원 내에서 무작위로 의사에게 배정된다고 가정했지만, 환자들이 다양한 병원으로 무작위 배정된다는 가정을 세우는 것은 불가능했다. 실제로도 이런 무작위 배정은 일어나지 않는다. 특정한 특성을 가진 환자는 대부분 특정한 병원에 입원하기 때문이다. 따라서 환자가 어느 병원에 입원하는지와 관련된 편향을 피하기 위해서 우리는 같은 병원에 입원한 환자들만을 비교했다.

료했을 가능성이 있었기 때문이었다). 하지만 그 결과에서도 사망률 패턴은 그대로 유지됐다. 또한 우리는 고령의 메디케어 환자들보다는 비교적 젊어 사망률도 낮은 65~75세 환자만을 분리해 다시 분석을 시행했지만, 그 결과에서도 사망률 패턴은 그대로 유지됐다. 추가적으로 우리는 장기적인 결과가 달라졌을 경우를 대비해 60일 사망률과 90일 사망률을 사용해 분석을 반복했지만, 역시 동일한 패턴이 유지됐다.

그 시점에서, 의사의 나이와 환자의 사망률은 실제로 연관관계가 있는 것으로, 즉 젊은 의사들의 치료 결과가 경험이 많은 동료 의사들의 치료 결과보다 좋은 것으로 보였다. 그렇다면 '왜?'라는 질문이 따르지 않을 수 없었다.

두 가지 설명이 가능해 보였다. 첫 번째는 나이가 많다는 것이 의사의 진료 방식에 변화를 가져와 사망률을 높이는, 실제 연령 효과가 있다는 설명이다. 나이가 많은 의사는 자신의 경험에 의존해 지나치게 자신감을 가졌을지도 모른다. 이 경우 나이 많은 의사는 '이런 케이스를 100만 번도 더 본 적이 있다'라고 생각하면서 닻 내림 편향에 굴복해 진단을 잘못 내렸을 가능성이 있다. 두 번째는 나이 든 의사와 젊은 의사가 서로 다른 시기에 교육을 받았기 때문에, 나이 든 의사가 젊은 의사와 같은 방식으로 교육을 받았다면 할 수 있었던 일을 하지 못했을 가능성이 있다는 설명이다. 수련 기간 동안 의사들은 당시의 의학적 사고방식에 노출되고, 그 사고방식은 의사들 머릿속에서 굳어진다. 따라서 젊은 의사들은 나이 든 의사들에 비해 더 최신의 임상 지식을 가졌을 수 있다. 나이

든 의사가 최신 연구 및 기술 발전을 따라잡지 못했거나 최신 가이드라인을 따르지 않는다면 젊은 의사에 비해 치료 결과가 좋지 않을 수 있다.

우리의 분석 결과는 연령대가 다른 의사들이 다르게 행동할 수 있다는 것만 알려줄 수 있기 때문에, 젊은 의사들의 환자 사망률이 나이 든 의사의 환자 사망률보다 왜 낮은지에 대해 명확한 답을 주기는 어렵다. 하지만 우리는 이 분석 결과에서 몇 가지 힌트를 얻을 수 있었다.

의사가 최신 정보를 확보하는 방법 중 하나는 환자 진료다. 특정한 진단을 받은 환자가 의사에게 오면 의사는 해당 질환에 대한 최신 연구 결과, 치료를 위한 가이드라인 또는 권장사항을 확인하게 된다. 따라서 나이가 많은 의사는 나이 자체 때문이 아니라 나이가 들어 진료하는 환자의 수가 적어지므로 환자 사망률이 더 높아질 가능성이 있다.

우리는 이 가능성을 확인하기 위해 나이와 진료 건수 모두를 기준으로 의사들을 분류했다. 그 결과, 우리는 '진료 건수가 적은' 의사들(특정 연도에 진료한 환자 수가 많지 않은 의사들)의 경우 나이 많은 의사의 환자 사망률이 높았으며, '진료 건수가 중간 정도인' 의사들의 경우에는 이런 패턴이 별로 두드러지지 않았고, '진료 건수가 많은' 의사들의 경우에는 이런 패턴이 완전히 사라진 것을 발견했다. 이는 진료 건수가 많은 경우, 환자 사망률이 모든 연령의 의사에게서 비슷하게 나타났다는 뜻이다.

이 모든 결과를 어떻게 해석해야 할까? 전체적으로 볼 때, 나이가 많은 의사가 젊은 의사보다 환자 사망률이 높았지만, 의사의 나이와 진료 건수, 사망률 사이에는 상관관계가 있는 것으로 보인다. 실제로 의사가 충분히 많은 수의 환자를 진료하는 한, 의사의 나이는 진료와 무관하다. 하지만 환자를 충분히 많이 진료하지 못한다면 젊은 의사가 더 나은 성과를 내는 것으로 보인다.

이는 평균적으로 젊은 의사가 나이 든 의사보다 '더 나은' 의사라는 뜻일까? 우리의 이 연구에 따르면, 환자의 30일 사망률이 낮은 입원전담 전문의를 '더 나은' 의사로 정의할 경우, 평균적인 젊은 의사가 평균적인 나이 든 의사보다 더 나은 의사라고 말할 수 있을 것이다.

웨인 주립대학교 의과대학 학장이자 나이 든 의사 중 한 명인 잭 소벨Jack Sobel은 이 연구 결과에 대해 "진료 건수가 많은 의사는 나이가 들어도 기술이나 전문성이 떨어지지 않을 수도 있다. 이에 비해 진료 건수가 적거나 중간 정도인 의사는 최신 기술을 따라잡을 수 있을 정도로 환자를 많이 진료하지 않거나, 지식이 부족해서 환자를 적게 보는 의사다. 어쩌면 이런 의사들은 환자를 적게 진료하기 때문에 최신 기술을 따라잡지 못하거나 지식이 부족해지는지도 모르겠다. (…) 65세가 넘는다고 해서 의사의 임상 기술 수준이 떨어지는 것은 아니다. 65세가 넘은 의사는 젊은 의사들만큼 새로운 방법에 익숙하지 않을 뿐이다. 이에 비해 젊은 의사들은 새로운 기술에 쉽게 접근할 수 있고, 새로운 약물에 대한 지식을 더 빨리 쌓을 수 있다는 점에서 유리하다"라고 말했다.[8]

하지만 진료 건수가 적거나 중간 정도인 나이 든 의사들의 평

균 환자 사망률이 높다고 해서, 평균적인 젊은 의사보다 나은 나이
든 의사나 평균적인 나이 든 의사보다 못한 젊은 의사가 존재하지
않는다고 말할 수는 없다. 또한, 전체적으로는 평균보다 낮지만 특
정 질환을 관리하거나 특정 환자 그룹을 돌보는 데 평균 이상인 의
사도 있을 것이다. 환자와 연구자 모두에게 어려운 점은, 누가 어
떤 정도의 의사인지 알기 어렵다는 것이다.

　나이가 많은 의사가 진료 건수 부족에 따른 영향을 줄일 수 있
는 방법은 계속 의학저널을 읽고, 평생교육(평생교육의 일부는 전문의
자격을 유지하기 위해 필요하다)에 참여하고, 배워야 할 것이 많은 젊
은 의사들을 가르치면서 최신 정보를 얻기 위해 노력하는 것이다.
잭 소벨은 의사로서의 감각을 계속 날카롭게 유지하기 위해 매일
의학저널을 읽고 학생들을 가르친다. 소벨은 "그러다 보니 최신 의
학정보에 중독이 됐습니다. 하지만 그렇다고 내가 모범적인 의사
라는 건 아닙니다"라고 말했다.

　이 연구에서 우리는 반박하기 어려운 객관적인 수치, 즉 의사
의 성과에 대한 객관적인 측정에 충실하려고 노력했다. 물론 이 연
구에서는 의사의 성과에 대한 주관적인 척도, 즉 우리 자신이나 다
른 의사가 동료 의사에 비해 얼마나 좋은지에 대한 평가도 고려됐
다. 당연히 이런 평가는 편향의 영향을 받기 쉽다. 인간은 다른 사
람과 자신을 비교할 때, 자신의 능력은 과대평가하는 반면 다른 사
람의 능력은 과소평가하는 경향이 있는데, 이는 자신의 능력 수준
에는 주관적으로 안주하면서 다른 사람들의 능력은 객관적으로 평
가하는 닻 내림 편향의 일종이다.[9] 사람들은 객관적으로 쉬운 일에

대해서는 자신이 '평균 이상'이라고 생각하면서, 자신에게 쉬운 일이면 다른 사람에게도 쉬울 수 있다는 사실은 망각하는 경향이 있다.* 이 '평균 이상 효과above-average effect'는 '워비건 호수 효과Lake Wobegon effect'라고도 부른다. 이 용어는 1970년대에 개리슨 케일러가 진행한 인기 라디오 쇼 〈프레이리 홈 컴패니언Prairie Home Companion〉의 배경인 '워비건 호수' 마을에서 따온 것이다. 이 라디오 쇼에서 진행자는 워비건 호수 마을을 "모든 여성이 강하고, 모든 남성이 잘생기고, 모든 아이들은 평균 이상인 곳"으로 묘사했다.[10]

이 워비건 효과에 따라, 의사들은 흔히 치료하기 '쉬운' 질환인 폐렴에 대해 자신이 평균보다 더 잘 치료하는 편이냐는 질문을 받으면, 대부분은 자신이 '평균 이상'이라고 대답할 것이다. 이는 평균 이하의 의사들 중 상당수가 자신이 최고라고 확신하면서 실제로는 낮은 수준의 치료를 제공할 수 있다는 뜻이다.

지금까지 우리는 입원환자의 진단과 치료에 중점을 두는 내과 전문의, 즉 입원전담 전문의에 관련된 이야기를 했다. 하지만 진단 기술 외에도 경험과 근육 기억에 의존하는 기술적 능력이 필요한 외과 의사는 어떨까? 외과 의사는 시간이 지남에 따라 경험이 쌓이면 실력이 향상될까? 그렇다면 나이가 많은 외과 의사가 최고일까? 아니면 최근에 최신 기술을 훈련받고 신체적 정점에 가까워진 젊은 외과 의사가 더 나은 환자 결과를 얻을 수 있을까?

---

* 이와 비슷하게, 사람들은 어려운 일에 대해서는 자신이 '평균 이하'라고 생각하는 경향이 있다. 이는 어떤 일이 자신에게 힘들면 다른 사람들에게도 힘든 일일 것이라고 생각하지 못하기 때문이다. 실제로 사람들의 평균적인 능력은 생각보다 낮다.

우리(바푸, 쓰가와 유스케, 하버드 의과대학 동료 존 오라브John Orav, 대니얼 블루먼솔, 토머스 차이Thomas Tsai, UCSD 외과 의사 윈타 메흐츤Winta Mehtsun, 아시시 자)는 바로 직전 연구와 비슷한 연구를 통해 그 해답을 찾고자 했다.[11] 이 연구는 다양한 연령대의 외과 의사 약 4만 6000명이 시행한 주요 비선택적 수술(응급 고관절 골절 복구 수술, 응급 담낭 수술 등)을 받은 약 90만 명의 메디케어 환자를 대상으로 한 것이다. 우리가 비선택적 수술을 선택한 것은 환자가 응급상황에서 내원했을 때 외과 의사를 선택할 수 없기 때문이다. 입원전담 전문의에게 환자가 배정될 때처럼 응급환자도 당직 외과 의사에게 사실상 무작위로 배정된다.

직전 연구에서처럼, 이번에도 환자들은 의사의 나이가 40세 미만, 40~49세, 50~59세, 60세 이상인 4개 그룹으로 나뉘어 각각 진료받았고, 각 그룹의 환자들은 서로 비슷한 것으로 조사됐다. 그다음으로 우리는 같은 병원 내에서 다양한 연령대의 외과 의사가 치료한 환자들의 결과를 비교하는 통계모델을 사용해 수술 후 30일 이내 사망률을 조정했다.

어떤 결과가 나왔을까?

입원전담 전문의의 경우와 달리, 외과 의사는 나이가 들수록 환자 사망률이 낮았다. 40세 미만 외과 의사의 환자 사망률은 6.6%, 40~49세 외과 의사의 환자 사망률은 6.5%, 50~59세 외과 의사의 환자 사망률은 6.4%, 60세 이상 외과 의사의 환자 사망률은 6.3%로, 나이가 들수록 환자 사망률은 완만하지만 유의미한 감소를 보였다.*

다음으로 우리는 입원전담 전문의들에 대한 연구에서처럼, 외과 의사들을 수술 규모에 따라 그룹으로 나누어 분석을 반복했다. 이번에는 수술 건수가 많은 외과 의사와 수술 건수가 중간 규모인 외과 의사에서는 외과 의사의 연령에 따라 환자 사망률이 계속 감소하는 것으로 나타났지만, 수술 건수가 적은 외과 의사에서는 이런 상관관계가 발견되지 않았다.

분명 뭔가 다른 일이 벌어지고 있었다. 입원전담 전문의는 환자를 많이 보지 않는 한 나이가 들수록 평균적으로 '더 나빠지는' 것으로 나타난 반면, 외과 의사는 환자를 적게 보지 않는 한 나이가 들수록 평균적으로 '더 나아지는' 것으로 나타났기 때문이다.

그 이유는, 입원전담 전문의와 외과 의사는 같은 의사지만 업무가 매우 다르다는 사실에 있었다. 입원전담 전문의의 주 업무는 급성 및 만성 의료 문제를 예방하고 진단 및 치료하는 것이다. 이 업무를 잘 수행하려면 다양한 질병과 그에 대한 최선의 치료법에 대한 폭넓은 실무 지식이 필요하다. 반면, 외과 의사의 주 업무는 수술 대상 환자를 평가하고, 수술이 필요하다고 생각되는 환자를 수술하고, 수술 후 회복기간 동안 환자를 돌보는 것이다. 의사들 대부분은 이런 단순한 정의(내과 의사는 주로 약물로 치료를 하는 반

---

* 독자들 중에는 일반적으로 외과 의사의 수술 후 환자 사망률이 입원전담 전문의의 입원 후 환자 사망률보다 훨씬 낮다는 것에 주목한 사람도 있을 것이다. 이런 결과가 나타나는 이유는, 증상이 심각하고 수술 후 사망 위험이 높은 환자는 애초에 수술을 받을 가능성이 낮기 때문에 대부분 위험도가 낮은 옵션을 선택한다는 데 있다. 따라서 외과 의사는 환자 중 긴급 수술을 견딜 수 있을 만큼 건강한 환자만 수술하는 경우가 많다.

면, 외과 의사는 주로 수술로 치료한다는 정의)에 동의하지 않겠지만, 실제로 이 두 유형의 의사가 수행하는 업무는 상당히 다를 수밖에 없다.

입원전담 전문의의 경우, 나이가 들수록 최신 치료법에 대한 지식이 감소한다는 단점이, 경험이 계속 증가한다는 장점보다 커질 수 있다. 경험만으로 치료의 질이 높아진다면 진료 건수가 적은 입원전담 전문의는 나이가 들수록 더 나아질 수는 있겠지만, 그 나아지는 속도는 진료 건수가 많은 입원전담 전문의가 나이가 들면서 더 나아지는 속도보다 느릴 것이다. 또한, 진료 건수가 많은 입원전담 전문의는 나이가 들어도 기술 수준을 유지하는 반면, 진료 건수가 적은 입원전담 전문의는 나이가 들면서 기술 수준이 떨어지는 것으로 조사됐다. 최신 치료법에 대한 정보를 파악하는 것이 입원전담 전문의의 진료의 질을 결정하는 가장 중요한 요소라면, 이는 당연한 결과일 것이다. 약물은 내과 의사의 주요 치료 도구다. 약효가 더 좋은 신약은 다른 치료 도구에 비해 (상대적으로) 빠르게 개발되기 때문에, 내과 의사는 환자를 많이 진료하는 것이 신약 정보를 따라잡을 수 있는 좋은 방법이 된다.

하지만 수술실에서 대부분의 기술을 연마하는 외과 의사는 사정이 많이 다르다. 외과 의사는 복잡한 구조를 가진 인체를 제한된 공간에서 반복적으로 수술하면서 근육 기억을 구축한다. 외과 의사는 기술적인 문제가 발생하기 전에 이를 예측하고, 이전 경험을 바탕으로 계획을 세우는 방법을 배운다. 이 때문에 외과 의사는 수술실에서 충분한 경험을 쌓는 게 중요해 내과 의사보다 레지던트 기간이 더 길다.* 일반외과 레지던트 과정을 마치려면 최소 850건의 주요 수술 케이스에 참여해야 하며, 그중 85건은 담낭 및 담도계(간에서 생성된 담즙이 간에서 십이지장으로 전달되는 구조-옮긴이) 수술이어야 한다.[12] 외과 의사가 직면할 수 있는 다양한 환자의 특성, 해부학적 특징, 임상 상황 등을 생각하면 이 85건의 수술도 결코 많다고 할 수는 없다. 담당 수술기법을 연마할 수 있는 최선의 방법은 많은 수술을 하는 것뿐이다.

따라서 외과 의사가 수술을 많이 하는 한 나이가 들수록 실력이 향상된다는 것은 직관적으로 이해가 된다. 외과 의사는 시간이 지남에 따라 더 다양한 상황에서 더 뛰어난 기술력을 쌓고, 합병증을 가장 잘 피하는 방법을 배우며, 더 나은 수술 전략을 선택할 수 있다. 당연한 말이지만, 외과 의사의 기술은 수술 결과에 지대한 영향을 미친다.

입원전담 전문의에 대한 연구와 외과 의사에 대한 연구를 종합해보면, 의사의 나이는 무시할 수 있는 요소가 아니라는 것이 분명해진다.

새로운 의사를 만나는 환자에게 이 모든 결과는 어떤 의미가 있을까? 이 결과는 치료의 질이 걱정되는 환자가 의사에게 해야 할

---

* 미국의 일반외과 레지던트 과정은 보통 5년(의과대학 졸업 후)이며 일반내과 레지던트 과정은 3년이다. 세부 전문과목을 선택하는 외과 의사와 내과 의사는 분야에 따라 추가 수련을 더 거치며, 이 추가 수련에는 대부분 연구가 포함된다. 예를 들어, 크리스는 내과 레지던트 과정을 마친 후 세부 전문과목으로 폐 및 중환자 치료의학을 선택했기 때문에 연구 펠로 과정 3년을 추가 이수했다.

질문이 "몇 살입니까?" 또는 "경력이 몇 년입니까?"가 아니라 "저와 같은 상황에 처한 환자를 돌본 경험이 많습니까?" 또는 "최신 연구를 따라잡기 위해 무엇을 하십니까?"라는 것을 말해준다.

성별에 따른 처벌과 보상

우리가 수행한 환자 사망률 연구의 대상이 된 외과 의사들의 중요 특징 중 의도적으로 언급하지 않은 것이 있다. 바로 성별이다. 전체 4만 5826명의 외과 의사 중 여성은 10.1%에 불과했으며, 40세 미만 외과 의사의 경우는 20.1%, 60세 이상 외과 의사의 경우는 3.1%만이 여성이었다. 전반적으로 볼 때 남성 외과 의사와 여성 외과 의사의 환자 사망률에는 차이가 없었으며, 수술 건수가 많을수록 사망률이 낮아지는 상관관계는 남성과 여성 외과 의사 모두에게 동일하게 나타났다.*

대부분의 전문직 분야에서처럼, 의학계에서도 오랜 기간 동안 남성이 지배적인 위치를 차지하고 있다. 하지만 그 이유 중 어느 것도 환자에게 최상의 치료를 제공하기 위한 것이 아니다. 지난 수

---

* 캐나다 온타리오주에서 응급수술 또는 선택적 수술을 받은 약 10만 명의 환자를 대상으로 한 소규모 연구에 따르면, 여성 외과 의사가 선택적 수술을 집도한 경우의 환자 사망률이 남성 외과 의사가 집도한 경우보다 더 낮은 반면, 응급수술의 경우에는 남성 외과 의사와 여성 외과 의사의 환자 사망률 차이가 관찰되지 않았다. "Comparison of Postoperative Outcomes Among Patients Treated by Male and Female Surgeons." 참조.

십 년 동안 점점 더 많은 여성이 의료계에 진출했지만,* 여성이 의사 업무를 '해낼 수 있는지' 묻는 여성혐오적인 질문은, 안타깝게도 환자와 의사 모두에 의해 명시적인 방식 또는 교묘한 방식으로 여전히 계속되고 있다.

명시적인 편견은 괴롭힘, 고정관념, 불평등한 대우의 형태로 나타나고 있으며, 여성 의사에 대한 해롭고 부적절한 행동은 실망스러우리만치 빈번하게 발생한다.[13] 물론 암묵적인 편견도 존재한다. 이런 고정관념에 대한 한 연구에 따르면, 의료종사자들조차 남성은 직업, 여성은 가정과 연결시켜 생각한다.[14] 예를 들어, 외과의사들도 남성 의사의 전문분야는 외과, 여성 의사의 전문분야는 가정의학과라고 생각한다(외과 분야가 '남자들만의 영역'이라는 일반적인 인식을 고려할 때 이 조사 결과는 별로 놀랍지 않다).

의뢰referral에 관한 한 연구에 따르면, 남성 의사는 남성 의사에게 수술 의뢰를 하는 것을 선호하며, 수술이 필요하지 않은 케이스는 여성 의사에게 의뢰하는 경향이 많았다.[15] 브리티시컬럼비아대학교의 경제학자 헤더 사슨스Heather Sarsons의 연구에 따르면, 여성 의사가 집도한 수술 후에 환자가 사망했을 때 다른 의사들이 그 여성 의사에게 다른 환자들의 수술을 의뢰할 가능성은, 남성 의사가

---

* 미국에서는 1840년대 초부터 의과대학에 여학생이 입학하기 시작했지만, 1950년에도 여성 의사는 6%에 불과했다. 1972년에는 수정 교육법 제9조에 따라 의과대학에서 여성에 대한 차별이 금지되면서 여학생 입학이 크게 증가했다. 2007년에는 의사의 28.3%가 여성이었으며, 2019년에는 36.3%로 증가했다. 또한 2019년은 여성이 의과대학 학생의 과반수인 50.5%를 차지했다. See Nilsson and Warren, "Fight for Women Doctors"; and Boyle, "Nation's Physician Workforce Evolves." 참조.

집도한 수술 후에 환자가 사망했을 때 다른 의사들이 그 남성 의사에게 다른 환자들의 수술을 의뢰할 가능성보다 낮다. 또한, 이 연구에 따르면 어떤 외과 의사가 좋은 수술 결과를 냈을 때 다른 의사들이 그 의사에게 다른 환자들의 수술을 의뢰할 가능성은 의사가 여성일 때보다 남성일 때가 더 높다.[16]

다시 말하면, 이는 똑같이 결과가 나빴을 때는 여성 의사가 남성 의사에 비해 동료 의사들로부터 더 가혹한 '처벌'을 받았고, 똑같이 결과가 좋았을 때는 여성 의사가 남성 의사에 비해 더 적은 '보상'을 받았다는 뜻이다. 수술 결과가 나빠지는 일은 모든 외과 의사에게 일어난다. 하지만 남성 의사의 수술 결과가 나쁜 경우 그 의사에게 수술을 의뢰한 의사는 그 결과를 '업무상 발생하는 비용'으로 생각한 반면, 여성 의사의 수술 결과가 나쁜 경우 그 의사에게 수술을 의뢰한 의사는 그 결과가 '의사의 자질 부족'을 보여주는 신호라고 생각했다.

또한 여성 의사는 여러 산업 분야에서 여성 직장인에게 가해지는 불평등한 대우에 시달린다. 여성 의사는 남성 의사보다 적은 임금을 받았으며, 전체 경력 기간 동안 남성보다 평균 200만 달러 더 적게 버는 것으로 추정된다.*[17] 남성 의사에 비해 풀타임으로

---

* 이는 의사의 전문 분야, 주당 근무 시간, 진료 환자 수 등 남성 의사와 여성 의사의 여러 차이점을 통계적으로 조정한 결과다. 연령, 경력, 전문 분야, 교수 직급, 연구 및 환자 진료 생산성 측정을 고려한 후에도 공립 의대 의사의 성별 급여 격차는 상당히 큰 것으로 드러났다. 즉, 이 수치는 여성 의사가 남성 의사와 다른 생활방식을 선택했기 때문에 급여를 적게 받는 것이 아니라, 동일한 일을 하는데도 더 적은 급여를 받는다는 것을 의미한다.

일하는 배우자가 있을 가능성이 더 높은 여성 의사에게 가족을 돌보는 일과 가사 의무가 불균형적으로 전가되는 경우도 많다.[18] 또한, 의사와 부모가 할 일이 갑자기 많아졌던 코로나19 팬데믹 기간 동안 자녀가 있는 여성 의사는 더 많은 스트레스를 겪었으며, 직장을 그만두거나 감원 대상이 된 비율이 남성 의사에 비해 높았다.[19]

호주의 심장 및 폐 전문 외과 의사인 니키 스탬프Nikki Stamp는 의사가 되고 싶어 하는 어린 소녀들과 이야기를 나눌 때 어떤 생각을 하게 되는지에 대해 쓴 글에서, 그 소녀들이 언젠가 직면할 편견에 대해 경고하는 것이 쉬운 일이 아니라고 말했다. 스탬프는 〈워싱턴 포스트〉에 기고한 이 글에서 "우리는 여자아이들에게 무엇이든 할 수 있다고 말하면서도, 그 과정에서 직면하게 될 모든 장벽에 대해 잘못 가르치고 있는 것은 아닌지 걱정된다. 우리는 남자들만의 영역이라는 인식이 지금도 지배적인 외과 분야에서, 여성 외과 의사로서의 삶이 실제로 어떠한지 절대 그들에게 말하지 않기 때문이다"라고 말했다.[20]

스탬프는, 의학계에서는 여성에 대한 편견이 누적되면서 여러 가지 문제가 발생하고 있다며 그중 몇 가지를 간략하게 설명했다. 미국 의과대학협회Association of American Medical Colleges, AAMC에 따르면 2019년 기준 여성은 의과대학 지원자 중 51%, 의과대학 졸업생 중 48%, 레지던트 과정을 마친 의사 중 46%, 의과대학 교수 중 41%, 의과대학 정교수 중 25%, 의대 학장 중 18%에 불과하다.[21] 남성 의대교수와 동일하거나 더 나은 자격을 갖췄음에도 여성 의대교수가 승진에서 밀리는 경우도 허다했다.[22]

레지던트 수련 중인 젊은 의사들을 살펴보면 향후 이 분야의 성별 구성이 어떻게 될지 짐작할 수 있다. 2019년 기준 여성은 산부인과 레지던트의 83%, 소아과 레지던트의 71%, 가정의학과 레지던트의 54%를 차지했다. 하지만 여성은 일반외과와 내과(그 하위 전문과목) 레지던트의 41%, 응급의학과 레지던트의 36%를 차지하는 데 그쳤으며, 외과의 하위 전문과인 신경외과와 정형외과의 여성 레지던트 비율은 훨씬 더 작았다(각각 18%, 15%).

이 조사 결과는 진보가 이뤄지긴 했지만 아직도 갈 길이 멀다는 것을 시사한다.

다른 분야들에서도 그렇듯이, '젠더 편향gender bias'(특정 성별을 다른 성별보다 선호하는 경향)은 눈에는 잘 띄지만 정확하게 규정하기는 힘든 방식으로 작용한다. 외과 의사들에 대한 한 연구에 따르면, 수술 후 사망 같은 중요한 결과 측면에서 남성 의사와 여성 의사 사이의 유의미한 차이는 발견되지 않았다. 내과 의사는 어떨까? 외과 전문의와는 달리, 내과 전문의는 진단 및 치료 기술, 환자 및 다른 의료 서비스 제공자와의 의사소통 능력, 복잡한 의사결정 능력이 기술적인 측면보다 더 중요하다. 그렇다면 여성 입원전담 전문의와 남성 입원전담 전문의의 실력은 같다고 할 수 있을까?

별도의 연구에서, 우리(바푸, 쓰가와 유스케, 아시시 자, 존 오라브, 대니얼 블루먼솔, 하버드 의과대학 의사이자 정책연구원 호세 피게로아Jose Figueroa)는 입원한 메디케어 수급자들을 다시 살펴봤다.[23] 이번에는 환자들을 입원시킨 일반내과 의사가* 남성이었는지 여성이었는지에 따라 환자들을 분류했다. 또한 우리는 30일 사망률 결과를 다시 살펴보면서 재입원 비율도 함께 조사했다. 여기서 재입원은 퇴원 후 30일 이내에 병원에 다시 입원하는 것을 뜻한다. 재입원은 종종 입원 중 비효율적인 치료가 이뤄졌거나 실수가 발생했다는 것을 뜻할 때가 많기 때문에** 의료의 질을 나타내는 일반 지표 중 하나라고 할 수 있다.

우리는 150만 건 이상의 입원기록을 뒤져 5만 8000여 명의 의사에 대한 기록을 발견했다. 이 의사 중 32.1%가 여성이었다. 여성 의사는 평균적으로 남성 의사보다 5년 정도 나이가 적었다.

전반적으로 볼 때 고령 메디케어 환자의 11.3%가 입원 후 30일 이내에 사망했다. 통계모델을 사용해 환자 개인별 차이와 의사 개인별 차이를 보정하고, 같은 병원에서 일한 남성 의사와 여성 의사 간의 결과를 다시 비교한 결과, 여성 내과 의사의 환자 사망률은 11.1%, 남성 내과 의사의 환자 사망률은 11.5%로 나타났다. 재입원 비율은 여성 내과 의사의 경우 15.0%, 남성 내과 의사는 15.6%였다.

이 차이는 작아 보이지만 매우 의미 있다. 전체적인 관점에서 이 차이에 대해 생각해보자. 매년 1000만 명 이상의 고령 메디케어 환자가 질병으로 입원을 한다. 이 차이는 남성 내과 의사의 진료

---

*   일반내과 의사는 입원전담 전문의일수도 있고, 외래환자와 입원환자를 모두 진료하는 내과 전문의일 수도 있다.

**   재입원 중 일부는 예방이 가능하며 실수에 의한 것일 수 있지만, 대부분의 경우 재입원은 환자가 처음 입원했을 때 아무리 잘 치료를 해도 발생할 수 있다.

성과가 여성 내과 의사 수준이라면, 매년 메디케어 환자 입원 후 사망자 수가 3만 2000명 감소할 수 있다는 것을 시사한다.

우리는 더 완전한 그림을 그리기 위해 몇 가지 분석을 더 수행했다. 먼저, 우리는 입원환자와 외래환자를 모두 진료하는 일반내과 의사가 아닌, 입원전담 전문의만을 대상으로 분석을 다시 수행했다. 그 결과, 여성 입원전담 전문의의 환자 사망률이 남성 입원전담 전문의의 환자 사망률보다 낮은 것으로 드러났다.

다음 단계로, 우리는 질환별로 환자를 나눠 다시 분석을 진행했다. 그 결과, 패혈증과 폐렴, 신부전, 심장 부정맥을 치료할 때 여성 내과 전문의의 환자 사망률이 남성 내과 전문의의 환자 사망률보다 낮은 것으로 나타났다. 심부전, 요로감염, 만성 폐쇄성폐질환악화, 위장관 출혈 같은 질환의 경우 의사 성별 차이에 따른 환자 사망률 차이는 관찰되지 않았다.

그 뒤 우리는 데이터베이스에서 진단명을 검색해 환자를 질병 중증도에 따라 5개 그룹으로 나눈 후, 남성 내과 의사와 여성 내과 의사 간의 차이가 전체 사망 위험이 높거나 낮은 환자에게만 나타나는지 확인했다. 그 결과, 환자의 중증도에 관계없이 전반적으로 여성 내과 전문의의 환자 사망률과 재입원율이 더 낮은 것으로 나타났다.

따라서 내과 전문의가 치료한 입원환자의 사망률과 재입원율에서도 여성 의사가 남성 의사보다 더 낫다고 할 수 있었다. 모든 개별 질환에 대해 이러한 패턴이 나타난 것은 아니지만, 이런 전반적인 패턴은 여성 내과 의사가 남성 내과 의사보다 환자에게 도움을 주는 방식으로 진료와 치료를 하고 있다는 생각을 가능하게 할 정도로 일관성이 있었다.

의사와 환자의 성별 일치

우리 연구가 남성 의사와 여성 의사의 치료 결과 차이를 보여준 최초의 연구는 아니다. 지난 수십 년 동안 연구자들은 당뇨병, 심부전, 식단 및 체중 관리처럼 지침 기반 진료가 이뤄지는 문제들의 경우, 여성 내과 의사에게 진료받는 환자의 비율이 더 높다는 사실을 밝혀냈다.[24] 한 연구에서는 여성 일차의료 의사가 진료한 환자가 응급실이나 병원에 입원할 가능성이 더 낮은 것으로 나타났지만, 이 패턴이 환자 사망률의 전반적인 감소나 의료비용 감소로 이어지지는 않았다.[25]

그렇다면 여기서 의문이 생기지 않을 수 없다. 평균적으로 볼 때, 여성 의사들은 남성 의사들이 하지 않는 일 중에 정확하게 어떤 일을 하고 있는 것일까? 의사가 환자와 일대일 상호작용을 통해 진료하는 방식의 미묘한 차이를 측정하는 게 얼마나 어려운지를 고려하면, 이 질문은 대답하기 쉬운 질문은 아니다. 하지만 최근 들어 계속 발표되고 있는 연구 결과들과 데이터에 의존하면, 진료실과 병상에서 어떤 일이 일어나고 있는지 어느 정도는 파악할 수 있다.

우선, 여성 의사는 환자와 더 많은 시간을 보내는 것으로 보인다. 전자의료기록 데이터를 이용해, 2017년에 이뤄진 2400만 건 이상의 일차의료 의사 진료실 방문 사례를 분석한 연구에 따르면, 그 해 여성 일차의료 의사의 진료 건수는 남성 일차의료 의사의 진료 건수보다 평균 10.8% 적었다. 하지만 2017년 1년 동안 여성 의사가 환자를 진료한 전체 시간은 남성 의사보다 많았다. 이는 여성 의사가 남성 의사에 비해 한 환자를 진료실에서 더 오랫동안 진료했다는 뜻이다.[*26]

의사와 환자가 함께 보내는 시간의 성격도 달랐다. 여성 의사는 평균적으로 환자와 파트너십을 구축하는 데 더 많은 시간을 할애하고, 환자의 감정에 더 많은 시간을 집중하며, 건강한 생활에 대해 상담하는 데 더 많은 시간을 쏟는 경향이 있었다.[27] 여성 의사의 환자는 남성 의사의 환자에 비해 자신의 건강관리 및 의사결정에 더 많이 참여한다고 답했다.[28] 환자와의 '파트너십 구축'과 사망률 사이의 연관성은 직관적으로 파악하기는 힘들지만, 의사와 환자 간의 신뢰와 상호 이해는 새로운 약의 복용, 유방암 검진, 체중 감량 같은 건강에 이로운 행동에 동기를 부여하는 핵심 요소임이 확실하다.

이런 연구 결과들을 해석할 때 어려운 점은 정보를 어떻게 활용해야 하는지 파악하는 데 있다. 여성 내과 의사가 환자와 더 많

---

[*] 미국에서는 환자 진료 건수에 따라 급여가 책정되는 경우가 많다. 따라서 의사들은 경제적 이유로, 가능한 한 많은 환자를 진료하기 위해 환자 한 명당 진료 시간을 줄이려고 한다. 따라서 여성 의사가 환자와 더 많은 시간을 보내는 것이 의사 수입의 성별 격차를 일으키는 요인 중 하나라고 할 수 있다.

은 시간을 보내는 경향이 있고 환자 사망률도 낮다면, 남성 내과 의사도 환자와 더 많은 시간을 보내면 같은 결과를 얻을 수 있을까? 여성 내과 의사가 환자와 더 적은 시간을 보낸다면 환자 사망률 결과가 더 나빠질까?

자연실험을 통해 (지금까지) 알 수 있는 것에는 한계가 있다. 하지만 현재 우리는 한 환자당 진료 시간 외에 다른 것들도 알고 있다. 출산 전 임신부를 진료한 산부인과 의사들을 대상으로 한 소규모 연구에 따르면, 남성 산부인과 의사가 환자와 더 많은 시간을 보내고, 환자를 이해하는 데 더 많은 시간을 할애하며, 환자에 대해 더 많은 관심을 표현하는 것으로 나타났다.[29] 그럼에도 불구하고 임산부들은 여성 산부인과 의사에 대해 더 높은 만족도를 보였는데, 이는 여성 산부인과 의사는 환자와 함께 보내는 시간은 적지만 임신부와 정서적 교감을 나누는 데 더 많은 시간을 할애하기 때문인 것으로 밝혀졌다.

임신부에게는 성별이 같은 의사의 진료를 받는 데서 생기는, 중요하지만 측정하기는 어려운 효과가 발생할 수도 있다. 여성 의사의 진료를 받는 임신부는 여성 의사가 임신 경험이 없다고 해도 같은 여성이라서 자신과 더 잘 공감할 수 있을 것이라고 생각할 수 있다. 성별 일치에 대한 연구에 따르면, 의사와 환자의 성별 일치는 의료의 다른 측면에도 영향을 미치는 것으로 나타났다. 캐나다 온타리오주에서 21가지 수술 중 하나를 받은 환자를 대상으로 한 대규모 연구에 따르면, 환자와 의사의 성별 일치는 특히 여성의 사망률 및 합병증 감소와 관련이 있는 것으로 나타났다.[30] 또한 성별 일치는 만성질환 관리나 예방치료 같은 다양한 질환 치료에서 치료의 질을 개선하며, 심지어는 심장마비 응급치료의 질도 향상시킬 수 있는 것으로 밝혀졌다.[31]

　남성 의사와 여성 의사가 환자를 돌보는 방식의 차이를 완벽하게 이해하는 것은 현재로서는 불가능하다. 하지만 여성 의사가 남성 의사가 겪지 않는 여러 가지 어려움에 직면하고 있음에도 불구하고 다양한 환경에서 환자에게 더 좋은 결과를 내고 있다는 증거는 확실하게 가지고 있다. 의료계에서 성 불평등을 해소하는 일이 시급한 이유가 바로 여기에 있다.

　2018년 기준 흑인은 미국 인구의 약 14%를 차지하지만, 성별에 관계없이 흑인 의사는 의사 전체 인력의 5%에 불과하다. 히스패닉 또는 라틴계 미국인은 전체 인구의 약 19%를 차지하지만, 의사 전체에서 이들이 차지하는 비율은 5.8%밖에 되지 않는다.[32] 왜 지금 이런 이야기를 꺼냈을까? 의료계 내 형평성 구현은 그 자체로 가치 있는 목표다. 하지만 우리가 여기서 주목하는 것은 의사 인력 구성비율이 사회의 인종 구성비율과 일치하지 않는 것이 환자에게 미치는 영향이다. 인종과 민족 다양성이 더 나은 환자 치료를 가능하게 할까?

　2017년에 하버드대 경제학자이자 의사인 마르셀라 알산Marcella Alsan, 의사 오언 개릭Owen Garrick, 경제학자 그랜트 그라치아니Grant Graziani는 캘리포니아 오클랜드에서 637명의 흑인 남성을 모집해, 의사의 인종이 환자의 예방적 의료 서비스 선택에 어떤 영향을 미치는지 조사해 놀라운 결과를 얻었다.[33] 흑인 남성이 비흑인 의사를 만났을 때보다 흑인 의사를 만났을 때 체중관리와 관련된 서비스를 받은 비율이 27%, 당뇨병 검진을 받은 비율이 49%, 고콜레스테롤혈증 검진을 받은 비율이 71% 더 높았다. 이 연구의 초점은 예방적 의료 서비스에 맞춰져 있었지만, 흑인 의사에게 무작위로 배정된 흑인 남성은 의사에게 예방적 의료 서비스와 관련이 없는 건강 관련 질문을 한 비율도 더 높았다.

다른 무작위 비교연구에서는 107명의 흑인 환자와 131명의 백인 환자에게 심장질환을 앓고 있는 가상의 환자(앞에서 다룬 로버타 같은 심장질환 환자)가 등장하는 동영상을 시청하도록 했다.[34] 연구 참가자들은 환자의 관점에서 환자와 의사가 대화하는 장면을 시청했다. 동영상에서 의사는 환자의 관상동맥 질환에 대해 설명하고 심장으로 가는 혈류를 회복하기 위해 앞서 설명한 위험도 높은 관상동맥우회술을 권유했다. 무작위로 배정되어 흑인 의사가 등장하는 비디오를 시청한 흑인 참가자들은, 백인 의사가 등장하는 동일한 장면을 시청한 흑인 참가자에 비해 관상동맥우회술이 필요하다고 대답한 비율이 더 높았으며, 자신이 환자라면 그 수술을 받겠다고 답한 비율이 높았다. 반면, 백인 참가자는 의사가 흑인인지 백인인지에 관계없이 관상동맥우회술 권유에 대해 같은 대답을 했다.

언어와 문화도 중요하다. 이는 당뇨병이 있고 선호하는 언어가 스페인어인 1,605명의 성인을 대상으로 한 자연실험에서 명확하게 드러났다.[35] 이 자연실험 연구는 의사를 바꾼 환자들에 초점을 맞췄다. 의사를 바꾸는 일은 혈당 수치 측정 같은 방법으로 당뇨병 진단과 관리가 이뤄지는 과정에서 사실상 무작위로 일어난다. 연구 결과, 영어만 사용하는 의사에서 스페인어를 사용하는 의사(대부분 히스패닉계)로 바꾼 환자들의 혈당 수치와 혈중 콜레스테롤 수치가 개선된 비율이, 영어만 사용하는 의사에서 영어만 사용하는 또 다른 의사로 바꾼 환자들보다 더 높은 것으로 드러났다.

이 연구 결과는 소수인종 또는 소수민족에 속하는 환자들이 백인 환자들보다 의사와 의사소통하는 데 지속적으로 어려움을 겪으며, 환자와 인종적 또는 민족적 배경이 같은 의사들이 소수집단에 속한 환자들과 백인 환자들 사이의 의료 격차를 줄이는 데 도움이 된다는, 지난 수십 년간의 연구 결과와 일치한다.[36] 따라서 이런 연구 결과들은 인종적 또는 민족적 배경이 환자와 다른 의사가 환자와의 의사소통에 집중한다면 환자에게 더 좋은 결과가 나타난다고 많은 사람이 생각하게 만들고 있다. 이 생각은 꽤 합리적일 수 있다. 하지만 의사가 의사소통을 위해 아무리 교육을 많이 받는다고 해도 교육의 효과가 소수집단에 속한 환자들의 배경이나 경험을 넘어설 수는 없다. 남성 산부인과 의사들은 객관적인 의사소통 척도 면에서 여성 산부인과 의사들보다 높은 점수를 받았지만, 환자의 만족도는 여성 산부인과 의사가 높았다는 연구 결과를 다시 떠올리면 이해가 쉬울 것이다.

우리 두 저자는 모두 스스로를 다정다감한 의사, 어떤 배경을 가진 환자와도 비교적 쉽게 소통할 수 있는 의사라고 생각한다. 또한 우리는 의사소통 능력을 강화하기 위해 수년간의 훈련과 연습을 해오기도 했다. 그럼에도 불구하고, 우리는 각자의 인종적 또는 민족적 배경을 공유하는 환자들을 진료할 때 각각 더 유리하다고 생각한다. 배경과 경험은 어떤 방식으로든 주변 사람에 대한 관점, 그들과 상호작용하는 방식, 그들의 의사를 해석하는 방식을 형성하기 때문이다(저자 중 아누팜 제나는 인도계 미국인, 크리스토퍼 워샴은 백인이다-옮긴이).

하버드 의과대학 신경외과 의사이자 생명윤리학자인 테리사 윌리엄슨Theresa Williamson은 2020년 〈뉴잉글랜드 의학저널〉에 발표한 글에서, 자신의 인종적 배경이 머리에 치명적인 총상을 입은 젊은 흑인 환자의 가족들과 어떻게 연결되었는지에 대한 이야기를 들려줬다.[37] 윌리엄슨은 백인 의사들이 환자의 임종을 앞두고 가족에게 치료를 안내하려고 고군분투할 때, 병상으로 다가가 환자의 예후와 앞으로의 치료 옵션에 대한 자신의 생각을 환자 가족들과 공유한 뒤, 며칠 후 다시 환자 가족들을 만나 대화를 나눴다.

윌리엄슨은 이 글에서 "저는 통역사 역할을 한 거지요. 백인 의사들이 환자 가족들에게 심어주지 못한 신뢰를 내가 심어줄 수 있었던 이유가 무엇이었을까요? 단지 내 피부색 때문이었을까요? 나는 그 환자를 보면서 내가 아는 어떤 사람, 내가 잘 알고 있는 이야기를 떠올렸어요. (…) 환자 가족들도 내가 환자를 보는 모습을 보고 내가 어떤 생각을 했는지 알게 된 것 같아요"라고 말했다.

최근 연구 결과들은 의사와 환자가 같은 배경을 가지고 있다는 것이 의사-환자 관계의 가장 중요한 요소 중 하나인 신뢰 구축을 가능하게 해준다는 점을 계속 확인시켜주고 있다. 윌리엄슨은

"내 경우처럼 환자와 비슷한 배경을 가진 의사와 환자 가족이 치료 목표에 대한 대화를 나누는 일은 불가능할 때가 많습니다. 배경이 비슷하더라도 제도적 또는 개인적 요인으로 인해 신뢰가 형성되지 않을 수도 있기 때문이지요. (…) 신뢰 구축이 어려운 일이긴 하지만, 최근 들어 미국 사회에서는 흑인에 대해 더 잘 이해하려는 노력이 급증하고 있다는 언론 보도를 접하면서, 나는 의사와 환자 사이의 신뢰도 그런 노력에서 시작될 수 있다는 생각을 하게 됩니다"라고 말했다.

좋은 의료 서비스가 이뤄지려면 강력한 신뢰의 토대가 있어야 한다. 의사를 신뢰하지 않는다면 의사가 매일 복용하라고 권하는 약을 평생 먹을 수 있을까? 의사가 권하는 불편한 유방 촬영이나 대장내시경 검사를 받을 수 있을까? 몇 시간 동안 의식을 잃은 상태에서 의사가 메스를 들고 내 몸에 가까이 오도록 내버려둘 수 있을까?

사람들은 병원에서 의사를 만날 때 어느 정도 의사에게 신뢰를 가진다. 대부분의 환자는 의사가 진정으로 자신을 돕고 싶어 한다고 생각한다. 하지만 환자가 진료 예약을 잡거나 응급실에 가기 위해 넘어야 하는 신뢰의 문턱은, 의사의 조언에 따르기 위해 넘어야 하는 신뢰의 문턱보다 훨씬 낮다. 특히 의사의 조언을 따르려면 환자가 삶을 크게 변화시켜야 할 경우, 이 신뢰의 문턱은 더 높다.

볼티모어에 사는 401명의 환자를 대상으로 실시한 한 설문조사에 따르면, 의사와 의료 시스템에 대한 불신이 높은 환자들은 의사의 조언을 따르거나, 후속 진료 약속을 지키거나, 의사의 처방전으로 약을 탄 비율이 낮았다.[38] 불신 수준이 높은 환자들은 의료 서비스가 정말 필요하다고 느낀 경우에는 어쩔 수 없이 진료를 받았지만, 대체적으로 진료를 미루는 경향이 더 높았다. 비히스패닉계 흑인 성인 704명, 히스패닉계 성인 711명, 비히스패닉계 백인 성인 913명을 대상으로 한 또 다른 설문조사에서는 흑인과 히스패닉계 환자가 의료 서비스 제공자를 불신한다고 응답한 비율이 훨씬 더 높았다.[39] 또한 불신 수준이 높은 환자들은 "인종이나 민족 때문에 의료 서비스 제공자로부터 차별을 받거나 다른 대우를 받았다고 느낀 적이 있습니까?"라는 질문에 그렇다고 응답한 비율이 높았다. 같은 질문에 대해 흑인 환자는 30%, 히스패닉 환자는 11%가 그렇다고 답한 반면, 백인 환자는 3%만이 그렇다고 응답했다.

의료 시스템에 대한 소수집단 환자들의 불신은 미국 역사의 수치스러운 측면들에 뿌리를 두고 있다. 미국 정부의 의사들이 수백 명의 흑인 남성을 속이면서 실시한 악명 높은 터스키기 매독 실험이 이런 측면들을 잘 드러내는 연구 중 하나다(터스키기 매독 실험은 1932년~1972년 사이에 미국 공중보건국이 매독을 치료하지 않고 내버려두면 어떻게 되는지 연구하기 위해 앨라배마 터스키기의 흑인들을 대상으로 시행한 생체실험이다-옮긴이).[40] 이런 불신에서 비롯된 건강과 의료 서비스의 심각한 불평등은 하나의 통계 추정치, 즉 2020년 미국 흑인의 기대수명이 백인보다 약 6년 더 짧다는 추정치로 요약할 수 있다.[41] 현재 연구자들은 이런 불신이 의료 시스템에서 어떻게 나타나고 환자 건강에 어떤 영향을 미치는지에 대해 활발하게 연구하고 있으며, 연구를 통해 얻은 결과는 모든 환자에게 도움이 될 수 있을 것이다.[42] 이런 복잡한 문제에 대한 이해가 계속 늘어나고 있는 것을 보면, 다양한 의사 인력이 다양한 환자를 돌보는 데 가장 적합하다는 것이 점점 더 분명해지고 있다고 확신할 수 있다.

출신 대학에 따른 사망률 차이

지금까지 우리는 의사의 진료에 중요한 영향을 미치는 것으로 보이는 의사의 나이, 성별, 배경 등 내재적이고 개인적인 특성들에 대해 살펴봤다. 하지만 환자들은 '최고의' 의사를 찾을 때 의사의 이런 개인적 특성에는 그다지 관심이 없다. 대신, 환자들은 의사가 어떤 교육을 받았는지, 즉 의사가 명문 의대 출신인지, 최고의 병원에서 레지던트나 펠로 과정을 거쳤는지 관심을 가질 때가 많다. 특정한 의과대학이나 병원이 다른 의과대학이나 병원보다 우수하다면, 그 의과대학에서 수련한 의사가 다른 의과대학에서 수련한 의사보다 더 우수하다고 생각하는 것은 합리적이라고 할 수 있다. 어쨌든 명문 의대는 지원자가 많이 몰리므로 최고의 의대 예비생을 뽑을 수 있기 때문이다(미국의 의과대학은 일반적으로 대학 과정 4년 동안 의대 입학을 위한 과목들을 수강한 학생들만 진학할 수 있다. 즉, 미국의 의과대학은 한국의 의학전문대학원 과정에 해당한다-옮긴이). 또한 이런 명문 의대에서 학생들을 가르치는 교수들 역시 더 많은 자원을 활용할 수 있는 훌륭한 교육자일 수 있다. 하지만 이는 모두 추측에 불과하다. 따라서 우리는 '더 좋은 의대를 나온 학생이 더 좋은 의사가 되는가?'라는 의문을 가지고 연구를 진행했다.

입원전담 전문의의 치료 결과에 대한 우리의 자연실험 연구로 돌아가보자. 이 연구와 비슷한 접근방식을 사용해, 우리(바푸, 쓰가와 유스케, 대니얼 블루먼솔, 아시시 자, 존 오라브)는 응급질환으로 입원해 3만 명 이상의 다양한 입원전담 전문의가 돌본 약 100만 명의 메디케어 환자를 조사했다.[43] 또한 이 의사들의 출신 대학 그리고 그 대학이 〈U.S. 뉴스 & 월드 리포트〉 의대 순위에서 차지하는 위치까지 함께 조사했다. 〈U.S. 뉴스 & 월드 리포트〉의 의대 순위는 연구비와 생산성을 고려한 '연구 순위'와 일차의료 분야(가정의학과, 소아과, 내과)로 진출하는 졸업생 수를 고려한 '일차의료 순위'의 두 가지 범주로 나뉘어 매겨진다.

우리는 〈U.S. 뉴스 & 월드 리포트〉 의대 순위를* 기초로 각각 입원전담 전문의의 출신 의대 순위가 1~10위, 11~20위, 21~30위, 31~40위, 41~50위인 환자 그룹들로 나눈 뒤, 이 5개 그룹 각각에 대해 환자의 30일 사망률을 측정했다. 그 결과, 각각의 그룹에 속한 환자들 사이에서 유의미한 차이는 발견되지 않았다. 이전 연구에서처럼, 우리는 최고의 의과대학을 졸업한 의사가 더 나은 성과를 내는 병원에서 진료할 가능성이 높을 때 발생할 수 있는 편향을 피하기 위해, 동일한 병원 내에서 다른 의사가 치료한 환자의 결과

---

* 우리는 2011년부터 2015년 사이에 입원한 환자를 대상으로 조사했기 때문에 의사가 의대를 다닐 당시의 의대 순위를 파악하기 위해 2002년부터의 〈U.S. 뉴스 & 월드 리포트〉 순위를 사용했다. 이 순위는 시간이 지나도 크게 변하지 않는 경향이 있어서, 여기서는 많은 의사가 의과대학에 다녔을 당시의 순위를 사용했다.

를 비교하는 통계모델을 사용했다. 어떤 결과가 나왔을까?

'연구' 부문 순위를 사용하든 '일차의료' 부문 순위를 사용하든 상관없이, 서로 다른 순위의 의과대학을 졸업한 의사가 치료한 환자 그룹 간에서 30일 사망률에 차이가 관찰되지 않았다.

그 이유가 무엇인지 데이터만으로는 알 수 없었지만, 몇 가지 설명이 가능했다. 여러분도 명문 대학 출신임에도(명문 대학 출신은 대부분 자신의 학교를 주저하지 않고 밝힌다) 업무에 그다지 능숙하지 않은 사람과 함께 일한 적이 있을 것이다. 한편, 비즈니스나 예술 분야에서는 정규교육이나 훈련을 받지 않았음에도 뛰어난 업적을 이룬 사람들이 수없이 많다.

물론, 이 연구의 대상이 된 의사들은 몇 가지 중요한 체크포인트를 통과한 사람들이다. 이들은 모두 의과대학을 졸업하고, 레지던트 과정을 수료하고, 면허시험을 통과했기 때문이다. 이런 체크포인트 통과가 충분히 어려운 일이라면, 일단 통과한 사람들이 받은 각 단계 통과 성적의 작은 차이는 적어도 그들이 치료한 환자의 결과 차이와는 관련이 없을 것이다.

또한 우리는, 의과대학 순위를 매기는 방식에 대한 논란이 끊이지 않고 있다는 사실에도 주목했다. 〈U.S. 뉴스 & 월드 리포트〉의 순위 평가 시스템에는 의과대학의 평판, 레지던트 프로그램 책임자에 의한 레지던트 평가, 표준화시험 점수 평균, 졸업생의 학점 등이 포함된다.[44] 하지만 이런 지표들만으로 의학교육의 질을 완벽하게 평가할 수는 없다. 게다가 이런 지표들은 편향의 영향을 받을 가능성도 있다. 하지만 이런 순위가 환자, 의대 예비생, 의사에게 중요한 의미를 갖는 한, 앞으로도 의료 서비스에 어느 정도 영향을 미칠 것이다.

미국의 의사들 중에는 〈U.S. 뉴스 & 월드 리포트〉 순위에 포함된 의과대학을 졸업하지 않은 사람들도 적지 않다. 2016년 기준 미국 의사의 약 29.1%는 미국 태생이 아니며, 그중 6.9%는 비시민권자다. 미국으로 이민 온 의사들은 미국 의대 졸업생보다 훨씬 더 많은 과정을 거쳐야 의사로 일할 수 있다.[45] 먼저, 이들은 복잡한 미국 의료 시스템에 익숙해지는 데 시간을 투자해야 한다. 그런 다음, 출신 국가에서 레지던트 프로그램을 이수하고 실습을 했더라도 미국 또는 캐나다 레지던트 프로그램을 이수해야 한다. 또한 이들은 미국에서 의대를 나온 사람들이 통과해야 하는 의사면허시험과 동일한 면허시험을 치러야 하며, 영어 능력에 대한 추가 시험을 봐야 하고, 의사로서 일을 하고자 하는 주에서 다시 면허를 취득해야 한다. 이 과정에서 이들은 미국 태생 의사들보다 훨씬 더 많은 교육을 받고 훨씬 더 많은 경험을 축적하게 된다. 다시 말해서, 이는 미국으로 이민 온 의사의 진료를 받은 환자들은 그 의사가 어떤 의대를 다녔는지 잘 모르겠지만, 그 의사는 일반적인 미국 의과대학 졸업생에 비해 적어도 몇 년 치에 해당하는 교육을 더 받고 그 시간만큼의 경험을 더 축적한 의사일 가능성이 높다는 뜻이다.

특히 미국 의료 시스템에는 이민자 의사들이 널리 퍼져 있다. 그렇다면 미국 밖에서 의대를 다닌 의사와 미국에서 의대를 다닌 의사의 차이가 있을까?

우리(바푸, 쓰가와 유스케, 존 오라브, 아시시 자)는 약 4만 4000명의 내과 의사가 담당한 약 120만 건의 메디케어 환자 입원 사례를 분석했다.[46] 이 내과 의사들 중에서 44.3%가 미국 밖에서 의대를 나온 사람이었다. 이전과 유사한 통계모델을 사용해 우리는 미국 밖에서 의대를 나온 내과 의사가 치료한 환자의 30일 사망률은 평균 약 11.2%, 미국 의대 출신 의사가 치료한 환자의 30일 사망률은 평균 11.6%라는 결과를 얻었다. 남성 내과 의사와 여성 내과 의사의 환자 사망률 차이와 거의 같은 크기인 0.4%p의 절대적인 차이는, 미국 의대 졸업생이 외국 의대 졸업생과 유사한 치료 결과를 달성한다면 매년 입원하는 메디케어 환자 중 수천 명의 사망자를 줄일 수 있다는 의미로 해석할 수 있다.

외국 의대를 나온 내과 의사가 미국 의대를 나온 내과 의사보다 환자 사망률이 낮다는 결과가 나온 이유는 무엇이었을까? 우선 말했다시피, 외국 의대를 나온 내과 의사는 본국에서 레지던트 과정을 이수한 뒤 미국에서 다시 레지던트 과정을 거쳤기 때문에 추가 경험과 교육을 통해 이점을 얻었을 것이다. 또한 해외 의대 졸업생이 받을 수 있는 비자의 수는 제한되어 있기 때문에, 미국 의대의 레지던트 프로그램은 전 세계에서 가장 우수한 지원자를 선발할 수 있었을 것이다. 또한 비자 상태는 고용 여부에 따라 달라지므로 해외 의대 졸업생들은 최신 동향을 파악하고 높은 수준의 성과를 내기 위해 더 열심히 노력했을 수도 있었을 것이다.

이 모든 연구를 살펴보았으니 이제 간단한 연습을 해보자. 여러분이 폐렴으로 입원해 담당 의사를 처음 만나게 되는 상황을 상상해보자. 여러분은 어떤 사람이 병실 문을 열고 들어오길 원할까?

흰머리가 듬성듬성한 50대 의사가 들어오길 원할까 아니면 레지던트 과정을 마친 지 몇 년 되지 않은 30대 의사가 들어오길 원할까? 여성 의사를 원할까, 남성 의사를 원할까? 여러분과 배경이 같은 의사가 들어오면 그 의사를 더 신뢰하게 될까? 의사가 하버드 의대 출신이길 원할까? 적어도 미국 의대 출신이기를 원할까? 아니면 출신 학교는 별로 중요하지 않다고 생각할까?

솔직히 말하자면, 우리 두 저자가 이런 질문에 답을 한다고 해도 우리의 대답이 항상 데이터에 나타난 것과 일치하지는 않을 것이다. 이 장의 시작 부분에서 언급한 〈영국 의학저널〉의 설문 조사 결과가 보여주듯이, 대부분의 사람들은 전문지식이 풍부하면서 다정다감하고, 의사소통이 잘되면서 믿을 수 있는 의사가 돌봐주기를 원한다. 보험 디렉토리(의사, 병원, 기타 의료 서비스 제공자를 찾는 데 사용할 수 있는 참조 가이드)나 의사의 온라인 프로필은 이런 종류의 정보를 제공하지 않는다. 따라서 우리는 좋은 의사란 어떤 의사일 것이라는 선입견을 가진 채 진료를 받으러 갈 수밖에 없다. 이런 선입견은 성장환경, 문화, 경험, 편견에 의해 형성되며, 심지어 TV에서 본 의사의 영향을 받아 일부분 형성되기도 한다.

직감으로 최고의 의사를 선택할 수도 있을 것이다. 하지만 우리가 살펴본 연구들에 따르면 직감은 우리를 잘못된 길로 인도할 수도 있다. 물론 그렇다고 해서 남자 의사에서 여자 의사로 바꾸거나, 젊은 의사에서 나이 든 의사로 바꾸거나, 국내 출신 의사를 해외 출신 의사로 바꿀 필요는 없다. 다만 우리는 이 장에서 살펴본 연구 결과가 여러분에게 도움이 되길 바라며, 새로운 의사를 만날 때 미묘하게 느껴지는 인상을 더 의식하게 되길 바란다.

지금까지 우리는 의사를 구별할 수 있는 다양한 요인들을 살펴봤지만, 지금처럼 다양한 격차들이 존재하는 세상에서 점점 더 부각되고 있는 요인에 대해서는 아직 자세하게 살펴보지 않았다. 다음 장에서는 현대 미국 사회에서 가장 민감한 영역 중 하나인 정치에 대해 살펴볼 것이다.

10장

의사의 정치적 성향이
환자에게 미치는 영향

대통령이 수술실에서 던진 농담

"백악관에서 온 전화를 받았는데, 분위기가 확실히 이상했습니다. 대통령 차량행렬이 우리 병원으로 오고 있다는 것이었습니다."[1] 로널드 레이건 대통령 암살 미수 사건이 일어난 1981년 3월 30일, 조지워싱턴 대학병원 응급실에서 근무하던 의사 중 한 명은 이렇게 당시를 떠올렸다.

이 전화가 울리기 바로 직전, 레이건 대통령을 향해 몇 발의 총탄이 발사됐다. 그 즉시 레이건은 비밀임무국 요원에 의해 리무진 안으로 밀어 넣어져 병원으로 이송됐다. 당시 총격으로 백악관 대변인 제임스 브래디, 경찰관 토머스 딜러헌티 그리고 자신의 몸으로 대통령을 향한 총탄을 막은 비밀임무국 요원 팀 매카시가 부상을 입었다.

비밀임무국 요원 제리 파는 레이건이 부상을 입었는지 확인하기 위해 리무진 안에서 손으로 레이건의 몸을 확인했다. "대통령은 내가 몸을 날려 리무진으로 그를 밀어 넣는 과정에서 갈비뼈를 다친 것 같다고 말했습니다. 그래서 나는 운전기사에게 백악관으로

가자고 했지요. 백악관이 가장 안전할 것이라는 생각에서였습니다. 그런데 그로부터 10~15초쯤 지나 대통령이 기침을 하면서 피를 토하기 시작했습니다. (…) 피를 본 순간 나는 대통령이 폐에 부상을 입었다고 판단했고, 운전기사에게 조지워싱턴 대학병원으로 가자고 말했습니다."[2]

레이건은 1982년에 방영된 다큐 〈대통령 구하기〉The Saving of the President〉에서 "아직도 나는 총에 맞았을 때와 통증을 느끼기 시작했을 때 사이에 왜 시간차가 있었는지 모르겠습니다. 당시 나는 총에 맞았다는 것을 몰랐어요. 통증이 밀려오고 나서야 알았지요. 나는 총에 맞으면 그 순간 바로 느껴질 거라고 생각했습니다. (…) 응급실로 걸어 들어갈 때조차 총에 맞은 걸 몰랐다는 것이 생생하게 기억납니다. 나중에서야 그때 내 상태가 내 생각과 달리 좋지 않았다는 걸 알게 됐습니다"라고 회상했다.

레이건은 응급실까지는 걸어 들어갔지만, 곧 "숨이 잘 안 쉬어진다"고 말하면서 쓰러졌다. 그 즉시 그는 외상 치료실로 옮겨졌고, 곧 의료진들에게 둘러싸였다. 대통령 주치의는 레이건이 누운 응급실 침대 발밑에서 맥박을 체크했다. 한 간호사가 레이건의 옷을 자르면서 외상 처치를 시작하자 그는 숨이 가쁘고 가슴에 통증이 있다고 말했다. 그사이 다른 의료진은 그의 팔에 정맥주사를 놓았다. 레이건의 혈색이 창백해지기 시작했다.

외과 의사들(대부분 젊은 레지던트였다)이 호출을 받고 응급실로 몰려와 대통령의 머리부터 발끝까지 살펴보기 시작했다. 그중 한 의사는 폐에서 나는 소리를 듣고, 왼쪽 폐에서 호흡소리가 작아졌다는 것을 알아냈다. 이는 왼쪽 폐에서 공기 출입이 제대로 일어나지 않고 있다는 뜻이었다. 바로 그때 의사들은 레이건의 왼쪽 겨드랑이에서 총상으로 생긴 것으로 추정되는 작은 칼집 같은 상처를 발견했다. 왼쪽 흉강에 피가 가득 고여 폐를 압박하고 있었다. 의사들은 대통령의 가슴에 튜브를 삽입해 1.3리터의 피를 빼낸 후, 손실된 혈액을 수혈로 보충했다.

이 모든 일이 진행되는 동안 의사들은 다른 부상자도 치료하고 있었다. 제임스 브래디는 머리에 심각한 총상을 입어 급하게 수술실로 실려갔다. 팀 매카시는 복부에 총알이 박혀 급히 수술을 받았다. 나머지 한 명인 토머스 딜러헌티는 워싱턴 병원센터로 이송돼 응급수술을 받았다(다수의 부상자가 발생한 상황에서는 응급실의 과부하를 피하기 위해 부상자를 여러 병원으로 분산하는 것이 일반적인 관행이다).

레이건의 병상에서는 벤저민 아론이라는 흉부외과 의사가 레이건의 가슴에 삽입된 튜브로 계속 피가 배출되는 것을 보고, 총알이 단순히 폐의 일부를 쭈그러뜨린 정도가 아니라 폐와 그 안의 혈관들을 심각하게 손상시켰다고 판단했다. 응급수술을 해야 하는 상황이었다.

레이건은 복도를 따라 수술실로 옮겨지면서 옆에서 따라가던 아내 낸시에게 "여보, 더킹을 하는 걸 깜빡했어"라고 농담을 던졌다(더킹ducking은 무릎을 굽히고 머리를 낮추어 공격을 피하는 행동을 뜻한다-옮긴이). 비밀임무국 요원들은 멸균 가운과 마스크를 어색하게 착용하고 레이건의 수술실 이송을 도왔다(한 요원은 맨발로 수술실에 들어왔다가 의료진의 요청으로 신발을 신기도 했다).

슬픈 이야기지만, 총상 치료는 흔히 이뤄지는 외상 치료 중 하나다. 하지만 수술실에 의료진이 아닌 사람들이 여럿 들어가 지켜보는 것은 매우 이례적인 일이었다. 흉부외과 의사 벤저민 아론과 수술 팀원들이 수술 준비를 마친 뒤 레이건을 수술대로 옮기는 동안, 레이건 자신도 긴장감을 느낀 것 같았다. 마취 시작 직전에 레이건은 수술대에서 고개를 들더니 수술 팀원들에게 이렇게 말했다.

"여러분 모두 공화당원이라고 말해줘요."

수술 팀원들은 모두 웃음을 터뜨렸고, 수술실에서 대통령의 복부 부상 가능성을 평가하던 외과 의사이자 민주당원인 조지프 지오다노는 "오늘은 우리 모두가 공화당원입니다, 대통령님"이라고 말했다.

수술은 성공적이었다. 또한 수술의들은 레이건의 부상 부위를 치료하면서, 중요 신체 구조가 치명적인 손상을 입지 않았다는 것도 확인했다. 레이건 외의 부상자 3명은 모두 살아남았지만, 그중 둘은 장애가 심해 업무에 복귀할 수 없게 됐다. 백악관 대변인 브래디는 뇌에 손상을 입어 몸이 마비됐고, 2014년 일흔세 살의 나이에 부상 합병증으로 사망했다.

로널드 레이건이 심각한 상황에서 이런 농담을 던져 무거운 분위기를 깬 것에 대해 의사들은 분명 고마워했을 것이다. 하지만 모든 농담에는 진실이 숨어 있다. 레이건이 던진 농담에도 어느 정도 진실이 숨어 있었을지 모른다. 그럼 이제부터 의사의 정치 성향이 진료와 치료에 영향을 미칠 수 있는지 알아보자.

신념의 차이

당연한 말이지만 미국의 의료 서비스는 매우 정치적이다. 공화당과 민주당은 총기 소지권리, 마리화나, 임신중지 등 건강에 영향을 미치는 논쟁적 이슈는 말할 것도 없고, 치료비 지불 방법이나 환자와 기업의 이익 균형과 같은 문제에 대해서도 일상적으로 의견을 달리한다. 현재의 정치적 지형을 고려할 때, 수십 년 전에는 임신중지와 생애말기 돌봄이 정치적 쟁점이 아니었다는 것이 상상이 잘 되지 않는다.

따라서 환자들, 심지어는 미국 대통령도 의사의 정치적인 관점이 진료에 어떤 영향을 미치는지 궁금해하는 것은 당연한 일이라고 할 수 있다. 환자들은 실제 의료행위에 의사의 정치 성향이 영향을 미치는지에 대해서도 궁금하겠지만, 일단은 신념과 가치관이 자신과 일치하는 의사에게 더 편안함을 느낄 것이다. 일반적으로 의사들은 진료실에서 자신의 정치적 신념을 거의 밝히지 않는다. 하지만 환자와의 대화 중에 의사들의 신념이 은연중 얼마나 쉽게 그리고 얼마나 자주 드러나는지 여러분이 알게 된다면 놀라지 않을 수 없을 것이다. 어떤 환자들은 의사에게 노골적으로 정치적 신념에 대해 묻기도 한다(우리가 장담하건대 진짜로 이런 일이 일어나곤 한다).

의사의 정치적 성향이 진료와 관련이 있는지에 대한 답을 찾으려면 먼저 두 가지 의문을 해소해야 한다. 첫째는 의사 집단이 얼마나 정치적인지에 대한 의문, 둘째는 의사들의 정치 성향이 실제로 환자 진료에 반영되는지에 대한 의문이다.

첫 번째 의문에 대한 답은 쉽게 찾을 수 있다. 의사들은 정치에 관여할 수 있으며, 실제로 많은 의사가 정치에 참여한다. 미국 의사협회, 각 주의 의사회, 전문학회 같은 의사 단체는 주 또는 지역 차원의 정책에 대한 입장을 빈번하게 표명한다. 또한 의사들도 다른 사람들과 마찬가지로 정치 캠페인과 대의를 위해 기부를 한다. 공개된 정치 캠페인 데이터를 연구한 결과, 1991년부터 2012년까지 의사들이 직접 기부한 캠페인 기부금은 2000만 달러에서[*] 1억 8900만 달러로 9.5배 증가한 것으로 나타났다.[3] 이 기간 동안 정치 캠페인에 기부한 의사의 비율은 2.6%에서 9.4%로 증가했으며, 이 증가율은 이 기간 동안 전체 인구 중 정치 캠페인에 기부한 사람들이 증가한 비율과 비슷하다.[4] 평균적으로 볼 때 의사들은 역사적으로 공화당을 지지해왔지만, 현재는 이런 경향이 약화되고 있다. 실제로, 1990년대에는 정치 캠페인에 기부한 의사의 과반수가 공화당에 기부했지만, 2012년에는 과반수가 민주당에 기부했다. 일반적으로 특정 전문분야, 특히 고소득 외과 전문의들은 내과 전문의나 소아과 전문의보다 공화당 지지 성향이 더 강하다.

2016년에 수행된 한 설문조사 기반 연구는 의사의 정치적 신념이 환자를 치료하는 방식에 영향을 미칠 수 있는지에 대해 살펴봤다.[5] 터프츠 대학교의 정치학자 에이탄 허시Eitan Hersh와 예일대 의대 정신과 의사 매슈 골든버그Mathew Goldenberg가 수행한 이 연구

---

[*]　인플레이션을 고려해 2012년 기준으로 맞춘 금액이다.

에서는 약 230명의 민주당 및 공화당 소속 일차의료 의사에게 가상의 환자에 대한 짧은 글들을 읽고 그 글에서 환자가 묘사한 다양한 질환의 '심각성'을 평가하도록 요청했다. 연구자들은 의도적으로 정치적 이슈와 비정치적 이슈를 모두 포함시켰다. 예를 들어, 연구자들은 한 글에서는 비정치적 이슈인 흡연에 초점을 맞췄다. 이 글은 "18세부터 습관적으로 일주일에 15~20개비(하루 2~3개비) 정도의 사회적 흡연(다른 사람과 같이 있을 때만 담배를 피우는 비정기적 흡연-옮긴이)을 했다고 말하는" 환자에 관한 것이었다. 정치적 이슈가 포함된 글 중 하나는 "지난 5년 동안 두 차례의 선택적 임신중지 수술을 받았지만 수술로 인한 합병증은 없었으며, 현재 신체적 불편함이 전혀 없고 임신 상태가 아니라고 말한" 환자에 관한 것이었다. 의사의 진료에 정치 성향이 영향을 미친다면 정치적 이슈가 포함된 글에서 묘사된 환자의 상태에 대해서 의사들이 내린 '심각성' 평가가 서로 달랐어야 하고, 정치적이지 않은 이슈가 포함된 글에서 묘사된 환자의 상태에 대해서는 '심각성' 평가가 동일했어야 했다.

실험 결과는 연구자들의 예상과 일치했다. 예를 들어, 임신중지 경험이 있는 환자와 기호용 마리화나(대마초)를 피운 환자에 대해서는 공화당을 지지하는 의사들이 민주당을 지지하는 의사들에 비해 더 심각한 의학적 문제가 있다고 인식했다. 집에 총기를 소지한 환자에 대해서는 민주당 지지 의사들이 공화당 지지 의사들에 비해 더 심각한 의학적 문제를 가지고 있다고 인식했다. 한편, 흡연이나 음주, 비만, 우울증 같은 비정치적인 이슈가 포함된 글에서 묘사된 환자들에 대해서는 공화당 지지 의사들과 민주당 지지 의사들이 비슷한 정도의 심각성 판정을 내렸다.

이런 차이는 환자에 대한 평가뿐만 아니라 환자에 대한 권고에서도 관찰됐다. 공화당 지지 의사들은 민주당 지지 의사들에 비해 이 글들에서 묘사된 환자들이 더 이상 임신중지를 하지 않아야 한다고 권고하면서, 임신중지가 정신건강에 미치는 영향에 대해 언급한 비율이 높았다. 또한 공화당 지지 의사들은 마리화나를 피운 환자에게 금연을 권하고 마리화나 사용과 관련된 건강 및 법적 위험성에 대해 언급한 비율도 민주당 지지 의사들보다 높았다.

설문조사 응답은 이렇게 나올 수도 있다. 하지만 이러한 신념의 차이가 실제로 진료의 차이로도 이어질까? 로체스터 대학교의 경제학자 일레인 힐Elaine Hill과 캔자스 대학교의 데이비드 슬러스키David Slusky와 도나 긴서Donna Ginther는 피임에 대한 로마 가톨릭 교회의 확고한 견해를 활용한 자연실험을 통해, 1998년부터 2013년까지 병원의 소유권이 가톨릭과 비가톨릭 단체로 바뀌었을 때 어떤 일이 일어났는지 살펴봤다.[6] 그 결과, 병원이 가톨릭 소유로 전환된 후 난관결찰술(흔히 '난관 묶기'라고 부르는 시술)의 비율이 감소한 것으로 나타났다. 반면, 병원이 가톨릭 소유주에서 비가톨릭 소유주에게 매각되었을 때 난관결찰술 비율은 증가했다. 연구팀은 데이터를 종합해, 소유주의 종교는 난관결찰술의 31% 감소와 관련이 있다고 추정했다.

이 연구는 의사 개인의 신념이 아닌 제도적 신념에 대한 연구였다. 많은 여성이 비가톨릭 병원에서 난관결찰술을 받았을 가능성도 있다. 하지만 이전 장에서 환자와 의사의 행동에 대해 관찰한 내용을 고려할 때, 이 연구 결과는 환자가 아닌 다른 사람의 신념과 가치관이 치료 선택에 영향을 미칠 수 있다는 설득력 있는 증거를 제공한다.

따라서 의사도 다른 사람들만큼은 아니더라도 집단적으로 정치적인 경향이 있다고 할 수 있다. 그리고 의사들이 제공하는 치료에도 정치가 스며드는 것으로 보인다. 이러한 기본 개념을 정립했으니 이제 본격적으로 살펴보자. 의사의 정치적인 견해는 개별 환자에게 어떤 영향을 미칠까?

죽음도 정치에서 자유로울 수 없다

미국에서 지난 수십 년 동안 보건의료 분야에서 생애말기 돌봄만큼 주목을 받은 주제는 거의 없다. 이 주제는 테리 샤이보^{Terri Schiavo}라는 한 여성의 이야기가 미국 전역에 알려지면서 본격적으로 논쟁의 중심으로 떠올랐다고 해도 과언이 아니다.

1990년, 당시 26세의 샤이보는 플로리다의 집에서 심장마비를 일으켰고, 그에 따라 뇌로 혈액이 공급되지 않아 심각한 뇌손상을 입어 식물인간 상태에 빠졌다. 이런 뇌손상을 입은 환자 중 일부는 회복되기도 하기 때문에, 샤이보의 가족과 의사들은 그녀에게 가능한 한 최고의 기회를 주고 싶었다. 하지만 안타깝게도 몇 달이 지난 후에도 샤이보는 의미 있는 호전 조짐을 보이지 않았다. 스캔 결과, 그녀는 뇌 조직이 심각하게 손실된 것으로 나타났으며 뇌전도 검사 결과, 고차원적인 뇌 활동이 상실되었고, 의미 있는 회복 가능성도 낮다고 판단됐다.

샤이보는 그 상태로 영양공급 튜브를 단 채 10년 동안 생명을 유지했다. 그녀의 남편은 아내가 자신의 의사를 표현할 수 있었다면 생명을 유지하기를 원하지 않는다고 말했을 것이라고 생각했고, 아내의 영양공급 튜브를 제거해달라고 플로리다 법원에 요청했다. 하지만 샤이보의 부모는 딸의 생명연장을 주장했고, 항소법원이 양측의 증언을 들으면서 재판을 계속하는 동안 인공적인 영양공급은 몇 년 더 계속됐다. 결국 샤이보의 부모는 공화당 의원들과 당시 플로리다 주지사였던 젭 부시의 지지를 얻게 됐고, 부시는 개입을 시도했다. 하지만 플로리다 법원은 결국 샤이보의 영양공급 튜브를 제거하고 사망을 허용해야 한다고 판결했다.

플로리다 법원 판결이 나오면서 샤이보의 이야기는 정치인들과 일반 대중의 관심을 끌었고, 당시 조지 W. 부시 대통령은 임신중지에 대한 공화당의 전통적인 입장에 따라 "생명의 편에 서서" 샤이보를 살려야 한다는 입장을 표명했다.[7] 공화당 의원들도 의회에서 샤이보의 영양공급 튜브를 제거하는 것을 막기 위해 노력했다.[8] 그 후 몇 달 동안 샤이보와 관련된 언론 보도가 계속 이어졌지만, 이런 보도들은 샤이보의 의학적인 상태와는 관계없는 내용이 많았다.[9]

그러는 동안 결국 플로리다 법원이 최종 결정을 내렸고, 뇌손상을 입은 지 15년 만인 2005년에 샤이보에게서 영양공급 튜브가 제거됐다. 샤이보는 그로부터 약 2주 뒤에 사망했다. 부검 결과, 샤이보의 뇌는 핵심 부위에 광범위한 손상을 입은 상태라는 것이 확인됐다. 그녀의 뇌 무게는 같은 나이의 여성에게 예상되는 무게의 절반 정도였다. 샤이보의 사례는 정치계, 법조계, 학계에서 논쟁을 촉발시켰다.[10] 의료계에 종사하는 사람들은 한 가지 사실을 확실하게 확인했다. 죽음도 정치에서 자유로울 수 없다는 것이었다.*

때로는 극도로 아픈 환자를 위한 최선의 방법을 찾는 것이 간단할 수도 있다. 하지만 특히 삶이 끝나가는 환자의 경우는 남은 시간이 얼마나 되는지, 최선의 방법은 무엇인지 판단하기가 매우 어려울 수 있다. 이런 상황에서는 당연히 환자의 생각이 중요하다. 어떤 환자는 생명을 연장하기 위해 더 적극적인 옵션을 추구할 수 있고, 어떤 환자는 편안함과 남은 삶의 질에 초점을 맞출 수 있다. 하지만 이렇게 '올바른' 길이 어떤 길인지 알 수 없는 상황에서 의

---

* 생애말기 돌봄 이슈는 다른 측면에서도 정치적으로 부각되고 있다. 미시간주의 의사 잭 키보키언Jack Kevorkian은 1990년대에 심각한 질병을 앓고 있던 수십 명의 환자가 스스로 목숨을 끊도록 도왔다. 당시 키보키언은 논쟁을 일으키려는 의도로, 근위축성 측삭 경화증 환자에게 치명적인 주사를 놓는 장면을 동영상으로 촬영해 〈60분60 Minutes〉(미국의 시사 보도 프로그램-옮긴이)에 제공했고, 이 장면이 방영되자 그는 살인죄로 유죄판결을 받고 수감됐다.(CBS 〈60분 아카이브: 잭 키보키언 박사와의 인터뷰〉 참조.) 2009년 공화당 부통령 후보였던 세라 페일린은 의사가 환자와 생애말기 돌봄 문제에 대해 논의할 때 메디케어가 비용을 지불할 수 있도록 한 오바마 대통령의 건강보험 개혁계획 중 일부를 언급하면서, 정부가 '죽음의 위원회'를 가동하려 한다고 비난하기도 했다. 이런 위원회는 제안된 적도 존재한 적도 없지만, 당시 대중의 공포는 결국 버락 오바마가 이에 대해 언급할 정도로 널리 퍼졌다. 2009년 당시 오바마는 "내가 할머니의 생명을 끊기 위해 공직에 출마하거나 의원이 됐다고요? 그런 주장은 정말 거짓 주장입니다"라고 말했다. Gonyea, "From the Start, Obama Struggled with Fallout from a Kind of Fake News." 참조.

사의 생애말기 돌봄에 대한 개인적인 생각이 진료에 어떻게 반영되는지 의문이 생길 수 있다.

하버드 대학교 경제학자 데이비드 커틀러David Cutler와 아리엘 스턴Ariel Stern, 다트머스 대학교 경제학자 조니선 스키너Jonathan Skinner와 의사 데이비드 웬버그David Wenberg는 의사와 환자를 대상으로 한 연구에서, 생애말기 돌봄에 대한 질문을 통해 의학적 필요성, 환자의 선호 또는 의사의 선호에 따라 어떤 치료가 이뤄지는지 파악하고자 했다. 연구자들은 지역 간의 치료 패턴 차이 같은 요인을 고려한 뒤, 메디케어 환자의 경우 삶의 마지막 2년 동안 지출된 의료비의 35%가, 의사가 도움이 될 것이라고 믿었지만 효과는 입증되지 않은 치료에 사용됐다고 추정했다.[11] 이는 생애말기 돌봄의 상당 부분이 의사의 선호를 반영했다는 뜻이다.

하지만 의사들의 이런 선호는 일반적인 것으로, 생애말기 돌봄을 둘러싼 전반적인 불확실성을 반영하는 것으로 보인다. 즉, 이 연구는 의사의 정치적 성향이 의료 서비스에 어떤 영향을 미칠 수 있는지에 대한 구체적인 질문에는 답하지 못했다.

우리(바푸, 앤드루 올렌스키, 스탠퍼드 대학교 정치학자 애덤 보니카Adam Bonica, 뉴욕 대학교 정치학자 하워드 로즌솔Howard Rosenthal, 웨일 코넬 의과대학 의사이자 건강정책 연구자 드루브 쿨라Dhruv Khullar)는 이 문제를 연구할 수 있는 접근법이 있을 것이라고 생각했다.[12] 구체적으로 우리는 삶이 끝나가는 환자에게 제공되는 병원 치료가 각각 민주당 지지 의사와 공화당 지지 의사에 의해 제공될 때 차이가 있는지 살펴보고자 했다. 이를테면, 우리는 테리 샤이보의 사례와 비슷한 사례에서 공화당 지지 의사들은 부시 대통령의 말처럼 "생명의 편에 서서" 말기 환자에게 민주당 지지 의사보다 더 적극적인 치료를 제공할지 확인하고 싶었다.

지난 장에서 살펴본 연구에서처럼, 우리는 환자가 병원에 왔을 때 근무 중인 입원전담 전문의에게 무작위로 배정될 때 발생하는 자연실험, 즉 특정 의사의 진료를 원하는 환자로 인해 결과가 왜곡되지 않는 자연실험을 활용했다. 이를 위해 우리는 메디케어 데이터를 이용해, 병원에서 사망했거나 퇴원 후 몇 개월 안에 사망한 환자들(즉, 말기 환자들)을 찾아내 민주당 지지 의사가 제공한 병원 치료를 받은 환자들과 공화당 지지 의사가 제공한 병원 치료를 받은 환자들의 두 그룹으로 나눴다.

여기서 독자들은 의사의 정치적 성향을 어떻게 알 수 있는지 의문을 가질 것이다. 물론, 메디케어 데이터로는 의사들의 정치 성향에 대해 알 수 없다. 하지만 메디케어 데이터로 의료 서비스 비용을 청구하고 치료를 제공하는 의사의 신원은 알 수 있다.* 또한 미국에서 정치 캠페인에 대한 개인의 기부 기록은 공개되기 때문에 민주당 또는 공화당 후보에게 기부할 만큼 정치에 관심이 많은 의사를 식별할 수 있다.**

---

* 이 연구에 사용된 메디케어 데이터에는 의사의 구체적인 신원은 포함돼 있지만 환자의 구체적인 신원은 포함되지 않았다.

** 이 데이터는 공개적으로 이용이 가능하지만 모든 데이터를 종합하는 것은 간단한 작업이 아니었다. '이데올로기, 정치 및 선거에 관한 데이터베이스(DIME 데이터베이스)'는 이 연구의 저자 중 한 명인 애덤 보니카가 연구 목적으로 구축한 것이다. Bonica, "Database on Ideology, Money in Politics, and Elections." 참조.

우리의 목표는 생애말기 환자에 대한 민주당 지지 의사와 공화당 지지 의사의 진료 방식에 차이가 있는지 확인하는 것이었기 때문에, 우리는 이 환자들이 중환자실에 머물렀던 시간, 심폐소생술 시행 여부, 호흡 튜브 삽입 여부, 투석 시행 여부, 인공 영양공급 같은 장기부전에 대한 집중치료 방법과 관련된 항목에 초점을 맞췄다. 또한 생애말기 돌봄에 지출된 총 비용과 환자의 질병을 근본적으로 치료하기보다는 환자의 편안함에 초점을 맞춘 호스피스 치료로 전환하는 빈도를 조사했다.

최종적으로, 우리는 약 1,500명의 민주당 지지 의사와 약 770명의 공화당 지지 의사 그리고 정치 캠페인에 기부를 하지 않은 2만 3000여 명의 의사를 확인했다. 이들이 치료한 환자들은 2008년부터 2012년(테리 샤이보가 세상을 떠난 지 몇 년 후) 사이에 입원한 환자들이었다. 환자들의 특성은 세 그룹 모두 비슷했기 때문에 자연실험이 성립할 수 있었다(하지만 의사들 사이에는 차이가 있었다. 공화당 지지 의사들은 평균적으로 나이가 많았고 남성 비율이 높았다).

환자와 의사의 특성 차이를 고려한 통계모델을 이용해, 같은 병원에서 일하는 민주당 지지 의사와 공화당 지지 의사 간의 결과를 비교했다. 그 결과, 우리는 민주당 지지 의사, 공화당 지지 의사, 정치 캠페인에 기부를 하지 않은 의사에 의해 제공되는 생애말기 돌봄의 강도에는 차이가 없었으며, 중환자실 사용 여부나 인공호흡, 인공 영양공급 또는 호스피스 제공에서도 차이가 없었다는 것을 확인했다.

따라서 의학과 정치가 교차하는 이 지점에서 우리가 가졌던 의문에 대해서는, 의사의 정치적 성향이 생애말기 입원환자에게 제공되는 의료 서비스에 영향을 미치지 않는다는 간결한 답을 제시할 수 있었다.

로널드 레이건의 수술을 담당했던 외과 의사의 말에서 알 수 있듯이, 의사의 정치 성향은 별로 중요하지 않았다.

팬데믹과 '생일파티 효과'

독자들은 이 책의 마지막 장에 이르렀는데도 우리가 숨겨진 원인과 결과에 대한 이 모든 논의에서 코로나19를 다루지 않은 이유에 대해 궁금할지도 모르겠다. 이 책은 의사, 환자, 의료에 관한 것인데도 21세기 최대 규모의 전 세계적 팬데믹에 대한 논의가 빠져 있다는 것이 이상하게 느껴질 수도 있다.

그렇게 느끼는 것은 당연하다. 이는 안타깝게도 팬데믹 기간 동안 이뤄진 공중보건 행동의 근본적인 동인 중 많은 부분이 아직 완전히 이해되지 않고 있기 때문이다. 하지만 코로나19가 이론적으로는 통제 가능한 질병이었음에도 불구하고, 왜 우리 사회가 코로나19로 인해 많은 시민을 잃게 되었는지에 대한 연구들이 시작돼 이제 막 나오기 시작했고, 이런 연구 중 상당히 많은 연구가 놀라운 결과를 제시하고 있다.

팬데믹 초기부터 정치인들이 공중보건 관련 입법을 두고 서로 논쟁을 벌이면서 많은 사람들은 공중보건의 '정치화politicization'

에 대해 우려의 목소리를 내기 시작했다. 하지만 '정치화'라는 말은 오해의 소지가 있다. 공중보건 업무는 이미 본질적으로 정치적이기 때문이다. 공중보건 업무는 선거에 의해 선출된 정치인들이 운영하는 정부가 긴급한 건강문제에 대해 다양한 사람들을 교육하면서, 그들의 다양한 우려와 가치관을 반영하는 과정을 통해 이뤄져야 한다. 물론 이 과정에는 과학도 개입되지만, 공중보건 정책의 잠재적 비용과 잠재적 이득을 측정하는 단계도 포함돼야 한다. 또한 공중보건 업무는 정부 지도자를 선출한 국민들이 정부가 내린 결정에 대해 어떤 평가를 내리고 반응하는지 고려하는 과정도 포함해야 한다. 다시 말하지만, 공중보건 업무는 본질적으로 정치적이다.

주요 선출직 공직자들이 코로나19와 그 대처법에 대해 사실과 다른 주장을 한 경우가 여러 번 있었다. 또한, 음모론과 잘못된 정보를 제쳐둔다고 해도, 대부분의 정치적 논쟁은 질병에 대한 기본적인 사실이 아니라 국가가 질병을 관리하기 위해 만들어야 할 정책에 초점을 맞추었다. 예를 들어, 재택근무는 치명적인 바이러스의 전파를 줄일 수 있지만, 확실하게 경제적으로 부정적인 결과를 초래했다. 학교 폐쇄는 바이러스 확산은 줄일 수 있지만, 그로 인해 아이들이 최적의 교육을 받지 못했고, 사회성 발달에 부정적인 영향을 미쳤다. 백신접종 의무화는 백신 접종률을 높여 바이러스로 인한 피해를 줄였지만, 사람들의 자기 신체 권리에 대한 선택권을 제한했다.

그렇다면 우리는 어디에 선을 그어야 할까? 사회적 거리두기는 어느 정도가 적절할까? 언제까지 사업장 문을 닫아야 할까? 마스크 착용으로 인한 공중보건상의 이점과 시민에게 부과되는 부담 사이의 균형을 어떻게 맞출 수 있을까?

2020년 초 코로나19의 위협이 현실화되면서 정치인들은 코로나19 대처에 대한 입장이 갈리기 시작했다. 대체적으로 민주당 지지자들은 익숙한 현대 생활의 리듬을 유지하는 것보다 코로나19로 인한 직접적인 피해를 줄이는 것이 중요하다고 생각했다. 반면, 공화당 지지자들은 바이러스의 확산과 직접적인 건강 영향을 줄일 수 있는 개입보다 정상적인 삶의 방식을 보존해야 한다는 입장을 취하는 경향이 있었다. 이와 관련된 논쟁은 TV, 신문, 소셜미디어에서 다양한 형태로 전개됐다.

임신중지나 총기 규제처럼 대중의 여론이 반드시 정치적 논쟁을 반영하지는 않는 이슈들과 달리, 코로나19 대응정책을 둘러싼 사람들의 분열은 각자가 지지하는 정치인들의 분열과 어느 정도 비슷한 양상을 보였다. 퓨 리서치 센터는 2020년 4월에 실시한 조사를 통해 공화당원의 경우 47%가 코로나19 문제가 "과대평가 되었다"라고 답한 반면, 민주당원은 14%만이 같은 대답을 했다고 추산했다.[13] 같은 달, 공화당원의 38%는 공중보건당국이 "코로나 바이러스 발생에 대한 위험을 크게 또는 약간 과장했다"고 답한 반면, 민주당원의 경우는 11%만이 같은 대답을 했다는 조사 결과가 발표되기도 했다.

하지만 사람들의 실제 행동은 여론조사에 대한 답변과 항상 일치하지는 않으며, 심지어는 답변에 신념이 그대로 반영되지 않는 경우도 있다. 앞서 살펴본 바와 같이, 건강에 영향을 미치는 행동은 우리가 통제할 수 없는 요인, 심지어 우리가 알지 못하는 요인에 의해 동기가 부여될 수도 있다. 따라서 우리는 팬데믹의 위협에 대해 서로 다른 말을 한 민주당원들과 공화당원들이 실제 행동에도 그 생각을 반영했는지 의문을 가지게 됐다.

코로나19 백신이 나오기 전인 2020년의 데이터를 사용한 연구에서, 우리(바푸, 랜드연구소 경제학자 크리스토퍼 웨일리Christopher Whaley, 조너선 캔터Jonathan Canter, 데이터과학자 메건 페라Megan Pera)는 대중의 정치적 성향과 코로나19 관련 행동 사이의 관계를 살펴봤다.[14] 이 시기는 보건당국이 바이러스를 퍼뜨릴 수 있는 모임을 가장 강력하게 막았던 시기다. 연구자들은 미국 내 민주당 지지 지역에 거주하는 사람들이 공화당 지지 지역에 거주하는 사람들보다 각각의 정치적 성향에 따라 이런 모임을 더 많이 피하는지 알고 싶었다. 만약 그렇다면 민주당 지지 지역에 사는 사람들은 코로나19를 더 잘 피했을까?

가장 먼저 확인해야 했던 것은 사람들이 실제로 사회적 거리두기를 하고 있었는지 여부였다. 하지만 이 확인은 쉽지 않았다. 설문조사를 할 수도 있지만, 설문조사 데이터는 신뢰할 수 없는 경우가 많았기 때문에 우리는 의도하거나 보고한 행동이 아닌 실제 행동에 대한 측정이 필요했다. 휴대폰 위치데이터를 수집해 지역내 이동 패턴이 어느 정도 변화했는지 추정할 수는 있지만, 특정 위치에서 사람들이 무엇을 하고 있었는지, 즉 식료품 쇼핑을 하는지 친구들끼리 칵테일을 마시는지까지 알 순 없었다. 그리고 결정적으로, 이 데이터는 코로나19 감염 결과와 연결되지도 않았다.

설령 이런 데이터를 확보한다고 해도, 다른 행동들의 차이로 인한 결과도 설명이 가능해야 했다. 예를 들어, 사회적 거리두기를 하지 않기로 선택한 사람들이 마스크를 착용하거나 손을 씻을 가능성이 낮다면, 사회적 거리두기의 효과를 구체적으로 파악할 수 없다.

여기서 자연실험이 성립하려면 사회적 모임의 시점이 확실히 무작위적이어야 했다. 이 조건이 만족돼야 민주당 성향의 지역에 사는 사람들과 공화당 성향의 지역에 사는 사람들 사이의 차이를 살펴봄으로써, 두 그룹에 명백하고 실질적인 차이가 없다는 가정 하에서 모임 후 코로나19 감염이 정치적 성향에 기인한다는 결론을 내릴 수 있기 때문이었다.

시점이 무작위적인 모임을 찾기 위해 우리는 항상 신뢰할 수 있는 자연실험의 원천인 생일, 구체적으로는 생일파티에 주목했다. 생일파티는 평일보다 주말에 더 자주 열리기 때문에 시기가 완전히 무작위인 것은 아니다. 하지만 생일파티는 누군가의 생일과 가까운 시기에 열리므로 1년 내내 무작위로 열린다고 볼 수도 있었다. 백신이 나오기 전에 생일파티에 참가한 사람은, 생일파티에 참가하지 않은 사람에 비해 생일파티 후 몇 주 안에 코로나19에 감염된 비율이 높았을 것이다. 같은 보험에 가입한 가족 구성원이 서로 연결된 상업용 보험금 청구 데이터를 사용하면, 가족 구성원 모두의 생일을 확인할 수 있으므로 생일파티를 위해 모인 시기를 파악할 수 있으며, 가족 구성원이 코로나19 확진 판정을 받았는지 여부와 판정 시기도 알 수 있다.

팬데믹 초기 단계에서 민주당 성향 가구가 공화당 성향 가구보다 사교 모임에 참가한 비율이 낮았다면, 정치 성향에 따라 민주당 성향 가구의 생일 다음 2주간 코로나19 감염률이 공화당 성향 가구보다 낮을 것으로 예상할 수 있었다(여기서 2주는 실제 생일과 생일파티가 열린 날 사이의 시간차, 바이러스 잠복기를 고려해 설정한 기간이다).

우리는 이 모든 점을 고려해, 2020년 1월 1일부터 11월 8일까지 290만 가구의 650만 명 이상의 개인을 대상으로 생일 전후 몇 주 동안의 코로나19 감염 진단율을 측정했다.* 몇 가지 다른 방식으로 데이터를 조사했지만 전반적인 패턴은 분명했다. 특정 가구의 생일 이후 코로나19 진단율이 증가했다.

그렇다면 어떤 가정이 그랬을까?

먼저, 우리는 미국 전역에서 코로나19 확산 수준이 가장 높은 카운티, 즉 생일파티와 관련된 감염이 더 많을 것으로 예상되는 카운티를 고려했다. 코로나19 확산 비율이 상위 10%에 속하는 카운티에서 검사 전 2주 동안 생일이 있었던 가구의 코로나19 감염 비율은, 검사 전 2주 동안 생일이 없었던 가구보다 31% 더 높았다. 하지만 코로나19 확산 비율이 가장 낮은 카운티의 가구 간에는 차이가 없었으며, 이는 직관적으로 이해되는 결과였다. 생일파티는 상

---

* 이런 감염에 대한 데이터가 보험 청구 데이터에 포함되려면 의사의 진단이 이뤄져야 하기 때문에, 우리는 의사의 진찰이 필요할 정도로 심각한 중등도 또는 중증 코로나19 감염 사례만 확실하게 확인할 수 있었다.

대적으로 바이러스 확산 비율이 낮은 경우에는 감염을 증가시킨 비율이 낮았다.

우리가 '생일파티 효과'라고 이름 붙인 이 효과보다 더 중요한 것은, 한 가정 내에서 누구의 생일이 코로나19 감염률과 가장 관련이 있었는가 하는 점이다. 가장 감염률이 높은 카운티에서는 어린이 생일의 영향이 성인 생일의 영향보다 거의 3배나 높았다. 성인보다 어린이를 위한 파티가 더 많이 열린다는 사실을 감안할 때 이는 당연한 결과였다. 생일파티를 좋아하는 성인들도 있지만, 일반적으로 어린이 생일은 파티를 열 만한 가치가 있다고 취급되는 반면, 성인 생일은 팬데믹이 아니더라도 별다른 이벤트 없이 지나가는 경우가 많다.

마지막으로, 우리는 공화당 성향의 카운티(2016년 대선에서 도널드 트럼프에게 표를 던진 카운티)와 민주당 성향의 카운티(힐러리 클린턴에게 표를 던진 카운티)에서 생일파티 효과가 다르게 나타났는지 조사했다. 그 결과 가장 놀라운 사실을 발견할 수 있었는데, 바로 카운티의 정치적 성향이 달라도 생일파티 효과는 별로 차이가 없었다는 점이었다. 공화당 또는 민주당 성향에 관계없이 생일파티 효과는 동일하게 관찰됐다.

마스크 착용 의무화, 휴교, 사업장 폐쇄, 백신접종 등 팬데믹 대응을 둘러싸고 공화당원과 민주당원이 서로 극명하게 다른 의견을 보이던 시기에, 이 발견은 우리에게 위안을 주었다. 미국인들이 가장 소중하게 여기는 가족에게는 지지 정당 차이가 전혀 영향을 미치지 않는 것으로 드러났기 때문이다.

허가 범위 밖의 약물 사용

팬데믹 초기 단계에서 의사들은 불편한 입장에 처한 경우가 많았다. 환자들 중에는 코로나19 감염이 우려돼 집 밖으로 거의 나가지 않은 사람들도 있었던 반면, (코로나 19에 감염돼 숨을 쉬기도 힘든 상태로 병원에 와서도) 코로나19 바이러스의 심각성이 부풀려졌다고 말하는 사람들도 있었기 때문이다. 제한된 정보를 가지고 일하면서, 우리 의사들은 치료의 잠재적 이점을 극대화하고 잠재적 피해를 최소화하는 것을 목표로 환자를 치료했다.

우리는 코로나19로 인한 피해의 대부분이 신체의 염증반응, 어떤 경우에는 폐를 손상시킬 정도의 강한 염증반응이 원인이라는 사실을 일찍부터 알고 있었다. 덱사메타손dexamethasone이나 프레드니손 같은 코르티코스테로이드 계열의 강력한 항염증제가 다른 바이러스로 인한 폐렴 치료제로 연구된 적은 있지만, 효능은 확실하지 않았다. 하지만 확실한 치료법이 없는 상황에서 이런 약물은 신종 바이러스에 대한 가장 유망한 잠재적 치료제가 됐다.[15] 2020년에 영국에서 실시된 획기적인 무작위 임상시험에서 덱사메타손이 사망률 감소에 도움이 되는 것으로 나타나자, 이 약물이 중증 코로나19의 초기 치료제로 채택된 것이었다.[16] 하지만 초기 치료제 후보에는 코르티코스테로이드만 있었던 것은 아니다. 말라리아 또는 루푸스 같은 자가면역질환 치료에 사용되는 하이드록시클로로퀸 hydroxychloroquine과 기생충 감염 치료에 사용되는 이버멕틴ivermectin도 바이러스 감염증 치료에는 한 번도 사용된 적이 없는데도 코로나

19 치료제로 고려됐었다.

21세기 초반에 유행했던 중증 급성호흡기증후군[SARS]의 원인 바이러스인 SARS-CoV-1[Severe acute respiratory syndrome coronavirus](중증 급성 호흡기증후군 코로나바이러스)의 출현 이후 수행된 연구에 따르면, 하이드록시클로로퀸 계열의 약물이 실험실 환경에서 세포 간 바이러스 확산을 막을 수 있었다.[17] 게다가 이 약물은 사람들에게 익숙하고 쉽게 구할 수 있었다. 달리 제안하는 연구가 없었기 때문에, 당시에는 생명을 위협하는 중증 코로나19 폐렴을 앓고 있는 SARS-CoV-2 감염 환자에게 하이드록시클로로퀸을 사용해보는 것이 합리적이라고 생각됐다. 미국 식품의약국[FDA]은 새로운 연구 결과를 기다리는 동안 하이드록시클로로퀸에 대한 긴급 사용허가를 내렸다. 우리를 포함한 많은 의사가 중증 코로나19 입원환자를 치료하는 데 이 약을 사용했다. 하지만 이후 연구에서 하이드록시클로로퀸은 경증 또는 중증 코로나19 환자에게 도움이 되지 않는 것으로 확인됐다.[18] 특히 심장 관련 부작용의 가능성을 고려해 대부분의 의사는 코로나19 환자에게 이 약을 처방하는 것을 중단했다.[19]

그러던 중 2020년 6월에 이버멕틴은 실험실에서 SARS-CoV-2에 대해 일부 활성을 보인다는 연구 결과가 발표됐다.[20] 대부분의 의사는 이버멕틴을 거의 사용하지 않으며, 미국에서는 사람이 기생충에 감염되는 사례가 매우 드물다. 하지만 이버멕틴은 일반적으로 사람에게 정상 용량으로 투여해도 안전한 것으로 간주되기 때문에, 일부 의사들은 실험실에서 확인된 결과가 실제 환자에게 도움이 될 수 있다는 생각에 코로나19 환자 치료에 이버멕틴을 사용하기 시작했다. 하지만 하이드록시클로로퀸과 마찬가지로 이버멕틴도 코로나19에 효과가 없다는 것이 곧 밝혀졌다.[21] 특히, 이버멕틴은 고용량으로 투여할 경우 환자에게 문제를 일으킬 수 있었다. 이버멕틴은 FDA에서 코로나19 치료제로 승인된 적이 없으며, 주요 진료 지침들도 코로나19 환자에게 이버멕틴을 사용하지 말 것을 일관되게 권고했다.

이로써 이 두 가지 약물은 더 이상 코로나19 치료제로 고려되지 않을 것처럼 보였다. 하지만 2020년 11월에 발표된 연구(이후 철회됨)와[22] 12월에 의료계의 주류에 반대하는 한 의사의 의회 증언이[23] 더해지면서 이버멕틴에 대한 관심이 다시 높아졌다. 하이드록시클로로퀸의 경우, 코로나19 감염증 치료에 효과가 없고 잠재적으로 해로울 수 있다는 연구 결과(FDA가 긴급 사용승인을 취소하게 만든 연구 결과)가 더 쌓이고 있었음에도 불구하고, 도널드 트럼프 대통령은 이 약물의 사용을 장려했다.[24] 트럼프는 "하이드록시클로로퀸은 엄청난 지지를 받고 있다"며 "하지만 정치적으로는 내가 지지했기 때문에 독성이 있을 수 있다"라고 말하기도 했다.[25]

이 약물들과 관련된 논쟁은 공공연하게 이뤄졌기 때문에 코로나19에 감염된 환자와 그 가족이 의사에게 이런 치료법에 대해 문의하는 것은 당연한 일이었다. 이런 치료법이 효과가 없다는 증거가 우세했지만, 일부 예외적인 연구 결과도 있었다. 게다가 이 약물들은 대체적으로 부작용 프로필도 나쁘지 않았다. 따라서 일부 의사들은 대부분의 동료 의사들 사이에서 선호도가 떨어졌음에도 불구하고 약물을 계속 처방했다.

이런 치료법과 관련된 정치적 분열을 지켜보면서 우리(바푸, 마이클 바넷, 아테브 메흐로트라Ateev Mehrotra, 하버드대 대학원생 마레마 게이Marema Gaye)는 환자의 정치적 성향에 따라 약물의 '허가사항 외 사용off-level use(특정한 약물을 FDA의 허가 내용과는 다른 용도나 방법으로 의료현장에서 사용하는 행위-옮긴이)' 양상이 달라지는지 확인하고자 했다.[26] 공화당원이 민주당원보다 이런 약물을 복용할 가능성이 더 높았을까? 이를 위해 우리는 2019년 1월부터 2020년 12월까지(백신이 대규모로 도입되기 전) 외래환자로 의사를 방문한 약 1850만 명의 의료보험 가입 성인의 데이터를 사용해, 이들에게 하이드록시클로로퀸 또는 이버멕틴이 주당 얼마나 신규 처방됐는지 조사했다. 우리는 2019년의 데이터를 통해 팬데믹이 아닌 시기에 이러한 약물의 일반적인 사용에 대한 유용한 정보를 얻을 수 있었으며, 이를 기준으로 코로나19가 확산된 2020년에 해당 약물의 사용량이 크게 증가했는지 여부를 쉽게 파악할 수 있었다. 또한 우리는 하이드록시클로로퀸 또는 이버멕틴으로 치료할 수 있는 질환들과 동일한 질환들을 치료하는 데 사용되는 다른 약물들의 처방률도 살펴봤다. 이 다른 약물들을 처방받은 환자 그룹은 하이드록시클로로퀸 또는 이버멕틴을 처방받은 그룹과 반사실적 관계에 있었다. 하이드록시클로로퀸과 이버멕틴의 사용량이 증가해도 그 사용량이 안정적으로 유지됐다면, 코로나19와 무관한 기생충 감염이나 말라리아의 유행이 아니라 코로나19에 대한 논쟁이 두 약물의 사용에 영향을 미치고 있음을 뜻할 수 있었다.

예상대로 하이드록시클로로퀸 처방 건수는 2020년 3월 FDA가 긴급 사용을 승인하기 전까지는 상당히 안정적이었지만, 이후 급격히 증가하기 시작했다. 2020년 6월 FDA가 이 약물의 긴급 사용승인을 취소한 후에는 다시 처방이 감소했지만, 2020년 12월에는 이미 이 약물이 코로나19 치료에 효과가 없다는 것이 증명된 상태였는데도 처방은 2020년 4월보다 더 높은 수준으로 다시 증가했다.

이버멕틴 사용은 팬데믹 이전에는 안정적이었으며, 실험실에서 이버멕틴이 바이러스에 작용할 수 있다는 연구 결과가 발표된 이후 약간 정도 사용이 증가했다. 하지만 (지금은 철회된) 연구 결과가 발표되고 의회 증언이 나온 2020년 12월에는 이버멕틴 사용량이 급격히 늘었다. 이 기간 동안 '대조 그룹' 약물에 대한 처방은 안정적으로 유지됐다.

그 이후의 상황은 관련 뉴스를 접한 사람이라면 누구나 예측할 수 있는 것이었다. 이제 이런 약물의 사용과 정치적 성향이 어떻게 연관되는지 살펴볼 차례였다. 그렇다면 2020년 선거에서 공화당 득표율이 높았던 카운티들은 공화당 득표율이 낮았던 카운티들보다 이런 약물을 더 많이 사용했을까?

실제로 그랬다. FDA가 하이드록시클로로퀸에 대한 긴급 사용승인을 철회한 2020년 6월까지, 공화당 선호 카운티들과 민주당 선호 카운티들은 이 약물을 거의 비슷하게 사용했다. 하지만 그 후 공화당 지지율이 높은 카운티들에서는 하이드록시클로로퀸 처방 건수가 치솟아 2019년 처방률의 146%로 최고치를 기록했다.

이버멕틴 사용에서도 비슷한 추세가 나타났다. 2020년 12월까지는 공화당 선호 카운티들과 민주당 선호 카운티들의 이버멕틴 사용은 비슷했지만, 그 이후 모든 카운티에서 이버멕틴 처방이 증가했다. 하지만 공화당 지지율이 높은 카운티에서 처방률이 2019년 처방률의 964%까지 치솟으며 가장 뚜렷한 증가세를 보였다.

이 정도면 분명한 결론을 도출할 수 있었다. 첫째, 하이드록시클로로퀸과 이버멕틴은 처방약이기 때문에, 적어도 일부 의사들은 의학적 반대 의견에도 불구하고 시도해볼 만한 가치가 있는 치료법이라고 생각했다.[*] (처방이 의사의 권유에 의한 것인지, 환자의 요청에 의한 것인지, 아니면 이 둘의 조합에 의한 것인지는 안타깝게도 우리 연구로는 알 수 없었다). 또한 '생일파티 효과'(생일이라는 명목으로 사회적 거리두기 규정을 어길 때, 공화당 지지자와 민주당 지지자가 거의 같은 방식으로 행동한다는 의미)와 달리, 공화당 지지자들은 실제로 자신의 생각대로 건강에 관한 결정을 했다는 것도 분명했다. 또한 주류 의학계에서 이런 약물의 사용을 금지하도록 권고한 이후에야 차이가 나타나는 것처럼 보였던 점도 주목할 만하다. 민주당 지지자들이 이런 약물 사용을 억제하게 만든 메시지가, 공화당원들 사이에서 이런 약물 사용을 증가시킨 것이었다.

이 연구가 제공하는 정보는 매우 유용하지만, 이 정보는 특정 환자가 아닌 해당 카운티의 평균적인 환자들에 대해서만 알려준다는 한계가 있다. 따라서 개인의 프라이버시 보호에는 도움이 되지

---

[*]　하이드록시클로로퀸의 경우, 의사들이 입원환자에 대한 처방이 아닌 외래환자에 대한 처방전을 작성했다는 점에도 주목해야 한다. 하이드록시클로로퀸에 대한 FDA의 긴급 사용승인은 병원에서 중증질환을 앓는 환자에게만 사용하도록 제한됐기 때문에, 이런 처방전은 FDA의 승인 범위를 벗어나 작성된 것이라고 할 수 있다.

만 연구에는 도움이 되지 않는 이 한계 때문에, 개인의 정치적 성향에 대한 데이터를 건강 행동 및 결과와 연결하기는 어렵다.

하지만 어렵다는 것이지 불가능하다는 것은 아니다. 2022년에 보고된 연구에서 3명의 예일 대학교 연구원(제이컵 윌리스Jacob Wallace, 폴 골드스미스–핑크햄Paul Goldsmith-Pinkham, 제이슨 슈워츠Jason Schwartz)은 오하이오주와 플로리다주의 공개 데이터를 활용해 개인의 정치적 성향을 가장 심각한 건강 결과인 사망과 연결시켰다.[27] 연구자들은 공공 유권자 등록 및 사망 기록을 사용해, 특정 정당에 투표하기 위해 등록한 사람들이 팬데믹 기간 동안 사망했는지 여부와 사망 시기를 확인했다. 또한 팬데믹 이전인 2019년의 사망 데이터를 기준선으로 삼아 코로나19가 없었다면 2020년과 2021년에 예상됐을 각 월별, 카운티별 사망자(이들은 실제로 해당 기간에 사망한 사람들과 반사실적 관계에 있다)의 대략적인 수를 추정했다.* 이 수치를 초과한 부분은 코로나19 바이러스에 의한 것이라고 안정적으로 추정할 수 있다.**

먼저, 연구자들은 플로리다주와 오하이오주의 전체 초과 사망자를 조사했다. 예상대로 코로나19가 수천 명의 목숨을 앗아간 2020년과 2021년에 그 이전 몇 년보다 더 많은 사망자가 발생했다

---

* 　연구자들은 2019년과 2018년의 데이터도 비교했다. 2019년이 실제로 팬데믹의 영향을 받지 않은 해인지 확신하기 위해서 2018년의 데이터를 '위약'처럼 사용한 것이었다. 그 결과, 2019년과 2018년 사이 사망자 수에 의미 있는 차이가 없다는 것을 발견했다.

** 　초과 사망은 코로나19 감염이 직접 원인인 사망(초과 사망의 대부분을 차지하는 것으로 추정된다)과 코로나19에 간접적으로 기인한 사망(팬데믹 관련 스트레스로 인한 심장마비 또는 팬데믹으로 인한 치료 지연 등으로 사망)을 포함해 팬데믹으로 인한 모든 사망을 뜻한다.

는 것을 확인했다. 그런 다음 연구자들은 유권자 등록 기록을 바탕으로 개개인을 정치적 성향에 따라 두 그룹으로 나누었다. 분석 결과, 같은 카운티에 거주하는 같은 연령대의 등록 민주당원과 등록 공화당원 간의 사망률 결과를 비교하는 통계모델을 사용했을 때 차이가 나타났다.

일반 성인에게 백신이 제공되기 전인 2020년과 2021년 첫 몇 달 동안의 초과 사망자 수는 민주당원과 공화당원 모두에서 비슷했다. 하지만 일반 성인에게 코로나19 백신이 제공된 후인 2021년 봄에 차이가 나타났다. 등록 공화당원의 초과 사망률이 민주당원보나 훨씬 높아졌다. 연구자들은 2021년 4월과 12월 사이에 등록 공화당원의 사망률이 기준선에 비해 153% 더 높았다고 추정했다. 편차가 발생한 시기를 감안할 때 원인을 추측하는 것은 어렵지 않았다. 이 결과는 부분적으로는 백신 접종률의 차이로 설명 가능할 것으로 보인다. 이들 주의 민주당원들은 공화당원보다 백신을 접종한 비율이 높았기 때문이다. 우리는 백신이 코로나19로 인한 사망을 예방하는 가장 좋은 도구라는 것을 알고 있으므로, 백신 접종률 차이와 초과 사망률 차이가 일치하는 것은 놀라운 일이 아니라고 할 수 있다.[28]

3장에서 독감 예방접종에 대해 이야기하면서 우리는 백신접종을 주저하는 근본적인 이유가, 복잡하긴 하지만 대체적으로 안주complacency, 신뢰confidence, 편의성convenience이라는 3가지 요소와 관련이 있다는 연구 결과를 인용한 적이 있다. 2020년 한 해 동안 미국 거주자를 대상으로 반복 실시한 연구에 따르면, 공화당원들은 평균적으로 코로나19의 위협을 민주당원보다 낮게 인식하는 것으로 나타났다(이런 성향이 '안주'라고 부를지 여부는 개인의 정치적 성향에 따라 달라질 수 있다).[29] 또한 정부, 공중보건 당국, 언론, 백신 제조업체, 과학계에 대한 불신 정도에도 차이가 있었는데, 이는 하이드록시클로로퀸과 이버멕틴이 효과가 없다는 과학적 증거에도 불구하고 지속적으로 사용되고 있다는 연구 결과에 의해 뒷받침된다.

초과 사망에 대한 이 연구는 우리에게 상황의 또 다른 측면을 보여준다. 백신 이후 단계에서의 정당 선호로 인한 차이점에만 주목하다 보면 백신 이전 단계에서의 유사점, 즉 백신 이전 단계에서의 초과 사망은 공화당 지지자와 민주당 지지자의 차이가 거의 없었다는 다소 놀라운 결과를 간과할 수 있다. 2020년 6월에 실시된 퓨 리서치의 여론조사에 따르면, 공화당 지지자와 민주당 지지자를 비교했을 때 식료품점에 가는 일(87% 대 73%), 이웃 방문(88% 대 68%), 이발(72% 대 37%), 식당에서의 외식(65% 대 28%), 실내 스포츠 행사 또는 콘서트 참석(40% 대 11%), 사람이 많이 오는 파티 참석(31% 대 8%)에 대해 공화당 지지자가 민주당 지지자보다 "편안하다고 느끼는" 비율이 더 높은 것으로 나타났다.[30] 같은 여론조사에서, 공공장소에서 항상 또는 대부분의 시간 동안 마스크를 착용해야 하는지 묻는 질문에 그래야 한다고 대답한 사람의 비율은 민주당 지지자가 86%였던 반면, 공화당 지지자는 71%에 불과했다.

이런 연구 결과가 코로나19 감염 및 사망률 수치에 반영되었어야 하지 않을까? 그렇지 않았다는 사실은 두 가지 가능성 중 하나를 뜻한다. 당시 우리가 감염과 싸우기 위해 사용했던 주요 도구인 사회적 거리두기와 마스크 착용이 생각만큼 효과적이지 않았을 가능성과 공화당 지지자와 민주당 지지자의 설문조사 응답이 실제 행동으로 이어지지 않았을 가능성이다.

'당근'보다 '채찍'인 이유

백신이 광범위하게 도입된 후, 백신을 접종하지 않은 환자들 사이에서 생명을 위협하는 코로나19 감염사례가 너무 많이 발생하는 것을 보면서, 우리는 의사로서 가슴이 아팠다. 환자들 중 상당수는 우리를 포함한 의사들에게 바이러스를 과소평가했다고, 감기보다 나쁘지 않을 것이라고 생각했다고 말하곤 했다. 코로나19 바이러스로 가득 찬 중환자실에서 일하던 크리스는 환자나 사랑하는 사람들이 감염되는 것을 예방하기 위해, 가능한 한 백신을 접종할 것을 권고했다고 한다. 크리스의 이야기를 들은 사람들 중 백신을 접종하지 않은 환자와 가족들 일부는 코로나19 바이러스의 실제적인 위협을 인식하게 됐고, 백신접종만이 자신들을 위한 길이라고 생각하게 됐다.

이 과정을 지켜보면서 우리는 다시 의문을 갖게 됐다. 질병 예방을 위한 백신접종을 꺼리는 사람들이 직접 또는 간접 경험을 통해 질병이 얼마나 해로운지 더 잘 알게 된다면 백신접종을 받을 가능성이 더 높아질까? 백신접종에 대해 안일한 생각을 가지는 것은 질병이 얼마나 해로운지 인식하지 못한 결과일 수 있다. 만약 사람들이 자신의 가족이 질병으로 심하게 고생하는 것을 본다면 백신 접종 동기가 생길까?

우리(크리스, 바푸, 우재민, 안드레 지머만 그리고 탁월한 연구 분석가인 찰스 브레이Charles Bray)는 데이터가 아직 확실하지 않은 코로나19가 아닌, 다른 정치적 이슈와 관련된 백신을 살펴봄으로써 질병에 대한 직접적인 경험이 백신접종 결정에 어떤 영향을 미치는지 최근 사례를 통해 알아보고자 했다.[31]

우리가 살펴본 백신은 인유두종 바이러스human papilloma virus, HPV 백신이었다. HPV 백신은 자궁경부암과 생식기 사마귀를 유발하는 것으로 알려진 성병 바이러스의 여러 변종에 대해 효과가 있다. 하지만 2006년에 승인된 후 이 백신은 '정치화'됐다. 여러 종교 및 보수 단체는 백신을 접종하는 것이 난잡한 성행위를 조장한다고 여겼다(이 생각은 이후 잘못된 편견이라는 것이 증명됐다).* 자궁경부암과 코로나19 감염증은 매우 다른 질병이지만, 이를 둘러싼 유사한 환경과 의사결정 과정으로 인해 흥미로운 비유 대상이 됐고, HPV 백신은 검토할 만한 가치가 있었다.

HPV는 자궁경부암을 유발하기 때문에, 우리는 자궁경부암을 경험한 엄마들 또는 자궁경부암에 대한 '공포'가 있는 엄마들(자궁

---

*   바푸와 USC 경제학자 데이나 골드먼Dana Goldman, 세스 시버리Seth Seabury의 2015년 연구에 따르면, HPV 백신을 접종한 여성 청소년과 접종하지 않은 같은 연령대 여성 청소년의 성병 감염률은 차이가 없었으며, 이는 백신접종이 안전하지 않은 성행위를 조장할 가능성이 낮다는 것을 시사한다. Jena, Goldman, and Seabury, "Incidence of Sexually Transmitted Infections After Human Papillomavirus Vaccination Among Adolescent Females." 참조.

경부암 검사를 위해 조직검사를 받은 엄마들)이 자녀에게 HPV 백신을 맞게 한 비율이 더 높았는지 조사했다. 우리는 보험 청구 데이터베이스에 포함된 약 75만 명의 어린이와 부모에 대한 데이터를 사용해, 엄마가 자궁경부암 진단을 받은 어린이(약 1,000명), 엄마가 자궁경부암 '공포'가 있지만 자궁경부암 진단은 받지 않은 어린이(약 3만 8000명), 엄마가 자궁경부암을 경험하지도 않았고 자궁경부암에 대한 '공포'도 없는 어린이(대조 그룹, 약 71만 8000명)의 세 그룹으로 나눠서 연구했다. 그런 다음 데이터베이스에 있는 아이들을 시간 경과에 따라 추적해, 질병통제예방센터에서 모든 아이들이 11세부터 두 차례에 걸쳐 접종할 것을 권장하는 HPV 백신을 이 아이들이 맞았는지 확인했다.

그 결과, 우리는 권장사항에도 불구하고 16세 생일까지 백신을 한 번이라도 접종한 어린이는 54%에 불과하다는 사실을 확인했다. 또한, 우리는 엄마가 자궁경부암 진단을 받은 어린이 그룹, 엄마가 자궁경부암에 대한 공포가 있는 어린이 그룹, 엄마가 자궁경부암을 진단받은 적도 없고 공포도 없는 어린이 그룹의 백신 접종률을 살펴봤지만, 놀랍게도 이 그룹들 사이에는 아무런 차이가 없었다. 자궁경부암 진단을 받은 적이 있는 엄마들이나 자궁경부암 확인을 위해 조직검사를 받은 적이 있는 엄마들, 즉 HPV의 위험성을 직접 경험한 엄마들이 그렇지 않은 엄마들보다 자녀에게 백신을 접종할 가능성이 더 높지 않았다.

이 결과는 직관에 반했기 때문에 우리는 놓친 것이 없는지 확인하기 위해 추가 분석을 실시했다. 자궁경부암은 여성에게만 발병하기 때문에 여자 어린이와 남자 어린이의 접종률이 달랐던 것이었을까? 확인 결과, 그렇지 않았다. HPV 백신을 한 번만 접종한 아이와 두 번 접종한 아이의 차이가, 엄마가 자신의 경험을 기초로 접종 완료 노력을 한 정도의 차이 때문에 발생했을까? 이 역시 그렇지 않았다.

우리는 자궁경부암 병력이 있거나 자궁경부암 공포를 경험한 엄마들이 일반적으로 백신접종에 대해 대조 그룹과 다른 태도를 보였는지도 확인했다. 만약 그렇다면 자녀의 뇌수막염 백신 및 파상풍 부스터 접종률에도 차이가 있어야 했다. 하지만 우리는 아무런 차이를 발견하지 못했으며, 이는 어머니가 HPV에 감염된 경험이 자녀에게 바이러스 백신을 접종할 가능성을 더 높이지 않았음을 뜻한다.

그 이유는 무엇이었을까? 자궁경부암과 같은 심각한 질환을 경험한 엄마라면 자녀가 비슷한 질환에 걸리지 않도록 최선을 다하지 않을까? 이 엄마들은 자신이 자궁경부암에 걸렸음에도 불구하고 HPV와 자궁경부암의 연관성을 이해하지 못한 것일까?

우리의 연구에 따르면, 적어도 자녀에 대한 HPV 백신접종 행동에서는 백신이 예방하려는 가장 두려운 결과에 대한 개인적인 경험은 중요한 동인이 아닌 것으로 나타났다.

이 연구 결과는 코로나19 백신접종 결정을 둘러싼 행동에 대해 무엇을 말해줄까? 예를 들어, 가족이 심각한 코로나19 감염으로 병원에 입원하는 것이 우리가 생각했던 백신접종의 동기가 아닐 수도 있다. 이것은 공화당 성향 카운티와 민주당 성향 카운티에 대한 연구 결과를 떠올리게 한다. 백신 접종률이 낮은 카운티에서 코로나19로 인한 환자 사망이 불균형적으로 많이 발생했음에도 불구하고 백신접종이 갑자기 증가하지는 않았다. 가까운 사람이 바이러스의 피해를 입는 것을 보는 경험은 의사들이 생각한 것만큼 사람들의 마음을 바꾸지 못할 수도 있다. 이는 사람들이 백신접종을 결정하는 데는 생사를 가르는 단일 사건보다 다양한 사회적 요인이 더 큰 영향을 미치기 때문일 수 있다.

코로나19 백신접종과 관련해, 죽음에 가까운 경험도 사람들의 마음을 바꿀 수 없다면, 도대체 사람들 마음을 바꾸게 만드는 것은 무엇일까? 코로나19 감염이 심각한 결과를 초래할 위험이 가장 큰 고령층의 백신 접종률은 매우 높았으며, 2021년 4월까지 65세 이상 미국 성인의 약 80%가 첫 번째 접종을 받았다.[32] 이는 개인의 위험도에 대한 본인의 생각이 영향을 미칠 수 있음을 시사한다. 백신을 접종한 시민에게만 자격이 주어지는 복권 추첨과 같은 인센티브 프로그램은 백신을 접종하지 않았을 소수의 사람들에게 백신을 접종하도록 장려했을 수 있지만, 전체 백신 접종률에 큰 영향을 미치지는 않은 것으로 보인다.[33] 직장 내 백신접종 의무화와 같은 부정적인 인센티브 프로그램은 효과가 있는 것으로 추정됐다.[34] 백신을 접종하지 않으면 해고하겠다는 회사 차원의 방침은 유나이티드 항공과 우리 병원 같은 회사에서 거의 모든 직원의 백신접종을 달성하는 데 도움이 됐다. 백신접종 대신 해고를 선택하는 사람은 거의 없었다. 이 경우 전반적으로, '당근'보다는 '채찍'이 더 효과적인 동기부여가 되는 것으로 추정된다.

코로나19가 우리에게 남긴 교훈

지금까지 우리는 정치가 공중보건에 부정적인 영향을 미치는 것으로, 즉 의료 서비스 제공자인 우리 의사들이 환자에게 권유하는 바람직한 길에서 환자를 멀어지게 하는 것으로 취급해왔다. 하지만 정치에 대해 그런 식으로만 생각해서는 안 된다. 정치인과 임명직 공무원은 공중보건 위기에 대한 정부의 필수 대응을 실행할 뿐만 아니라, 많은 사람들의 신뢰를 얻고, 유권자의 가치관을 인식하고 그 가치관에 호소해 동기를 부여하는 방법을 배우면서 경력을 쌓아온 사람들이다. 정치와 공중보건은 불가분의 관계다. 코로나19 팬데믹 기간에 우리가 목격한 당파적 차이는 이 둘이 분리돼서는 안 된다는 것을 보여줄 뿐 아니라, 더 잘 협력할 수 있다는 것을 말해준다. 물론 문제는 방법론에 있다.

공중보건 대응은 객관적인 데이터와 과학에 기초해 구축되어야 한다. 하지만 많은 경우 공중보건 대응이 제대로 이뤄지지 않는 이유는 마스크 착용, 백신접종, 금연, 식습관 개선 같은 방법, 즉 대중의 건강을 개선할 수 있는 방법을 결정하는 과정에 문제가 있기 때문이 아니다. 이런 결정들은 이미 대부분 잘 정립돼 있다. 문제는 다양한 집단이 이러한 행동을 채택하도록 하는 데 있다. 결국 개입의 목적은 혁신을 넘어선 실행에 있다. 성공적인 실행을 위해서는 생일파티에 가지 않거나 백신을 맞으려는 동기 그리고 이런 행동에 수반되는 장단점과 사람마다 다른 행동 방식을 더 잘 인식해야 한다.

우리 의사들은 사람들이 건강한 행동을 하게 만드는 동기에 대해 잘 알고 있다고 생각하지만, 실상은 그렇지 않을 때가 많다. 병원에서 환자들과 대화를 나누다 보면 그들이 자신의 건강을 지키도록 만드는 동기에 대해 더 잘 이해하게 되는데, 그것은 항상 우리를 놀라게 만들고 겸손하게 만든다.

팬데믹에 대응하는 개인의 방식 차이로 사람들을 나누면서 공통의 경험을 잊어버리는 일은 무서울 정도로 쉬웠다. 물론 이웃과 지역사회를 돕기 위해 더 많은 일을 할 수 있었거나 했어야 하는 사람들도 있었다. 또한 자신을 보호하기 위해 모든 예방조치를 취했음에도 불구하고 고통을 받고 사망한 사람들도 있었다. 각자의 결정과 상관없이 팬데믹 기간 동안 우리 모두는 희생을 치르고, 무언가 또는 누군가를 잃고, 삶이 뒤바뀌는 등 상당한 대가를 치렀다.

정치적 양극화로 특징지어지는 팬데믹을 이런 식으로 바라보는 것이 이상하게 느껴질 수도 있을 것이다. 하지만 지난 몇 년 동안 우리가 공유한 경험을 살펴보면서, 미국 공중보건의 미래에 대해 조심스럽게 낙관할 수 있게 됐다. 잠시 한 걸음 물러서서 생각해보자. 미국 성인의 90% 이상이 시간과 노력, 위험을 감수하고 최소 한 번의 코로나19 백신을 접종했다.[35] (10년에 한 번만 접종하면 되는 파상풍 예방주사를 제때 맞은 성인은 70%밖에 안 되며, 독감 예방주사를 맞는 성인은 전체의 절반도 되지 않는다.)[36] 이는 정치 성향에 관계없이 코로나19 예방접종을 받는 것이 일상화되었다는 것을 말해준다. 백신접종보다 더 많은 사람들이 동의하는 것을 찾기는 어렵지만,

한 가지가 있긴 하다. 의회에 대한 불신을 가진 사람이 전체 인구의 93%에 달한다는 것이다.[37]

우리는 코로나19에 대한 공중보건 대응을 '성공적인 실패'라고 규정짓는다.[38] 이 표현은 달 착륙을 목표로 했지만 결국 실패한 아폴로 13호의 사령관인 우주비행사 제임스 러벌James Lovell이 한 말이다. 아폴로 13호는 지구에서 약 30만 킬로미터 떨어진 우주 공간에서 산소탱크가 폭발해 세 명의 우주비행사 생명이 위태로워져 임무 완수가 불가능해졌지만, 미 항공우주국은 지칠 줄 모르는 노력과 특유의 독창성을 발휘해 우주비행사들이 지구로 무사히 귀환할 수 있도록 도왔다.

러벌은 그 이후 당시 상황에 대해 "우리의 임무는 실패했지만, 성공적인 실패로 생각하고 싶습니다"라고 말했다.[39] 코로나19로 수많은 사람이 사망한 지금, 팬데믹 상황에서 생명을 구한다는 우리의 큰 임무가 실패한 것은 분명하다. 이 글을 쓰는 순간에도 코로나19로 인해 사망한 미국인이 100만 명이 넘은 상태다. 상당수는 불필요한 죽음이었으며, 우리 사회는 앞으로 수십 년 동안 이에 대한 대가를 치르게 될 것이다. 하지만 이런 엄청난 실패 속에서도 코로나19 백신은 눈부신 성공을 거뒀다. 매우 효과적인 치료법이 미국인의 삶에 정착돼, 우리가 예측했던 것보다 훨씬 더 많은 생명을 구했기 때문이다.

정말 성공적인 실패였다.

더 나은 길을 제시할 수 있다면

이 책은 우연은 언제든 우리 삶의 흐름을 바꿀 수 있다는 이야기로 시작했다. 우리는 독자들이 통계적 개념과 의학의 다양한 자연실험을 함께 탐구하면서 우연이 건강과 의료에서 어떤 숨겨진 역할을 하는지 알게 됐기를 바란다. 이 책에서 우리는 무의식적인 편견과 우연이 어떻게 의사와 환자에게 영향을 미치는지, 복잡한 의료 시스템 내에서 개선이 필요한 부분들은 무엇인지에 대해 살펴봤다.

하지만 우리가 이 책에서 다룬 내용은 빙산의 일각에 불과하다. 사용 가능한 데이터 풀과 이를 분석하기 위한 디지털 도구가 계속 늘어나고 있으며, 앞으로 이 도구들을 적절히 활용하면 우리 모두의 건강 결과를 개선할 수 있을 것이다.

한 가지 예를 들어보자. 2021년 2월, 텍사스에 몰아친 한파로 주 전역에 걸쳐 대규모 정전 사태가 발생했다. 우리는 뉴스에서 텍사스 주민 수백 명이 일산화탄소 중독 진단을 받았다는 보도를 접했다.[40] 일산화탄소 중독은 정전이 됐을 때 사람들이 전력을 생산하기 위해 자주 사용하는 휴대용 발전기가 유독가스를 방출하기 때문에 일어난다. 우리(크리스, 바푸, 우재민, MIT 경제학자 마이클 키어니, 찰스 브레이)는 무작위 정전이 일산화탄소 중독의 위험을 얼마나 높이는지 의문을 갖게 됐고, 미국의 주요 정전에 대한 에너지부의 데이터와 국가 보험 청구 데이터베이스를 사용해 정전이 48시간 이상 지속될 경우, 일산화탄소 중독 위험이 기준치보다 9.3배 높다는 사실을 발견했다.[41] 어린이의 경우는 중독 위험이 13.5배 더 높은 것으로 분석됐다. 우리는 한 뉴스 기사에서 영감을 얻어, 전력망이 노후화되고 이러한 사건이 더욱 빈번해지는 상황에서 공중보건을 실질적으로 개선할 수 있는 정보, 즉 사건의 위험을 정량화할 수 있는 방법을 찾은 것이었다.

또 다른 예를 들어보자. 병원 관계자들은 '바이크 주간'을 맞아 오토바이 랠리가 열리면 장기이식팀이 준비돼 있어야 한다고 항상 이야기해왔다. 수십만 명의 오토바이 운전자가 한 장소에 모이면 치명적인 충돌 사고가 더 많이 발생해 장기기증자가 증가할 수 있다는 생각에서였다. 실제로 바이크 주간에 장기기증이 더 늘어날까? 이 질문은 분명 엉뚱해 보이며, 기존 방법으로는 연구하기가 거의 불가능에 가깝다. 하지만 우리는 장기이식 시스템과 바이크 주간의 관계는 무작위적이므로 자연실험이 가능하다고 생각했다.

국가 장기이식 시스템의 데이터를 이용해, 우리(크리스, 바푸, 하버드 의과대학 의사이자 정책연구원 데이비드 크론David Cron, 델 의과대학 이식외과 전문의 조엘 애들러Joel Adler, 찰스 브레이)는 미국의 주요 오토바이 랠리 기간에 장기기증이 급증할 거라는 추측이 단순한 추측에 불과한지 조사했고, 연구 결과 실제로 추측이 들어맞는 것으로 나타났다.[42] 자동차 충돌 사고를 당한 장기기증자와 기증된 장기의 수혜자를 모두 조사한 결과, 대규모 오토바이 랠리 전후 4주 동안 한 지역의 장기기증자 수는 21%, 이식 수혜자 수는 26% 증가한 것으로 나타났다. 이는 두 번의 주요 오토바이 랠리가 열릴 때마다 약 1명의 기증자와 6명의 이식 수혜자가 추가로 발생한다는 뜻이다. (바이크 주간 동안 자동차 충돌 이외의 원인이 아닌 원인으로 사망한 기증자의 장기 기부가 전혀 증가하지 않았다는 사실이 이 연구 결과를 뒷받침한다).

이런 연구가 정말 중요한지 의문이 드는 사람도 있을 것이다. 수백만 명의 삶을 개선할 수 있는 혈압약이나 암 치료제와 비교하면 오토바이 랠리는 사소한 일처럼 보일 수 있다. 하지만 장기기증 및 이식 시스템은 복잡한 이식전문팀 네트워크와 정밀하게 구성된 절차 덕분에 매일 수많은 생명을 구하고 있다. 5장에서 살펴본 마라톤에 대한 연구와 마찬가지로, 바이크 주간에 대한 이런 연구 결과는 그 자체로도 가치가 있지만, 비극적이고 무의미한 사건 이후에 가능한 한 많은 생명을 구하기 위해 이뤄지는 더 큰 노력의 작은 단계인, 더 나은 이식을 향한 길을 제시할 수 있다는 점에서 더욱 가치가 있다.

우리가 낸 아이디어 모두가 다 연구 성과로 이어지지는 않는다. 50개의 아이디어 중 20개 정도만 실제로 연구할 수 있고, 그중 소수만이 실제 현상을 반영한 결과라고 확신할 수 있다(이런 소수의 연구들은 이 책 전체에서 볼 수 있는 종류의 뒷받침 분석이 가능한 것들이다). 이 책에서 소개된 연구들은 좋은 아이디어가 좋은 연구로 발전해 환자와 의사, 의료 시스템 전반에 대해 유용한 것을 가르쳐준, 다이아몬드와 같은 연구라고 생각하고 싶다.

우리와 함께 수십 가지의 자연실험에 대해 살펴보고, 자연실험을 만들어내는 조건들에 익숙해졌을 여러분도 이제 우연적인 것들, 즉 시기와 생년월일, 성별, 인종, 우편번호, 정당 선호 같은 것들이 여러분의 건강과 담당 의사에 미치는 영향에 대해 잘 알게 됐기를 바란다. 우리는 적어도 여러분 삶의 한 부분이 어떻게 다른 부분에 영향을 미쳐 놀랍고 심오한 결과를 가져오는지에 대해 통찰할 수 있게 됐기를 바란다. 어쩌면 여러분도 이제는 우리처럼 세상을 보기 시작했는지도 모른다. 여러분도 세상을 항상 눈에 잘 띄지 않는 곳에 숨어 발견되기를 기다리는 자연실험의 장으로 보기 시작했을지 모른다. 어쩌면 멋진 자연실험을 직접 생각해낼 수도 있을 것이다. 그렇게 된다면 우리도 여러분의 생각에 기꺼이 귀를 기울일 것이다. 누가 알겠는가, 우리의 다음 공동연구자가 여러분이 될지.

주

1장 우리의 삶은 우연으로 엮여 있다

1 Barnett, Olenski, and Jena, "Opioid-Prescribing Patterns of Emergency Physicians and Risk of Long-Term Use."

2 Neprash et al., "Evidence of Respiratory Infection Transmission Within Physician Offices Could Inform Outpatient Infection Control."

3 Currie and Walker, "Traffic Congestion and Infant Health."

4 Deryugina et al., "Mortality and Medical Costs of Air Pollution."

5 Glied, "Credibility Revolution in Economics and How It Has Changed Health Policy."

6 Snow, *On the Mode of Communication of Cholera.*

2장 자연실험, 실험할 수 없는 조건을 실험하는 방법

1 "'More Gray Hair' for President Obama," CNN.

2 "Former President Obama Campaign Remarks in Gary, Indiana," C-SPAN.

3 Olenski, Abola, and Jena, "Do Heads of Government Age More Quickly?"

4 Clarke et al., "Survival of the Fittest."

5 *Jerry Seinfeld: I'm Telling You for the Last Time*, directed by Callner.

6 Kalwij, "Effects of Competition Outcomes on Health."

7 Baron and Rinsky, "Health Hazard Evaluation Report, National Football League Players Mortality Study."

8 Venkataramani, Gandhavadi, and Jena, "Association Between Playing American Football in the National Football League and Long-Term Mortality."

3장 여름에 태어난 아이들이 왜 독감에 더 잘 걸릴까?

1 Putri et al., "Economic Burden of Seasonal Influenza in the United States."

2   Worsham, Woo, and Jena, "Birth Month and Influenza Vaccination in Children."

3   Towers and Feng, "Social Contact Patterns and Control Strategies for Influenza in the Elderly."

4   Reichert et al., "Japanese Experience with Vaccinating Schoolchildren Against Influenza."

5   MacDonald and Sage Working Group on Vaccine Hesitancy, "Vaccine Hesitancy."

6   Bebinger, "Doctors Try Out Curbside Vaccinations for Kids to Prevent a Competing Pandemic."

7   Lerner, Newgard, and Mann, "Effect of the Coronavirus Disease 2019 (COVID-19) Pandemic on the U.S. Emergency Medical Services System."

8   Frakes, Gruber, and Jena, "Is Great Information Good Enough?"

9   Thaler and Sunstein, *Nudge.*

10 Hurwitz et al., "Studies of the 1996–1997 Inactivated Influenza Vaccine Among Children Attending Day Care"; Hurwitz et al., "Effectiveness of Influenza Vaccination of Day Care Children in Reducing Influenza-Related Morbidity Among Household Contacts."

11 King et al., "Effectiveness of School-Based Influenza Vaccination."

12 Chapman et al., "Opting In vs. Opting Out of Influenza Vaccination."

13 "Flu Vaccination Coverage, United States, 2020–21 Influenza Season," Centers for Disease Control and Prevention.

14 "National Health Expenditure Fact Sheet," Centers for Medicare and Medicaid Services.

15 Schneider et al., *Mirror, Mirror 2021.*

16 Principi et al., "Socioeconomic Impact of Influenza on Healthy Children and Their Families"; Li and Leader, "Economic Burden and Absenteeism from Influenza-Like Illness in Healthy Households with Children (5–17 Years) in the US."

17 Choudhry et al., "Full Coverage for Preventive Medications After Myocardial Infarction."

18 McClellan, "Does More Intensive Treatment of Acute Myocardial Infarction in the Elderly Reduce Mortality?"

4장 우리 아이가 '진짜' ADHD일까?

1   Jenkins, "Self-Made Man."

2   Barnsley, Thompson, and Barnsley, "Hockey Success and Birthdate."

3   Thompson, Barnsley, and Stebelsky, " 'Born to Play Ball' "; Helsen, van Winckel, and Williams, "Relative Age Effect in Youth Soccer Across Europe."

4   Ulbricht et al., "Relative Age Effect and Physical Fitness Characteristics in German Male Tennis Players."

5   Layton et al., "Attention Deficit-Hyperactivity Disorder and Month of School Enrollment."

6   "Data and Statistics About ADHD," Centers for Disease Control and Prevention.

7   Elder, "Importance of Relative Standards in ADHD Diagnoses"; Evans, Morrill, and Parente, "Measuring Inappropriate Medical Diagnosis and Treatment in Survey Data"; Morrow et al., "Influence of Relative Age on Diagnosis and Treatment of Attention-Deficit/Hyperactivity Disorder in Children"; Krabbe et al., "Birth Month as Predictor of ADHD Medication Use in Dutch School Classes."

8   Root et al., "Association of Relative Age in the School Year with Diagnosis of Intellectual Disability, Attention-Deficit/Hyperactivity Disorder, and Depression."

9   Thompson, Barnsley, and Dyck, "New Factor in Youth Suicide."

10 Black, Devereux, and Salvanes, "Too Young to Leave the Nest?"

11 Dhuey et al., "School Starting Age and Cognitive Development."

12 Oster, *Family Firm*.

13 Kazda et al., "Overdiagnosis of Attention-Deficit/Hyperactivity Disorder in Children and Adolescents."

14 Wolraich et al., "Clinical Practice Guideline for the Diagnosis, Evaluation, and Treatment of Attention-Deficit/Hyperactivity Disorder in Children and Adolescents."

15 Barnett, Olenski, and Jena, "Opioid-Prescribing Patterns of Emergency Physicians and Risk of Long-Term Use."

16 Shi et al., "Association of a Clinician's Antibiotic-Prescribing Rate with Patients' Future Likelihood of Seeking Care and Receipt of Antibiotics."

17 American Psychiatric Association, *Diagnostic and Statistical Manual of Mental Disorders (DSM-5)*.

18 Tversky and Kahneman, "Availability."

19 Ly, "Influence of the Availability Heuristic on Physicians in the Emergency Department."

20 "FastStats: Emergency Department Visits," Centers for Disease Control and Prevention.

21 Dhaliwal, "Piece of My Mind."

22 Crawford, Dearden, and Meghir, "When You Are Born Matters."

23 Balogh, Miller, and Ball, *Improving Diagnosis in Health Care*.

24 Obermeyer et al., "Early Death After Discharge from Emergency Departments."

25 Doctor et al., "Opioid Prescribing Decreases After Learning of a Patient's Fatal Overdose."

5장 마라톤이 당신의 건강을 위협할 확률은?

1 "State of Running 2019," International Institute for Race Medicine.

2 Lucas, "History of the Marathon Race—490 B.C. to 1975."

3 "New York City Marathon Fast Facts," CNN.

4 American College of Sports Medicine, "Mass Participation Event Management for the Team Physician."

5 Perlmutter, "Pittsburgh Marathon."

6 Kim et al., "Cardiac Arrest During Long-Distance Running Races."

7 Jangi, "Under the Medical Tent at the Boston Marathon."

8 Schoenberg, "Look Inside the Security Headquarters for the 2019 Boston Marathon."

9 Baker-Blocker, "Winter Weather and Cardiovascular Mortality in Minneapolis–St. Paul"; Mohammad et al., "Association of Weather with Day-to-Day Incidence of Myocardial Infarction."

10 Jena et al., "Delays in Emergency Care and Mortality During Major U.S. Marathons."

11 "CARES Fact Sheet," Emory Woodruff Health Sciences Center.

12 McNally et al., "Out-of-Hospital Cardiac Arrest Surveillance."

13 Hasselqvist-Ax et al., "Early Cardiopulmonary Resuscitation in Out-of-Hospital Cardiac Arrest."

14 Sasson et al., "Association of Neighborhood Characteristics with Bystander-Initiated CPR."

15 Dixon-Roman, Everson, and McArdle, "Race, Poverty, and SAT Scores."

16 Ringh et al., "Mobile-Phone Dispatch of Laypersons for CPR in Out-of-Hospital Cardiac Arrest."

17 Sanghavi et al., "Outcomes After Out-of-Hospital Cardiac Arrest Treated by Basic vs. Advanced Life Support."

18 Grunau et al., "Association of Intra-arrest Transport vs. Continued On-Scene Resuscitation with Survival to Hospital Discharge Among Patients with Out-of-Hospital Cardiac Arrest."

6장 심장 전문의들이 병원을 비울 때 일어나는 일

1 Events Industry Council, *Global Economic Significance of Business Events*.

2 Bell and Redelmeier, "Mortality Among Patients Admitted to Hospitals on Weekends as Compared with Weekdays"; Kostis et al., "Weekend Versus Weekday Admission and Mortality from Myocardial Infarction."

3 Slater and Ever-Hadani, "Mortality in Jerusalem During the 1983 Doctors' Strike."

4 Cunningham et al., "Doctors' Strikes and Mortality."

5 Jena et al., "Mortality and Treatment Patterns Among Patients Hospitalized with Acute Cardiovascular Conditions During Dates of National Cardiology Meetings."

6 Jena et al., "Acute Myocardial Infarction Mortality During Dates of National Interventional Cardiology Meetings."

7 Keeley, Boura, and Grines, "Primary Angioplasty Versus Intravenous Thrombolytic Therapy for Acute Myocardial Infarction."

8 "How Many Doctors Does It Take to Start a Healthcare Revolution?," *Freakonomics Radio.*

9 Redberg, "Cardiac Patient Outcomes During National Cardiology Meetings."

10 Bar-Eli et al., "Action Bias Among Elite Soccer Goalkeepers."

11 Grady and Redberg, "Less Is More."

12 Park, "Interview with a Quality Leader: Dr. Ashish Jha."

13 Temel et al., "Early Palliative Care for Patients with Metastatic Non-small-cell Lung Cancer."

14 "Our Mission," ABIM Foundation.

15 Rosenbaum, "Less-Is-More Crusade."

7장 의료진을 관찰하는 감시자가 존재한다면?

1 Wickström and Bendix, "Commentary."

2 Roethlisberger et al., *Management and the Worker*, 529.

3 Adair, "Hawthorne Effect"; Jones, "Was There a Hawthorne Effect?"; Levitt and List, "Was There Really a Hawthorne Effect at the Hawthorne Plant?"; McCambridge, Witton, and Elbourne, "Systematic Review of the Hawthorne Effect."

4 Levitt and List, "Was There Really a Hawthorne Effect at the Hawthorne Plant?"

5 "Patient Safety 101," Agency for Healthcare Research and Quality.

6 Ring, Herndon, and Meyer, "Case Records of the Massachusetts General Hospital."

7 Cooney, "MGH Doctor Urges Safety After Mistake."

8 Hiatt et al., "Study of Medical Injury and Medical Malpractice"; Brennan et al., "Incidence of Adverse Events and Negligence in Hospitalized Patients."

9 Rodwin et al., "Rate of Preventable Mortality in Hospitalized Patients"; James, "New, Evidence-Based Estimate of Patient Harms Associated with Hospital Care."

10 "All Accreditation Programs Survey Activity Guide," Joint Commission.

11 "Universal Protocol for Preventing Wrong Site, Wrong Procedure, and Wrong Person

Surgery," Joint Commission.

12 "Mission: Achieve Continual Readiness for Joint Commission Surveys," American Nursing Association.

13 Eckmanns et al., "Compliance with Antiseptic Hand Rub Use in Intensive Care Units."

14 Barnett, Olenski, and Jena, "Patient Mortality During Unannounced Accreditation Surveys at US Hospitals."

15 Cvach, "Monitor Alarm Fatigue."

16 Swamy et al., "60-Minute Root Cause Analysis."

17 "Bad News—It's Your Surgeon's Birthday," *Freakonomics, M.D.*

18 Shapiro and Berland, "Noise in the Operating Room."

19 Kato, Jena, and Tsugawa, "Patient Mortality After Surgery on the Surgeon's Birthday."

20 Mitchell et al., "Core Principles & Values of Effective Team-Based Health Care."

21 Gawande, "Checklist."

22 Federal Aviation Administration, "FAA TV."

23 Helmreich, Merritt, and Wilhelm, "Evolution of Crew Resource Management Training in Commercial Aviation."

24 Stucky and De Jong, "Surgical Team Familiarity."

25 Pronovost et al., "Intervention to Decrease Catheter-Related Bloodstream Infections in the ICU."

26 Furuya et al., "Central Line Bundle Implementation in US Intensive Care Units and Impact on Bloodstream Infections."

27 Donabedian, "Evaluating the Quality of Medical Care"; Donabedian, *Introduction to Quality Assurance in Health Care.*

28 Fonarow et al., "Influence of a Performance-Improvement Initiative on Quality of Care for Patients Hospitalized with Heart Failure."

29 Berwick and Cassel, "NAM and the Quality of Health Care—Inflecting a Field."

30 Porter, "What Is Value in Health Care?"

31 Rosenbaum, "Reassessing Quality Assessment."

32 Casalino et al., "US Physician Practices Spend More Than 15.4 Billion Annually to Report Quality Measures."

33 Gilman et al., "Financial Effect of Value-Based Purchasing and the Hospital Readmissions Reduction Program on Safety-Net Hospitals in 2014."

34 McWilliams, "Professionalism Revealed."

1 Thomas and Morwitz, "Penny Wise and Pound Foolish."

2 Hinrichs, Yurko, and Hu, "Two-Digit Number Comparison."

3 Dehaene, Dupoux, and Mehler, "Is Numerical Comparison Digital?"

4 "What Are Kelley Blue Book Values?," Kelley Blue Book.

5 Lacetera, Pope, and Sydnor, "Heuristic Thinking and Limited Attention in the Car Market."

6 Schmidt and Rikers, "How Expertise Develops in Medicine."

7 Coussens, "Behaving Discretely."

8 Shahian et al., "Predictors of Long-Term Survival After Coronary Artery Bypass Grafting Surgery."

9 Olenski et al., "Behavioral Heuristics in Coronary-Artery Bypass Graft Surgery."

10 Hillis et al., "2011 ACCF/AHA Guideline for Coronary Artery Bypass Graft Surgery"; Lawton et al., "2021 ACC/AHA/SCAI Guideline for Coronary Artery Revascularization."

11 Husain, King, and Mohan, "Left-Digit Bias and Deceased Donor Kidney Utilization"; Jacobson et al., "Left Digit Bias in Selection and Acceptance of Deceased Donor Organs."

12 Husain, King, and Mohan, "Left-Digit Bias and Deceased Donor Kidney Utilization."

13 Dalmacy et al., "Age-Based Left-Digit Bias in the Management of Acute Cholecystitis."

14 Melucci et al., "Assessment of Left-Digit Bias in the Treatment of Older Patients with Potentially Curable Rectal Cancer."

15 U.S. Preventive Services Task Force et al., "Screening for Colorectal Cancer."

16 U.S. Preventive Services Task Force et al., "Screening for Lung Cancer."

17 Worsham et al., "Adverse Events and Emergency Department Opioid Prescriptions in Adolescents."

18 Rui and Kang, National Hospital Ambulatory Medical Care Survey.

19 Nowak and Sigmund, "Strategy of Win-Stay, Lose-Shift That Outperforms Tit-for-Tat in the Prisoner's Dilemma Game."

20 Singh, "Heuristics in the Delivery Room."

21 "FastStats: Births and Natality," Centers for Disease Control and Prevention.

22 Choudhry et al., "Impact of Adverse Events on Prescribing Warfarin in Patients with Atrial Fibrillation."

23 Feinstein, " 'Chagrin Factor' and Qualitative Decision Analysis."

24 Chen, Moskowitz, and Shue, "Decision Making Under the Gambler's Fallacy."

25 Elmore et al., "Effect of Prior Diagnoses on Dermatopathologists' Interpretations of Melanocytic Lesions."

26 Tversky and Kahneman, "Judgment Under Uncertainty."

27 Croskerry, Singhal, and Mamede, "Cognitive Debiasing 1"; Croskerry, Singhal, and Mamede, "Cognitive Debiasing 2.

28 "Categorical Training Program," Boston University School of Medicine.

29 Croskerry, "Cognitive Forcing Strategies in Clinical Decisionmaking."

30 Stiegler et al., "Cognitive Errors Detected in Anaesthesiology."

31 "ACS NSQIP Surgical Risk Calculator," American College of Surgeons National Surgical Quality Improvement Program.

32 "ASCVD Risk Estimator Plus," American College of Cardiology.

33 Umscheid et al., "Development, Implementation, and Impact of an Automated Early Warning and Response System for Sepsis."

9장 나에게 최고인 의사는 어떤 의사일까?

1 Tapper, "Doctors on Display."

2 Hetsroni, "If You Must Be Hospitalized, Television Is Not the Place."

3 Peabody, "The Care of the Patient."

4 Rizo, "What's a Good Doctor and How Do You Make One?"

5 Landhuis, "Scientific Literature."

6 Tsugawa et al., "Physician Age and Outcomes in Elderly Patients in Hospital in the US."

7 Stevens et al., "Comparison of Hospital Resource Use and Outcomes Among Hospitalists, Primary Care Physicians, and Other Generalists."

8 Samuel, "Patients Fare Worse with Older Doctors, Study Finds."

9 Kruger, "Lake Wobegon Be Gone!"

10 Keillor, "News from Lake Wobegon."

11 Tsugawa et al., "Age and Sex of Surgeons and Mortality of Older Surgical Patients."

12 "Defined Category Minimum Numbers for General Surgery Residents and Credit Role," Accreditation Council for Graduate Medical Education.

13 Lim et al., "Unspoken Reality of Gender Bias in Surgery"; Viglianti, Oliverio, and Meeks, "Sexual Harassment and Abuse."

14 Salles et al., "Estimating Implicit and Explicit Gender Bias Among Health Care Professionals and Surgeons."

15 Dossa et al., "Sex Differences in the Pattern of Patient Referrals to Male and Female Surgeons."

16 Sarsons, "Interpreting Signals in the Labor Market."

17 Whaley et al., "Female Physicians Earn an Estimated 2 Million Less Than Male

Physicians over a Simulated 40-Year Career"; Jena, Olenski, and Blumenthal, "Sex Differences in Physician Salary in US Public Medical Schools."

18 Jolly et al., "Gender Differences in Time Spent on Parenting and Domestic Responsibilities by High-Achieving Young Physician-Researchers."

19 Matulevicius et al., "Academic Medicine Faculty Perceptions of Work-Life Balance Before and Since the COVID-19 Pandemic."

20 Stamp, "I'm a Female Surgeon. I Feel Uncomfortable Telling Girls They Can Be One, Too."

21 Lautenberger and Dandar, *State of Women in Academic Medicine, 2018–2019.*

22 Bennett et al., "Gender Differences in Faculty Rank Among Academic Emergency Physicians in the United States."

23 Tsugawa et al., "Comparison of Hospital Mortality and Readmission Rates for Medicare Patients Treated by Male vs. Female Physicians."

24 Berthold et al., "Physician Gender Is Associated with the Quality of Type 2 Diabetes Care"; Baumhakel, Muller, and Bohm, "Influence of Gender of Physicians and Patients on Guideline-Recommended Treatment of Chronic Heart Failure in a Cross-Sectional Study"; Smith et al., "U.S. Primary Care Physicians' Diet-, Physical Activity–, and Weight-Related Care of Adult Patients."

25 Dahrouge et al., "Comprehensive Assessment of Family Physician Gender and Quality of Care"; Jerant et al., "Gender of Physician as the Usual Source of Care and Patient Health Care Utilization and Mortality."

26 Ganguli et al., "Physician Work Hours and the Gender Pay Gap."

27 Roter, Hall, and Aoki, "Physician Gender Effects in Medical Communication."

28 Cooper-Patrick, "Race, Gender, and Partnership in the Patient-Physician Relationship."

29 Roter, Lipkin, and Korsgaard, "Sex Differences in Patients' and Physicians' Communication During Primary Care Medical Visits."

30 Wallis et al., "Association of Surgeon-Patient Sex Concordance with Postoperative Outcomes."

31 Lau et al., "Does Patient-Physician Gender Concordance Influence Patient Perceptions or Outcomes?"

32 "Diversity in Medicine," Association of American Medical Colleges.

33 Alsan, Garrick, and Graziani, "Does Diversity Matter for Health?"

34 Saha and Beach, "Impact of Physician Race on Patient Decision-Making and Ratings of Physicians."

35 Parker et al., "Association of Patient-Physician Language Concordance and Glycemic Control for Limited–English Proficiency Latinos with Type 2 Diabetes."

36 Shen et al., "Effects of Race and Racial Concordance on Patient-Physician

Communication."

37 Williamson, "Goals of Care—Is There a (Black) Doctor in the House?"

38 LaVeist, Isaac, and Williams, "Mistrust of Health Care Organizations Is Associated with Underutilization of Health Services."

39 Bazargan, Cobb, and Assari, "Discrimination and Medical Mistrust in a Racially and Ethnically Diverse Sample of California Adults."

40 Heller, "Black Men Untreated in Tuskegee Syphilis Study."

41 Elizabeth Arias et al., "Provisional Life Expectancy Estimates for 2020," Centers for Disease Control and Prevention, July 2021, dx.doi.org/10.15620/cdc:107201.

42 Jaiswal and Halkitis, "Towards a More Inclusive and Dynamic Understanding of Medical Mistrust Informed by Science."

43 Tsugawa et al., "Association Between Physician *US News & World Report* Medical School Ranking and Patient Outcomes and Costs of Care."

44 "Methodology: 2023 Best Medical Schools Rankings," *U.S. News & World Report.*

45 "Practicing Medicine in the U.S. as an International Medical Graduate," American Medical Association.

46 Tsugawa et al., "Quality of Care Delivered by General Internists in US Hospitals Who Graduated from Foreign Versus US Medical Schools."

10장 의사의 정치적 성향이 환자에게 미치는 영향

1 Fine, "Saving of the President."

2 Pekkanen, "Saving of the President."

3 Bonica, Rosenthal, and Rothman, "Political Polarization of Physicians in the United States."

4 "5 Facts About U.S. Political Donations."

5 Hersh and Goldenberg, "Democratic and Republican Physicians Provide Different Care on Politicized Health Issues."

6 Hill, Slusky, and Ginther, "Reproductive Health Care in Catholic-Owned Hospitals."

7 Goodstein, "Schiavo Case Highlights Catholic-Evangelical Alliance."

8 Babington, "Frist Defends Remarks on Schiavo Case."

9 Racine et al., "Media Coverage of the Persistent Vegetative State and End-of-Life Decision-Making."

10 Perry, Churchill, and Kirshner, "Terri Schiavo Case"; Annas, " 'Culture of Life' Politics at the Bedside."

11 Cutler et al., "Physician Beliefs and Patient Preferences."

12 Jena et al., "Physicians' Political Preferences and the Delivery of End of Life Care in the United States."

13 Mitchell et al., "How Americans Navigated the News in 2020."

14 Whaley et al., "Assessing the Association Between Social Gatherings and COVID-19 Risk Using Birthdays."

15 Prescott and Rice, "Corticosteroids in COVID-19 ARDS."

16 Recovery Collaborative Group, "Dexamethasone in Hospitalized Patients with Covid-19."

17 Vincent et al., "Chloroquine Is a Potent Inhibitor of SARS Coronavirus Infection and Spread."

18 Recovery Collaborative Group, "Effect of Hydroxychloroquine in Hospitalized Patients with Covid-19"; Self et al., "Effect of Hydroxychloroquine on Clinical Status at 14 Days in Hospitalized Patients with COVID-19"; Skipper et al., "Hydroxychloroquine in Nonhospitalized Adults with Early COVID-19."

19 Rosenberg et al., "Association of Treatment with Hydroxychloroquine or Azithromycin with In-Hospital Mortality in Patients with COVID-19 in New York State."

20 Caly et al., "FDA-Approved Drug Ivermectin Inhibits the Replication of SARS-CoV-2 *in Vitro.*"

21 Siemieniuk et al., "Drug Treatments for Covid-19."

22 Reardon, "Flawed Ivermectin Preprint Highlights Challenges of COVID Drug Studies."

23 Senate Homeland Security and Governmental Affairs Committee, "Medical Response to COVID-19."

24 "Timeline: Tracking Trump Alongside Scientific Developments on Hydroxychloroquine," ABC News.

25 "Remarks by President Trump in a Meeting with U.S. Tech Workers and Signing of an Executive Order on Hiring American."

26 Barnett et al., "Association of County-Level Prescriptions for Hydroxychloroquine and Ivermectin with County-Level Political Voting Patterns in the 2020 US Presidential Election."

27 Wallace, Goldsmith-Pinkham, and Schwartz, "Excess Death Rates for Republicans and Democrats During the COVID-19 Pandemic."

28 "Red/Blue Divide in COVID-19 Vaccination Rates," Kaiser Family Foundation; "Unvaccinated Adults Are Now More Than Three Times as Likely to Lean Republican Than Democratic," Kaiser Family Foundation.

29 Fridman, Gershon, and Gneezy, "COVID-19 and Vaccine Hesitancy."

30 "Republicans, Democrats Move Even Further Apart in Coronavirus Concerns," Pew

Research Center.

31 Worsham et al., "Association of Maternal Cervical Disease with Human Papillomavirus Vaccination Among Offspring."

32 "COVID Data Tracker," Centers for Disease Control and Prevention.

33 Law et al., "Lottery-Based Incentives and COVID-19 Vaccination Rates in the US"; Milkman et al., "Citywide Experiment Testing the Impact of Geographically Targeted, High-Pay-Off Vaccine Lotteries."

34 "United Airlines CEO Discusses Holiday Crowds, Vaccine Mandates, Air Rage," NBC News; Lazar, "Threats of Termination Convince Many Hesitant Hospital Workers to Get COVID Vaccine, but Thousands of Holdouts Remain."

35 "COVID Data Tracker."

36 "Vaccination Coverage Among Adults," AdultVaxView, Centers for Disease Control and Prevention.

37 "Confidence in U.S. Institutions Down; Average at New Low," Gallup.

38 Worsham and Jena, " 'Successful Failures' of Apollo 13 and Covid-19 Vaccination."

39 Lovell, " 'Houston, We've Had a Problem.' "

40 Treisman, " 'Disaster Within a Disaster.' "

41 Worsham et al., "Carbon Monoxide Poisoning During Major U.S. Power Outages."

42 Cron et al., "Organ Donation During Major U.S. Motorcycle Rallies."

참고문헌

Abadie, A., and S. Gay. "The Impact of Presumed Consent Legislation on Cadaveric Organ Donation: A Cross-Country Study." *Journal of Health Economics* 25, no. 4 (July 2006): 599–620. doi.org/10.1016/j.jhealeco.2006.01.003.

ABC News. "Timeline: Tracking Trump Alongside Scientific Developments on Hydroxychloroquine." Aug. 8, 2020. abcnews.go.com.

ABIM Foundation. "Our Mission." www.choosingwisely.org.

Accreditation Council for Graduate Medical Education. "Defined Category Minimum Numbers for General Surgery Residents and Credit Role." May 2019. www.acgme.org.

Adair, J. G. "The Hawthorne Effect: A Reconsideration of the Methodological Artifact." *Journal of Applied Psychology* 69, no. 2 (1984): 334–45. doi.org/10.1037/0021-9010.69.2.334.

Agency for Healthcare Research and Quality. "Patient Safety 101." Sept. 7, 2019. psnet.ahrq.gov.

Allen, M. "I'm a Journalist. Apparently, I'm Also One of America's 'Top Doctors.'" ProPublica, Feb. 28, 2019. www.propublica.org.

Alsan, M., O. Garrick, and G. Graziani. "Does Diversity Matter for Health? Experimental Evidence from Oakland." *American Economic Review* 109, no. 12 (2019): 4071–111. doi.org/10.1257/aer.20181446.

American College of Cardiology. "ASCVD Risk Estimator Plus." 2021. tools.acc.org.

American College of Sports Medicine. "Mass Participation Event Management for the Team Physician: A Consensus Statement." *Medicine and Science in Sports and Exercise* 36, no. 11 (Nov. 2004): 2004–8. doi.org/10.1249/01.mss.0000145452.18404.f2.

American College of Surgeons National Surgical Quality Improvement Program. "ACS NSQIP Surgical Risk Calculator." 2021. riskcalculator.facs.org.

American Medical Association. "Practicing Medicine in the U.S. as an International Medical Graduate." Accessed Oct. 3, 2022. www.ama-assn.org.

American Nursing Association. "Mission: Achieve Continual Readiness for Joint Commission Surveys." *American Nurse*, accessed Dec. 7, 2022. www.myamericannurse.com.

American Psychiatric Association. *Diagnostic and Statistical Manual of Mental Disorders (DSM-5)*. Washington, D.C.: American Psychiatric Association Publishing, 2013.

Andersen, J. J. "The State of Running 2019." International Institute for Race Medicine, July 16, 2019. racemedicine.org.

Annas, G. J. " 'Culture of Life' Politics at the Bedside—the Case of Terri Schiavo." *New England Journal of Medicine* 352, no. 16 (2005): 1710–15. doi.org/10.1056/NEJMlim050643.

Association of American Medical Colleges. "Diversity in Medicine: Facts and Figures 2019." 2019. www.aamc.org.

Babington, C. "Frist Defends Remarks on Schiavo Case." *Washington Post*, June 17, 2005. www.washingtonpost.com.

Baker-Blocker, A. "Winter Weather and Cardiovascular Mortality in Minneapolis–St. Paul." *American Journal of Public Health* 72, no. 3 (March 1982): 261–65. doi.org/10.2105/ajph.72.3.261.

Balogh, E. P., B. T. Miller, and J. R. Ball. *Improving Diagnosis in Health Care*. Washington, D.C.: National Academies Press, 2015.

Bar-Eli, M., O. H. Azar, I. Ritov, Y. Keidar-Levin, and G. Schein. "Action Bias Among Elite Soccer Goalkeepers: The Case of Penalty Kicks." *Journal of Economic Psychology* 28, no. 5 (2007): 606–21. doi.org/10.1016/j.joep.2006.12.001.

Barnett, M. L., M. Gaye, A. B. Jena, and A. Mehrotra. "Association of County-Level Prescriptions for Hydroxychloroquine and Ivermectin with County-Level Political Voting Patterns in the 2020 US Presidential Election." *JAMA Internal Medicine* 182, no. 4 (2022): 452. doi.org/10.1001/jamainternmed.2022.0200.

Barnett, M. L., A. R. Olenski, and A. B. Jena. "Opioid-Prescribing Patterns of Emergency Physicians and Risk of Long-Term Use." *New England Journal of Medicine* 376, no. 7 (2017): 663–73. doi.org/10.1056/nejmsa1610524.

———. "Patient Mortality During Unannounced Accreditation Surveys at US Hospitals." *JAMA Internal Medicine* 177, no. 5 (2017): 693–700. doi.org/10.1001/jamainternmed. 2016.9685.

Barnsley, R.H., A. H. Thompson, and P. E. Barnsley. "Hockey Success and Birthdate: The Relative Age Effect." *Canadian Association for Health, Physical Education, and Recreation* 51, no. 1 (1985): 23–28.

Baron, S., and R. Rinsky. "Health Hazard Evaluation Report: National Football League Players Mortality Study." National Institute for Occupational Safety and Health, Jan. 1994.

Baumhakel, M., U. Muller, and M. Bohm. "Influence of Gender of Physicians and Patients on Guideline-Recommended Treatment of Chronic Heart Failure in a Cross-Sectional Study." *European Journal of Heart Failure* 11, no. 3 (March 2009): 299–303. doi.

org/10.1093/eurjhf/hfn041.

Bazargan, M., S. Cobb, and S. Assari. "Discrimination and Medical Mistrust in a Racially and Ethnically Diverse Sample of California Adults." *Annals of Family Medicine* 19, no. 1 (2021): 4–15. doi.org/10.1370/afm.2632.

Bebinger, M. "Doctors Try Out Curbside Vaccinations for Kids to Prevent a Competing Pandemic." WBUR, April 24, 2020. www.wbur.org.

Bell, C. M., and D. A. Redelmeier. "Mortality Among Patients Admitted to Hospitals on Weekends as Compared with Weekdays." *New England Journal of Medicine* 345, no. 9 (2001): 663–68. www.nejm.org.

Bennett, C. L., A. S. Raja, N. Kapoor, D. Kass, D. M. Blumenthal, N. Gross, and A. M. Mills. "Gender Differences in Faculty Rank Among Academic Emergency Physicians in the United States." *Academic Emergency Medicine* 26, no. 3 (2019): 281–85. doi.org/10.1111/acem.13685.

Berthold, H. K., I. Gouni-Berthold, K. P. Bestehorn, M. Bohm, and W. Krone. "Physician Gender Is Associated with the Quality of Type 2 Diabetes Care." *Journal of Internal Medicine* 264, no. 4 (Oct. 2008): 340–50. doi.org/10.1111/j.1365-2796.2008.01967.x.

Berwick, D. M., and C. K. Cassel. "The NAM and the Quality of Health Care—Inflecting a Field." *New England Journal of Medicine* 383, no. 6 (2020): 505–8. doi.org/10.1056/NEJMp2005126.

Black, S. E., P. J. Devereux, and K. G. Salvanes. "Too Young to Leave the Nest? The Effects of School Starting Age." *Review of Economics and Statistics* 93, no. 2 (2011): 455–67. doi.org/10.1162/REST_a_00081.

Bonica, A. "Database on Ideology, Money in Politics, and Elections: Public Version 2.0." Stanford, Calif.: Stanford University Libraries, 2016. data.stanford.edu.

Bonica, A., H. Rosenthal, and D. J. Rothman. "The Political Polarization of Physicians in the United States." *JAMA Internal Medicine* 174, no. 8 (2014): 1308. doi.org/10.1001/jamainternmed.2014.2105.

Boston University School of Medicine Internal Medicine Residency Program. "Categorical Training Program." Accessed Nov. 2, 2022. www.bumc.bu.edu.

Boyle, P. "Nation's Physician Workforce Evolves: More Women, a Bit Older, and Toward Different Specialties." Association of American Medical Colleges, Feb. 2, 2021. www.aamc.org.

Brennan, T. A., L. L. Leape, N. M. Laird, L. Hebert, A. R. Localio, A. G. Lawthers, J. P. Newhouse, P. C. Weiler, and H. H. Hiatt. "Incidence of Adverse Events and Negligence in Hospitalized Patients. Results of the Harvard Medical Practice Study I." *New England Journal of Medicine* 324, no. 6 (1991): 370–76. doi.org/10.1056/NEJM199102073240604.

Brinkley, J. "Physicians Have an Image Problem—It's Too Good." *New York Times*, Feb. 10, 1985, 6E. www.nytimes.com.

Callner, M., dir. *Jerry Seinfeld: I'm Telling You for the Last Time.* Aired Aug. 9, 1998, on HBO.

Caly, L., J. D. Druce, M. G. Catton, D. A. Jans, and K. M. Wagstaff. "The FDA-Approved Drug Ivermectin Inhibits the Replication of SARS-CoV-2 *in Vitro.*" *Antiviral Research* 178 (June 2020): 104787. doi.org/10.1016/j.antiviral.2020.104787.

Casalino, L. P., et al. "US Physician Practices Spend More Than *15.4 Billion Annually to Report Quality Measures.*" Health Affairs 35, no. 3 (2016): 401–6. doi.org/10.1377/hlthaff.2015.1258.

CBS. "60 Minutes Archives: An Interview with Dr. Jack Kevorkian." www.youtube.com/watch?v=BiZKY6FSfwA.

Centers for Disease Control and Prevention. "COVID Data Tracker," accessed Oct. 11, 2022. covid.cdc.gov.

———. "Data and Statistics About ADHD." Updated Dec. 23, 2021. www.cdc.gov.

———. "Faststats: Births and Natality." Updated Sept. 6, 2022. www.cdc.gov.

———. "Faststats: Emergency Department Visits." Updated Sept. 6, 2022. www.cdc.gov.

———. "Flu Vaccination Coverage, United States, 2020–21 Influenza Season." Oct. 7, 2021. www.cdc.gov.

———. "Vaccination Coverage Among Adults." AdultVaxView. www.cdc.gov.

Centers for Medicare and Medicaid Services. "National Health Expenditure Fact Sheet." 2019. www.cms.gov.

Chapman, G. B., M. Li, H. Colby, and H. Yoon. "Opting In vs. Opting Out of Influenza Vaccination." *JAMA* 304, no. 1 (2010): 43–44. doi.org/10.1001/jama.2010.892.

Chen, D. L., T. J. Moskowitz, and Kelly Shue. "Decision Making Under the Gambler's Fallacy: Evidence from Asylum Judges, Loan Officers, and Baseball Umpires." *Quarterly Journal of Economics* 131, no. 3 (2016): 1181–242. doi.org/10.1093/qje/qjw017.

Choudhry, N. K., et al. "Full Coverage for Preventive Medications After Myocardial Infarction." *New England Journal of Medicine* 365, no. 22 (2011): 2088–97. doi.org/10.1056/NEJMsa1107913.

Choudhry, N. K., G. M. Anderson, A. Laupacis, D. Ross-Degnan, S. L. Normand, and S. B. Soumerai. "Impact of Adverse Events on Prescribing Warfarin in Patients with Atrial Fibrillation: Matched Pair Analysis." *BMJ* 332, no. 7534 (2006): 141–45. doi.org/10.1136/bmj.38698.709572.55.

Clarke, P. M., S. J. Walter, A. Hayen, W. J. Mallon, J. Heijmans, and D. M. Studdert. "Survival of the Fittest: Retrospective Cohort Study of the Longevity of Olympic Medallists in the Modern Era." *BMJ* 345 (2012): e8308. doi.org/10.1136/bmj.e8308.

CNN. " 'More Gray Hair' for President Obama." 2010. www.youtube.com/ watch?v=iuZkqemS7YI.

———. "New York City Marathon Fast Facts." 2021. www.cnn.com.

Cooney, E. "MGH Doctor Urges Safety After Mistake." *Boston Globe*, Nov. 12, 2010.

Cooper-Patrick, L. "Race, Gender, and Partnership in the Patient-Physician Relationship." *JAMA* 282, no. 6 (1999): 583. doi.org/10.1001/jama.282.6.583.

Coussens, S. "Behaving Discretely: Heuristic Thinking in the Emergency Department." *SSRN Electronic Journal* (2018). doi.org/10.2139/ssrn.3743423.

Crawford, C., L. Dearden, and C. Meghir. "When You Are Born Matters: The Impact of Date of Birth on Child Cognitive Outcomes in England." 2007.

Cron, D. C., C. M. Worsham, J. T. Adler, C. F. Bray, and Anupam B. Jena. "Organ Donation During Major U.S. Motorcycle Rallies." *JAMA Internal Medicine*. In press (2022).

Croskerry, P. "Cognitive Forcing Strategies in Clinical Decisionmaking." *Annals of Emergency Medicine* 41, no. 1 (2003): 110–20. doi.org/10.1067/mem.2003.22.

Croskerry, P., G. Singhal, and S. Mamede. "Cognitive Debiasing 1: Origins of Bias and Theory of Debiasing." BMJ Quality and Safety 22, no. S2 (Oct. 2013): ii58—ii64. doi. org/10.1136/bmjqs-2012-001712.

———. "Cognitive Debiasing 2: Impediments to and Strategies for Change." *BMJ Quality and Safety* 22, no. S2 (Oct. 2013): ii65—ii72. doi.org/10.1136/bmjqs-2012-001713.

C-SPAN. "Former President Obama Campaign Remarks in Gary, Indiana." Nov. 4, 2018. www.c-span.org.

Cunningham, S. A., K. Mitchell, K. M. Narayan, and S. Yusuf. "Doctors' Strikes and Mortality: A Review." *Social Science and Medicine* 67, no. 11 (Dec. 2008): 1784–88. doi. org/10.1016/j.socscimed.2008.09.044.

Currie, J., and R. Walker. "Traffic Congestion and Infant Health: Evidence from E-ZPass." *American Economic Journal: Applied Economics* 3, no. 1 (2011): 65–90. doi. org/10.1257/app.3.1.65.

Cutler, D., J. S. Skinner, A. D. Stern, and D. Wennberg. "Physician Beliefs and Patient Preferences: A New Look at Regional Variation in Health Care Spending." *American Economic Journal: Economic Policy* 11, no. 1 (Feb. 2019): 192–221. doi.org/10.1257/ pol.20150421.

Cvach, M. "Monitor Alarm Fatigue: An Integrative Review." *Biomedical Instrumentation and Technology* 46, no. 4 (July–Aug. 2012): 268–77. doi.org/10.2345/0899-8205-46.4.268.

Dahrouge, S., E. Seale, W. Hogg, G. Russell, J. Younger, E. Muggah, D. Ponka, and J. Mercer. "A Comprehensive Assessment of Family Physician Gender and Quality of

Care: A Cross-Sectional Analysis in Ontario, Canada." *Medical Care* 54, no. 3 (March 2016): 277–86. doi.org/10.1097/MLR.0000000000000480.

Dalmacy, D. M., A. Diaz, M. Hyer, and T. M. Pawlik. "Age-Based Left-Digit Bias in the Management of Acute Cholecystitis." *Journal of Gastrointestinal Surgery* 25, no. 12 (Dec. 2021): 3239–41. doi.org/10.1007/s11605-021-05065-3.

Dehaene, S., E. Dupoux, and J. Mehler. "Is Numerical Comparison Digital? Analogical and Symbolic Effects in Two-Digit Number Comparison." *Journal of Experimental Psychology: Human Perception and Performance* 16, no. 3 (1990): 626–41. doi.org/10.1037/0096-1523.16.3.626.

Deryugina, T., G. Heutel, N. H. Miller, D. Molitor, and J. Reif. "The Mortality and Medical Costs of Air Pollution: Evidence from Changes in Wind Direction." *American Economic Review* 109, no. 12 (Dec. 2019): 4178–219. doi.org/10.1257/aer.20180279.

Dhaliwal, G. "A Piece of My Mind. The Mechanics of Reasoning." *JAMA* 306, no. 9 (2011): 918–19. doi.org/10.1001/jama.2011.1027.

Dhuey, E., David F., K. Karbownik, and J. Roth. "School Starting Age and Cognitive Development." *Journal of Policy Analysis and Management* 38, no. 3 (2019): 538–78. doi.org/10.1002/pam.22135.

Dixon-Roman, E. J., H. T. Everson, and J. J. McArdle. "Race, Poverty, and SAT Scores: Modeling the Influences of Family Income on Black and White High School Students' SAT Performance." *Teachers College Record: The Voice of Scholarship in Education* 115, no. 4 (2013): 1–33. doi.org/10.1177/016146811311500406.

Doctor, J. N., A. Nguyen, R. Lev, J. Lucas, T. Knight, H. Zhao, and M. Menchine. "Opioid Prescribing Decreases After Learning of a Patient's Fatal Overdose." *Science* 361, no. 6402 (2018): 588–90. doi.org/10.1126/science.aat4595.

Donabedian, A. "Evaluating the Quality of Medical Care." *Milbank Memorial Fund Quarterly* 44, no. 3 (July 1966): S166—S206. www.ncbi.nlm.nih.gov/pubmed/5338568.
———. *An Introduction to Quality Assurance in Health Care.* Oxford: Oxford University Press, 2002.

Donaldson, M. S., J. M. Corrigan, and L. T. Kohn. *To Err Is Human: Building a Safer Health System.* Washington, D.C.: National Academies Press, 2000. doi.org/10.17226/9728.

Dossa, F., D. Zeltzer, R. Sutradhar, A. N. Simpson, and N. N. Baxter. "Sex Differences in the Pattern of Patient Referrals to Male and Female Surgeons." *JAMA Surgery* 157, no. 2 (2022): 95–103. doi.org/10.1001/jamasurg.2021.5784.

Eckmanns, T., J. Bessert, M. Behnke, P. Gastmeier, and H. Ruden. "Compliance with Antiseptic Hand Rub Use in Intensive Care Units: The Hawthorne Effect." *Infection Control and Hospital Epidemiology* 27, no. 9 (Sept. 2006): 931–34. doi.org/10.1086/507294.

Elder, T. E. "The Importance of Relative Standards in ADHD Diagnoses: Evidence Based on Exact Birth Dates." *Journal of Health Economics* 29, no. 5 (Sept. 2010): 641–56. doi. org/10.1016/j.jhealeco.2010.06.003.

Elmore, J. G., et al. "Effect of Prior Diagnoses on Dermatopathologists' Interpretations of Melanocytic Lesions: A Randomized Controlled Trial." *JAMA Dermatology* 158, no. 9 (2022): 1040–47. doi.org/10.1001/jamadermatol.2022.2932.

Emory Woodruff Health Sciences Center. "CARES Fact Sheet." mycares.net.

Evans, W. N., M. S. Morrill, and S. T. Parente. "Measuring Inappropriate Medical Diagnosis and Treatment in Survey Data: The Case of ADHD Among School-Age Children." *Journal of Health Economics* 29, no. 5 (Sept. 2010): 657–73. doi.org/10.1016/j.jhealeco.2010.07.005.

Events Industry Council. *Global Economic Significance of Business Events.* 2018. insights. eventscouncil.org.

Federal Aviation Administration. "FAA TV: The History of CRM." U.S. Department of Transportation, 2012. www.faa.gov.

Feinstein, A. R. "The 'Chagrin Factor' and Qualitative Decision Analysis." *Archives of Internal Medicine* 145, no. 7 (1985): 1257. doi.org/10.1001/archinte.1985.00360070137023.

Fine, P. R. "The Saving of the President." 1982. www.youtube.com/watch?v=P2Wr3UPR5CU.

Fonarow, G. C., et al. "Influence of a Performance-Improvement Initiative on Quality of Care for Patients Hospitalized with Heart Failure: Results of the Organized Program to Initiate Lifesaving Treatment in Hospitalized Patients with Heart Failure (OPTIMIZE-HF)." *Archives of Internal Medicine* 167, no. 14 (2007): 1493–502. doi.org/10.1001/archinte.167.14.1493.

Frakes, M., J. Gruber, and A. B. Jena. "Is Great Information Good Enough? Evidence from Physicians as Patients." *Journal of Health Economics* 75 (2021): 102406. www. sciencedirect.com.

Freakonomics, M.D. "Bad News—It's Your Surgeon's Birthday." Podcast, episode 36, May 5, 2022. freakonomics.com.

Freakonomics Radio. "How Many Doctors Does It Take to Start a Healthcare Revolution?" Podcast, episode 202, April 9, 2015. freakonomics.com.

Fridman, A., R. Gershon, and A. Gneezy. "COVID-19 and Vaccine Hesitancy: A Longitudinal Study." *PLOS One* 16, no. 4 (2021): e0250123. doi.org/10.1371/journal. pone.0250123.

Furuya, E. Y., A. Dick, E. N. Perencevich, M. Pogorzelska, D. Goldmann, and P. W. Stone. "Central Line Bundle Implementation in US Intensive Care Units and Impact on Bloodstream Infections." *PLOS One* 6, no. 1 (2011): e15452. doi.org/10.1371/journal. pone.0015452.

Gallup. "Confidence in U.S. Institutions Down; Average at New Low." July 5, 2022. news. gallup.com.

Ganguli, I., B. Sheridan, J. Gray, M. Chernew, M. B. Rosenthal, and H. Neprash. "Physician Work Hours and the Gender Pay Gap—Evidence from Primary Care." *New England Journal of Medicine* 383, no. 14 (2020): 1349–57. doi.org/10.1056/nejmsa2013804.

Gawande, A. "The Checklist." New Yorker, Dec. 2, 2007. www.newyorker.com.

———. "Why Boston's Hospitals Were Ready." *New Yorker,* April 17, 2013. www.newyorker. com.

Gilman, M., J. M. Hockenberry, E. K. Adams, A. S. Milstein, I. B. Wilson, and E. R. Becker. "The Financial Effect of Value-Based Purchasing and the Hospital Readmissions Reduction Program on Safety-Net Hospitals in 2014: A Cohort Study." *Annals of Internal Medicine* 163, no. 6 (2015): 427–36. doi.org/10.7326/M14-2813.

Glied, S. "The Credibility Revolution in Economics and How It Has Changed Health Policy." *JAMA Health Forum* 2, no. 11 (2021): e214335. doi.org/10.1001/jamahealthforum. 2021.4335.

Gonyea, D. "From the Start, Obama Struggled with Fallout from a Kind of Fake News." NPR, Jan. 10, 2017. www.npr.org.

Goodstein, L. "Schiavo Case Highlights Catholic-Evangelical Alliance." *New York Times,* March 24, 2005. www.nytimes.com.

Grady, D., and R. F. Redberg. "Less Is More: How Less Health Care Can Result in Better Health." *Archives of Internal Medicine* 170, no. 9 (2010): 749–50. doi.org/10.1001/ archinternmed.2010.90.

Grunau, B., et al. "Association of Intra-arrest Transport vs. Continued On-Scene Resuscitation with Survival to Hospital Discharge Among Patients with Out-of-Hospital Cardiac Arrest." *JAMA* 324, no. 11 (2020): 1058–67. doi.org/10.1001/jama.2020.14185.

Hasselqvist-Ax, I., et al. "Early Cardiopulmonary Resuscitation in Out-of-Hospital Cardiac Arrest." *New England Journal of Medicine* 372, no. 24 (2015): 2307–15. doi. org/10.1056/NEJMoa1405796.

Heller, J. "Black Men Untreated in Tuskegee Syphilis Study." Associated Press, July 25, 1972. apnews.com.

Helmreich, R. L., A. C. Merritt, and J. A. Wilhelm. "The Evolution of Crew Resource Management Training in Commercial Aviation." In *Human Error in Aviation*, edited by R. Key Dismukes, 275–88. London: Routledge, 2017.

Helsen, W. F., J. van Winckel, and M. A. Williams. "The Relative Age Effect in Youth Soccer Across Europe." *Journal of Sports Sciences* 23, no. 6 (2007): 629–36. doi. org/10.1080/02640410400021310.

Hersh, E. D., and M. N. Goldenberg. "Democratic and Republican Physicians Provide

Different Care on Politicized Health Issues." *Proceedings of the National Academy of Sciences* 113, no. 42 (2016): 11811–16. doi.org/10.1073/pnas.1606609113.

Hetsroni, A. "If You Must Be Hospitalized, Television Is Not the Place: Diagnoses, Survival Rates, and Demographic Characteristics of Patients in TV Hospital Dramas." *Communication Research Reports* 26, no. 4 (2009): 311–22. doi.org/10.1080/08824090903293585.

Hiatt, H. H., et al. "A Study of Medical Injury and Medical Malpractice." *New England Journal of Medicine* 321, no. 7 (1989): 480–84. doi.org/10.1056/NEJM198908173210725.

Hill, E. L., D. J. G. Slusky, and D. K. Ginther. "Reproductive Health Care in Catholic-Owned Hospitals." *Journal of Health Economics* 65 (2019): 48–62. doi.org/10.1016/j.jhealeco.2019.02.005.

Hillis, L. D., et al. "2011 ACCF/AHA Guideline for Coronary Artery Bypass Graft Surgery: A Report of the American College of Cardiology Foundation/American Heart Association Task Force on Practice Guidelines, Developed in Collaboration with the American Association for Thoracic Surgery, Society of Cardiovascular Anesthesiologists, and Society of Thoracic Surgeons." *Journal of the American College of Cardiology* 58, no. 24 (2011): e123–e210. doi.org/10.1016/j.jacc.2011.08.009.

Hinrichs, J. V., D. S. Yurko, and J. Hu. "Two-Digit Number Comparison: Use of Place Information." *Journal of Experimental Psychology: Human Perception and Performance* 7, no. 4 (1981): 890–901. doi.org/10.1037/0096-1523.7.4.890.

Hughes, A. "5 Facts About U.S. Political Donations." Pew Research Center, May 17, 2017. www.pewresearch.org.

Hurwitz, E. S., M. Haber, A. Chang, T. Shope, S. T. Teo, J. S. Giesick, M. M. Ginsberg, and N. J. Cox. "Studies of the 1996–1997 Inactivated Influenza Vaccine Among Children Attending Day Care: Immunologic Response, Protection Against Infection, and Clinical Effectiveness." *Journal of Infectious Diseases* 182, no. 4 (Oct. 2000): 1218–21. doi.org/10.1086/315820.

Hurwitz, E. S., M. Haber, A. Chang, T. Shope, S. Teo, M. Ginsberg, N. Waecker, and N. J. Cox. "Effectiveness of Influenza Vaccination of Day Care Children in Reducing Influenza-Related Morbidity Among Household Contacts." *JAMA* 284, no. 13 (2000): 1677–82. doi.org/10.1001/jama.284.13.1677.

Husain, S. A., K. L. King, and S. Mohan. "Left-Digit Bias and Deceased Donor Kidney Utilization." *Clinical Transplantation* 35, no. 6 (June 2021): e14284. doi.org/10.1111/ctr.14284.

IHI Multimedia Team. "Like Magic? ('Every System Is Perfectly Designed…')." Institute for Healthcare Improvement, Aug. 21, 2015. www.ihi.org.

Institute of Medicine. *Crossing the Quality Chasm: A New Health System for the 21st*

Century. Washington, D.C.: National Academies Press, 2001. doi:10.17226/10027.

Jacobson, C. E., C. S. Brown, K. H. Sheetz, and S. A. Waits. "Left Digit Bias in Selection and Acceptance of Deceased Donor Organs." *American Journal of Surgery* 224, no. 4 (2022). doi.org/10.1016/j.amjsurg.2022.03.039.

Jaiswal, J., and P. N. Halkitis. "Towards a More Inclusive and Dynamic Understanding of Medical Mistrust Informed by Science." *Behavioral Medicine* 45, no. 2 (2019): 79–85. doi.org/10.1080/08964289.2019.1619511.

James, J. T. "A New, Evidence-Based Estimate of Patient Harms Associated with Hospital Care." *Journal of Patient Safety* 9, no. 3 (Sept. 2013): 122–28. doi.org/10.1097/PTS.0b013e3182948a69.

Jangi, S. "Under the Medical Tent at the Boston Marathon." *New England Journal of Medicine* 368, no. 21 (2013): 1953–55. doi.org/10.1056/NEJMp1305299.

Jena, A. B., D. P. Goldman, and S. A. Seabury. "Incidence of Sexually Transmitted Infections After Human Papillomavirus Vaccination Among Adolescent Females." *JAMA Internal Medicine* 175, no. 4 (2015): 617. doi.org/10.1001/jamainternmed.2014.7886.

Jena, A. B., N. C. Mann, L. N. Wedlund, and A. Olenski. "Delays in Emergency Care and Mortality During Major U.S. Marathons." *New England Journal of Medicine* 376, no. 15 (2017): 1441–50. doi.org/10.1056/NEJMsa1614073.

Jena, A. B., A. R. Olenski, and D. M. Blumenthal. "Sex Differences in Physician Salary in US Public Medical Schools." *JAMA Internal Medicine* 176, no. 9 (2016): 1294. doi.org/10.1001/jamainternmed.2016.3284.

Jena, A. B., A. R. Olenski, D. M. Blumenthal, R. W. Yeh, D. P. Goldman, and J. Romley. "Acute Myocardial Infarction Mortality During Dates of National Interventional Cardiology Meetings." *Journal of the American Heart Association* 7, no. 6 (2018): e008230. doi.org/10.1161/JAHA.117.008230.

Jena, A. B., A. R. Olenski, D. Khullar, A. Bonica, and H. Rosenthal. "Physicians' Political Preferences and the Delivery of End of Life Care in the United States: Retrospective Observational Study." *BMJ* 361 (2018): k1161. doi.org/10.1136/bmj.k1161.

Jena, A. B., V. Prasad, D. P. Goldman, and J. Romley. "Mortality and Treatment Patterns Among Patients Hospitalized with Acute Cardiovascular Conditions During Dates of National Cardiology Meetings." *JAMA Internal Medicine* 175, no. 2 (2015): 237. doi.org/10.1001/jamainternmed.2014.6781.

Jenkins, L. "Self-Made Man." *Sports Illustrated,* Jan. 31, 2008. www.si.com.

Jerant, A., K. D. Bertakis, J. J. Fenton, and P. Franks. "Gender of Physician as the Usual Source of Care and Patient Health Care Utilization and Mortality." *Journal of the American Board of Family Medicine* 26, no. 2 (2013): 138–48. doi.org/10.3122/jabfm.2013.02.120198.

Joint Commission. "All Accreditation Programs Survey Activity Guide." 2022. www. jointcommission.org.

———. "The Universal Protocol for Preventing Wrong Site, Wrong Procedure, and Wrong Person Surgery." Accessed 2022. www.jointcommission.org.

Jolly, S., K. A. Griffith, R. DeCastro, A. Stewart, P. Ubel, and R. Jagsi. "Gender Differences in Time Spent on Parenting and Domestic Responsibilities by High-Achieving Young Physician-Researchers." *Annals of Internal Medicine* 160, no. 5 (2014): 344–53. doi. org/10.7326/M13-0974.

Jones, S. R. G. "Was There a Hawthorne Effect?" *American Journal of Sociology* 98, no. 3 (1992): 451–68. doi.org/10.1086/230046.

Kaiser Family Foundation. "The Red/Blue Divide in COVID-19 Vaccination Rates." Sept. 14, 2021. www.kff.org.

———. "Unvaccinated Adults Are Now More Than Three Times as Likely to Lean Republican Than Democratic." Nov. 16, 2021. www.kff.org.

Kalwij, A. "The Effects of Competition Outcomes on Health: Evidence from the Lifespans of U.S. Olympic Medalists." *Economics and Human Biology* 31 (Sept. 2018): 276–86. doi.org/10.1016/j.ehb.2018.10.001.

Kato, H., A. B. Jena, and Y. Tsugawa. "Patient Mortality After Surgery on the Surgeon's Birthday: Observational Study." *BMJ* 371 (2020): m4381. doi.org/10.1136/bmj.m4381.

Kazda, L., K. Bell, R. Thomas, K. McGeechan, R. Sims, and A. Barratt. "Overdiagnosis of Attention-Deficit/Hyperactivity Disorder in Children and Adolescents." *JAMA Network Open* 4, no. 4 (2021): e215335. doi.org/10.1001/jamanetworkopen.2021.5335.

Keeley, E. C., J. A. Boura, and C. L. Grines. "Primary Angioplasty Versus Intravenous Thrombolytic Therapy for Acute Myocardial Infarction: A Quantitative Review of 23 Randomised Trials." *Lancet* 361, no. 9351 (2003): 13–20. doi.org/10.1016/S0140-6736(03)12113-7.

Keillor, G. "The News from Lake Wobegon." Accessed Nov. 12, 2022. www.garrisonkeillor. com.

Kelley Blue Book. "What Are Kelley Blue Book Values?" March 7, 2019. www.kbb.com.

Kim, J. H., et al. "Cardiac Arrest During Long-Distance Running Races." *New England Journal of Medicine* 366, no. 2 (2012): 130–40. doi.org/10.1056/NEJMoa1106468.

King, J. C., Jr., J. J. Stoddard, M. J. Gaglani, K. A. Moore, L. Magder, E. McClure, J. D. Rubin, J. A. Englund, and K. Neuzil. "Effectiveness of School-Based Influenza Vaccination." *New England Journal of Medicine* 355, no. 24 (2006): 2523–32. doi. org/10.1056/NEJMoa055414.

Koplewitz, G., D. M. Blumenthal, N. Gross, T. Hicks, and A. B. Jena. "Golf Habits Among Physicians and Surgeons: Observational Cohort Study." *BMJ* 363 (2018): k4859. doi.

org/10.1136/bmj.k4859.

Kostis, W. J., K. Demissie, S. W. Marcella, Y. H. Shao, A. C. Wilson, A. E. Moreyra, and Group Myocardial Infarction Data Acquisition System Study. "Weekend Versus Weekday Admission and Mortality from Myocardial Infarction." *New England Journal of Medicine* 356, no. 11 (2007): 1099–109. doi.org/10.1056/NEJMoa063355.

Krabbe, E. E., E. D. Thoutenhoofd, M. Conradi, S. J. Pijl, and L. Batstra. "Birth Month as Predictor of ADHD Medication Use in Dutch School Classes." *European Journal of Special Needs Education* 29, no. 4 (2014): 571–78. doi.org/10.1080/08856257.2014.943 564.

Kruger, J. "Lake Wobegon Be Gone! The 'Below-Average Effect' and the Egocentric Nature of Comparative Ability Judgments." *Journal of Personality and Social Psychology* 77, no. 2 (1999): 221–32. doi.org/10.1037/0022-3514.77.2.221.

Lacetera, N., D. G. Pope, and J. R. Sydnor. "Heuristic Thinking and Limited Attention in the Car Market." *American Economic Review* 102, no. 5 (2012): 2206–36. doi. org/10.1257/aer.102.5.2206.

Landhuis, E. "Scientific Literature: Information Overload." *Nature* 535, no. 7612 (2016): 457–58. doi.org/10.1038/nj7612-457a.

Lau, E. S., S. N. Hayes, A. S. Volgman, K. Lindley, C. J. Pepine, M. J. Wood, and American College of Cardiology Cardiovascular Disease in Women Section. "Does Patient-Physician Gender Concordance Influence Patient Perceptions or Outcomes?" *Journal of the American College of Cardiology* 77, no. 8 (2021): 1135–38. doi.org/10.1016/j.jacc.2020.12.031.

Lautenberger, D. M., and V. M. Dandar. *The State of Women in Academic Medicine, 2018–2019: Exploring Pathways to Equity.* Washington, D.C.: American Association of Medical Colleges, 2020. store.aamc.org.

LaVeist, T. A., L. A. Isaac, and K. P. Williams. "Mistrust of Health Care Organizations Is Associated with Underutilization of Health Services." *Health Services Research* 44, no. 6 (Dec. 2009): 2093–105. doi.org/10.1111/j.1475-6773.2009.01017.x.

Law, A. C., D. Peterson, A. J. Walkey, and N. A. Bosch. "Lottery-Based Incentives and COVID-19 Vaccination Rates in the US." *JAMA Internal Medicine* 182, no. 2 (2022): 235. doi.org/10.1001/jamainternmed.2021.7052.

Lawton, J. S., et al. "2021 ACC/AHA/SCAI Guideline for Coronary Artery Revascularization: A Report of the American College of Cardiology/American Heart Association Joint Committee on Clinical Practice Guidelines." *Journal of the American College of Cardiology* 79, no. 2 (2022): 197–215. doi.org/10.1016/j.jacc.2021.09.006.

Layton, T. J., M. L. Barnett, T. R. Hicks, and A. B. Jena. "Attention Deficit-Hyperactivity Disorder and Month of School Enrollment." *New England Journal of Medicine* 379, no.

22 (2018): 2122–30. doi.org/10.1056/NEJMoa1806828.

Lazar, K. "Threats of Termination Convince Many Hesitant Hospital Workers to Get COVID Vaccine, but Thousands of Holdouts Remain." *Boston Globe,* updated Oct. 15, 2021. www.bostonglobe.com.

Lerner, E. B., C. D. Newgard, and N. C. Mann. "Effect of the Coronavirus Disease 2019 (COVID-19) Pandemic on the U.S. Emergency Medical Services System: A Preliminary Report." *Academic Emergency Medicine* 27, no. 8 (Aug. 2020): 693–99. doi.org/10.1111/acem.14051.

Levitt, S. D., and J. A. List. "Was There Really a Hawthorne Effect at the Hawthorne Plant? An Analysis of the Original Illumination Experiments." *American Economic Journal: Applied Economics* 3, no. 1 (2011): 224–38. doi.org/10.1257/app.3.1.224.

Li, S., and S. Leader. "Economic Burden and Absenteeism from Influenza-Like Illness in Healthy Households with Children (5–17 Years) in the US." *Respiratory Medicine* 101, no. 6 (June 2007): 1244–50. doi.org/10.1016/j.rmed.2006.10.022.

Lim, W. H., C. Wong, S. R. Jain, C. H. Ng, C. H. Tai, M. K. Devi, D. D. Samarasekera, S. G. Iyer, and C. S. Chong. "The Unspoken Reality of Gender Bias in Surgery: A Qualitative Systematic Review." *PLOS One* 16, no. 2 (2021): e0246420. doi.org/10.1371/journal. pone.0246420.

Lovell, J. A. " 'Houston, We've Had a Problem': A Crippled Bird Limps Safely Home." In *Apollo Expeditions to the Moon,* edited by E. M. Cortright, 247–63. Washington, D.C.: Scientific and Technical Information Office, National Aeronautics and Space Administration, 1975.

Lucas, J. A. "A History of the Marathon Race—490 B.C. to 1975." *Journal of Sport History* 3, no. 2 (1976): 120–38. www.jstor.org/stable/43609156.

Ly, D. P. "The Influence of the Availability Heuristic on Physicians in the Emergency Department." *Annals of Emergency Medicine* 78, no. 5 (Nov. 2021): 650–57. doi. org/10.1016/j.annemergmed.2021.06.012.

MacDonald, N. E., and Sage Working Group on Vaccine Hesitancy. "Vaccine Hesitancy: Definition, Scope, and Determinants." *Vaccine* 33, no. 34 (2015): 4161–64. doi. org/10.1016/j.vaccine.2015.04.036.

Matulevicius, S. A., K. A. Kho, J. Reisch, and H. Yin. "Academic Medicine Faculty Perceptions of Work-Life Balance Before and Since the COVID-19 Pandemic." *JAMA Network Open* 4, no. 6 (2021): e2113539. doi.org/10.1001/jamanetworkopen.2021.13539.

McCambridge, J., J. Witton, and D. R. Elbourne. "Systematic Review of the Hawthorne Effect: New Concepts Are Needed to Study Research Participation Effects." *Journal of Clinical Epidemiology* 67, no. 3 (2014): 267–77. doi.org/10.1016/j.jclinepi.2013.08.015.

McClellan, M. "Does More Intensive Treatment of Acute Myocardial Infarction in the Elderly Reduce Mortality?" *JAMA* 272, no. 11 (1994): 859. doi.org/10.1001/jama.1994.03520110039026.

McNally, B., et al. "Out-of-Hospital Cardiac Arrest Surveillance—Cardiac Arrest Registry to Enhance Survival (CARES), United States, Oct. 1, 2005—Dec. 31, 2010." *Morbidity and Mortality Weekly Report: Surveillance Summaries* 60, no. 8 (2011): 1–19. www.ncbi.nlm.nih.gov/pubmed/21796098.

McWilliams, J. M. "Professionalism Revealed: Rethinking Quality Improvement in the Wake of a Pandemic." *NEJM Catalyst* 1, no. 5 (2020). doi.org/10.1056/cat.20.0226.

Melucci, A. D., A. Loria, E. Ramsdale, L. K. Temple, F. J. Fleming, and C. T. Aquina. "An Assessment of Left-Digit Bias in the Treatment of Older Patients with Potentially Curable Rectal Cancer." *Surgery* 172, no. 3 (2022). doi.org/10.1016/j.surg.2022.04.038.

Merson, L.-O. *Le soldat de Marathon.* Oil on canvas. Private collection, 1869. commons.wikimedia.org.

Milkman, K. L., et al. "A Citywide Experiment Testing the Impact of Geographically Targeted, High-Pay-Off Vaccine Lotteries." *Nature Human Behaviour,* Sept. 1, 2022. doi.org/10.1038/s41562-022-01437-0.

Mitchell, A., M. Jurkowitz, J. B. Oliphant, and E. Shearer. "How Americans Navigated the News in 2020: A Tumultuous Year in Review: 5. Republicans' Views on COVID-19 Shifted over Course of 2020; Democrats' Hardly Budged." Pew Research Center, Feb. 22, 2021. www.pewresearch.org.

Mitchell, P., M. Wynia, R. Golden, B. McNellis, S. Okun, C. E. Webb, V. Rohrbach, and I. Von Kohorn. "Core Principles & Values of Effective Team-Based Health Care." *NAM Perspectives* (Oct. 2012). www.nam.edu.

Mohammad, M. A., et al. "Association of Weather with Day-to-Day Incidence of Myocardial Infarction: A Swedeheart Nationwide Observational Study." *JAMA Cardiology* 3, no. 11 (2018): 1081–89. doi.org/10.1001/jamacardio.2018.3466.

Morrow, R. L., E. J. Garland, J. M. Wright, M. Maclure, S. Taylor, and C. R. Dormuth. "Influence of Relative Age on Diagnosis and Treatment of Attention-Deficit/Hyperactivity Disorder in Children." *CMAJ* 184, no. 7 (2012): 755–62. doi.org/10.1503/cmaj.111619.

NBC News. "United Airlines CEO Discusses Holiday Crowds, Vaccine Mandates, Air Rage." Nov. 23, 2021. www.today.com.

Neprash, H. T., B. Sheridan, A. B. Jena, Y. H. Grad, and M. L. Barnett. "Evidence of Respiratory Infection Transmission Within Physician Offices Could Inform Outpatient Infection Control." *Health Affairs* 40, no. 8 (Aug. 2021): 1321–27. doi.org/10.1377/hlthaff.2020.01594.

Nilsson, J., and M. R. Warren. "The Fight for Women Doctors." *Saturday Evening Post,*

Jan. 14, 2016. www.saturdayeveningpost.com.

Nowak, M., and K. Sigmund. "A Strategy of Win-Stay, Lose-Shift That Outperforms Tit-for-Tat in the Prisoner's Dilemma Game." *Nature* 364, no. 6432 (1993): 56–58. doi.org/10.1038/364056a0.

Obermeyer, Z., B. Cohn, M. Wilson, A. B. Jena, and D. M. Cutler. "Early Death After Discharge from Emergency Departments: Analysis of National US Insurance Claims Data." *BMJ* 356 (2017): j239. doi.org/10.1136/bmj.j239.

O'Connor, J. J. "Pressure Groups Are Increasingly Putting the Heat on TV." *New York Times*, Oct. 6, 1974, D19. www.nytimes.com.

Olenski, A. R., M. V. Abola, and A. B. Jena. "Do Heads of Government Age More Quickly? Observational Study Comparing Mortality Between Elected Leaders and Runners-Up in National Elections of 17 Countries." *BMJ* 351 (2015): h6424. doi.org/10.1136/bmj.h6424.

Olenski, A. R., A. Zimerman, S. Coussens, and A. B. Jena. "Behavioral Heuristics in Coronary-Artery Bypass Graft Surgery." *New England Journal of Medicine* 382, no. 8 (2020): 778–79. doi.org/10.1056/NEJMc1911289.

Oliveira, D. F. M., Y. Ma, T. K. Woodruff, and B. Uzzi. "Comparison of National Institutes of Health Grant Amounts to First-Time Male and Female Principal Investigators." *JAMA* 321, no. 9 (2019): 898–900. doi.org/10.1001/jama.2018.21944.

Oster, E. *The Family Firm: A Data-Driven Guide to Better Decision Making in the Early School Years*. New York: Penguin Press, 2021.

Park, K. C. "Interview with a Quality Leader: Dr. Ashish Jha." *Journal for Healthcare Quality* 32, no. 5 (Sept. 2010): 10–11. doi.org/10.1111/j.1945-1474.2010.00112.x.

Parker, M. M., A. Fernández, H. H. Moffet, R. W. Grant, A. Torreblanca, and A. J. Karter. "Association of Patient-Physician Language Concordance and Glycemic Control for Limited–English Proficiency Latinos with Type 2 Diabetes." *JAMA Internal Medicine* 177, no. 3 (2017): 380. doi.org/10.1001/jamainternmed.2016.8648.

Peabody, F. W. "The Care of the Patient." *Journal of the American Medical Association* 88, no. 12 (1927): 877. doi.org/10.1001/jama.1927.02680380001001.

Pekkanen, J. "The Saving of the President." *Washingtonian*, March 10, 2011. www.washingtonian.com.

Perlmutter, E. M. "The Pittsburgh Marathon: 'Playing Weather Roulette.' " *Physician and Sportsmedicine* 14, no. 8 (Aug. 1986): 132–38. doi.org/10.1080/00913847.1986.11709154.

Perry, J. E., L. R. Churchill, and H. S. Kirshner. "The Terri Schiavo Case: Legal, Ethical, and Medical Perspectives." *Annals of Internal Medicine* 143, no. 10 (2005): 744–48. doi.org/10.7326/0003-4819-143-10-200511150-00012.

Pew Research Center. "Republicans, Democrats Move Even Further Apart in Coronavirus Concerns." June 25, 2020. www.pewresearch.org.

Porter, M. E. "What Is Value in Health Care?" *New England Journal of Medicine* 363, no. 26 (2010): 2477–81. doi.org/10.1056/NEJMp1011024.

Prescott, H. C., and T. W. Rice. "Corticosteroids in COVID-19 ARDS." *JAMA* 324, no. 13 (2020): 1292. doi.org/10.1001/jama.2020.16747.

Principi, N., S. Esposito, P. Marchisio, R. Gasparini, and P. Crovari. "Socioeconomic Impact of Influenza on Healthy Children and Their Families." *Pediatric Infectious Disease Journal* 22, no. 10 (Oct. 2003): S207–S210. doi.org/10.1097/01.inf.0000092188.48726. e4.

Pronovost, P., et al. "An Intervention to Decrease Catheter-Related Bloodstream Infections in the ICU." *New England Journal of Medicine* 355, no. 26 (2006): 2725–32. doi. org/10.1056/NEJMoa061115.

Putri, W. C. W. S., D. J. Muscatello, M. S. Stockwell, and A. T. Newall. "Economic Burden of Seasonal Influenza in the United States." *Vaccine* 36, no. 27 (2018): 3960–66. doi. org/10.1016/j.vaccine.2018.05.057.

Racine, E., R. Amaram, M. Seidler, M. Karczewska, and J. Illes. "Media Coverage of the Persistent Vegetative State and End-of-Life Decision-Making." *Neurology* 71, no. 13 (2008): 1027–32. doi.org/10.1212/01.wnl.0000320507.64683.ee.

Ramos, L. V. "The Effects of On-Hold Telephone Music on the Number of Premature Disconnections to a Statewide Protective Services Abuse Hot Line." *Journal of Music Therapy* 30, no. 2 (1993): 119–29. doi.org/10.1093/jmt/30.2.119.

Reardon, S. "Flawed Ivermectin Preprint Highlights Challenges of COVID Drug Studies." *Nature* 596, no. 7871 (Aug. 2021): 173–74. doi.org/10.1038/d41586-021-02081-w.

Recovery Collaborative Group. "Dexamethasone in Hospitalized Patients with Covid-19." *New England Journal of Medicine* 384, no. 8 (2021): 693–704. doi.org/10.1056/ nejmoa2021436.

———. "Effect of Hydroxychloroquine in Hospitalized Patients with Covid-19." *New England Journal of Medicine* 383, no. 21 (2020): 2030–40. doi.org/10.1056/ nejmoa2022926.

Redberg, R. F. "Cardiac Patient Outcomes During National Cardiology Meetings." *JAMA Internal Medicine* 175, no. 2 (Feb. 2015): 245. doi.org/10.1001/jamainternmed.2014.6801.

Reichert, T. A., N. Sugaya, D. S. Fedson, W. P. Glezen, L. Simonsen, and M. Tashiro. "The Japanese Experience with Vaccinating Schoolchildren Against Influenza." *New England Journal of Medicine* 344, no. 12 (2001): 889–96. doi.org/10.1056/ NEJM200103223441204.

Ring, D. C., J. H. Herndon, and G. S. Meyer. "Case Records of the Massachusetts General

Hospital: Case 34-2010: A 65-Year-Old Woman with an Incorrect Operation on the Left Hand." *New England Journal of Medicine* 363, no. 20 (2010): 1950–57. doi. org/10.1056/NEJMcpc1007085.

Ringh, M., et al. "Mobile-Phone Dispatch of Laypersons for CPR in Out-of-Hospital Cardiac Arrest." *New England Journal of Medicine* 372, no. 24 (2015): 2316–25. doi. org/10.1056/NEJMoa1406038.

Rizo, C. A. "What's a Good Doctor and How Do You Make One?" *BMJ* 325, no. 7366 (2002): 711–11. doi.org/10.1136/bmj.325.7366.711.

Rodwin, B. A., V. P. Bilan, N. B. Merchant, C. G. Steffens, A. A. Grimshaw, L. A. Bastian, and C. G. Gunderson. "Rate of Preventable Mortality in Hospitalized Patients: A Systematic Review and Meta-analysis." *Journal of General Internal Medicine* 35 (July 2020): 2099–106. doi.org/10.1007/s11606-019-05592-5.

Roethlisberger, F. J., and W. J. Dickson. *Management and the Worker: An Account of a Research Program Conducted by the Western Electric Company, Hawthorne Works, Chicago.* With H. A. Wright. Cambridge, Mass.: Harvard University Press, 1939.

Root, A., J. P. Brown, H. J. Forbes, K. Bhaskaran, J. Hayes, L. Smeeth, and I. J. Douglas. "Association of Relative Age in the School Year with Diagnosis of Intellectual Disability, Attention-Deficit/Hyperactivity Disorder, and Depression." *JAMA Pediatrics* 173 (2019). doi.org/10.1001/jamapediatrics.2019.3194.

Rosenbaum, L. "The Less-Is-More Crusade—Are We Overmedicalizing or Oversimplifying?" *New England Journal of Medicine* 377, no. 24 (2017): 2392–97. doi.org/10.1056/ NEJMms1713248.

———. "Reassessing Quality Assessment—the Flawed System for Fixing a Flawed System." *New England Journal of Medicine* 386, no. 17 (2022): 1663–67. doi. org/10.1056/NEJMms2200976.

Rosenberg, E. S., et al. "Association of Treatment with Hydroxychloroquine or Azithromycin with In-Hospital Mortality in Patients with COVID-19 in New York State." *JAMA* 323, no. 24 (2020): 2493. doi.org/10.1001/jama.2020.8630.

Roter, D. L., J. A. Hall, and Y. Aoki. "Physician Gender Effects in Medical Communication." *JAMA* 288, no. 6 (2002): 756. doi.org/10.1001/jama.288.6.756.

Roter, D. L., M. Lipkin Jr., and A. Korsgaard. "Sex Differences in Patients' and Physicians' Communication During Primary Care Medical Visits." *Medical Care* 29, no. 11 (Nov. 1991): 1083–93. doi.org/10.1097/00005650-199111000-00002.

Rui, P., and K. Kang. *National Hospital Ambulatory Medical Care Survey: 2017 Emergency Department Summary Tables.* National Center for Health Statistics, Centers for Disease Control and Prevention, U.S. Department of Health and Human Services. www.cdc.gov.

Saha, S., and M. C. Beach. "Impact of Physician Race on Patient Decision-Making and Ratings of Physicians: A Randomized Experiment Using Video Vignettes." *Journal of General Internal Medicine* 35, no. 4 (2020): 1084–91. doi.org/10.1007/s11606-020-05646-z.

Salles, A., M. Awad, L. Goldin, K. Krus, J. V. Lee, M. T. Schwabe, and C. K. Lai. "Estimating Implicit and Explicit Gender Bias Among Health Care Professionals and Surgeons." *JAMA Network Open* 2, no. 7 (2019): e196545. doi.org/10.1001/jamanetworkopen.2019.6545.

Samuel, L. "Patients Fare Worse with Older Doctors, Study Finds." *Stat,* May 16, 2017. www.statnews.com.

Sanghavi, P., A. B. Jena, J. P. Newhouse, and A. M. Zaslavsky. "Outcomes After Out-of-Hospital Cardiac Arrest Treated by Basic vs. Advanced Life Support." *JAMA Internal Medicine* 175, no. 2 (Feb. 2015): 196–204. doi.org/10.1001/jamainternmed.2014.5420.

———. "Outcomes of Basic Versus Advanced Life Support for Out-of-Hospital Medical Emergencies." *Annals of Internal Medicine* 163, no. 9 (2015): 681–90. doi.org/10.7326/M15-0557.

Sarsons, H. "Interpreting Signals in the Labor Market: Evidence from Medical Referrals." Working paper, Nov. 28, 2017.

Sasson, C., D. J. Magid, P. Chan, E. D. Root, B. F. McNally, A. L. Kellermann, J. S. Haukoos, and CARES Surveillance Group. "Association of Neighborhood Characteristics with Bystander-Initiated CPR." *New England Journal of Medicine* 367, no. 17 (2012): 1607–15. doi.org/10.1056/NEJMoa1110700.

Schmidt, H. G., and R. M. Rikers. "How Expertise Develops in Medicine: Knowledge Encapsulation and Illness Script Formation." *Medical Education* 41, no. 12 (Dec. 2007): 1133–39. doi.org/10.1111/j.1365-2923.2007.02915.x.

Schneider, E. C., A. Shah, M. M. Doty, R. Tikkanen, K. Fields, and R. D. Williams II. *Mirror, Mirror 2021: Reflecting Poorly: Health Care in the U.S. Compared to Other High-Income Countries.* Commonwealth Fund (2021).

Schoenberg, S. "Look Inside the Security Headquarters for the 2019 Boston Marathon." *MassLive,* April 15, 2019. www.masslive.com.

Self, W. H., et al. "Effect of Hydroxychloroquine on Clinical Status at 14 Days in Hospitalized Patients with COVID-19." *JAMA* 324, no. 21 (2020): 2165. doi.org/10.1001/jama.2020.22240.

Senate Homeland Security and Governmental Affairs Committee. "Medical Response to COVID-19." C-SPAN, Dec. 8, 2020. www.c-span.org.

Shahian, D. M., et al. "Predictors of Long-Term Survival After Coronary Artery Bypass Grafting Surgery: Results from the Society of Thoracic Surgeons Adult Cardiac Surgery Database (the ASCERT Study)." *Circulation* 125, no. 12 (2012): 1491–500. doi.

org/10.1161/CIRCULATIONAHA.111.066902.

Shapiro, R. A., and T. Berland. "Noise in the Operating Room." *New England Journal of Medicine* 287, no. 24 (1972): 1236–38. doi.org/10.1056/NEJM197212142872407.

Shen, M. J., E. B. Peterson, R. Costas-Muñiz, M. H. Hernandez, S. T. Jewell, K. Matsoukas, and C. L. Bylund. "The Effects of Race and Racial Concordance on Patient-Physician Communication: A Systematic Review of the Literature." *Journal of Racial and Ethnic Health Disparities* 5, no. 1 (2018): 117–40. doi.org/10.1007/s40615-017-0350-4.

Shi, Z., M. L. Barnett, A. B. Jena, K. N. Ray, K. P. Fox, and A. Mehrotra. "Association of a Clinician's Antibiotic-Prescribing Rate with Patients' Future Likelihood of Seeking Care and Receipt of Antibiotics." *Clinical Infectious Diseases* 73, no. 7 (2021): e1672—e79. doi.org/10.1093/cid/ciaa1173.

Siemieniuk, R. A. C., et al. "Drug Treatments for Covid-19: Living Systematic Review and Network Meta-analysis." *BMJ* 370 (2020): m2980. doi.org/10.1136/bmj.m2980.

Singh, M. "Heuristics in the Delivery Room." *Science* 374, no. 6565 (2021): 324–29. doi.org/10.1126/science.abc9818.

Skipper, C. P., et al. "Hydroxychloroquine in Nonhospitalized Adults with Early COVID-19: A Randomized Trial." *Annals of Internal Medicine* 173, no. 8 (2020): 623–31. doi.org/10.7326/M20-4207.

Slater, P. E., and P. Ever-Hadani. "Mortality in Jerusalem During the 1983 Doctors' Strike." *Lancet* 322, no. 8362 (1983): 1306. doi.org/10.1016/s0140-6736(83)91181-9.

Smith, A. W., et al. "U.S. Primary Care Physicians' Diet-, Physical Activity—, and Weight-Related Care of Adult Patients." *American Journal of Preventive Medicine* 41, no. 1 (July 2011): 33–42. doi.org/10.1016/j.amepre.2011.03.017.

Snow, J. *On the Mode of Communication of Cholera.* London: John Churchill, 1855.

Stamp, N. "I'm a Female Surgeon. I Feel Uncomfortable Telling Girls They Can Be One, Too." *Washington Post,* July 29, 2019. www.washingtonpost.com.

Stevens, J. P., D. J. Nyweide, S. Maresh, L. A. Hatfield, M. D. Howell, and B. E. Landon. "Comparison of Hospital Resource Use and Outcomes Among Hospitalists, Primary Care Physicians, and Other Generalists." *JAMA Internal Medicine* 177, no. 12 (2017): 1781. doi.org/10.1001/jamainternmed.2017.5824.

Stiegler, M. P., J. P. Neelankavil, C. Canales, and A. Dhillon. "Cognitive Errors Detected in Anaesthesiology: A Literature Review and Pilot Study." *British Journal of Anaesthesia* 108, no. 2 (Feb. 2012): 229–35. doi.org/10.1093/bja/aer387.

Stucky, C. H., and M. J. De Jong. "Surgical Team Familiarity: An Integrative Review." *AORN Journal* 113, no. 1 (2021): 64–75. doi.org/10.1002/aorn.13281.

Swamy, L., C. Worsham, M. J. Bialas, C. Wertz, D. Thornton, A. Breu, and M. Ronan. "The 60-Minute Root Cause Analysis: A Workshop to Engage Interdisciplinary Clinicians in Quality Improvement." *MedEdPORTAL,* Feb. 15, 2018, 10685. doi.org/10.15766/ mep_2374-8265.10685.

Tapper, E. B. "Doctors on Display: The Evolution of Television's Doctors." *Baylor University Medical Center Proceedings* 23, no. 4 (2010): 393–99. doi.org/10.1080/08998 280.2010.11928659.

Temel, J. S., et al. "Early Palliative Care for Patients with Metastatic Non-small-cell Lung Cancer." *New England Journal of Medicine* 363, no. 8 (2010): 733–42. doi.org/10.1056/ NEJMoa1000678.

Thaler, R. H., and C. R. Sunstein. *Nudge: Improving Decisions About Health, Wealth, and Happiness.* New Haven, Conn.: Yale University Press, 2008.

Thomas, M., and V. Morwitz. "Penny Wise and Pound Foolish: The Left-Digit Effect in Price Cognition." *Journal of Consumer Research* 32, no. 1 (2005): 54–64. doi. org/10.1086/429600.

Thompson, A. H., R. H. Barnsley, and R. J. Dyck. "A New Factor in Youth Suicide: The Relative Age Effect." *Canadian Journal of Psychiatry* 44, no. 1 (1998): 82–85. doi. org/10.1177/070674379904400111.

Thompson, A. H., R. H. Barnsley, and G. Stebelsky. " 'Born to Play Ball': The Relative Age Effect and Major League Baseball." *Sociology of Sport Journal* 8, no. 2 (1991): 146–51. doi.org/10.1123/ssj.8.2.146.

Towers, S., and Z. Feng. "Social Contact Patterns and Control Strategies for Influenza in the Elderly." *Mathematical Biosciences* 240, no. 2 (Dec. 2012): 241–49. doi.org/10.1016/ j.mbs.2012.07.007.

Treisman, R. " 'A Disaster Within a Disaster': Carbon Monoxide Poisoning Cases Are Surging in Texas." NPR, Feb. 18, 2021. www.npr.org.

Trump, D. "Remarks by President Trump in a Meeting with U.S. Tech Workers and Signing of an Executive Order on Hiring American." Aug. 3, 2020. U.S. National Archives.

Tsugawa, Y., D. M. Blumenthal, A. K. Jha, E. J. Orav, and A. B. Jena. "Association Between Physician *U.S. News & World Report* Medical School Ranking and Patient Outcomes and Costs of Care: Observational Study." *BMJ* 362 (2018): k3640. doi.org/10.1136/bmj. k3640.

Tsugawa, Y., A. B. Jena, J. F. Figueroa, E. J. Orav, D. M. Blumenthal, and A. K. Jha. "Comparison of Hospital Mortality and Readmission Rates for Medicare Patients Treated by Male vs. Female Physicians." *JAMA Internal Medicine* 177, no. 2 (2017): 206–13. doi.org/10.1001/jamainternmed.2016.7875.

Tsugawa, Y., A. B. Jena, E. J. Orav, D. M. Blumenthal, T. C. Tsai, W. T. Mehtsun, and A. K. Jha. "Age and Sex of Surgeons and Mortality of Older Surgical Patients: Observational

Study." *BMJ* 361 (2018): k1343. doi.org/10.1136/bmj.k1343.

Tsugawa, Y., A. B. Jena, E. J. Orav, and A. K. Jha. "Quality of Care Delivered by General Internists in US Hospitals Who Graduated from Foreign Versus US Medical Schools: Observational Study." *BMJ* 356 (2017): j273. doi.org/10.1136/bmj.j273.

Tsugawa, Y., J. P. Newhouse, A. M. Zaslavsky, D. M. Blumenthal, and A. B. Jena. "Physician Age and Outcomes in Elderly Patients in Hospital in the US: Observational Study." *BMJ* 357 (2017): j1797. doi.org/10.1136/bmj.j1797.

Tversky, A., and D. Kahneman. "Availability: A Heuristic for Judging Frequency and Probability." *Cognitive Psychology* 5, no. 2 (1973): 207–32. doi.org/10.1016/0010-0285(73)90033-9.

———. "Judgment Under Uncertainty: Heuristics and Biases." *Science* 185, no. 4157 (1974): 1124–31. doi.org/10.1126/science.185.4157.1124.

Ulbricht, A., J. Fernandez-Fernandez, A. Mendez-Villanueva, and A. Ferrauti. "The Relative Age Effect and Physical Fitness Characteristics in German Male Tennis Players." *Journal of Sports Science and Medicine* 14, no. 3 (Sept. 2015): 634–42. www.ncbi.nlm.nih.gov/pubmed/26336351.

Umscheid, C. A., J. Betesh, C. VanZandbergen, A. Hanish, G. Tait, M. E. Mikkelsen, B. French, and B. D. Fuchs. "Development, Implementation, and Impact of an Automated Early Warning and Response System for Sepsis." *Journal of Hospital Medicine* 10, no. 1 (Jan. 2015): 26–31. doi.org/10.1002/jhm.2259.

U.S. News & World Report. "Methodology: 2023 Best Medical Schools Rankings." March 28, 2022. www.usnews.com.

U.S. Preventive Services Task Force. "Screening for Colorectal Cancer: US Preventive Services Task Force Recommendation Statement." *JAMA* 325, no. 19 (2021): 1965–77. doi.org/10.1001/jama.2021.6238.

———. "Screening for Lung Cancer: US Preventive Services Task Force Recommendation Statement." *JAMA* 325, no. 10 (2021): 962–70. doi.org/10.1001/jama.2021.1117.

Venkataramani, A. S., M. Gandhavadi, and A. B. Jena. "Association Between Playing American Football in the National Football League and Long-Term Mortality." *JAMA* 319, no. 8 (2018): 800–806. doi.org/10.1001/jama.2018.0140.

Viglianti, E. M., A. L. Oliverio, and L. M. Meeks. "Sexual Harassment and Abuse: When the Patient Is the Perpetrator." *Lancet* 392, no. 10145 (2018): 368–70. doi.org/10.1016/s0140-6736(18)31502-2.

Vincent, M. J., E. Bergeron, S. Benjannet, B. R. Erickson, P. E. Rollin, T. G. Ksiazek, N. G. Seidah, and S. T. Nichol. "Chloroquine Is a Potent Inhibitor of SARS Coronavirus Infection and Spread." *Virology Journal* 2, no. 1 (2005): 69. doi.org/10.1186/1743-422x-2-69.

Wallace, J., P. Goldsmith-Pinkham, and J. Schwartz. "Excess Death Rates for Republicans and Democrats During the COVID-19 Pandemic." National Bureau of Economic Research, Working Paper 30512, Sept. 2022. doi:10.3386/w30512.

Wallis, C. J. D., et al. "Association of Surgeon-Patient Sex Concordance with Postoperative Outcomes." *JAMA Surgery* 157, no. 2 (2022): 146. doi.org/10.1001/jamasurg.2021.6339.

Wallis, C. J. D., B. Ravi, N. Coburn, R. K. Nam, A. S. Detsky, and R. Satkunasivam. "Comparison of Postoperative Outcomes Among Patients Treated by Male and Female Surgeons: A Population Based Matched Cohort Study." *BMJ* 359 (2017): j4366. doi.org/10.1136/bmj.j4366.

Whaley, C. M., J. Cantor, M. Pera, and A. B. Jena. "Assessing the Association Between Social Gatherings and COVID-19 Risk Using Birthdays." *JAMA Internal Medicine* 181, no. 8 (2021): 1090. doi.org/10.1001/jamainternmed.2021.2915.

Whaley, C. M., T. Koo, V. M. Arora, I. Ganguli, N. Gross, and A. B. Jena. "Female Physicians Earn an Estimated *2 Million Less Than Male Physicians over a Simulated 40-Year Career.*" Health Affairs 40, no. 12 (Dec. 2021): 1856–64. doi.org/10.1377/hlthaff.2021.00461.

Wickström, G., and T. Bendix. "Commentary." *Scandinavian Journal of Work, Environment, and Health* 26, no. 4 (2000): 363–67. doi.org/10.5271/sjweh.555.

Williamson, T. "The Goals of Care—Is There a (Black) Doctor in the House?" *New England Journal of Medicine* 383, no. 6 (2020): e43. doi.org/10.1056/nejmpv2024338.

Wolraich, M. L., et al. "Clinical Practice Guideline for the Diagnosis, Evaluation, and Treatment of Attention-Deficit/Hyperactivity Disorder in Children and Adolescents." *Pediatrics* 144, no. 4 (Oct. 2019): e20192528. doi.org/10.1542/peds.2019-2528.

Worsham, C. M., and A. B. Jena. "The 'Successful Failures' of Apollo 13 and Covid-19 Vaccination." *Stat*, April 11, 2022. www.statnews.com.

Worsham, C. M., J. Woo, and A. B. Jena. "Birth Month and Influenza Vaccination in Children." *New England Journal of Medicine* 383, no. 2 (2020): 184–85. doi.org/10.1056/NEJMc2005928.

Worsham, C. M., J. Woo, A. B. Jena, and M. L. Barnett. "Adverse Events and Emergency Department Opioid Prescriptions in Adolescents." *Health Affairs* 40, no. 6 (June 2021): 970–78. doi.org/10.1377/hlthaff.2020.01762.

Worsham, C. M., J. Woo, M. J. Kearney, C. F. Bray, and A. B. Jena. "Carbon Monoxide Poisoning During Major U.S. Power Outages." *New England Journal of Medicine* 386, no. 2 (2022): 191–92. doi.org/10.1056/nejmc2113554.

Worsham, C. M., J. Woo, A. Zimerman, C. F. Bray, and A. B. Jena. "Association of Maternal Cervical Disease with Human Papillomavirus Vaccination Among Offspring." *JAMA Network Open* 4, no. 12 (2021): e2134566. doi.org/10.1001/

jamanetworkopen.2021.34566.

Zimerman, A., C. M. Worsham, J. Woo, and A. B. Jena. "The Need for Speed: Observational Study of Physician Driving Behaviors." *BMJ* 367 (2019): l6354. doi.org/10.1136/bmj. l6354.

옮긴이 고현석

연세대학교 생화학과를 졸업하고 〈경향신문〉과 〈서울신문〉 등 일간지에서 기자로 활동하며 세계경제와 정치 그리고 과학과 IT의 최신 정보를 한국 독자들에게 전했다. 지금은 인문, 사회과학, 자연과학을 넘나들며 다양한 분야의 책을 번역하고 있다. 옮긴 책으로 《사후 세계를 여행하는 모험가를 위한 안내서》, 《우리 몸은 전기다》, 《인지 도구》, 《느낌의 발견》, 《형태의 기원》, 《제국주의와 전염병》, 《보이스》, 《측정의 과학》, 《느끼고 아는 존재》, 《느낌의 진화》 등이 있다.

진료차트 속에 숨은 경제학

초판 1쇄 발행 2024년 10월 30일

지은이 아누팜 B. 제나, 크리스토퍼 워샴
옮긴이 고현석
발행인 김형보
편집 최윤경, 강태영, 임재희, 홍민기, 강민영, 송현주, 박지연
마케팅 이연실, 이다영, 송신아 **디자인** 송은비 **경영지원** 최윤영, 유현

발행처 어크로스출판그룹(주)
출판신고 2018년 12월 20일 제 2018-000339호
주소 서울시 마포구 동교로 109-6
전화 070-8724-0876(편집) 070-8724-5877(영업) **팩스** 02-6085-7676
이메일 across@acrossbook.com **홈페이지** www.acrossbook.com

한국어판 출판권 ⓒ 어크로스출판그룹(주) 2024

ISBN 979-11-6774-172-1 03320

만든 사람들
편집 임재희 **교정** 하선정 **디자인** 송은비 **조판** 박은진